中咨研究系列丛书

中国工程咨询专业指南

第六卷

投融资策划咨询专业指南

主编　李开孟

副主编　刘义成　翁燕珍

中国电力出版社
CHINA ELECTRIC POWER PRESS

内 容 提 要

工程建设的投融资策划及其相关的专业咨询服务，是工程咨询业务创新需要特别关注的核心内容，需要运用多学科知识和战略性思维进行系统性谋划，为推动工程咨询业的高质量发展服务。

本指南系统阐述了工程建设投融资策划咨询领域的基本概念、核心逻辑、策划思路、重点事项及方法工具等，其中，第一章重点阐述投融资策划的相关概念、主要内涵、工作内容及相关咨询服务的基本要求；第二至五章重点阐述投融资策划的主要内容，包括工程建设投资项目策划、融资需求和融资战略、融资的信用基础及融资主体策划及项目投融资方案策划和比选优化；第六至九章重点阐述投融资策划的实践应用，包括基础设施项目投融资策划、产业发展项目的投融资策划、结构化投融资方案策划及盘活存量资产的投融资方案策划。

本指南注重工程建设投融资领域理论和实践相结合，可用于从事政策研究、项目咨询等方面的专业技术人员阅读。

图书在版编目（CIP）数据

中国工程咨询专业指南．第六卷，投融资策划咨询专业指南/李开孟主编．—北京：中国电力出版社，2024.6

（中咨研究系列丛书）

ISBN 978-7-5198-8229-7

Ⅰ.①中… Ⅱ.①李… Ⅲ.①基本建设投资-咨询服务-中国-指南②基本建设项目-融资-咨询服务-中国-指南 Ⅳ.①F832.48-62②F832.41-62

中国国家版本馆 CIP 数据核字（2023）第 202194 号

出版发行：中国电力出版社
地　　址：北京市东城区北京站西街 19 号（邮政编码 100005）
网　　址：http：//www.cepp.sgcc.com.cn
责任编辑：安小丹（010-63412367） 田丽娜
责任校对：黄　蓓　常燕昆
装帧设计：赵丽媛
责任印制：吴　迪

印　　刷：三河市万龙印装有限公司
版　　次：2024 年 6 月第一版
印　　次：2024 年 6 月北京第一次印刷
开　　本：710 毫米×1000 毫米　16 开本
印　　张：24
字　　数：361 千字
定　　价：105.00 元

本书编委会

主　　编　李开孟

副 主 编　刘义成　翁燕珍

参编人员　（按姓氏拼音排序）

曹　玫　李　燕　李

栾　柏　苗雨菲　牛耘

唐淮安　陶　立　伍

杨凯越　张　蓉　张继

总 序

现代咨询机构怎样才能不断提高核心竞争力？我们认为，关键在于不断提高研究水平。咨询就是参谋，如果没有对事物的深入研究、深层剖析和深刻见解，就当不好参谋，做不好咨询。

我国的工程咨询业起步较晚。以 1982 年中国国际工程咨询公司（简称中咨公司）的成立为标志，我国的工程咨询业从无到有，已经发展成具有较大影响的行业，见证了改革开放的历史进程，并且通过自我学习、国际合作、兼容并蓄、博采众长，为国家的社会经济高质量发展做出了重要贡献，同时也促进了自身的成长与发展壮大。

但应该清醒地看到，我国工程咨询业与发达国家相比还有不小差距。西方工程咨询业已经有一百多年的发展历史，其咨询理念、理论方法、工具手段，以及咨询机构的管理等各方面已经成熟，特别是在专业研究方面有着深厚基础。而我国的工程咨询业尚处于成长期，尤其在基础研究方面显得薄弱，因而总体上国际竞争力还不强。当前，我国正处于社会经济发生深刻变革的关键时期，不断出现各种新情况、新问题，很多都是我国特定的发展阶段和转轨时期所特有的，在国外没有现成的经验可供借鉴，需要我们进行艰辛的理论探索。立足新发展阶段，完整、准确、全面贯彻新发展理念，构建新发展格局，对标世界一流专业咨询机构，建设中国特色新型高端智库，促进高质量发展，对工程咨询提出了新的更高要求，同时也指明了发展方向，提供了巨大发展空间。这更需要我们研究经济建设特别是投资建设领域的各种难点和热点问题，创新咨询理论方法，以指导和推动咨询工作，提高咨询业整体素质，造就一支既熟悉国际规则、又了解国情的专家型人才队伍。

中咨公司历来非常重视知识资产的创造和积累，每年都投入相当数量的资金和人力开展研究工作，向有关机构提供各类咨询研究报告，很多都具有一定的学术价值和应用价值。《中咨研究系列丛书》的出版，就是为了充分发挥这些宝贵的智力财富应有的效益，同时向社会展示我们的研究实力，为提高我国工程咨询业的核心竞争力和促进高质量发展做出贡献。

立言，诚如司马迁所讲“成一家之言”，“藏诸名山，传之其人”。一个人如此，一个机构也是如此。既要努力在社会上树立良好形象，争取为社会做出更大贡献，同时还应当让社会倾听其声音，了解其理念，分享其思想精华。中咨公司会向着这个方向不断努力，不断将自己的研究成果献诸社会。我们更希望把《中咨研究系列丛书》这项名山事业坚持下去，让中咨公司的贡献持久恒长。

《中咨研究系列丛书》编委会

2022 年 9 月

前　言

中咨公司是顺应我国投资体制改革，贯彻投资决策科学化、民主化而成立的国内规模最大、涉及行业最多的综合性工程咨询机构，在我国工程咨询理论方法研究领域一直发挥着行业引领作用。公司自 1982 年成立以来，一直接受国家发展改革委等有关部门的委托，并结合自开课题研究等形式，对工程咨询理论方法进行持续创新研究，取得了非常丰富的研究成果。部分成果以国家有关部委文件的方式在全国印发实施，部分成果以学术专著、论文、研究报告等方式在社会上进行推广应用，大部分成果则是以中咨公司内部咨询业务作业指导书、业务管理制度及业务操作规范等形式，用于规范和指导公司各部门及所属企业承担的各类工程咨询业务。中咨公司开展的各类咨询理论方法研究工作，为促进我国工程咨询行业健康发展发挥着重要作用。

自 1982 年成立以来，中咨公司为中央政府在国家重大建设项目的决策和实施中发挥了重要参谋作用，并为地方政府、企业、银行等各类客户提供大量咨询服务。参与了西气东输、西电东送、南水北调、退耕还林、青藏铁路、京沪高铁、港珠澳大桥、首钢搬迁、奥运场馆、百万吨级乙烯、千万吨级炼油、百万千瓦级超临界电站、大飞机工程、载人航天、探月工程、京津冀协同发展、长江经济带、粤港澳大湾区建设、海南自贸区、“一带一路”、生态文明建设、战略性新兴产业、西部大开发、东北振兴、新疆和藏区发展、三峡工程后续工作、汶川和玉树地震灾后重建规划等一大批关系国计民生、体现综合国力的建设项目和发展规划，积累了工程咨询业务实施的丰富经验，具有重要的总结提炼和推广应用价值。

中咨公司作为我国规模最大的综合性工程咨询机构，在推动我国工程咨询理论方法研究方面一直发挥着引领带动作用，始终坚持通过理论方法的研究创新，促进公司各项咨询业务的创新开展。工程咨询理论方法体系建设及创新研究，是中咨公司立足新发展阶段，完整、准确、全面贯彻新发展理念，构建新发展格局，对标世界一流专业咨询机构，建设中国特色新型高端智库，促进高质量发展的重要举措，在中咨公司发展战略布局中占有重要地位。

创新是引领发展的第一动力，创新驱动是经济增长动力由资源、投资等要素向知识、创新、人力资本等要素转换的动力源泉。新时代高质量发展对工程咨询理论方法创新提出更高要求，需要在把握投资建设客观规律、服务高质量发展总体目标、体现新发展理念的原则要求、强调可行性研究的核心地位、推动全过程工程咨询服务健康发展、融入"一带一路"建设的国际合作体系、扎实推进工程咨询行业标准规范体系建设、加强培育理论方法创新研究应用人才队伍等方面进行深入研究和实践探索。

工程咨询是一项专业性要求很强的工作，工程咨询业务受到多种不确定性因素的影响，需要对特定领域的咨询对象进行全面系统的分析论证，往往难度很大。这就需要综合运用现代工程学、经济学、管理学等多学科理论知识，借助先进的科技手段、调查预测方法、信息处理技术，在掌握大量信息资料的基础上对未来可能发生的情况进行分析论证，因此对工程咨询从业人员的基本素质、知识积累，尤其是对其所采用的分析评价专业方法提出了很高的要求。

研究工程咨询专业分析评价关键技术方法，要在继承的基础上，通过方法创新，建立一套与国际接轨，并符合我国国情的工程咨询创新研究专业指南，力求在项目评价及工程管理的关键路径和方法层面进行创新。所提出的关键技术方法路径，应能满足工程咨询业务操作的实际需要，体现工程咨询理念创新的鲜明特征，与国际工程咨询所采用的业务导则接轨，并能对各领域不同环节开展工程咨询实践活动起到规范引导的作用。

本次结集出版的《中国工程咨询专业指南》丛书，是《中咨研究系列丛书》中的一个系列，是针对工程咨询业务实施及高端智库研究方法的创新研究专业成果。中咨公司出版《中咨研究系列丛书》的目的：一是与国内外工程咨询业界同行交流中咨公司在工程咨询及高端智库理论方法研究方面取得的成果，搭建学术交流的平台；二是推动工程咨询及高端智库理论方法的创新研究，探索构建我国专业咨询及高端智库研究知识体系的基础架构；三是针对我国专业咨询及高端智库发展的新趋势及新经验，出版公司重大课题研究成果，为推动我国专业咨询及高端智库创新发展做出中咨公司的特殊贡献。

丛书的编写出版工作，由中咨公司研究中心具体负责。研究中心是中咨公司专门从事工程咨询基础性、专业性理论方法及行业标准制定相关研究工作的内设机构。其中，开展专业咨询及高端智库理论方法研究，编写出版《中咨研究系列丛书》是中咨公司研究中心的一项核心任务。

发展是人类社会面临的永恒主题，创新是人类社会进步的不懈追求。我国工程咨询理论方法体系，从中华人民共和国成立以来学习并借鉴苏联和东欧经验阶段，到改革开放以来学习并借鉴西方市场经济国家及相关国际组织经验阶段，目前已经进入按照高质量发展的要求进行全面创新的新时代。工程咨询行业的高质量发展，呼唤着咨询理念及理论方法体系进行全面创新，并具体指导各类专业咨询实践活动。我们希望，《中国工程咨询专业指南》丛书的出版，能对推动我国咨询业务实施及专业方法创新，推动我国专业咨询及高端智库研究事业健康发展，推动中国特色新型高端智库及世界一流专业咨询机构建设发挥积极的引领和带动作用。

作者

2022 年 9 月

目 录

第一章

工程建设投融资策划咨询导论

工程咨询的各项业务，均与投融资活动密切相关。工程建设的投融资策划及其相关的专业咨询服务，是工程咨询业务创新需要特别关注的核心内容，需要运用多学科知识和战略性思维进行系统性谋划，为推动工程咨询业的高质量发展服务。本章作为全书的导论，重点阐述投融资策划的相关概念、主要内涵、工作内容及相关咨询服务的基本要求。

第一节　项目投资和融资

一、项目投资的概念和内涵

（一）项目投资和金融投资

项目投资与金融投资的内涵存在很大差异。投融资金融相关学科所阐述的投资，主要指金融投资，即经济主体为了获取预期收益或资本控制的相关权益，对股票、债券等金融资产进行交易的投资活动。金融投资重点关注金融市场和金融工具，是发达市场经济和信用经济的产物，也是发达市场经济国家最基本的投资方式。金融投资者通过持有证券，分享证券出售收益和获取投资回报。金融资产使财产的所有权与经营权的分离成为可能，金融投资有助于集中社会闲置资金，将其转化为实际生产的投资资金，是对社会资金进行动员和再分配的重要渠道。金融投资活动能够使投资者的货币资金增加或者减少，但不能直接提供有形或者无形的工程项目产出成果。

项目投资是一种以特定工程建设项目为对象，直接与新建项目或更新改造项目有关的长期性工程建设投资行为。本书所称工程建设投融资策划，是针对工程建设项目的投融资策划，是围绕工程建设及运营服务而产生的项目投融资活动。项目投资不包括金融市场的各类投资，如证券、期货及其他金融衍生产品的投资，是非金融性固定资产投资活动，其显著特点是能提供有形或者无形的项目产出成果。

（二）投资项目和建设项目

投资项目指在特定的时间范围和建设地点，投入建设资金所开展的有组织的、不重复的一系列活动，通过提供产品或服务，实现工程、经济、社会及环境目标。就一般意义而言，投资项目是一组有始有终的活动。项目活动与企业经营活动的主要差异在于前者是不重复（时间、地点等）的活动，而后者是重复的活动。项目的投资活动包括投资规划、项目策划、可行性研究、咨询评估、融资、设计、施工、试运行、运营维护、后评价等活动。投资项目需要工程建设资金投入，投资活动的产出成果是有形产品或者无形的服务，目的是实现项目投资的预期目标，包括工程、经济、社会及环境等多重目标。

建设项目是通过工程建设活动形成固定资产，并以其为主要物质载体实现投资目的的投资项目。在我国计划经济时代及改革开放初期，投资项目被称为基本建设项目或基建项目，其基本特征是在政府计划的统一安排下，利用财政资金进行各类工程建设，以满足社会生产或人类生活需要。建设项目这一概念多用于能源、交通、农业、水利、城建等传统基础设施及工业领域。在文化、教育、卫生、公共安全等社会公共服务领域，涉及工程建设内容的投资项目才被称为建设项目，不涉及工程建设内容的投资项目则不称为建设项目。在工程建设投融资策划咨询领域，投资项目和建设项目通常视为同一概念。

（三）经营性项目和非经营性项目

投资项目按照投资目的及运营形态，可分为经营性项目和非经营性项目。经营性项目又称为营利性项目或竞争性项目，是以市场化运营为特征，以实现投资者商业利益最大化为目的的投资项目。所有产业发展类投资项目及部分基础设施项目属于经营性项目。这类项目以谋取商业利润为目的，投资者通过投资活动利用项目的产出获得投资回报，这些回报由投资人或其代理机构所享有，而不是为社会公众所享有。

经营性项目应具有长期稳定的经营收入，也可称之为有经营收入的项目。这类项目一般应该以企业为依托进行经营，以追求商业营利为目的，强调必须遵循商业规则。在市场经济环境下，企业应该以营利为目的。因此，以特定企业为依托进行经营的经营性项目，应该以追求商业利润为目的。市场机制在这类项目的投融资策划中发挥着决定性作用。

非经营性项目又称非营利项目或公益项目，指为实现特定社会目标，保障社会发展及公众生活需求、保护生态环境及促进可持续发展等，不以追求商业营利为主要目标的投资项目。具体又分为两种基本类型：一类是项目本身没有经营活动，因此也没有商业营利的投资项目，如市政道路、公共绿化、植树造林、基础教育校舍等建设项目，这类项目投资一般由财政资金安排，由公共部门或者其授权的机构负责实施；另一类是项目的直接产出表现为针对特定社会群体的基本公共服务，项目本身存在生产经营活动，有营业收入，但产品价格不由市场机制所决定，需要政府进行财政补贴的投资项目，如城市供水、垃圾处理、公共交通等领域的投资项目。这类项目因存在经营活动，因此也被称为准经营性项目，这类项目以追求商业利润为目标同时兼顾公共服务目标。

非经营性项目不以谋利为目标，项目投资的目的不是追求商业利益，而是通过投资活动为社会提供公共服务。社会公众享受这类公共服务，可能不需要直接付费，也可能需要收取适当的费用，项目运营期收支平衡后可能还会有所结余，但这部分结余仅能用于社会公共事业发展，不能用于商业投资分红。政府行为在非经营性项目的投融资策划中发挥着重要作用。

（四）基础设施项目和产业发展项目

基础设施项目是为企业生产和社会生活提供公共服务的基础性建设项目，项目产出为公共物品和公共服务。政府生产和提供公共物品可以增进社会福利，是政府责无旁贷的职责。政府部门承担提供公共服务的义务，可以是政府部门直接提供，也可以是授权由私营部门提供或者由公共部门和私营部门通过建立合作伙伴关系进行提供，因此基础设施项目的投融资可以采用政府直接运作及采用市场化方式运作等不同模式。但是，无论采取何种模式，政府均在基础设施投融资中发挥着重要作用。

产业发展项目是指直接提供私营产品的产业经营性项目，包括分属于第一产业、第二产业及第三产业的各类经营性项目。产业项目的经营活动，离不开基础设施的建设，以及通过基础设施运营所提供的公共服务。产业项目和基础设施项目的根本区别在于前者的产出物是为特定用户服务的私营产品，后者的产出物是为社会服务的公共产品。基础设施是产业发展的基础，产业发展是实现基础设施投资价值的重要载体。投资建设基础设施的目的，是为了促进相关产业发展及提供社会公共服务。基础设施和产业发展项目的投融资密切相关。但是，与基础设施投融资的不同之处在于，产业发展项目的投融资更主要依靠市场机制发挥作用。

二、工程建设融资的概念和内涵

工程建设融资，是指为实施工程项目建设方案，采用多种渠道和多种方式设计融资方案，组织和筹集工程建设项目资金的一系列活动。在项目前期策划阶段，要安排和落实安全可靠的资金来源，采取切实可行的措施，努力降低融资成本，积极防范筹资风险。建设项目融资是确保项目顺利建成，发挥投资效益的重要决定因素。这里所称工程建设的融资活动，关注的是经营性投资建设项目，包括经营性基础设施项目和产业发展项目，不包括通过财政税收等方式为非经营性项目所进行的基于财政资金公共理财的资金筹措。

（一）项目融资和公司融资

1. 项目融资

项目融资以建设项目发起人及其他投资者依法组建的能够独立承担融资责任的项目法人作为融资主体，以项目投资所形成的资产及未来收益或权益作为融资的信用基础，项目参与各方分担风险，对贷款偿还具有有限追索或无追索性质。项目的可融资性主要取决于项目本身的质量。

项目融资具有以下主要特点：

（1）有限追索。无论建设项目是否成功，贷款人不能追索到除该项目资产、现金流及项目参与相关方所承担的义务外的任何形式的其他财产或权益，建设项目本身的收益是偿还贷款本金和利息的主要保证，贷款人将更加重视对项目自身盈利能力及还款保障的关注。

（2）风险分担。项目融资建立在建设项目参与各方合作的基础之上，由建设项目参与各方在各自的能力范围之内承担相应风险。参与各方承担风险的大小取决于其对预期收益的期望和风险承担能力。

（3）表外融资。项目融资可以通过对投资结构和债务结构进行优化设计，把建设项目债务偿还的追索权锁定在新设立的项目公司的范围之内，相关债务不计入原始权益人的资产负债表。

（4）融资规模大。融资规模受项目发起方本身的信用水平及资产规模等因素的影响较小，可以用于资金需求量大的基础设施项目资金筹措，从而使得现状实力较弱但具有较强资源整合能力的优质中小型企业参与大规模基础设施项目投融资建设成为可能。融资方案结构复杂、项目方案策划专业性要求高，需要协调项目参与各方不同利益和风险分担机制，合同谈判非常复杂，融资成本相对较高，需要较强的专业支持。

（5）贷款银行参与要求高。项目贷款人出于对贷款安全的考虑，要参与对建设项目的合同谈判，并对项目建设资金的使用进行监测。由于项目公司贷款追索的有限性，贷款银行需要承担较高的融资风险，项目融资贷款利率通常高于普通贷款。为了减轻贷款还本付息的风险，需要采用抵押担保等方式进行有限追索，并对建筑施工、生产运营和贷款使用等进行有效监控，及时掌握贷款使用可能存在的风险，以便必要时行使银行介入权。

2. 公司融资

公司融资又称既有项目法人融资，其融资主体是既已存在的原有法人机构，不需要新组建独立的项目公司，以既有项目法人实体为载体进行项目融资，并承担相应的责任和风险。项目贷款本金和利息的偿还，对项目自身收益之外的既有项目法人资产和收益进行追索，既有法人主体的财务实力及信用水平成为项目可融资性的重要决定因素。

公司融资具有以下主要特点：

（1）完全追索。以母公司或项目原始权益人为载体进行资金筹措，项目贷款的融资责任由既已存在的公司实体承担，以其自身的信用作为融资的基础，承担相应的责任和风险。

（2）表内融资。为拟建项目筹措资金所形成的资产和负债进入既有项目法人的资产负债表，并对原有项目法人实体的资产负债结构及信用状况产生影响。

（3）融资规模受到限制。融资规模受到项目发起单位及原有投资人的资产规模、信用状况等因素的影响。对于经济规模较小的企业，难以承担大规模基础设施项目的融资任务。只有大型企业才有能力承担资金需求规模较大的建设项目资金筹措任务。

（4）贷款银行参与性要求低。公司融资方式下的贷款银行对建设项目提供完全追索或有限追索贷款，由既有法人实体承担贷款本金和利息偿还的主要风险，银行对项目贷款资金使用及经营管理活动跟踪监测的要求相对较低，但对企业整体的信用状况及财务状况关注较高。

（5）项目融资操作相对简单。由于对项目自身未来的现金流量、盈利能力、市场风险等因素的关注度相对较低，依托既有法人实体承担融资风险，融资方案的设计相对简单，融资成本相对较低，融资策划的专业性要求相对较低。

项目融资和公司融资的比较见表 1-1。

表 1-1　　项目融资与公司融资的比较

内容	项目融资		公司融资
	有限追索	完全无追索	
融资主体	新建项目公司	新建项目公司	既有项目公司
贷款还款基础	建设项目未来的资产和运营收益	建设项目未来的资产和经营收益	既有项目公司的信用基础及担保能力
贷款担保	有	无	有
负债融资风险承担主体	合同约定的项目公司及参与各方	新建项目公司	既有项目公司
贷款追索权	有限追索权	完全无追索权	完全追索权
贷款复杂程度	较复杂	复杂	较简单
融资成本	较高	高	较低
并表情况	不记入原始投资人的资产负债表	不记入原始投资人的资产负债表	记入原始投资人的资产负债表
贷款银行对项目的监管	监管资金使用，不参与项目管理	对项目建设和经营活动进行全过程监管，直至回收贷款本息	监管资金使用，不参与项目管理

（二）权益融资和债务融资

权益融资和债务融资是进行融资方案策划、设计融资方案、分析融资结构及财务杠杆的重要基础。

1. 权益融资

权益融资指以所有者的身份投入非负债性资金的方式所进行的融资。权益融资形成企业的“所有者权益”和项目的资本金。1996 年，我国固定资产投资项目资本金制度规定[1]，经营性投资项目必须按照国务院规定筹集必要的资本金，杜绝“无本项目”的存在。因此，权益融资在我国经营性项目资金筹措中具有强制性。

权益融资具有以下特点：

（1）权益融资筹措的资金具有永久性特点，不到期日，不需归还，项目资本金是保证项目投资对资金的最低需求，是维持项目长期稳定运营的基本前提。

（2）没有固定的按期还本付息的压力，股利的支付与否和支付多少，视项目投产运营后的实际经营效果而定，因此项目法人的财务负担相对较小，融资风险相对较低。

（3）权益融资是负债融资的基础，是项目投资最基本的资金来源，它体现着项目所依托的企业法人的实力，是其他融资方式的基础。权益融资尤其可为债权人为拟建项目筹措债务资金提供融资保障，增强项目公司的举债能力。

根据国家有关固定资产投资项目资本金制度，项目资本金来源可以是货币资金，也可以用实物资产、工业产权、非专利技术、土地使用权作价出资。作为资本金来源的实物资产、工业产权、非专利技术、土地使用权，必须经过有资格的资产评估机构依照法律、法规进行分析作价，并不得高估或者低估。投资者以货币方式认缴的资本金，其资金来源有各级政府的财政预算内资金、国家批准的各种专项建设基金、经营性基本建设基金回收的本息、土地批租收

[1] 最早的制度文件是《关于固定资产投资项目试行资本金制度的通知》（国发〔1996〕35 号），此后国务院又多次印发补充文件。

入、国有企业产权转让收入、地方政府按照国家有关规定收取的各种税费及其他预算外资金；国家授权投资的机构及企业法人的所有者权益（包括资本金、资本公积金、盈余公积金、未分配利润及股票上市收益资金等）、企业折旧资金及投资者按照国家规定从资金市场上筹措的权益性资金；社会、个人合法所有的资金；国家规定的其他可以用作投资项目资本金的资金。

2. 债务融资

债务融资指通过银行贷款、发行债券等负债融资方式所筹集的资金。债务融资是建设项目资金筹措的重要形式。项目投资所依托的企业法人必须承担为建设项目筹集资金并为负债融资按时还本付息的责任。

债务融资的特点主要体现在。

（1）筹集的资金在使用上具有时间性限制，必须按期偿还。

（2）无论项目法人经营效果好坏，均需要支付固定债务利息，从而形成项目法人固定的财务负担。

（3）资金成本一般比权益融资低，且不会影响项目公司对项目的实际控制权。

债务资金主要是通过金融机构在金融市场进行各类债务性融资活动来解决。金融市场是各种信用工具买卖的场所，其职能是把某些组织或个人的剩余资金转移到需要资金的组织或个人，并通过利率杠杆在借款者和贷款者之间分配资金。在债务融资方案的设计和分析中，必须根据金融市场的特点、国际金融环境和我国金融体制改革的趋势，结合项目自身的实际情况进行审慎分析。

在工程建设项目融资方案的策划设计中，还经常使用一些介于权益融资和债务融资之间的夹层融资方式，如股东附属贷款、可转股债券、认股证等，它们具有权益和负债的双重特征，在项目融资方案的策划中往往发挥着重要作用。在现代市场经济体系中，尤其是在现代金融体系比较健全的融资环境下，无论是权益融资还是负债融资，均可以采用多种方式。工程建设项目投融资策划必须熟悉各种权益融资和负债融资的方式和技巧，以优化融资方案。

（三）内部融资和外部融资

1. 内部融资

工程建设采用既有法人融资方式的情况下，既有法人的现有资金或资产变现的资金可用于项目建设。内部融资是既有法人利用现有的资金、未来生产经营中获得的可用于项目投资的资金、资产变现的资金及生产经营权转让等筹集的资金，为拟建项目筹措建设资金。

这种源于既有企业内部的资金，表现为现有企业资产负债表中的资产，很难区分其是由权益资金还是债务资金形成的。当拟建项目采用既有法人融资方式，以既有企业的现有资产或资产变现获得的资金投资于拟建项目时，不能确定其属性是权益资金还是债务资金。但当企业以现有资产投资于另一个具有独立法人资格的项目公司时，对该项目公司而言，企业所投入的资金应视为该企业的法人资本金。在实际工作中，通常将既有法人内部融资所筹集的资金称为该企业的自有资金，是拟建项目资金筹措的重要来源方式。

2. 外部融资

外部融资是融资主体吸收其他经济主体的资金用于项目建设的各种融资方式。这种外源性的融资包括各类政府性资金、证券市场筹集的资金、国内外金融机构或非金融机构筹集的资金、外国政府信贷资金、赠款、国内外企业法人及个人投入拟建项目中的资金等。外部融资包括权益融资和债务融资两种基本类别，以及具有股权和债权双重性质的各类夹层融资，可以采取各种方式进行融资，是拟建项目资金筹措的主要渠道。

（四）直接融资和间接融资

1. 直接融资

直接融资不是通过金融中介机构创造金融资产实现储蓄向投资领域的转换，而是资金的最终需求者（借款者或投资者）直接向资金的最初所有者（个人或法人）提供证券的融资活动。这里的证券（包括各类股票、债券及其他不同类型金融衍生产品）是资金的使用权证书，它代表着已积累的对于未来生产的索取权或权利证书。作为企业筹集长期资金的一种方式，在社会储蓄——投资过程中具有积极的作用，特别是在现代社会，直接融资及其市场已成为市场经济的有机组成部分。没有直接融资及其市场，市场经济的有效运行是不可想象的。这是因为直接融资市场不仅为资金商品交易提供了场所，使资金供求双方在市场机制作用下进行直接的、公开的资金交易，而且具有加速资金积累、推动资源有效配置和利用等功能和作用。

2. 间接融资

间接融资是企业通过商业银行或其他金融中介机构筹措资金的融资方式。在间接融资的过程中，金融中介机构充当着储蓄者（即最终贷款者）和投资者（即最终借款者）的信用中介角色，通过发行和出售间接证券（即金融机构的负债，包括存款、基金股份和保险单及类似债权等），把储蓄者的储蓄资金聚集起来，在此基础上购买和持有投资者发行和出售的初级证券（本源证券），从而把储蓄者的储蓄资金提供给投资者。在间接融资过程中，金融中介机构在储蓄、投资过程中发挥着桥梁和纽带的作用，通过负债业务和资产业务把储蓄者和投资者联系起来，并能积极地影响储蓄和投资过程。

（五）短期融资和长期融资

企业和项目的资金筹措，必须分清是需要长期资金还是短期资金，二者的融资方式不同，融资成本不同，面临的融资风险也不同。短期融资指企业因季节性或临时性资金需求而筹集的使用期限在一年以内的融资。短期融资一般通过商业信用、短期借款和商业票据等融资方式进行融资。长期融资指企业因购建固定资产、无形资产或进行长期投资等资金需求所筹集资金的使用期限在一年以上的融资。长期融资通常是通过吸收直接股权投资、发行股票、发行长期债券或进行长期借款等融资方式进行融资。

在企业财务会计制度中，会计核算的基本等式为，资产＝负债＋所有者权益。其中，负债＝长期负债＋短期负债。项目投资活动所形成的资产，由负债和所有者权益两部分构成。所有者权益和长期负债一般由长期融资来解决，短期负债可以通过短期融资的方式解决。项目的投资主要由固定资产投资和周转性流动资金两部分构成。固定资产投资因其性质决定，一般应由长期融资来解决。周转性流动资金为流动资产减流动负债之差。其中，流动资产可分为两类：一是永久性流动资产，即企业维持正常的生产经营活动所必须保留的一定规模的流动资产，无论是处于高涨时期还是经营低谷，企业都必须保持必要规模的流动资产；二是波动性或临时性流动资产，即随企业经营状况的波动而临时需要的流动资产。相应的周转性流动资金也由永久性流动资金和波动性流动资金两部分构成。形成流动资产的资金来源，一部分通过流动负债来筹集，另一部分需要周转性流动资金来解决。在项目投融资方案策划中所涉及的周转性流动资金，一般指永久性流动资金，并需要长期融资来解决。工程建设投融资方案策划所涉及的资金筹措，通常是长期融资。

另外，融资根据其资金是否来源于境外，可分为境内融资和利用外资。境内融资包括国内商业银行贷款、政策性银行贷款、发行公司（企业）债券、可转换债券、股票及其他产权融资方式。利用外资包括组建中外合资、中外合作和外商独资企业，境外发行股票、债券、基金及资产抵押债券（asset-backed security，ABS）等证券融资方式，外国政府贷款、国际金融组织贷款、国际商业银行贷款、国际出口信贷、国际融资租赁等信贷融资方式，以及补偿贸易、对外加工装配等方式。

三、项目投资和融资的关系

（一）项目投资和融资的区别

1. 资金的来源和应用

投资和融资的关系，就其本质而言属于资金应用与资金来源之间的关系。融资关注资金的来源问题，关注资金筹措的渠道和方式。投资则是关注资金的应用问题，关注为了获取未来预期投资收益或资金增值，在一定时期内从特定领域的标的物投放足够数额资金的经济行为。

2. 实体经济和金融活动

项目投资关注工程建设活动，属于实体经济活动的范畴，包括工程规划、工程设计、工程建设、工程运营等一系列实体经济活动。融资关注资金筹措，属于金融活动的范畴，包括资金的筹集、资金的投放、资金的使用、资金的回收及资金的增值等问题。

（二）项目投资和融资的联系

1. 投资是融资的客观依据

项目投资和融资是工程建设活动资金运动中紧密联系且不可分割的两个方面。资金是工程项目实施的生命链，及时有效的资金投入、可靠稳健的融资渠道、快速灵活的资金周转，是保证工程项目顺利实施的基本条件。工程项目的融资行为由投资活动所决定。在现代市场经济条件下，工程项目的实施，其资金来源很难完全通过项目投资者的内部融资来解决，项目投资离不开外部资金的筹集和融通。因此，项目投资和融资行为互相影响、互相制约，项目融资必须以投资需求为依据，项目投资必须充分考虑项目发起方的项目融资能力。在投融资实践活动中，应根据投资需求对融资方案进行策划分析。

2. 融资是实现投资的基础

融资用于解决资金来源的问题。项目融资的动因是为了实现投资。只有将项目建设资金投入使用，才能实现项目投资的各种预期目标。工程建设投资对融资提出多种特殊需要，不仅是投资者的自有资金不能满足资金需求，而且还存在期限差异、信用缺失、币种差异等各种各样的问题。通过各种融资工具的应用，才能有效解决期限错配、信用增级、币种兑换等各种资金供求的差异问题，从而使得工程投资得以实现。在现代经济体系中，高质量的融资活动对于推动有效投资和高质量投资发挥着十分重要的作用。

3. 融资质量影响投资质量

融资对投资的影响是多方面的。融资成本形成投资项目的财务费用，直接影响着投资的收益水平，尤其是影响股权投资的回报水平。权益资金和债务资金的融资结构，影响项目法人的资产负债结构，并进一步影响项目公司的经营状况及财务稳健情况。权益资金中各出资人的股权结构，影响项目法人的治理结构，进而影响项目公司的治理水平及投资运营状况。通过高质量的股权融资，尤其是高质量的战略投资者的引入，不仅能够实现资金筹措的目的，更重要的是通过融资实现融智，引入先进技术、管理经验、治理能力及风险管控能力，从而对投资的质量和效果产生深远影响。因此，融资质量对投资质量能够产生多方面的、长期持续的重要影响。

4. 投资质量影响融资风险

项目的融资风险主要体现为股权投资回报，以及负债融资的本金和利息偿还风险，其根本保障就是投资项目本身的质量，突出体现为项目的盈利能力及其可持续性。融资方案应在投资估算的基础上，根据项目建设的资金需求，对建设项目的资金渠道、融资方式、融资结构、融资成本、融资风险等进行系统分析和多方案比选，项目投资失误必然导致项目融资出现风险。

项目融资需要付出代价并承担风险。项目投资质量直接影响融资条件及融资风险。项目投资回报水平高、借款偿还能力强，有利于提高项目的可融资性，提高项目融资的信用水平，从而优化项目融资条件，规避项目融资风险。提高项目投资决策质量，有助于为项目融资打下坚实基础，顺利完成项目融资目标。高质量的项目投资是降低工程建设融资风险的最根本途径。

5. 专业策划是投融资决策的共同基础

项目投资及融资决策必须充分考虑投资环境、项目投资相关政策、有关投资的法律法规、财政及税务条件、经济环境，以及可能的融资渠道，为最终融资决策提供依据。特别是大型基础设施及产业发展项目，资金需求量大、建设周期长、投融资活动涉及面广，更需要对项目投融资方案进行系统策划。

第二节　项目投融资策划的研究任务

策划指为实现重大、广泛、长远目标而组织实施的一系列方案设计活动。策划不仅要提出预期实现的多维目标与配套条件，还要提出具体实施的项目方案，解决项目方案之间协调与配合的问题，提出应对风险的具体措施。在投融资领域，项目策划是对工程项目的投融资方案进行规划设计，明确项目目标及实施方案，提出规避项目投融资风险的行动计划。这里阐述了投融资策划需要研究的主要内容，并在本书相关章节进行深入系统的讲述。

一、投资策划及融资需求研究

（一）工程建设投资项目策划

1. 区域发展及投资策划

工程投资是建立在区域发展的基础之上的。同样一项工程建设，投向不同地区，其投资效果及可融资性会存在很大差别。因此，区位环境对工程建设投融资影响巨大。因此，工程建设投资策划，应建立在区域投资环境及发展状况调查研究的基础上，进行区位优势、劣势分析，研究当地区域特征及投资机会，对区域发展战略及区域投资项目群进行策划，建立区域发展的项目储备库，从区域战略管理的层面进行项目群策划，实现区域经济社会可持续发展。

2. 产业发展及投资策划

产业发展状况对工程建设项目投资前景及可融资性具有重要影响。因此，工程建设投资策划必须重视产业发展状况分析，对产业发展环境现状及未来趋势进行诊断，对当前所处产业发展周期阶段进行专业判断，对该产业国际及国内发展现状进行分析，对国家及区域层面该产业的发展战略规划及投资机会进行研究，并在此基础上对产业投资项目群进行专业策划，从产业发展战略管理角度进行产业投资机会研究，为实现产业发展战略及规划目标服务。

3. 创新驱动及投资策划

科技创新项目的投融资策划与传统基础设施和产业发展项目的投融资策划的内在逻辑、思路方法、原则规律等存在很大差异。我国实施创新驱动发展战略，努力解决科技创新补短板的卡脖子问题，相关领域的投资策划存在很大需求。这类项目的投资策划应立足于项目所属产业及区域发展环境，对相关领域的创新驱动相关政策及科技创新发展环境进行分析，研究创新驱动的市场环境和社会环境，研究相关领域的投资机会，对科技创新项目进行投资策划。

4. 企业战略及项目策划

对于经营性项目的投融资活动，应依托相应的企业进行运作，因此必须与企业发展战略及中长期投融资规划相匹配，要结合企业发展愿景和发展战略，从企业战略管理的角度对企业投资活动进行规划研究，提出企业未来的投资方向和重点，根据企业自身的优势和劣势，以及企业面临的投资机会和挑战，研究企业投资的项目类型，组织实施企业投资的项目策划。

（二）投资价值及融资需求研究

1. 投资可行性及价值评估

对于通过区域及产业经济研究，以及通过企业战略研究识别出具有可融资性的投资机会，应在工程项目层面进行方案策划和系统性论证，相关工作以可行性研究为核心逐步展开，包括从战略规划层面进行可行性研究和评估论证工作，从工程方案层面进行技术经济可行性研究工作等。通过不同层面的研究论证，筛选出具有潜在投资价值及准备实施的预选项目。通过项目筛选，将潜在具有投资价值及可融资性的投资项目纳入项目库进行动态管理。

2. 投资计划及中长期投资预算编制

对于纳入项目库进行动态管理的项目，应对项目投资方案进行进一步深入研究，包括进行项目投资估算，汇总投资规模，根据项目所处区域及产业发展环境变化情况及企业发展战略规划部署，研究制订分年度投资计划，编制中长期投资预算，对项目投资从战略规划层面进行动态管理。

3. 工程建设融资需求研究

根据投资计划，进一步明确融资需求，包括融资需求规模的研究论证，分年度融资需求计划的编制。根据企业自身融资能力、宏观及产业融资环境、项目自身的技术经济特征，对融资需求结构进行研究，进一步明确股权融资、债权融资、境内外融资等融资需求计划，与投资规模、结构及年度计划进行匹配，编制投融资规划并进行动态调整管理。

二、融资渠道及方案策划

（一）融资环境及融资战略

1. 融资环境研究

工程建设投融资具体实施方案的策划，往往从工程所处区域及产业的融资环境开始。区域融资环境的研究需要系统分析区域投融资相关政策及其优势和劣势、吸引融资创业的优惠政策、当地经济发展状况及区域信用状况、金融机构及投资企业对当地经济发展环境和信用状况的认可程度、当地金融业发展状况及资金供应状况、当地金融机构的融资能力及对全国和区域性金融资产的整合能力，与融资相关的税收环境等吸引能力。产业融资环境方面，需要从整个产业发展的战略视角，研究工程所在产业及关联产业的产业政策优势，产业周期发展状况，产业吸引力状况及税收环境等。

2. 融资渠道的选择

工程建设面临多种融资渠道。在当地区域及产业融资环境研究的基础上，需要进一步对工程建设可能存在的融资渠道进行深入分析，包括企业自身的融资能力及自主融资规模结构，当地融资能力及吸引域外金融机构融资的潜在能力，利用本地、区域性及全国性资本市场进行融资的可能性，利用外资、引入战略投资者等其他融资渠道的选择。

3. 融资工具的选择

在明确融资渠道及资金来源方向的基础上，应进一步对可供选择的融资工具进行深入研究。对于利用资本市场进行直接融资，可以进一步研究发行股票、债券及各种融资券的可能性，发行股票又分为普通股票、优先股，境内外资本市场发行股票等各种类型。应根据工程建设的特点及其所处区域和产业特点，明确选择融资工具应遵循的原则，在考虑宏观、产业及区域特征，以及融资环境和政策环境等因素的基础上，对工程建设项目的可融资性进行审慎评估，提出融资工具选择的思路和方向。

（二）融资的信用基础及融资主体策划

1. 融资的信用基础

无论是无追索权项目融资、有限追索项目融资，还是公司融资，融资主体的信用基础都是影响工程建设项目资金筹措能否成功的重要决定性因素。因此，应明确采用既有法人融资方式，还是新设项目法人融资方式。对于结构性融资等创新性融资方式，应明确融资信托等契约结构的设计方案，明确股权融资、债权融资及融资信用主体，对融资主体信用状况进行分析评价，明确信用主体的资信水平及其评价标准。对于信用水平较低的融资方案，应明确抵押担保、政府介入等增信措施及其选用方案应采用的评价方法。

2. 政府融资及项目融资主体的选择

在市场经济环境条件下，政府融资应重点聚焦于基础设施领域，产业发展项目应主要采用市场化融资模式。基础设施项目提供公共产品，属于政府发挥作用的范围。因此，政府在基础设施项目融资中发挥着基础性作用，其参与方式根据不同类型项目的组织模式及项目特点，会存在很大差异，但政府信用对基础设施项目的可融资性能发挥特别重要的作用。政府参与基础设施项目的融资活动，可能是直接提供财政资金投入，也可能是对市场化融资进行增信，应明确政府融资在基础设施项目融资中的角色定位，政府信用和政府融资及其在基础设施项目融资中的作用，政府融资的主要渠道和方式，政府投融资主体的选择和培育，以及如何发挥政府融资平台在基础设施工程融资中的作用，不同类型融资平台的特点及如何促进融资平台的转型发展。

3. 公司融资及项目融资主体的选择

对于市场化运作的基础设施项目和产业发展项目，往往需要采用公司融资的形式进行运作，因此会涉及公司战略、公司治理、公司信誉等问题，以及如何整合公司融资资源，增强公司信用水平，推动公司战略重组及资本运营等问题。需要研究如何从公司战略的角度对公司投融资活动进行调控和管理、公司融资的渠道和方式，以及如何选择公司投融资项目的融资主体，如依托原有公司法人进行融资、组建新的项目子公司进行融资还是引进战略投资者、设置特殊目的信托计划进行融资等。

4. 项目融资模式选择

选择融资模式的关键因素是融资责任的追索问题。对于选择无追索权融资模式和有限追索融资模式而言，要对项目本身的质量及可融资性进行科学判断，要根据项目采用无追索权融资模式或有限追索融资模式的特点，研究项目融资特殊目的载体（special purpose vehicle，SPV）的组建，研究新组建的特殊目的公司或项目融资所依托的信托机构安排能够有效承担未来项目融资的责任。对于采用公司融资的项目，应研究既有项目法人公司的资产状况、财务结构、营利前景及风险承担能力，研究为项目筹集资金应该采用的具体方式。

5. 金融机构评价及授信咨询

金融机构在工程项目的资金筹措中发挥着重要作用，应聚焦金融机构评价投融资方案的视角，研究工程建设项目可融资性的影响因素及评价标准，分析开发性金融机构和商业性金融机构等不同类型金融机构选择融资模式、采用融资工具、进行项目选择、开展风险管控的特点及核心内容，研究不同类型金融机构对工程建设投融资方案进行评价的核心内容，以及信用评级和授信咨询需要关注的主要内容。

（三）项目投融资方案的策划和优化

1. 项目投融资方案设计

在项目投资方案策划、融资需求研究、融资环境分析、融资主体选择等分析评价的基础上，需要聚焦具体项目进行投融资方案的策划设计，包括融资方案策划应该遵循的原则，项目融资方式选择的依据和方法，项目运作模式、付费机制、投资回报机制、风险分担机制等项目投融资交易结构设计的具体内容及关注重点。

2. 融资方案分析及方案优化

对于融资方案的策划，应从系统性分析的角度，对各种可能的融资方案进行设计，重视并进行多方案比选和优化。投融资方案的分析，应包括融资结构分析、融资成本分析、融资方案的财务可行性分析等相关内容。从财务可行性的角度进行项目融资多方案的比选及优化，提出拟采用的工程建设项目投融资方案。

3. 项目投融资风险分析及方案优化

项目融资面临多种风险及不确定性，因此要进行投融资风险分析，在方案优化的过程中考虑风险因素，从风险和收益对比的不同视角进行投融资决策，包括进行项目投资和融资风险的识别及分析评价，通过风险识别和分析评价提出项目投融资风险规避的对策措施，以及投融资方案优化的建议，同时从项目全生命周期风险管理的角度对编制项目投融资风险管理行动计划，对计划的落实情况进行实时监测评价。

三、基础设施及产业发展项目投融资策划

（一）基础设施项目投融资策划

1. 基础设施投融资的主要特征

基础设施工程投融资规模大、结构复杂，方案策划的难度较大，应根据传统经济基础设施、社会基础设施及新型基础设施等不同类型基础设施的特点，研究基础设施融资的主要特征。

2. 基础设施融资渠道和方式

不同类型的基础设施，其技术经济特征不同、盈利模式不同、投融资风险规避机制不同、政府参与的程度不同，所采取的融资渠道和融资方式存在很大区别，包括资本金和债务融资、直接融资和间接融资的渠道及具体方式均有不同。应根据不同类型基础设施项目的特点，研究政府投资、公司融资、项目融资等不同的投融资渠道和具体方式，采用内部融资和外部融资的具体方式，以

及各种夹层融资工具的应用。

3. 基础设施投融资主体的选择

基础设施无论是否吸引民营资本，是否采用市场化融资模式，政府都会发挥重要作用，但应明确政府在基础设施投融资中的作用边界。对于政府主导型投融资模式，财政资金的投入在确保项目具有可融资性方面发挥着主要作用，应进一步分析采用代建制模式、政府授权的授权—建设—运营（authorize build operate，ABO）模式、建设—移交（build transfer，BT）模式等不同项目投融资组织模式的主要特点、适用范围、政府责任及投融资主体的构建。对于采用民营化的投融资模式，应明确政府在战略规划、公共产品服务质量保证、绩效监管、公共服务价格形成机制等方面的作用，以及对参与项目投融资运作的民营资本投融资主体的选择要求。对于采用政府和社会资本合作（public-private partnership，PPP）模式，应研究社会资本投融资主体的选择依据，评价标准及SPV组建的要求。

4. 基础设施网络建设及投融资方案策划

基础设施往往具有网络性特征，其投融资策划不仅要考虑单个项目，而且需要从基础设施网络集成及整体优化的角度进行策划，需要研究基础设施网络建设及集约化、规模化经营的主要特征，基础设施集约化经营及其对投融资方案策划的要求，在网络总体研究的基础上对单一基础设施项目及基础设施网络整体规划进行投融资方案研究。

5. 基础设施外部性及投融资方案策划

基础设施不仅具有网络性特征，而且还具有明显的产业关联性特征，投融资方案的策划需要考虑上下游产业、基础设施外部性的影响区域及产业特征，从片区开发、外部性影响及其内部化方案设计等角度进行投资回报机制设计，研究基础设施与区域融合发展的内在关系，以及采用城市片区联动开发（urban-oriented development，UOD）、公共交通基础设施联动开发（transit-oriented development，TOD）、生态环境改善及联动开发（ecology-oriented development，EOD）等基础设施投融资模式选择、投融资工具的应用，研究基础设施与产业及区域融合发展的投融资模式实现路径和策划方案。

（二）产业发展项目的投融资策划

1. 产业发展项目投融资的主要特征

产业发展项目建立在基础设施建设及运营的基础之上，涉及各类产业类别，其产出物主要面向市场，属于经营性私人产品项目。产业发展项目的投融资与基础设施项目存在很大差别，应研究产业发展项目的主要类型及各类产业发展项目投融资的主要特征，为各类产业发展项目进行投融资策划奠定基础。

2. 产业发展项目融资渠道和方式

产业发展项目主要面向市场，为消费者提供产品和服务，强调经营性和盈利性特征，其资本金和债务融资、直接融资和间接融资、内部融资和外部融资的具体渠道和方式与基础设施项目存在很大差别，应研究这类项目融资渠道及融资方式策划的特殊规律及具体特征，用于指导产业发展项目投融资方案策划实践。

3. 科技创新项目投融资方案策划

除传统的基础设施和产业发展项目之外，在工程建设投融资策划实践中还应涉及科技创新项目。推动创新型国家建设、促进科技进步及补短板是政府发挥作用的重要领域，从而使得政府在这类项目的投融资策划中发挥着重要作用。同时，科技创新项目的投融资主体主要应该是创新型企业，应该强调发挥市场机制在促进科技创新中的基础性作用，因此要界定政府在科技创新项目投融资中的作用范围，研究政府引导产业基金如何促进科技创新项目建设，科技创新型项目融资工具的运用，以及如何提升科技创新项目的可融资性。

四、结构化融资及盘活存量资产的投融资方案策划

（一）结构化融资方案策划

1. 结构化融资的特点及主要类型

对于基础产业发展项目及大型基础设施项目，进行结构化融资的方案设计，应研究结构化融资的主要特点，在基础设施和重大产业发展项目中的应用、主要类型及结构化融资工具的选择和适用条件。

2. 夹层融资工具的应用

基础设施及产业发展项目投融资方案的策划，除采用股权融资和债权融资

等不同类型的融资工具外，还要运用各种类型的夹层融资工具，应研究偏权益类及偏债务类夹层融资工具的类型、主要特征、应用范围及使用条件等。

3. 各类金融机构在结构化融资中的功能定位

对于采用结构化融资的大型基础设施和基础产业发展项目，由于融资需求复杂，需要众多机构参与结构化融资的结构和方案设计，应研究保险资管机构、基金管理机构、证券公司、信托投资公司、银行信贷机构、金融租赁机构等不同类型的金融机构的主要特征，及其在结构化融资中的功能定位。

（二）盘活存量资产的投融资方案策划

1. 存量资产盘活的主要方式

无论是采用内部融资的方式为工程建设项目筹集资金，还是已经建成的工程项目进行再融资，都会涉及如何盘活存量资产，需要研究存量资产的主要类型及基本特征，如何发挥存量资产盘活的主要作用，盘活存量资产与新增项目投融资计划如何进行有效衔接，以及在基础设施项目周期再融资的过程中，如何通过盘活存量资产进行资源整合等问题。

2. 盘活存量资产的路径选择

盘活存量资产有多种方式，应根据当地经济发展水平、金融市场条件及项目资产的技术经济特征等因素，研究并购重组、以存量资产作为原始资产进行资本市场融资及其他模式，研究论证盘活存量资产的路径选择。

3. 资产证券化工具在盘活存量资产中的应用

资产证券化以特定原始资产为依托，通过发行证券化金融产品等方式实现流通上市，是盘活存量资产的重要途径，在基础设施项目资产运作中发挥着重要作用。资产证券化具体划分为多种类型，而且还在进行不断创新。应研究债权类及股权类等各种资产证券化工具在基础设施项目投融资及盘活存量资产中的应用途径，尤其是研究推进公募股权类不动产投资信托基金（real estate investment trusts，REITs）资产证券化工具的应用。

4. 存量债务化解与投融资方案策划

在基础设施及产业发展类项目投融资策划过程中，不可避免地会遇到存量债务的化解问题，这是整合盘活存量资产，优化资产负债结构，提升拟建项目可融资性的重要研究领域，需要研究存量债务的类型及其主要特征。结合当地资本市场状况及工程建设项目的技术经济特征，研究存量债务化解的具体途径，研究如何通过存量债务的化解进行增量融资，尤其是要研究地方政府的债务化解和优化地方政府债务管理的策略及途径。

第三节 投融资策划咨询及其核心理念

一、工程建设项目投资策划咨询的主要任务

（一）项目投资策划的基本内涵

项目投资策划以工程项目为主轴进行策划分析，并在项目周期的不同阶段完成相应的策划咨询研究任务。项目全生命周期可以划分为不同阶段，最基本的划分方式分为项目前期决策阶段和项目建设实施阶段。项目投资策划指在项目前期决策阶段，通过系统性思维谋划对项目实施方案进行多系统、多层次的分析论证，为实现项目投融资目标提供实现路径和解决方案。项目投资决策的质量直接影响项目全生命的运营质量及投资目标的实现程度，因此必须高度重视项目决策的科学化，即在科学理论的指导下，采取专业性的分析方法，遵循科学可靠的决策流程，进行认真分析和评估论证，确保项目投资决策科学合理。项目投资的科学决策离不开高质量的项目投资策划。

项目投资策划包括对项目目标进行多层次分析，由宏观到具体，对影响项目目标的环境因素及其对项目的可能影响进行分析研究，对项目的构成要素、各要素之间的相互关系、要素功能及整个项目的功能定位进行分析判断，研究项目全生命周期各阶段的主要活动，对项目实施过程中的各种影响因素及其变化趋势进行情景分析，提出应该采取的应对措施。

（二）项目投资策划的主要特点

1. 项目投资策划是一个经验借鉴的过程

尽管在项目投资策划中非常重视创新性思维活动，强调专业策划方案的创造性，但类似项目的经验是进行成功的项目策划的重要参考依据。通过借鉴国内外典型项目经验，结合拟建工程所处区域及产业发展环境，结合工程建设项

目的技术经济特点，完成工程建设投资方案的策划任务。

2. 项目投资策划是一个知识管理的过程

项目投资策划是多专业知识和专业信息进行集成和整合的过程，是一种知识管理和集成的过程，即通过知识的获取、整理和集成，形成对项目方案的不断认识和深化。项目投资策划需要多学科知识和经验的集成，体现了知识积累及应用的价值，同时也是项目投资策划专业性的重要体现。

3. 项目投资策划是追求价值增值的过程

项目投资策划是一个从无到有的创造过程，是根据实际情况及以往经验，对工程项目投资的趋势进行判断，对所采取的方法、途径和程序进行周密而系统地构思和设计，是一种创造性的智力活动。智力创新的目的，是追求智力活动的增值，追求通过智力活动应用于工程建设实践，通过投资方案策划带来项目投资收益及价值增值，从而实现智力成果的价值。

4. 项目投资策划是一个动态的过程

项目投资策划是在项目前期阶段进行的，策划成果是一个不断优化的过程。随着人们对项目认识的不断深入，掌握的信息不断丰富，对项目策划方案不断进行优化。同时，项目投资的外部环境也在不断变化，项目投资策划需要根据变化的条件进行优化论证和调整。

（三）项目投资策划的具体任务

项目投资策划的具体任务包括项目环境调查、项目目标论证、实施方案策划及其技术、经济、社会、环境影响的分析评价等。

1. 项目建设背景及必要性分析

项目建设背景及必要性，即项目建设的理由与目标研究，应从宏观和微观等不同维度进行分析。宏观背景主要侧重于从相关规划、产业政策和行业准入等方面，研究拟建项目建设的依据和理由。项目策划首先应进行拟建项目的规划背景调研，包括项目所处地区的总体规划、区域发展规划、空间及各种相关专项规划等，阐述拟建项目的相关规划背景，发挥发展规划、投资政策的战略引领与统筹协调作用。在项目建设背景分析的基础上，应对项目预期达到的目标及建设的必要性进行研究，并结合项目预期目标，依据项目所在行业特征、规划要求、产业政策及行业准入条件，结合项目自身特点和相关基本情况，研究投资建设的必要性。

2. 社会及市场需求分析

社会及市场需求是制订投资项目建设方案、测算投资效益、决定是否应该投资建设的重要依据。在项目投资策划中，应通过实地考察和深入分析当地经济社会发展状况及市场供求等情况，研究投资项目的社会需求及市场状况，为判断项目实施的可能性和预期投资效果提供依据。

3. 项目目标及功能定位

要根据拟建项目的社会及市场需求状况，确定项目的市场定位、目标受益群体、提供服务、产品定位及规模。根据相关建设标准、设计规范和行业规范，结合项目实际需求、工艺流程、规划条件、设计方案、基础设施等约束条件确定项目建设规模。大型复杂项目的建设规模论证应研究合理、优化的工程分期，明确初期规模和远期规模。改扩建项目的建设规模论证应在充分评估现有资源的基础上进行资源整合，确定分步实施规划，防止盲目重复建设和资源浪费。

4. 项目建设方案策划

项目建设方案是在项目目标及功能定位策划分析的基础上，论证比选确定拟建项目的建设内容及项目产品和服务方案，包括技术方案选择、工程方案选择、设备方案选择、建设配套条件等内容。

5. 项目实施方案策划

项目工程建设方案确定后，应研究提出项目的组织实施方案，包括组织机构的设立、人力资源的配置、建设工期和实施进度方案的确定等，以便科学组织建设过程中各阶段的工作，按照工程进度安排建设资金，保证项目按期建成投产，进一步明确项目的可行性，并列举详细实施方法和实施安排计划，以保证项目的顺利实施。

6. 资源节约及综合利用方案策划

自然资源是人类社会生存和发展最基本的物质和能量基础，是实现可持续发展的根本条件。合理开发并有效利用资源，是贯彻落实新发展理念的重要内容。对于开发和利用重要资源的工程建设项目，要从建设节约型社会、发展循环经济等角度，对资源开发、利用的合理性和有效性进行分析论证。

7. 建设用地、征地拆迁及移民安置方案策划

土地是极其宝贵的稀缺资源，节约土地是我国的基本国策。项目选址和土地利用应严格贯彻国家有关土地管理的法律法规，切实做到依法、科学、合理、节约用地。因项目建设而导致的征地拆迁和移民安置人口，是项目建设中易受损害的社会群体。投资项目如何做到以人为本、依法征地、和谐拆迁、尊重移民意愿，是推进以改善民生为重点的社会建设的重要内容，也是贯彻落实新发展理念的重要体现。投资项目应强调从以人为本的角度出发，全面关注投资建设对所涉及人群的生活、生产、教育、发展等方面所产生的影响，对涉及征地移民的项目必须对征地拆迁和移民安置方案进行系统分析论证。

8. 环境和生态保护方案策划

投资项目可能会引起项目所在地区自然环境、人文环境和生态环境的变化，对环境状况、环境容量和环境质量产生不同程度的影响。项目策划应特别重视从保护生态环境及贯彻可持续发展战略的角度进行环境和生态影响的分析论证，确保生态环境和自然文化遗产在项目建设和运营过程中得到有效保护，并避免出现由于项目建设实施而引发的地质灾害、水土保持和特殊环境影响等问题。

9. 卫生健康及安全保障措施方案策划

对于涉及卫生健康及安全隐患的投资项目，如污水处理、垃圾处理、国防、高速公路、煤矿安全改造、农村基础设施投资项目等，应明确阐述项目的卫生健康和安全隐患，研究提出相应的防范措施，以确保项目的顺利实施。

10. 投资估算及财务方案策划

投资估算是在项目的建设规模，技术方案，工程方案，设备方案及项目实施方案等确定的基础上，估算建设投资和分年需要量，以及项目运营所需的流动资金。估算出的项目投资作为制订融资方案、进行经济评价及编制设计概算等工作的重要依据。应对项目的成本费用进行测算，编制相应的总成本费用估算表和各分项成本估算表。进行财务现金流入的测算，主要包括营业收入和补

贴性收入等，策划项目盈利模式和财务方案，进行财务平衡及可持续性分析评价。

11. 风险及规避措施方案策划

对项目建设和运营过程中的主要风险因素进行识别和评价，包括社会风险、资源风险、环境风险、资金风险、政策风险、外部协作条件风险及其他风险，为项目决策提供完整的信息。根据项目的具体情况和要求选取风险评价方法，对风险程度进行分析。工程建设项目方案策划分析中，在预测主要风险因素及其风险程度后，根据不同的风险因素提出相应的规避和防范对策，包括风险回避、风险控制、风险转移、风险自担等措施方案。

12. 项目投资方案综合评价

在前述各项策划分析的基础上进行归纳总结，提出择优比选后的推荐策划方案，并进行总体论证，提出结论和建议，在肯定拟推荐方案优点的同时，指出可能存在的问题和可能会遇到的主要风险。明确作出项目方案是否可行的评价结论及推荐策划方案，为项目投资决策提供明确的专业策划依据。

二、工程建设项目融资策划咨询的主要任务

（一）项目融资主体策划

1. 工程融资策划目标

工程项目融资方案的策划是在建设规模、产品方案、技术方案、设备方案、场（厂）址方案及工程建设方案和进度计划等研究的基础上，通过对总投资和各年资金需求量的估算，逐步构建而成。在这一过程中，应以项目总投资的估算为起点，在确定融资主体的基础上，研究建设投资和流动资金的来源渠道及筹措方式，从而进行融资结构、融资成本和融资风险分析，为融资决策提供依据。工程项目进行融资策划，确定融资方案的目标，是要在足额融资的过程中，降低融资成本、提高投资者收益及减少企业或项目的风险。即融资方案的策划要实现三重目标。

（1）降低融资成本。从项目的可融资性及财务可持续性的角度看，项目投资必须创造效益。对于经营性项目而言，效益最大化是首要财务目标。创造效益有两种基本途径，即开源或节流，前者通常指增加收入，后者指减少费用或

支出。融资成本属于项目的财务费用，在收入不变的情况下，减少费用开支就等于增加项目投资效益。

（2）提高投资者收益。由于负债经营可以为企业或项目带来效益，即债务资金的利息可以为企业或项目带来减税的好处及负债具有财务杠杆效应，适当的负债可以提高投资者的收益。有鉴于此，在工程建设项目占用资金成本不变的情况下，通过适当的权益资金与负债资金的配比，可以使投资者获得较高的收益，同时使负债资金的成本处于较低水平。

（3）减少融资风险。在降低融资成本和提高投资者收益的同时，还要尽可能减少融资风险。这里所说的风险，包括资金来源的可靠性、利率变动风险、汇率风险及还本付息风险等。

2. 明确资金需求

融资方案策划咨询的起点，是投资估算中确定的项目总投资，包括项目建设投资、建设期利息和流动资金投资及这些资金的使用计划，也就是项目的总资金需求及其时间安排，通过编写建设投资估算表、建设期利息估算表、流动资金估算表、投资使用计划表等进行测算获得。

3. 确定融资主体

融资主体指进行融资活动，承担融资责任和风险的项目法人单位。确定项目的融资主体应该考虑项目投资的规模和行业特点，项目自身的盈利能力等因素。项目融资主体的组织形式主要分为既有项目法人和新设项目法人。

在下列情况下，可以考虑以既有项目法人为融资主体：

（1）既有法人具有较强的经济实力，能够为拟建项目进行融资并承担全部融资责任。

（2）拟建项目与既有法人的资产及经营活动具有密切的联系，如项目建成后可以使其现有生产能力得到更充分的利用，或者使其积压的资源得以消化等。

（3）虽然拟建项目本身的盈利能力不很理想，但它对整个企业的持续发展具有重要作用，如通过更新改造完善整个企业的产业价值链及获得企业整体收益的提升，因而需要利用既有法人的整体资信获得债务资金。

在下列情况下，可以考虑以新设法人作为融资主体：

（1）拟建项目的投资规模较大，既有法人不具有为项目进行融资和承担全部融资责任的经济实力。

（2）既有法人财务状况较差，难以获得债务资金。

（3）拟建项目与既有法人的经营活动联系不密切。

（4）拟建项目自身具有较强的盈利能力，依靠项目自身未来的现金流量可以按期偿还债务本金和利息。

总之，应根据既有法人的经济实力，或者根据拟建项目的规模、行业特点及其与既有法人现有经营活动的联系，正确确定项目的融资主体，以便于以较低的成本和风险，顺利并足额为项目筹措到所需的资金。

（二）资金筹措方案研究

1. 资金来源渠道选择

在工程项目投资策划进行投资估算的基础上，根据资金供应来源的可靠性、充足性及融资成本和风险，进行融资渠道的策划。主要包括：中央及地方政府用于项目建设的各类财政资金；商业银行和政策性银行的信贷资金；证券市场的资金；非银行金融机构的信贷资金；国际金融机构的信贷资金；外国政府提供的信贷资金及赠款；企业和其他市场主体提供的可用于项目建设的资金。

2. 项目资本金筹措

项目资本金是项目发起人及投资者投入的具有非债务性质的资金，是进行债务融资的信用基础。要根据项目特点及项目法人的具体情况，依照项目资本金制度及金融市场情况确定项目资本金筹措策划方案。

3. 债务资金筹措

债务资金是除项目资本金外，需要从金融市场以负债方式融资的项目建设资金。项目业主可以通过国内外金融市场进行负债融资，可采用直接融资或者间接融资的方式进行负债融资，对债务资金筹措的规模和方式、各种债务资金的比例结构、债务融资条件等进行策划并分析比选和优化。

4. 编制资金来源与运用计划表

一个完整的工程项目融资方案，应包括两部分重要信息：一是项目资本金及债务融资资金来源构成，每一项资金来源条件的详尽描述，以文字和表格（资金筹措来源表）加以说明；二是编制资金来源与运用表，使资金的需求与筹措在时序、数量等方面实现平衡。投资计划与资金筹措表是投资估算、融资方案两部分的衔接处，用于平衡投资使用及资金筹措计划。策划方案的描述应注意以下问题：①各年度的资金平衡，工程建设项目实施的各年度计划中，资金来源必须满足投资使用的要求，资金筹措来源应当等于或者略大于资金使用额。资金使用还需要考虑债务融资的财务费用（建设期利息及筹资费用）；②建设期利息，建设期利息的计算通常按照当年借入的贷款按半年计息，以前年度的借款计全息。在安排当年借款金额时，需要安排借入当年需要支付的利息及筹资费用。

资金筹措方案的策划中，潜在的借款人需主要关注有关融资的下列问题：①融资的财务结构及股东权益资金的构成；②规划的债务资金来源渠道及特点；③债务资金还本付息的时间进度要求；④债务资金的详细情况，包括币种、期限、利率种类（固定利率还是浮动利率）；⑤项目参与各方可能获得的担保情况；⑥政策及其他法规、规范要求。

（三）工程融资成本分析

资金成本指企业为筹集和使用资金而付出的代价，包括资金筹集费和资金占用费两部分。资金筹集费指在资金筹集过程中支付的各项费用，如发行股票、债券支付的印刷费、发行手续费、律师费、信用评级费、公证费、担保费、广告费等，资金占用费指占用资金支付的费用，如股票的分红派息、银行借款、发行债券的利息等。资金占用费是融资企业经常发生的，而资金筹集费通常在筹集资金时一次性发生，因此在计算资金成本时可作为融资金额的一项扣除。资金成本是选择资金来源，确定融资方案的重要依据，是评价投资项目、决定投资取舍的重要标准，也是衡量企业经营成果的重要尺度。资金成本是利用净现值和内部收益率进行项目分析的重要财务数据，是确定项目折现率和分析项目公司整体价值的重要基础参数。

1. 权益资金的融资成本

在理论上，从投资者的角度看，权益资金的融资成本由其在资本市场上的融资条件所决定。对于所投入的自有资金，其成本应由机会成本，即用于次优可行的其他用途可能获得的收益所决定。在工程建设项目投融资策划中，投资项目的权益资金成本由项目的权益投资者的最低可接受的收益率所决定，以权益资金的未来预期内部收益率（internal rate of return，IRR）表示，其最低可接受收益率由权益资金的机会成本、预期商业风险、股利分配水平及其他可获得收益等因素决定。

权益资金成本由两部分构成：一是无风险报酬率；二是权益风险报酬率。无风险报酬率是预期通货膨胀率和真实收益率之和，在市场经济环境中，一般为高于通货膨胀率2%～3%的水平。无风险报酬率通常根据长期国债利率来制定，其水平也通常高于长期通货膨胀预期水平的2～3个百分点。权益资金的风险报酬率由项目的具体特点、借款人的信用记录、所在国家或地区背景等因素决定。一般在计算权益资金的成本时，在无风险报酬率的基础上加上2%～3%的风险报酬率。在实际操作中，权益资金的融资成本又有不同的计算方法。

2. 债务资金成本的估算

在债务资金成本分析中，应通过分析各种可能的债务资金的利率水平、利率计算方式（固定利率、浮动利率）、计息（单利、复利）和付息方式，以及宽限期和偿还期等，计算债务资金的综合利率，并进行不同方案比选。债务资金成本由债务资金筹集费和债务资金占用费构成。债务资金筹集费是指债务资金筹集过程中支付的一次性费用，而债务资金占用费是指使用债务资金过程中发生的经常性费用，如贷款利息和债券利息。

3. 加权平均资金成本

为了反映整个融资方案的资金成本状况，在计算各种融资方式的个别资金成本的基础上，还要计算加权平均资金成本，作为企业比较各融资组合方案、进行融资结构决策的重要依据。

（四）工程融资结构设计

融资结构是项目资金筹措方案中各种资金来源的构成及其比例关系。与其相对应的概念是企业的资金结构，即企业的各种资金的构成及其比例关系，是针对整个企业而言的。由于项目建设阶段所筹集的资金最终要形成企业的各项资产，因此在项目筹建阶段，就要系统研究并合理选择融资方案的融资结构，以便项目投产运营后，为企业保持比较理想的资产负债结构和资金结构打好基础。

项目的融资结构应该包括各种融资方式的结构比例，长期融资和短期融资的结构比例，以及负债融资和权益融资的结构比例等。其中，最关键的是负债融资和权益融资的结构比例，即企业资本金比例，该指标直接影响项目投产运营后企业的资产负债比例、项目借款还本付息能力及投资回收情况。因此，习惯上将负债融资和权益融资的结构比例称为融资结构。

1. 资本金与债务融资比例

项目资金结构的一个基本比例是项目的资本金（即权益投资）与负债融资的比例，称为项目的资本结构。从投资者的角度考虑，项目融资的资金结构追求以较低的资本金投资争取较多的负债融资，同时希望尽可能降低对股东的追索。而对于提供债务融资的债权人，希望债权风险得到有效的控制，通常希望项目能够有较高的资本金比例，以承担可能出现的各种风险。同时，资本金比例越高，贷款的风险越低，贷款的利率就可能会越低，反之贷款利率越高，当资本金比例降到银行不能接受的水平时，银行将会拒绝贷款。合理的资金结构需要由各个参与方的利益平衡来决定。从经济效率的角度出发，较低的筹资成本可以得到较高的经济效益。商业性的股本投资通常有着较高的筹资成本，银行贷款利率通常要低于股本投资方所要求的投资收益率，而直接向公众发债通常可以比银行贷款有更低的利率。

很多基础设施类的工程建设项目往往需要政府财政性资金投入。政府的无偿投资虽然可以不要求回报，但政府的资金来源于税收等，用于无偿投资会改变社会资源的分配，对资源的有效利用产生影响，过度使用可能会损害市场对资源的有效配置机制。政府的无偿投资应当设定在合理的范围，至少应当避免发生资源的浪费，并在吸引社会投资和减少对私营投资的挤出效应等方面实现平衡。

2. 资本金结构

资本金结构包含投资产权结构和资本金比例结构两方面的内容。参与投资的各方投资人占有多大的出资比例，对于项目的成败有着重要影响。公司的控股形式可以是绝对控股或相对控股。现代企业制度需要避免一股独大的绝对控股公司形式。各方投资比例需要考虑各方的利益需要、资金及技术能力、市场开发能力、已经拥有的权益等。不同的权益比例决定各投资人在项目公司中的作用、承担的责任义务、收益分配等。不同的投资人，由于其背景和特长的不同，可对项目的成功有不同的贡献。各个投资人之间的优势互补可以使工程建设项目的成功得到更好的保障。但如果出资比例处理不当，某些方面的利益没有得到合理分配，可能会造成项目实施中的困难。

在公司融资方式下，项目的资金结构受制于整个公司的财务状况和筹资能力。资本金结构分析中，需要分析项目资本金的企业自有资金与增加股东的股权投资及股东贷款等准资本金结构。企业将自有资金投资项目长期占用，将会使企业的财务流动性降低。同时，项目投资导致增加借款负债，使企业的资产负债率上升。企业使用自有资金作为资本金投资新项目，其投资额度受到企业自身财务资源的限制，当企业的自有资金不足时，需要股东增加投资，补充公司资本金。

3. 债务资金结构

债务资金结构分析中需要分析各种债务资金的占比，包括负债的方式及债务期限的配比。合理的债务资金结构需要考虑融资成本、融资风险，合理设计融资方式、币种、期限、偿还顺序及保证方式。在债务期限配比方面，项目负债结构中，长短期负债借款需要合理搭配。短期借款利率低于长期借款利率，适当安排一些短期融资可以降低总的融资成本，但如果过多采用短期融资，会使项目公司的财务流动性不足，项目的财务稳定性下降，会产生过高的财务风险。如大型基础设施工程负债融资应当以长期融资为主。长期负债融资的期限应当与项目的全生命周期相协调。

在境内外借贷所占比例方面，对于借款公司而言，如果贷款条件一样，使用境外借款或国内银行外汇贷款并没有明显区别。境内外借贷的所占比例主要决定于项目使用外汇的额度，同时可能主要由借款取得的可能性及方便程度决定。但对于国家外汇管制而言，由于有境外贷款流入，国家的总体外汇收入增加，项目使用境外贷款相对于使用国内银行的外汇贷款，对于当期的国家外汇平衡有利，但对于境外贷款偿还期内的国家外汇平衡会产生不利影响。项目投资中如果有国外采购，可以附带寻求国外的政府贷款、出口信贷等优惠融资。

在外汇币种选择方面，不同币种的外汇汇率总是在不断变化。如果条件许可，项目使用外汇贷款需要仔细选择外汇币种。外汇贷款的借款币种与还款币种有时可以不同，通常主要应考虑还款币种。为了降低还款成本，选择币值较为软弱的币种作为还款币种。这样，当这种外汇币值下降时，还款金额可以相对降低。当然，币值软弱的外汇贷款利率通常较高，这就需要在汇率变化与利率差异之间做出预测权衡和抉择。

（五）融资风险规避方案

风险是指在一定条件下和一定时期内可能发生的各种结果的变动程度。风险是事件本身的不确定性，具有客观性。风险的大小随时间延续而变化，风险从项目管理的角度可以理解为一旦发生就会对项目造成损失的潜在威胁，也可以理解为对项目全过程可能产生不确定性影响。风险是一种可能性，一旦成为现实，就是风险事件。风险事件后果对于项目可能有利，称为机会；也可能不利，称为威胁或损失。

项目融资方案策划中的风险分析，要分析项目的资金筹措过程可能遇到的各种风险，以及项目的融资方案对其投资经营活动可能带来的各类风险。通过全面系统的风险识别和分析，为项目融资的风险分散、风险管理提供依据。资金筹措风险，包括资金能否及时到位、项目资本金来源是否充足、股票债券等方式融资的审批、募集等风险、银行贷款承诺能否兑现、还款来源有无保障、贷款是否能够按期还本付息的信用风险，以及外汇和利率风险等。利率风险指在项目的经营过程中，由于利率变动直接或间接造成项目价值降低或收益减少的风险，主要表现在资本的筹集和运营过程中，如投资方进行长期融资借款时利率较高，而后利率下降造成机会损失。

1. 资金供应风险

资金供应风险是指融资方案在实施过程中，由于资金不落实或不能及时到位，建设工期延误，工程预算超支，致使原定投资效益目标难以实现的可能性。造成资金供应风险的主要原因包括：

(1) 投资者由于各种原因不能兑现已承诺的出资。

(2) 预定发行股票、债券的计划不能落实。

(3) 既有企业法人无力按预定计划出资。

(4) 金融机构无力或不愿提供已承诺的贷款。

资金供应风险的出现，可能是由于预定投资者或贷款人自身的出资能力或资信状况存在问题，可能由于相关国家的政治、经济、法律等环境发生不利变化，也可能由于国际政治、经济形势发生不利变化。因此，为了防范资金供应风险，在融资方案设计阶段，应对这些情况进行深入细致调查、分析和评价。

2. 再融资风险

项目的各项费用和效益现金流量往往都是预测值。在实际实施过程中，由于外部政策、经济环境的变化或内部情况的变化，可能会发生包括市场变化、技术变更、设计变更甚至预定出资人变更等情况，致使费用超出预测值，需要增加融资，即在项目的实施过程中进行再融资。然而，项目再融资时，有可能得不到资金且资金成本可能会上升。生命期长、投资额大的项目，这一问题将更为突出。

为了应对再融资风险，在制订融资计划时，应按照配比原则，为长期资产考虑长期融资，为短期资产考虑短期融资。而对于永久性流动资金，即不受产量波动影响而在项目全生命期中持续占用的流动资金，也应考虑长期融资。应考虑备用融资方案，主要包括项目公司股东的追加投资承诺，贷款银团的追加贷款承诺，银行贷款承诺高于项目计划使用资金数额，以取得备用的贷款承诺。融资方案设计中还要考虑在项目实施过程中追加取得新的融资渠道和融资方式。

3. 利率风险

利率风险指在项目实施过程中，由于利率变动导致资金成本上升，从而使项目遭受损失的可能性。在项目实施过程中，由于国际、国内宏观经济环境的变化，利率可能发生变化，致使项目资金成本发生变动。如果采用浮动利率贷款，项目的资金成本随未来市场利率的变化上升或下降；如果采用固定利率贷款，则未来市场利率下降时，项目的资金成本不能相应下降，从而使相对资金成本上升。为了防范利率风险，在制订融资计划时，如果预计市场利率处于下降的趋势，应考虑以浮动利率贷款；如果预计市场利率处于上升的趋势，应考虑以固定利率贷款；如果预计金融市场利率变动无常，没有规律可循时，则应考虑以浮动利率贷款。如决定采用浮动利率，应考虑在未来的贷款协议中向贷款方声明，在整个借款期间，保留随利率上扬依次将浮动利率调整为固定利率的机会，以避免利率再次上扬而遭受利息损失。

4. 汇率风险

汇率风险指汇率变动给项目造成损失的可能性。在国际金融市场上，各国货币的比价时刻处于起伏变动之中。对于使用外汇借款的项目，未来还本付息的支出将会随之起伏，而有外汇收入的项目，收入也将会随之波动。为了防范汇率风险，对于涉及较大外汇借款或收入的项目，在制订资金筹措计划时，应对人民币汇率走势和相关外汇币种的汇率走势进行预测分析，以确定借用何种外汇币种及采用何种外汇币种进行结算，或者可以通过外汇掉期业务转移汇率风险。

5. 现金性融资风险

现金性融资风险指企业在特定时点上，现金流出量超出现金流入量而产生的到期不能偿付债务本息的风险，是由于现金短缺、债务的期限结构与现金流入的期间结构不相配套引起的，是一种支付性风险。其基本特征包括：

(1) 属于个别风险，表现为某一项债务不能即时偿还，或者是某一时点的债务不能即时偿还。这种风险对企业以后各期的融资影响不是很大。

(2) 属于支付风险，与企业收支是否盈余无直接关系。企业的支出中有些是不付现的，而企业的收入中有些在当期也不能收现。因此，即使收支相抵有盈余（即有利润），也并不等于企业有现金净流入。

(3) 由于理财不当所引起现金性融资风险，表现为现金预算与实际不符而出现支付危机，或者由于融资结构安排不当而引起的现金性融资风险。因此，作为一种暂时性的偿债风险，只要通过合理安排现金流量和现金预算即能回避，而对所有者收益的直接影响不大。

6. 收支性融资风险

收支性融资风险指企业在收不抵支情况下出现的不能偿还到期债务本息的风险。按照“资产＝负债＋权益”的会计平衡公式，如果企业收不抵支即发生亏损，减少企业净资产，从而减少作为偿债保障的资产总量。在负债不变情况下，亏损越多，以企业资产偿还债务的能力也就越低。终极的收支性财务风险表现为破产清理后的剩余财产不足以支付债务。其基本特征包括：

（1）属于整体性风险，即对全部债务的偿还都将产生不利影响，与某一具体债务或某一时点的债务偿还无关。

（2）收支性风险不仅仅是一种支付风险，而且意味着企业或项目经营失败，即处于收不抵支的破产状态，因此这种风险不仅源于理财不当，而且主要源于经营不当。

（3）收支性风险是一种终极风险，一旦出现收不抵支，企业债权人的权益将很难得到保障，而作为企业所有者的股东，其承担的风险及压力更大。

（4）一旦出现此类风险，如果企业不加强管理，企业的再融资将面临很大的困难。当出现收支性融资风险时，需要进行债务重组等方式进行化解。

三、项目投融资策划咨询的核心理念及基本原则

（一）项目投融资策划咨询的核心逻辑

工程建设项目的投融资策划咨询，是一项专业性很强的智力活动，并遵循特定的核心逻辑，主要包括以下五项内容。

1. 战略必要性

工程建设项目的投融资策划咨询活动，其切入点是工程建设所依托的战略规划背景。投融资策划咨询活动非常强调基于战略规划层面的逻辑思维，以确保工程建设活动具备战略必要性。离开战略规划的背景分析，具体工程建设方案的投融资策划将会失去其存在的战略基础。战略思维应该贯穿工程建设项目投融资策划分析的整个过程，确保工程投融资方案符合战略必要性的要求。

2. 经济合理性

工程建设项目的投融资活动本质是经济资源的优化配置活动。因此，经济合理性是判断工程项目投融资方案是否可行的根本基础。这里所谓经济合理

性，不仅体现为项目投资的财务盈利能力，更强调从经济社会资源优化配置的角度，判断工程建设活动需要付出的各种代价，以及工程项目能够为经济发展和社会公众所带来的利益。经济价值是决定工程方案财务价值的重要基础，同时也是对工程项目进行投资方案和融资方案策划的重要判断依据，是判断工程方案财务可行性及投融资风险的重要依据。经济可行性应成为项目投融资方案策划的核心逻辑思维准则。

3. 财务可负担性

工程建设项目的经济费用效益流量和财务现金流量往往存在差异，尤其是对存在公共性及外部性的基础设施项目而言，经济费用和效益与其所对应的工程建设的财务成本和收益往往存在差异。但总体而言，在市场经济机制比较完善的投融资体制环境下，随着投融资相关政策的调整和完善，工程建设项目的财务价值和经济价值趋于一致，在经济上具有合理性的项目往往也具备相应的财务盈利能力。在工程建设项目的投融资方案策划中，除关注项目本身的财务及经济价值之外，还应关注项目相关方在项目投资运营活动中所获得的收益及所承担的财务负担。项目相关参与主体的财务可负担性成为投融资策划咨询需要特别关注的核心问题。尤其对需要政府财政资金投入的基础设施项目而言，如何减轻当地政府的财务风险，确保具备财政承受能力及财务可持续性，避免出现财务支付风险，成为工程建设项目投融资方案策划必须关注的核心问题。

4. 商务可运营性

对于具备战略层面的必要性，能够带来可接受的财务及经济价值，以及项目参与各方能够实现财务可负担性的建设项目，其投融资方案是否可行，还取决于能否策划出具有现实可操作性的商业模式。商业模式的策划是工程建设项目投融资方案策划的一项核心任务。要通过商业方案的实际运作，确保能够较好地实现项目本身所具备的内在经济及财务价值，并且能够确保项目各参与主体能够获得理想的投资回报，能够实现财务的可负担性，规避相应的财务风险。因此，商务可操作性成为判断工程建设项目投融资方案策划咨询质量的一项重要依据。

5. 管理可实现性

对于战略规划合理、财务经济可行，且具备商务可操作及财务可负担性的工程建设投融资策划方案，还应具备管理层面的可实现性。要根据投融资参与主体的具体特点、专业管理能力、投融资资源的整合能力、项目治理能力等因素，对工程建设投融资组织模式、人力资源配置模式、投融资管理能力建设方案、体制机制及管理制度建设等提出专业策划咨询意见及风险管理行动计划，确保投融资策划各项目标的实现。

（二）投融资策划咨询的基本原则

工程建设项目投融资策划咨询业务的专业性要求很强。为了确保高质量地完成专业策划咨询服务，在坚持各种核心逻辑价值取向的基础上，还应遵循一系列基本的工作原则。概括起来包括以下内容。

1. 目标导向原则

投融资策划咨询必须坚持目标导向。工程建设活动的预期目标可能会体现出多维度的特征，包括工程目标、财务目标、经济目标、社会目标、生态环境目标等，这些目标之间可能还存在一定冲突，而且不同的利益相关群体对目标诉求存在很大差别。项目投融资主体可能会重点关注财务目标，但如果不兼顾其他目标的实现，财务目标的实现也会面临挑战。应坚持目标导向，兼顾多重目标，通过科学策划实现多维预期目标。

2. 战略思维原则

工程建设项目的投融资策划强调要坚持战略思维原则，不仅要考虑微观层面的工程活动具体内容，而且要考虑长远的战略性目标导向，考虑工程建设所处的产业、区域及宏观环境，包括投融资环境，政治、经济、社会、环境等因素，强调战略层面的宏观思维，强调项目产出的直接影响、间接影响和宏观影响效果，研究战略规划及政策环境对项目融资的支持程度，为项目投融资方案策划指明方向。

3. 系统优化原则

工程建设投融资活动的方案策划是一个系统性工程，同时也是整个项目综合性方案策划及社会经济大系统谋划中的一个子系统构建问题。坚持系统导向的工作原则，强调不能孤立地、片面性地去看问题，要利用系统论、信息论、控制论的思维方法，对投融资方案进行全面、系统、深入的专业策划，确保系统总体功能实现最优。

4. 独立客观原则

投融资策划咨询活动要坚持专业性，尽可能避免个人主观因素的影响，坚持独立、客观、科学、可靠的行为准则，发挥专业咨询对投融资实践活动的指导作用，体现咨询服务的专业价值。

5. 利益均衡原则

工程建设项目的投融资方案策划，需要综合分析和系统研究项目参与各方的利益诉求，强调要坚持利益均衡原则，努力做到兼顾政府、企业、社会公众、资金供求各方、投资和融资各参与主体的利益，进行相关方分析，权衡各方利益，制订各方参与项目投融资活动的行动计划，为投融资策划方案的可持续实施奠定基础。

6. 比选择优原则

工程建设项目的投融资策划，要根据工程建设项目所处的经济社会资源环境条件、项目建设的政策及规划背景、工程建设方案的技术经济特征等因素，进行多方案的策划和比选论证，综合考虑风险和收益等多种因素，提出相对较优的推荐方案。

7. 积极稳健原则

工程建设项目投融资方案的策划，既要坚持积极正向的思维导向，努力创造条件实现更高目标，同时又要确保投融资策划方案的稳妥可靠。不能不顾客观条件盲目追求更高目标，在多目标的协调平衡中探寻可接受的次优方案。

8. 动态优化原则

工程建设活动所处的外部环境一直处于不断变化之中。工程项目投融资方案的策划，是对未来拟实施的工程投融资活动所进行的系统性谋划，是着眼未来的行动计划，其具体执行会受到多种不确定性因素的影响，因此不能局限于静态的思维模式，要坚持动态视角，理性预测未来可能出现的情况，通过对各种变量的合理预测，优化工程建设项目的投融资方案，进行动态调整及监测管理，制订针对各种情况的应急预案及专项行动计划，以适应未来动态变化的情景。

9. 风险可控原则

工程建设项目投融资方案的实施，面临着各种风险因素，包括宏观及微观等不同层面的不确定因素，并对拟建项目的各种目标实现产生重要影响。因此，投融资方案的策划，必须包括对风险因素的识别、分析和评价，提出风险管控的具体方案，确保投融资方案能够实现风险可控。

10. 现实可行原则

工程建设项目投融资方案的策划，是一项实践性很强的专业活动。最终所提出的策划方案，是进行投融资决策的重要依据，同时也是投融资实践活动的行动计划。因此，现实可行性是体现投融资策划方案专业价值和现实生命力的基本判断标准。离开了现实可行性，投融资策划方案将失去其存在的价值，相关的专业咨询服务也失去了其存在的必要性。因此，根据项目所处客观环境条件及其自身的技术经济特征，研究提出切合实际的投融资方案，是投融资策划咨询的生命线。

第二章

工程建设投资项目策划

策划包含筹划、谋划和计划等内涵，是在特定的战略意图指引下，在对指定对象内外部环境充分调研分析的基础上，按照科学的原则和方法，勾勒出的行动方案。本章研究的投资项目策划主要是战略性、全局性、方向性的策划，不涉及具体的投资可行性研究；按照战略构想和策划对象的不同，可划分为区域性投资项目策划、产业型投资项目策划、创新型投资项目策划和企业投资项目策划。

第一节　区域及产业发展项目策划

一、区域发展及投资策划

区域经济社会发展需要科学合理的区域战略引领，而区域战略的落实需要区域政策、区域规划和重大投资项目策划支撑。对区域投资环境和发展状况的分析，是制定合理可行的区域发展战略的前提。区域投资环境分析通常侧重于一般性的现状分析，目的是初步了解区域经济社会的全貌。区域发展状况分析侧重于纵向和横向的对比分析，目的是找准区域发展的战略定位，在此基础上制定符合实际的区域发展战略。

（一）区域投资环境分析

区域投资环境指影响投资项目全生命周期活动的各种外部因素的集合，按照组成要素可以划分为政治环境、经济环境、社会文化环境、自然资源环境、区位条件等；按照物质形式可以划分为软环境和硬环境，软环境如政治法律、经济发展、社会文化等，硬环境如基础设施、区位条件等；按照国别可以划分为国内投资环境和国际投资环境；按照分析层次可以划分为宏观投资环境、中观投资环境和微观投资环境等。

1. 投资环境常用评价方法

（1）等级尺度法。等级尺度法由美国学者罗伯特斯托伯提出，评价维度包括资本外调的限制、外资股权占比限制、国外企业和本国企业待遇一致性、本币币值稳定性、政权稳定性、关税保护意愿、资本便利性、近五年通货膨胀率等八个方面，每个维度下设置 5～7 个打分项，并赋予不同的分值，总分值为 100 分。

（2）要素评价法。要素评价法由香港中文大学闵建蜀教授在等级尺度法基础上提出，分为多因素评价法和关键因素评价法。多因素评价法侧重于一般性评价，关键因素评价法侧重于专项性评价。

多因素评价法所评价的要素包括政治环境、经济环境、财务环境、市场环境、基础设施、技术条件、工业基础、法律制度与法制、行政机构效率、文化环境和竞争环境等 11 个因素。

关键因素评价法是从投资项目的具体目的出发，按照多因素评价的方法和步骤进一步挑选对投资目的构成影响的关键因素，并进行打分，分值范围在 11～55 分之间，分值越高，代表投资环境越好。

（3）“冷热”分析法。“冷热”分析法由美国经济学家伊尔·A. 利特法克和彼得·班廷提出，将投资环境评价分为 7 个因素，分别为政治稳定性、市场机会、经济发展和成就、文化的一元化、法令阻碍、实质障碍、地理及文化差异，每个因素有特定的内涵，并将有利的因素评价为“热”、不利的因素评价为“冷”。

2. 区域投资环境评价

区域投资环境主要针对国内各区域而言，并按照组成要素划分进行指标分析。

政治环境。国内各区域的政治环境，主要是政府部门服务意识、政策连续性及行政廉洁性等。政府部门服务意识可以通过走访政府主要领导及各职能部门、本地企业特别是小微企业等获取评价信息。政策连续性指政策调整程序是否公开、公平、公正。行政廉洁性指执政是否严格、透明、公正。

经济环境。经济环境的宏观环境指标包括经济发展阶段、经济增速、通货膨胀率、固定资产投资、社会消费品零售总额等；中观环境包括产业结构及区域分布情况、各产业规模以上工业增加值情况、各产业固定资产投资情况等；微观环境指标主要指基础设施发展水平，包括交通基础设施、通信基础设施、水、电、燃气等。

社会文化环境。主要指标包括价值观念、宗教信仰、消费习惯、教育程度等，社会文化分析涉及企业应该采取何种策略组织施工、设计产品、营销宣传等。

自然资源环境。主要是区域内矿产资源、土地资源、水资源、气候环境等。自然资源影响着区域内产业分工布局，是区域生产力的重要组成部分，依据不同产业对自然资源的需求情况，分析的侧重点各有不同，如农业的发展需要适宜的土壤、水资源及气候等条件的支持。

区域条件。主要依据区域地理位置、自然资源、发展状况等比较优势，从大区域的角度研判本区域的投资环境、发展定位、产业选择等。

（二）区域发展状况分析

区域发展状况分析是对区域发展的当前现状及未来发展潜力进行分析，目的是找出发展的优势和不足，进行扬长避短，同时发掘出未来可进行培育的新的经济增长点。

1. 区域发展现状分析

区域发展现状分析的指标包括总量指标、结构性指标和专项指标等。

总量指标包括区域生产总值、规模以上工业增加值、固定资产投资完成额、社会消费品零售总额、进出口额、工业生产者价格指数等。

结构性指标分析是指对三次产业、区域分布、地区主导产业、高技术产业、战略性新兴产业等固定资产投资完成额、规模以上工业增加值、地区生产总值贡献率等进行分析和阐述。

专项指标分析指对研发投入、教育文化投入、基础设施投入等指标进行分析。

2. 区域发展潜力分析

按照现代西方经济理论描述制约经济增长的主要因素是劳动力与人口增长、资本积累、技术进步及管理效能、社会经济制度等。因此，判断一个地区的经济发展潜力主要可以从人口、土地、资本、科技、政策、文化等因素进行。

人口因素主要包括人口增长率、劳动力素质、适龄劳动人口与总人口的数量比等。

土地因素主要是土地总规模、开发现状、未来可供建设使用的土地数量等。

资本因素包括基础设施、建筑物、设备、人均资本等资本积累因素，及影响资本流动因素的多层次资本市场构建情况。

科技因素主要从研发投入、高技术产业及战略性新兴产业对地区生产总值贡献度、高新技术企业数量等方面进行衡量。

政策因素主要从政府与市场边界关系、政策便捷性等方面进行衡量。

文化因素主要从价值观、包容度、文化创新、文化产业发展情况等方面进行衡量。

（三）区域发展战略研究

区域发展战略组成内容包括总体发展战略、部门发展战略及空间发展战略，构成要素包括指导思想、发展目标、重点领域、实施步骤、规划布局、保障措施。区域发展战略对区域内生产要素流向有一定的规制和指引作用，投资机会研究是在遵循要素流向的基础上，科学谋划资本增值的可行方案。

1. 区域发展战略模式

区域发展战略是未来一段时期内区域经济社会发展的行动纲领，其内涵可以从不同角度进行划分。

（1）按空间布局划分。增长极发展战略。指选择区域内投资环境、发展潜力、区位条件、自然资源、产业结构等综合优势较为突出的地区作为重点对象，集中各种要素资源先行发展，并逐步带动区域内其他地区发展。增长极一般具有极化效应和扩散效应。

点轴发展战略。点轴战略是在增长极战略基础上发展起来的，考虑增长极战略具有的极化效应，点轴战略更强调联动整体效应。点轴发展战略的点指培育增长极，轴线一般选择交通主干道线，可以是铁路、公路、河流等。点轴发展战略是区域发展空间布局常用的一种战略模式。

网络发展战略。网络发展战略主要是经济发展较为发达地区采用的一种战略模式，强调多点和多轴联动发展，通过极化效应和扩散效益，使点与点、轴与轴、点与轴等之间建立经济技术合作关系，带动整体区域同步发展。

（2）按重点领域划分。资源导向战略指依托区域内的特色资源进行产品的设计和开发，谋求区域经济发展的方式，较为典型的是旅游资源开发、矿产资源开发等，属于较为初级的经济发展战略。

市场导向战略指以市场需求为导向，谋划区域的发展方向、主导产业、产业布局和空间布局，主要适用于市场经济发展较为成熟的区域，如我国东部沿海地区。

创新导向战略指通过聚集技术、知识、人才、资金等要素资源，谋求产业结构转型升级、培育战略性新兴产业等，以此提升区域内全要素生产率，实现赶超的方式提高区域发展竞争力，主要适用处于经济发展中高级阶段的区域。

（3）按对外合作划分。内向型发展战略指主要依托区域内的资源和市场条件谋划经济发展，强调通过采取一定的政策措施，如贸易保护、财政补贴、信贷支持等，对区域内的幼稚产业进行扶持，主要目的是发展区域内的工业体系，属于工业化初期阶段的一种发展模式。

外向型发展战略指以外部市场需求为导向，建立配套的产业结构、经济组织、经济体系等经济运营体系，通过出口产品参与外部市场分工，创造收入并引进技术、设备、人才等，以此带动区域发展。

2. 国家层级区域战略

针对经济社会发展新形势和国家发展战略目标要求，我国明确提出实施区域协调发展战略，要求各区域着力提升战略联动性和全局性，增强区域发展的协同性和整体性，发展路径上各区域应立足区域实际和主体功能定位要求，充分发挥区域比较优势，努力促进区域间要素自由流动，最终实现区域间分工协作、梯度发展的格局。

在此区域发展战略理念指导下，我国重点实施的五大区域战略包括京津冀协同发展、长江经济带发展、长三角一体化发展、粤港澳大湾区建设和黄河流域生态保护和高质量发展，各大区域在战略目标、发展路径、重点任务等方面不尽相同。

（1）京津冀协同发展。主旨是解决北京“大城市病”，将北京、天津、河北三地作为整体实现协同发展。重点聚焦四个方面：一是疏解北京非首都功能；二是调整优化三地城市布局和空间结构；三是构建现代化交通网络系统；四是扩大环境容量生态空间。

（2）长江经济带发展。主旨是充分利用长江黄金水道，以长三角城市群、长江中游城市群和成渝城市群带动整体区域发展。重点聚焦五个方面：一是强化创新驱动产业转型升级；二是推动新型城镇化进程；三是构建东西双向、海陆统筹的对外开放新格局；四是推进一体化市场建设；五是提升区域内基本公共服务的整体水平。

（3）长三角一体化发展。主旨是将长三角城市群建设成为面向全球、辐射亚太、引领全国的世界级城市群。重点聚焦六个方面：一是构建适应资源环境承载能力的空间格局；二是创新驱动经济转型升级；三是健全互联互通的基础设施网络；四是推动生态共建环境共治；五是深入融入全球经济体系；六是建立创新一体化发展的体制机制。

（4）粤港澳大湾区建设。主旨是推动粤港澳大湾区一体化发展，使其成为世界级城市群和与美国纽约湾区、旧金山湾区和日本东京湾区相比肩的世界四大湾区之一。重点聚焦四个方面：一是充满活力的世界级城市群；二是具有全球影响力的国际科技创新中心；三是“一带一路”倡议的重要支撑；四是内地与港澳深度合作示范区，宜居、宜业、宜游的优质生活圈。

（5）黄河流域生态保护和高质量发展。主旨是保护黄河流域生态环境，促进沿黄河地区经济高质量发展。重点聚焦十一个方面：一是加强上游水源涵养能力建议；二是加强中游水土保持；三是推进下游湿地保护和生态治理；四是加强全流域水资源节约、集约利用；五是全力保障黄河长治久安；六是强化环境污染系统治理；七是建设特色优势现代产业体系；八是构建区域城乡发展新格局；九是加强基础设施互联互通；十是保护传承弘扬黄河文化；十一是补齐民生短板和弱项。

（四）区域投资项目群策划

区域投资项目群策划是在发展战略和规划的指导下对投资项目的概念性策划，重在研究适合区域经济社会发展要求的投资方向，以重大基础设施、重点产业等区域布局为主导。

1. 项目策划要点

体现政府的战略意图。策划项目除遵循总体规划和各专项规划的战略要求外，还要充分了解政府有关区域发展的各项政策和战略部署，以及对政府主要领导和各职能部门访谈有关区域发展的意见设想。

重视投融资规划工作。对各类项目的投融资主体、建设规模、资金来源渠道及主要融资工具、建设进度、土地支持计划等应制订初步方案，并重视整体的资金平衡预算工作。

2. 项目策划方向

以市场需求为导向策划项目。通过了解国际国内、区域内外市场主要产品的需求信息，研究区域生产相关产品的可能性，并进行相关项目的策划。

以区域特色为依托策划项目。指依托区域内资源禀赋和特色产业，在产业链上下游延伸、产业结构调整、产业补短板等方面策划项目。如矿产资源型城市在资源初加工基础上，谋求产业转型，策划高附加值的产品项目。

以创新发展为目标策划项目。通过了解国家重大创新战略，以及区域内外高校、科研院所、企事业单位等最新研究动向，分析相关技术产业化及提供配套支持条件的可行性，在此基础上进行项目策划。

以国家政策为指引策划项目。指关注国家产业政策、区域政策及国际产业转移等带来的产业承接机会，并主动策划项目，对接相关企业，争取产业项目实际落地。如中西部地区承接东部沿海地区产业转移，东部沿海地区承接国际产业转移。

二、产业发展及投资策划

从投资策划的角度研究产业发展，主要是针对特定区域而言，投资主体可以是政府或企业，政府作为投资主体主要关注主导产业选择及布局问题，企业作为投资主体主要关注投资某个产业的可行性及前景问题，二者共同点是产业选择问题。研究产业选择，需要对产业发展的内外部环境、产业发展现状及合理可行的产业发展战略进行分析。

（一）产业发展环境分析

产业发展环境是对影响产业形成和发展的各种外部因素进行分析，按照组成内容划分，主要包括政策环境、区位条件、金融环境等。

1. 政策环境

指对与产业发展相关的产业政策和产业所在区域的配套支持政策等进行分析，如新一代信息技术产业相关的政策有国家信息产业发展规划、特定领域产业发展行动计划、工业互联网发展行动计划等。政策环境分析的意义在于国家通常在政策条文明确了产业发展的方向、重点任务及财政、金融、土地等配套措施安排，即产业政策揭示了下一步产业发展涉及的各种资源要素的主要流向。

2. 区位条件

区位条件主要是从运输成本等角度考察获取产业发展涉及的上游主要原材料、零部件等及下游应用产品制造直至投放消费市场的成本效益问题，如制造业通常选择距离上游钢铁厂较近的区域布局、软件业通常选择在经济较为发达的区域布局。产业的区位选择是综合权衡的结果，不仅需要考虑运输成本，还需要考虑人力成本、土地成本、环保成本及生活成本等。区位条件的影响因素包括地理位置、劳动力、自然资源、产业集聚、基础设施等。

3. 金融环境

产业的形成发展离不开金融资本的支持，理想状况下，金融资本会流向具有发展潜力、附加值高的产业，而落后的、附加值低的产业会被金融资本摒弃。因此，良好的金融环境有利于产业战略的实施。广义上，构成金融环境的组成要素包括政策法律体系、宏观经济发展状况、要素价格的市场形成机制、金融业发展水平等；狭义上，构成金融环境的组成要素包括金融业政策、金融机构、多层次资本市场等。

（二）产业发展现状分析

1. 产业发展分析理论模型

（1）产业周期理论。产业周期是指产业由产生到消亡的整个过程，一般分为初创阶段、成长阶段、成熟阶段和衰退阶段等，识别产业周期阶段的目的是便于政府和企业制定科学合理的发展战略。产业周期分析的主要指标包括市场规模及增长率、厂商数量及竞争程度、产品差异化程度、行业技术变革、消费人群购买行为及增长潜力等。

（2）竞争力模型。竞争力模型是由美国哈佛大学商学院教授迈克尔波特提出，亦被称为波特五力模型或五力竞争模型，波特将决定行业竞争规模和程度的因素归纳为五种力量，分别是现有竞争者的竞争能力、潜在竞争者进入的能力、替代品的替代能力、供应商的讨价还价能力、购买者的讨价还价能力。竞争力模型主要是一种分析行业竞争力的理论模型，意义在于搭建产业经济学链接管理学的桥梁，蕴含的企业竞争战略思想包括成本战略、差异化战略和集中发展战略。

（3）SCP 分析模型。SCP 分析模型指结构—行为—绩效模型，由美国哈佛大学产业经济学权威专家乔·贝恩、谢勒等人提出，基本逻辑是市场结构决定企业行为，而企业行为影响着整个市场的绩效。

运用 SCP 分析模型进行产业分析时，首先要先对产业供求方的基本情况和政府政策进行分析；市场结构分析指标包括厂商和消费者数量、产品差异化、市场进入壁垒、上下游产业联系、技术种类等，市场竞争的一个重要衡量指标是市场集中度，经济学一般将市场结构划分为完全竞争、完全垄断、寡头垄断、垄断竞争四种类型；市场行为主要指企业的技术创新战略、投资战略、产品设计战略、营销战略、定价策略及政府的产业发展战略；市场绩效指产业发展的最终经济成果，包括资源配置效率与 X 非效率（指在垄断企业的大组织内部存在着资源配置的低效率状态）、规模经济与行业结构效率、技术进步、对宏观经济增长贡献值等。

2. 产业发展现状分析指标

产业发展现状分析通常包括总体、结构、技术、成效四个方面。

（1）总体情况。主要分析产业发展历程、市场规模及增长情况、国际贸易情况等。

产业发展历程主要从产业的市场表现、政策演进等进行分析。

市场规模及增长情况指对现阶段产业的市场总体规模及增长情况进行分析。

国际贸易指对产业涉及的原材料（大宗商品）价格波动、产业技术管制、最终产品进出口贸易等情况进行分析。

（2）结构。主要从组织结构、产品结构、消费者行为结构等方面进行分析。

组织结构指产业垄断竞争情况，主要关注市场集中度指标及产业内龙头企业的发展情况。

产品结构指主要产品类别及价值构成，分析面包括产业链上、中、下游。

消费者行为结构指消费者人群的年龄、性别、学历、收入等结构占比情况。

（3）技术。主要是对产业涉及的核心技术及变革情况进行分析，关注核心技术引进或模仿的可能性，以及创新技术所处的研发阶段。

（4）成效。是对产业发展带来的经济社会发展影响进行分析，包括对宏观经济增长的贡献情况、对产业整体经济效益的提升情况、对社会就业的带动情况、对资源环境的改善情况等。

（三）产业发展战略研究

产业发展战略是针对区域产业选择、培育、发展、升级、退出等过程作出的部署和安排，早期比较成型的战略有平衡发展和非平衡发展、进口替代和出口替代、重工业优先、轻工业优先等，这里主要介绍现阶段较为典型的比较优势战略、“赶超”战略、主导产业选择战略。

1. 比较优势战略

比较优势理论最早由大卫李嘉图在研究国际贸易的分工与协作中提出，将比较优势理论应用到产业选择方面的代表人物是经济学家林毅夫。

产业选择的比较优势战略发展路径类似迈克尔·波特提出的国家发展四个

阶段，即生产要素导向阶段、投资导向阶段、创新导向阶段和财富导向阶段。具体来讲，在发展初期，由于发展中国家缺少资本、技术，应优先发展资源密集型产业，随着劳动力素质的提升，开始转向劳动密集型产业，等到积累足够的资本，开始转向资本密集型产业，进一步随着人才、资本、技术积累到一定程度，开始转向技术密集型产业。

2. 赶超战略

比较优势战略遵循的发展路径是渐进性的，对于一个封闭的经济系统而言较为适用，但随着世界经济一体化进程的快速推进，这种发展战略总是会受制于人，且一直处于产业链、价值链的低端位置，牺牲了本国的劳动力、资源及环境。

早期的赶超战略强调工业化进程的跨越式推进，主要通过对农业部门的“剪刀差”，强行实施具有代表性的重工业优先战略和进口替代战略，我国在工业化初期主要采用这种发展路径。赶超战略随后主要基于信息技术变革和全球产业链分工协作给发展中国家带来的现实困境提出，即发达国家把研发、设计等技术含量高、利润空间大的环节通过知识产权保护等手段牢牢控制在本国，而将代工等对资源、环境等损耗较大的低端生产环节转移至发展中国家，导致发展中国家很难真正享受到全球化带来的发展红利。因此，当前的赶超战略主要强调通过自主创新掌握核心技术，培育发展新兴产业，主导产业链的高技术含量、高附加值环节，如我国大力发展的战略性新兴产业。

3. 主导产业选择战略

主导产业选择理论的代表性成果包括美国经济学家艾伯特·O. 赫希曼提出的产业关联理论、罗斯托提出的经济增长理论及日本产业经济学家筱原三代平提出的主导产业选择准则理论。

产业关联理论。艾伯特·O. 赫希曼主要对工业化进程中各个产业关联度的实际表现进行研究，研究结论表明，产业之间存在着关联效应，即任何产业都不能脱离产业链独自存在，关联度越高的产业对经济增长的贡献值越大，认为发展中国家在工业化进程中，应优先选择关联效应较高的产业作为主导产业，以此带动其他产业的发展。

经济增长理论。罗斯托在产业关联理论的基础上进一步研究了主导产业部门的特征，包括技术变革快、市场增长率高、带动能力强等。罗斯托认为随着现代社会分工和协作的纵深前进，主导部门选择应该是综合体的概念，并对主导部门综合体的带动能力进行归纳，包括前向效应，指能够带动产生新的产业；后向效应，指能够带动提供投入品的相关产业发展；旁侧效应，指对地区经济社会发展带来的影响，包括产业结构调整、城镇化建设等。

主导产业的选择准则理论。筱原三代平对主导产业选择提出了两个准则，包括需求的收入弹性准则和生产力提升率准则。需求的收入弹性准则指主导产业应选择随着国民收入提升，产品消费需求提升快的产业，即产品的需求收入弹性大，如电子消费品产业；生产力提升率准则指主导产业应选择技术含量高、革新快、利润率高的产业。

4. 产业投资项目群策划

产业投资项目群策划是在区域产业发展战略和有关产业发展理论的指导下，对能够带动区域产业结构调整、推动产业结构高级化的产业进行研究，主要方向包括：

（1）传统产业改造升级。传统产业改造升级的主要方向是信息化、智能化、智慧化，即通过技术改造、“腾笼换鸟”等方式将处于产业链低端、附加值较低的产品转换成技术含量高、附加值高的新产品，如矿产资源较为丰富的城市，将矿产资源权属收归国有后，逐步淘汰传统的粗加工、附加值低的加工品，并引进科研院所、高技术企业等，通过签订供销合同、合作经营等方式，策划具有高附加值的产品项目。

（2）新兴产业布局。指实施赶超战略的地区，遵循主导产业选择理论的指引，培育布局具有技术含量高、联动效应强等特征的战略性新兴产业。如江西省发展新能源汽车行业，上游三元材料、磷酸铁锂动力电池等依托赣州、宜春、上饶、抚州、新余、赣江新区进行布局；中游新能源汽车整车制造集群依托上饶、赣州、九江和赣西（宜春、萍乡）四个片区进行布局；下游应用端智能网联汽车试点依托南昌、上饶、赣江新区等产业基础好的地区进行布局。

第二节　创业驱动及企业发展项目策划

一、创新驱动及投资策划

迈克尔波特将国家经济发展划分为生产要素导向、投资动向、创新导向和财富导向四个阶段，并提出推动各阶段形成的动力是竞争引起的创新。我国经济发展受制于人口、资源及环境的约束，传统依靠投资和要素驱动的方式难以为继，因此亟须通过创新驱动的发展路径提高全要素生产率。

（一）创新驱动内涵及国家战略

1. 创新驱动内涵

美籍奥地利政治经济学家约瑟夫熊彼特率先提出的“创新理论”体系，重点强调生产技术的革新和生产方法的变革在推动经济社会不断向前发展的独特作用。约瑟夫·熊彼特认为，创新是将生产要素和生产条件进行重新组合并引入到生产过程中，而创新的主体就是经济活动中的企业家，正是企业家不断追求最大限度地获取超额利润，才能推动经济发展不断进行创新。约瑟夫·熊彼特关于创新的五种类型可以归纳为产品创新、技术创新、市场创新、资源配置创新及组织（制度）创新。

学术界关于熊彼特的创新理论体系引发的重要启示包括：

（1）企业家，包括创新型人才是经济发展过程中进行创新活动的绝对主体，首先，企业家需要在激烈的市场竞争中不断推陈出新，才能始终保持优势地位，不被市场所淘汰；然后，企业家依靠灵敏的市场嗅觉可以获取价值创造的有效信息，并能迅速进行生产调整。

（2）经济结构调整是有序进行的，而不是破坏性的；约瑟夫·熊彼特特别强调：“试图无限期地维持过时的行业当然没有必要，但试图设法避免它们一下崩溃却是必要的，也有必要努力把一场混乱—可能变为加重萧条后果的中心—变成有秩序的撤退”；这一点对于我国正在开展的创新战略有现实的指导意义，即各区域应在国家统一指挥下，依据实际发展情况进行创新活动，而不是将传统产业一概否定。

(3) 重视创新生态体系的建立，创新的业务链条包括基础研究、应用技术、试验发展、成果转化、产业孵化等，机构组织包括政府、科研院所、企事业单位、风险投资机构、产权交易平台、中介组织等。因此，政府应该注重打造创新的生态体系，包括制定创新支持政策、构建公平的市场竞争环境、培育风险投资行业和中介组织机构、发展多层次资本市场体系、保护知识产权等。

2. 创新驱动的国家战略

面对资源驱动、投资驱动的传统发展方式受人口、资源、环境约束的增长空间日益受限的困境，以及对国内经济社会发展阶段、国际政治经济变化趋势的科学研判，我国将创新战略摆在经济社会发展全局的核心位置，提出加快建设创新型国家的具体举措，包括基础研究科技创新、应用基础研究科技创新、科技体制机制创新、科技人才队伍建设等方面。

总体来看，我国实施创新战略的主要方向包括：

(1) 创新主体多元化。除企业、高等院校、科研院所等创新主体外，还包括技术研发、成果转化和产业孵化等新型研发机构，以及围绕创新主体开展的包括研发设计、中试熟化、创业孵化、检验检测认证、知识产权等在内的专业化技术转移服务机构。

(2) 创新方式多样化。包括产业技术体系创新、原始创新、区域布局创新、军民融合创新及万众创新等。

(3) 创新要素并重发展。知识、技术、管理、制度等创新构成要素并重发展，尤其强调科技管理体制机制的变革。

(4) 创新友好环境构建。包括公平的市场竞争环境、崇尚创新的文化环境、创新导向的咨询评价体系、政府和资本市场的支持举措等。

(二) 创新驱动的路径及体系分析

一般来讲，创新的路径包括引进消化吸收再创新、集成创新、原始创新和模仿创新四种路径。

1. 创新驱动的路径分析

(1) 引进消化吸收再创新。引进消化吸收再创新是指根据区域和产业发展战略，在市场需求分析的基础上，引进国外先进技术生产相关产品，过程中逐步消化吸收技术的原理直至完全掌握，在此基础上，对引进技术进行再次创新，并生产相应的产品。引进消化吸收再创新在工业化初期是常用的技术创新手段，利用本国的产品市场需求吸引国外的技术入驻，可以快速缩短技术上的差距。

(2) 集成创新。集成创新指创造性地将各种创新因素进行融合，不同于引进消化吸收再创新的单体创新，集成创新是将众多的创新因素进行有机集成，包括技术内部的创新因素集成以创造符合市场需求的产品，及知识、技术、管理、制度等在内的创新要素集成，以提升产品的竞争力。我国的原始创新能力相对较弱，而随着工业化进程的深度推进，与发达国家的技术差距会逐步缩小，核心技术的引进会越来越困难，因此集成创新是我国走创新发展道路的重要路径。

(3) 原始创新。原始创新指创造从未有过的重大理论、科学技术、应用发明等，属于根本性的创新，对基础科学、尖端人才、创新氛围等创新要素的要求很高。原始创新往往能够对经济社会发展、产业结构等带来重大变革，涉及的核心技术也是其他国家重点保护的知识产权，通常是不会对外开放的，因此我国更应该把原始创新作为国家创新战略的重点对象进行培育。

(4) 模仿创新。模仿创新是针对新技术、新产品的模仿创新活动，较为典型的案例如仿制药品。由于发明创造全新的技术或产品需要较大的前期投入、面临的市场风险也较高，往往只有大型企业能够承担相应的费用和风险，而中小企业不具备这样的条件，因此适合采用模仿创新作为企业的创新战略。

2. 区域创新体系构建

区域创新系统的构成要素包括企业家、风险资本、研究机构、政策体系、中介机构等。

(1) 企业家。推动创新的原动力包括需求推动和技术推动两种。相关研究表明，需求推动占据主导地位，而创造需求、发现需求的主体是企业家。因此，在区域创新体系构建中企业家占据非常重要的地位。企业家创新精神的发挥依赖的因素很多，包括内在的和外在的因素，其中内在的因素主要来自企业家自身，外在的因素包括政府和市场的边界划分，如负面清单管理制度，可允许企业家有自由发挥空间；公平的市场竞争环境主要是要素价格的市场机制形成、要素的自由流动等，以及以激励为导向的社会评价体系，包括物质的激励和精神的激励等。

（2）风险资本。创新需要有大量的资金投入，通常失败的风险也很高，单纯依靠企业或财政资金投入，难以可持续进行，因此需要通过风险资本的形式集合全社会的资金进行支撑，且风险资本能够对创新项目进行专业的甄选，有助于提高创新效率。风险资本市场的培育需要有法律环境、财税政策、多层次资本市场等因素的支撑。

（3）研究机构。包括高等院校、科研院所等，通常研究机构较多的区域，创新活动就会比较频繁。研究机构通常能为企业提供创新知识、科学技术等研究成果，是创新活动的重要源泉。研究机构的创新成果需要通过构建政（政府）、产（企业）、学（高等院校）、研（科研院所）、资（资本）一体化机制才能有效发挥。

（4）政策体系。主要指能够对创新活动产生直接影响的政府支持措施，包括金融政策、财税政策、产业政策、土地政策等。政府制定创新活动的政策体系应以引导、激励和评价改进为重点，不能代替企业直接决定创新活动的具体方向、技术路线、产品方案等。

（5）中介机构。现代社会随着分工协作的愈加精细化，经济活动也愈加复杂化，新知识层出不穷。因此，创新活动需要集合多方面的力量才能有效进行。中介机构主要发挥政策参与、技术评价、技术与资本衔接等作用，类型包括工程（技术）咨询机构、会计师事务所、律师事务所、财务咨询公司等。

3. 科技创新项目投资策划

科技创新项目不同于一般的基础设施投资项目或产业类投资项目，主要是技术能否研发成功、能否产业化、最终产品或服务能否为市场接受等都存在较大的不确定性。因此，科技创新项目投资策划重在技术路线选择、市场研判、商业模式选择等，项目类型可以按照科技创新的主要链条包括基础研究、应用技术、试验发展、成果转化、产业孵化等进行区分。

（1）基础研究项目。基础研究侧重于原始创新，是对关键核心技术涉及的基础学科知识、技术路线等进行深度研究，目的是提出核心技术创造的理论方案。基础研究项目适合在知识、技术、管理、政策等创新要素积累较为深厚的地区进行，如我国的北上广深、美国的硅谷等，典型的案例如国家实验室、国家重点实验室等。

（2）应用技术项目。应用技术涉及的项目范围较为广泛，在产业梯度较高的地区可以开展新兴产业方面的应用技术研究，如人工智能、大数据等项目，在矿产资源较为丰富的地区可以开展新技术、新材料等方面的应用技术研究，在制造业较为发达的地区可以开展高端装备方面的应用技术研究。应用技术项目一般主要依托高等院校、科研院所等进行研发，类型上可以是共建研究所、技术中心等。

（3）试验发展项目。试验发展项目是对基础研究、应用技术及其他经验类创造成果进行成果转化前检验或技术评估的项目，适合围绕经济发达区域、土地资源相对较为丰富的卫星城市进行谋划，如新能源汽车综合试验场项目、装备试验场项目等。

（4）成果转化项目。指为提高产业水平对符合市场需求的创新研究成果进行产业化前的开发研究，目的是形成新产品、新材料、新工艺等。在国家创新战略的指引下，各区域可以根据本地区域和产业发展状况、区位条件等，策划落地一批能够提升本区域全要素生产率的成果转化项目。

（5）产业孵化项目。指对具备产业化条件的新型技术提供资金、土地、政策等方面的支持，使其能够落地进行产业化生产的项目，主要形式是产业孵化基地，如生物医药孵化基地、高端装备孵化基地、智能制造孵化基地等。

二、企业战略及投资策划

企业发展战略对企业投资项目策划提出了方向和规模上的要求。基于分工协作原理及便于管理考核等目的，企业通常将投资项目按照业务性质、投资方式或业务板块进行类型上的划分，不同类型项目投资策划关注的侧重点不尽相同。

（一）企业战略对投资规划的指导要求

1. 企业发展战略内涵

企业发展战略指为落实企业未来较长时期内发展的愿景、使命、目标等而作出的总体部署安排，一般包括总体战略、业务战略、职能战略。

（1）总体战略。总体战略指围绕企业战略目标制定的具体支撑战略，包括创新战略、国际化战略、多元化战略、专业化战略、并购重组战略等。企业总体战略需要在国际、国内经济社会发展形势分析的基础上，结合企业主要业务所处行业的发展趋势及企业现状、优劣势（SWOT 分析）等进行制定。

（2）业务战略。业务战略是针对企业产品或服务市场竞争力提升的措施安排，按照迈克尔·波特竞争力理论，可分为成本领先战略、差异化战略和集中化战略。

成本领先战略。成本领先战略不同于产品低价恶性竞争，而是基于企业在产品生产过程中具有的特殊优势，如原料、技术、工艺、组织、制度等，努力保持企业生产成本始终维持在社会必要劳动时间内，从而相对其他企业而言，始终能够赚取正常利润或超额利润。

差异化战略。差异化战略指相对其他产品，在设计、外观、技术、质量、销售及售后服务、营销网络等方面打造的产品差异化，企业采取的产品差异化战略最终集中体现在产品品牌上面，如手机产品，市场上企业生产不同的品牌，即使同一企业也会生产许多不同的品牌，目的主要是迎合不同区域的不同消费人群，尽可能在塑造差异化战略的同时占有更多的市场份额。

集中化战略。集中化战略指企业针对特定市场或人群等进行产品的研发、设计和生产或只从事其中的关键环节，如英国的安谋国际科技股份有限公司（Advanced RISC Machines，ARM）公司只专注基于 RISC 技术芯片设计开发，其 ARM 公司芯片技术已渗透至人们生产生活的方方面面，如电子消费产品、工业控制系统、网络通信等。集中化战略本质上属于成本战略或差异化战略的特殊情形。

（3）职能战略。职能战略是在企业总体发展战略和业务发展战略既定的情形下，各职能部门提供的配套支持战略，包括研发战略、财务战略、人力资源战略、营销战略等。

研发战略指对企业既有产品或拟生产的新兴产品在材料、技术、工艺、组织等方面进行的研究和开发。研发战略应根据公司发展战略，设定目标、任务、里程碑事件等。

财务战略指企业对经营、投资和筹资涉及的资金预算进行中长期平衡运用的措施安排。企业财务部门应该配合生产经营部门、投资部门及其他职能部门加强企业资金的统筹应用，提高资金使用效率，并尽可能拓宽企业融资渠道，提高筹资效率，降低筹资成本。

人力资源战略主要指企业的人力资源招聘、人才结构优化、人才考核激励等方面的战略。

营销战略是连接企业产品和消费者之间的桥梁，有助于企业树立良好的品牌形象。营销战略是在充分的市场调研和目标人群的特征分析等基础上制定的。

2. 投资规划的战略指导要求

投资规划是企业对未来一段时间内（通常是3～5年）主业业务板块或拟培育板块的资本性投资作出的总体安排。企业发展战略对投资规划制定的指导要求主要是投资方向和投资规模两方面。

（1）投资方向要求。企业制定的多元化战略、专业化战略、国际化战略、并购重组战略等总体战略规定了投资规划的主要方向，包括投资区域、业务板块、投资方式等，如企业发展战略规划提出了在房地产、物流、金融等业务板块的境内、境外发展要求，则制定投资规划时需要对上述业务、区域等作出安排。

（2）投资规模要求。企业投资的主要目的是形成或新增生产能力，因此投资规模要结合企业生产经营指标及企业实际筹资能力综合制定。如企业发展战略规划提出未来五年期内每年新增某业务板块产品1000件，而根据比例法或类比法确定生产每件产品的新增固定资产投资是1万元，则每年新增投资规模估算是1000万元，而财务部门根据新增产品销售能够产生的资金盈余及内外部能够筹集的资金预计可以满足投资资金要求，则企业年度某业务板块投资规模为1000万元。

3. 企业投资项目策划的组织实施

一般来讲，企业工程投资项目前期策划的主要环节包括背景及行业分析、市场调研、技术方案及投资规模论证、财务可行性论证、风险识别及预防措施制定等。

（1）背景及行业分析。背景分析主要是对宏观经济运行状况的分析，包括国际政治经济运行态势及国内经济增长情况、政策导向、发展趋势等。行业分析是对投资项目所在行业的总体发展情况、主要产品类别、市场竞争格局、行业政策等进行分析。

（2）市场调研。市场调研是对目标市场或特定人群开展的调查研究。市场调研是企业投资项目策划的重要环节，在实际执行中，企业往往忽视企业投资项目策划的重要性或调研开展得不充分，导致项目落地难或产品市场表现不达预期。市场调研按类别划分包括实地调研、文案调研、竞争对手调研等。

（3）技术方案及投资规模论证。技术方案包括企业生产产品拟采用的建筑设计、技术路线、工艺方案、营销策略等，通常企业生产某种产品可以采取不同的技术方案，并对应不同的投资规模。对技术方案及投资规模的论证主要从产品市场份额、技术可行性、资金筹措能力、投资效益等方面进行。

（4）财务可行性论证。主要在财务分析的基础上，论证投资回报率、盈利能力、偿债能力等。投资回报率评价指标包括投资利润率、全投资内部收益率、资本金内部收益率等，盈利能力评价指标包括营业利润率、净资产报酬率、利润现金保障倍数等，偿债能力评价指标包括资产负债率、流动比率、利息支付倍数等。

（5）风险识别及预防措施。主要是从项目全生命周期角度出发，识别可能存在的、影响项目建设运营及投资效益方面的不确定因素，并制定相应的预防措施。风险类别一般包括政策风险、市场风险、融资风险、运营风险等。

（二）企业投资项目策划的主要类型

1. 按照业务性质划分

（1）战略性投资项目。指能够带动企业布局结构调整，实现转型升级发展的投资项目，典型特征是技术含量高、附加值高、市场潜力巨大等。这类项目策划重点主要是战略制定、市场研判、技术路线选择、技术风险识别等，一般不强调短期内的财务效益，注重长远的整体效益。

（2）主业投资项目。指企业较为成熟业务板块的投资项目，投资的主要目的是满足生产经营需要，实现资本的保值增值。企业投资主业项目，相对较为熟悉，在市场、技术、工艺、组织、管理、风控等方面具有较为丰富的经验，因此投资策划的重点是目标市场调研论证、投资规模论证、投资效益分析、投资风险防控等。

（3）非主业投资项目。指企业针对市场上的新兴业务安排的投资项目，投资的主要目的是赚取投资回报，扩大企业利润空间。企业投资项目首要应选择主业投资，在满足主业发展需要的前提下，如投资能力富余，可以选择一些“短、平、快”的非主业项目进行投资，除常规的投资可行性论证外，应特别注重对项目退出机制的安排。

2. 按投资方式划分

（1）固定资产投资项目。指根据企业发展战略和日常生产经营需要安排的工程投资项目，包括新建项目、续建项目、技术改造项目等。固定资产投资项目策划要点和流程相对较为成熟，主要关注区域投资环境分析、产业发展现状分析、产品市场调研、投资规模论证、技术方案选择、营销策划、财务效益分析、风险识别及防控等。

（2）股权投资项目。主要包括财务投资和并购投资，财务投资主要目的是利用闲余资金获取投资回报，通常对被投资企业的生产经营决策活动不构成影响。并购投资更多的是从企业发展战略出发，对目标企业实施兼并或收购，主要目的是实现多元化发展、获得关键技术、控制原材料、规模化发展等，类型包括横向并购、纵向并购和混合并购。企业并购咨询策划要点包括明确投资并购战略、筛选潜在目标企业、开展尽职调查、标的估值、设计交易结构方案、并后整合等。

3. 按业务板块划分

主要基于最终产品类别进行划分，如交通物流板块、金融板块、房地产板块、制造业板块等。企业将业务按板块划分可以使内部分工更为明确，便于企业实施差异化、专业化或集中化业务战略，也有利于知识、技术、经验的积累。按业务板块划分进行投资项目策划，可以按照业务性质或投资方式区分类别并开展研究。

第三节 投资项目策划的尽职调查

一、尽职调查的作用及实施步骤

（一）尽职调查的概念

尽职调查最初起源于英、美、法中的案例法，后来被用于并购、信托、担保等交易中。对于工程建设投融资策划咨询，尽职调查实际上即是项目可行性论证调查，旨在了解目标企业和项目的真实状况，发现被调查方的风险，为投融资决策提供有价值的信息。

工程建设投融资策划咨询尽职调查包括对投融资相关主体的尽职调查和对投融资项目的尽职调查两个维度，融合了商业、财务、技术、法律等多种尽职调查类型，主要内容基本集中在企业基本情况、经营和财务情况、资信情况、产品（服务）的销售及市场情况、技术情况等方面。

（二）尽职调查的作用

尽职调查的作用主要体现在以下三个方面：

（1）识别和控制风险。尽职调查最根本的目的是实现对风险的识别和控制。对风险进行细致分类，并建立识别各类风险的具体方法和目标，通过尽职调查进行考察和判断，减小和避免投融资风险。

（2）发现企业的价值。调查了解企业在经营、管理、财务和信用等方面的信息，并对企业内在价值进行全面评估和考量，从而为决定建立合作关系甚至信用关系提供决策依据。

（3）提高企业竞争力。尽职调查可以挖掘被调查企业的特征，有利于有针对性地改进，从而提高企业经营、管理、风险控制和规范运作的能力，最终促进企业综合竞争力的提高。

（三）尽职调查的步骤

尽职调查可分为准备、执行、总结和报告四个阶段。

1. 准备阶段

该阶段的主要工作是听取目标企业管理层对企业基本状况和项目有关情况的说明，基本了解本次投融资策划咨询的目的，这在一定程度上有助于尽职调查工作的有序安排和开展。

2. 执行阶段

该阶段主要包括确定调查目的及对象、前期资料收集与整理、尽职调查计划拟定、尽职调查人员安排、开展调查并记录、调查小组讨论复核和补充调查等环节。该阶段对后续工作的影响极大，是尽职调查中最为重要的步骤。

3. 总结阶段

在撰写尽职调查报告之前，根据尽职调查计划书中安排的各项事宜及各子项目负责人提交的任务总结报告和文件，梳理调查报告框架。该阶段主要包括汇总资料、资料分析与讨论等环节。

4. 报告阶段

尽职调查报告撰写是尽职调查的最后成果，也是前期所有工作的结论性意见。尽职调查报告中的所有内容都是有相应数据和信息等原始凭证作为支撑的，具有严谨性、科学性、真实性和客观性。

二、尽职调查的主要内容

（一）相关政策及法律法规调查

1. 投融资政策及法律法规调查

投融资政策及法律法规调查主要包括以下七个方面：

（1）综合类。

（2）宏观调控与产业政策。

（3）项目管理。

（4）金融管理。

（5）财务会计。

（6）涉外投资。

（7）稽查与税收。

2. 行业及技术政策、规范和标准调查

行业及技术政策、规范和标准调查主要包括以下四个方面：

（1）相关行业政策、规范和标准。

（2）相关建设标准。

（3）相关技术规范和标准。

（4）节能、环保、绿色建筑等政策、规范和标准。

（二）经济及产业发展状况调查

1. 经济发展状况调查

经济发展状况调查主要是统计当地经济发展数据，并进行对比分析。

（1）人口情况。近3～5年户籍、常住和流动人口数量及其构成等。

（2）综合经济指标。近3～5年地区生产总值、人均地区生产总值、三个产业结构比例、全员劳动生产率等。

（3）固定资产投资。近3～5年固定资产投资、三个产业固定资产投资比例等。

（4）财政金融。近3～5年一般公共预算收入、一般公共预算支出等。

（5）居民收入消费和社会保障。近3～5年居民人均可支配收入、城镇居民人均可支配收入、农村居民人均可支配收入；居民人均消费支出、城镇居民人均消费支出、农村居民人均消费支出；居民恩格尔系数等。

2. 产业发展状况调查

产业发展状况调查主要从产业发展现状、存在主要问题和产业发展思路三个方面进行调研。

（1）产业发展现状。

1）产业发展情况。

基本概况：产业领域、产业特色、产业优势、产业发展规划等。

经济效益：产业产值、增加值及占GDP比重，各项指标同比增长等。

生命周期：产业所处生命周期阶段、竞争激烈程度、行业吸引力和替代品威胁程度等。

市场情况：主要产品年需求量、年供给量、地域需求分布、地域供给分布、生产企业数量，是否与同类进口产品竞争。

2）主要技术应用情况。

3）相关企业发展情况。

基本概况：企业数量及规模以上企业数量、产业规模、产品数量（产品明细）等。

主要竞争情况：同行业主要竞争对手的情况，包括年生产能力、年实际产量、年销售数量、销售收入、市场份额、在国内市场地位；产品生产中主要应用技术及技术来源等。

4）相关项目引进建设情况。

在建项目情况：项目总数、重点项目数、项目投资总额占固定资产投资总额比重、设计生产能力。

投产项目情况：项目总数、重点项目数、设计生产能力、销售量等。

储备项目情况：项目总数、重点项目数、设计生产能力等。

5）产学研合作情况。当地政府、企业与大专院校、科研院所等合作研发转化科技成果情况，对外科技合作交流情况等。

6）社会化服务情况。包括社会化服务内容、供给主体、供给能力和质量、价格等。

7）保障产业发展措施。当地发展该类产业的有关措施、做法和经验。

（2）存在主要问题。从政府和企业两个层面分析在产业规划、服务、人才、资金、技术、市场、环境等方面存在的问题和困难。

（3）产业发展思路。

1）通过产业发展现状和存在主要问题两方面调研，判断该产业是否具有广阔的发展前景、国家政策支持、较大的成长空间和增长率，是否存在政策风险及行业一般风险。

2）确定产业发展思路，主要包括发展潜力和发展目标，重点发展领域、产品和企业，重点引进和发展的项目。

（三）企业融资主体信用调查

1. 企业概况

（1）企业成立的背景及历史沿革。

（2）注册情况：企业名称、法人代表、注册时间、注册地址、注册资金、主营与兼营、所有制类型等。

（3）股权结构及主管单位：股权结构、股东背景、主管单位等。

（4）企业文化：经营宗旨、发展目标、经营理念等。

（5）业务发展：企业成立以来业务发展、生产能力、盈利能力、销售数量、产品结构的主要变化情况。

（6）企业优势：与同行业竞争对手相比，企业主要的经营优势、管理优势、竞争优势、市场优势和技术优势。

（7）企业资质及奖项情况：企业、技术及产品或服务的相应资质和奖项。

（8）企业信用：银行信用（有无不良贷款记录、银行信用等级）、商业信用等。

2. 组织管理

（1）组织架构：内部组织结构图，子公司所有权、控股、参股企业的所有权比例。

（2）董事会：董事会构成及要求等。

（3）股东结构：主要股东背景情况、股权比例、主要业务、注册资本、资产状况、盈利状况、经营范围和法定代表人等。

（4）管理团队：高管团队和技术核心团队的年龄结构、受教育程度结构、专业结构和技术职称分布结构。

（5）企业员工：年龄结构、受教育程度结构、岗位分布结构和技术职称分布结构。

（6）内部制度：人事制度、激励奖惩制度、保密制度等。

3. 市场情况

（1）企业产品国内外销售市场开拓及销售网络建立情况。

（2）主要客户：主要客户名称、地域分布状况、在企业销售总额中的比重等。

（3）销售情况：产品国内主要销售地域，销售管理及销售网络分布情况；产品国内外销售比例，外销主要国家和地区分布结构及比例。

（4）出口情况：企业是否拥有进出口权；若没有，公司主要委托哪家外贸公司代理，该外贸企业主要情况介绍。

（5）竞争对手：企业在国内外市场上主要竞争对手名单、优势，以及市场份额。

4. 产品、服务和技术

（1）产品与服务。

1）产品与服务系列：构成及明细。

2）产品与服务结构：主要产品与服务的质量、技术含量、功能和用途、应用的主要技术、技术性能指标、产品的竞争力等情况；针对的特定消费群体；市场供需情况。

3）主要业务增长情况：主要产品与服务销量、收入、市场份额、销售价格走势，各类产品在企业销售收入及利润中各自的比重。

（2）技术。

1）核心技术的内容与形式（配方、工艺、设备等）。

2）核心技术的可控性、先进性和可持续性。

3）核心技术的知识产权情况。

5. 研究和开发

（1）研发团队：技术开发人员的结构；与企业合作的主要研究开发机构名单及合作开发情况；合作单位主要情况。

（2）研究成果：企业自主拥有的主要专利技术、自主知识产权、专利情况，包括名称、用途、应用情况，获奖情况。

（3）科研投入：企业每年投入的研究开发费用及占企业营业收入比例。

（4）研究计划：企业目前正在研究开发的新技术及新产品；开发周期；未来计划研究开发的新技术和新产品。

6. 固定资产

（1）企业主要固定资产的构成情况，包括主要设备名称、原值、净值、数量、使用及折旧情况、技术先进程度。

（2）按生产经营用途、辅助生产经营用途、非生产经营用途、办公用途、运输用途和其他用途分类，固定资产分布情况。

（3）企业所拥有的房屋建筑物等物业设施情况，包括建筑面积、占地面积、原值、净值、折旧情况，以及取得方式。

（4）企业主要在建工程情况，包括名称、投资计划、建设周期、开工日期、竣工日期、进展情况和是否得到政府部门的许可。

（5）企业所拥有的土地的性质、面积、市场价格、取得方式和当时购买价格（租赁价格）。

7. 企业财务

（1）企业收入、利润来源及构成，主营业务收入占总收入的比例。

（2）企业主要支出构成；企业主营业务成本构成，公司管理费用构成；公司销售费用构成。

（3）企业近三年应收账款周转率、存货周转率、流动比率、速动比率、净资产收益率、毛利率、资产负债比率等财务指标。

（4）企业近三年资产负债表、利润及利润分配表。

（5）对企业未来主要收入和支出有重大影响的因素有哪些。

（6）企业执行的各种税率情况。

8. 资信状况

（1）企业资信评级情况。

（2）企业总体银行授信情况。

（3）审计报告意见，是否存在非标准无保留意见情况。

9. 债权和债务

（1）企业主要有哪些债权，该债权形成的原因。

（2）企业主要的银行贷款，该贷款的金额、利率、期限、到期日及是否有逾期贷款。

（3）企业对关联人（股东、员工、控股子公司）的借款情况。

（4）企业对主要股东和其他公司及企业的借款进行担保及抵押情况。

10. 投资项目

（1）企业已经完成主要投资项目有哪些，完成的主要投资项目情况。

（2）企业对外投资情况，包括投资金额，投资比例，投资性质，投资收益等情况和被投资主要单位情况。

11. 其他

公司、企业主要股东和公司董事、高级管理人员涉及法律诉讼，对公司影响如何。

（四）投资项目技术经济可行性调查

1. 市场分析

（1）供应现状调查。国际市场供应现状。产品（服务）的国际市场总生产能力、总产量，以及在各国和各地区的分布；国际市场总贸易量及在各国和各地区分布；主要生产企业分布情况，以及产量、品种、性能和档次等。

国内市场供应现状。产品（服务）的国内市场总生产能力、总产量，以及在各地区的分布；主要生产企业的分布情况，以及产量、品种、性能和档次等。

进口现状。产品（服务）在一定历史时段的进口总量、品种、质量，进口国别和地区、贸易方式，进口量占国内生产量的比例，以及进口量变化状况等。

（2）需求现状调查。国际市场需求现状。产品（服务）的国际市场消费总量及在各国和各地区分布、不同消费群体对产品品种和服务的要求，消费结构状况等。

国内市场需求现状。产品（服务）的国际市场消费总量及在各地区分布、不同消费群体对产品品种和服务的要求，消费结构状况，近期内市场需求的满足程度等。

出口现状。产品（服务）在一定历史时段的出口总量、品种、质量，出口国家和地区，出口量占国际市场总贸易量的比例，以及出口量变化状况等。

（3）价格现状调查。调查产品（服务）的国内市场价格，价格变化过程及变化规律，最高价格和最低价格出现的时间和原因。

调查产品（服务）的国际市场价格（进口到岸价格和出口离岸价格），价格变化过程及变化规律，分析价格的合理性，有无垄断或倾销等情况。

调查价格形成机制，调查产品（服务）价格是市场形成价格还是政府调控价格。

（4）市场竞争力现状调查。调查产品（服务）目前在国内外市场的竞争程度，主要市场竞争对手的生产、营销及其竞争力情况等。

2. 建设规划

（1）发展规划。企业的短期发展规划和长期发展战略。

（2）功能定位和功能需求。

功能定位：包括项目的社会定位、市场定位、目标客户群定位、提供服务或产品定位和规模。

功能需求：包括使用功能的类型及实现形式（自建或社会资源共享）等。

（3）总体建设规模。包括总体的产品方案、设备方案和基本建设规模。

（4）分步实施规划。结合发展规划和项目定位，确定近期和远期建设目标和规模。

3. 建设条件

（1）场址选址。主要包括地理位置、四至范围、占地面积、地上物现状等。

（2）地形、地貌和气象条件。包括拟选场址的地形、地貌、气象（标高、坡度、降水量、日照、风向）等。

（3）地质条件。包括拟选场址的地质构造、地层和岩层的成因及年代、地基承载能力、有无严重不良地质地段（如溶洞、断层、软土、湿陷土等）和是否处于滑坡区、熔岩区和泥石流区等；水文地质构造、地下水的类型及特征、土壤含水性、地下水位、流向、流量和涌水量等。

（4）地震条件。拟选场址所在地区及其周围的区域稳定情况和地震活动情况，包括大断裂在附近地区通过和交汇情况、地震类型、地震频率、震级烈度，以及抗震防震设施要求、拟建项目对地震情况是否有特殊要求等。

（5）压覆矿床。拟建区域的矿产资源和矿业权分布情况，要求统筹兼顾矿产资源保护和项目建设，避免压覆或尽量减少压覆矿产资源，有效保护矿产资源和矿业权人的合法权益。

（6）交通运输条件。拟选场址的交通运输条件（港口、铁路、公路、机场、通信）能否满足项目的需要。场址位置与铁路车站、码头、公路、机场的距离是否近便；铁路、公路、水路、空运、管道的运输能力、装卸能力能否满足大宗物资的运输需要；铁路、公路的路基载重能力、桥隧净空高度能否满足超大、超高、超重设备的运输要求。

（7）水、电、气、热、通信等供应条件。水源条件包括自来水的供水能力及供水量、可能连接地点及管路直径、距离、水质状况、水价；河水或湖水的位置、年径流量、平均流量及水位、取水设施；水库水、地下水和海水的相关情况。电、热、气条件包括供应（数量、质量、规格、价格）的现状及发展规划，可能连接地点及管路直径、距离。通信条件包括现有的电信线路、微波装置、无线电的情况，可能连接地点及管路直径、距离。

（8）环境和卫生条件。拟选场址能否被当地环境容量所接受，环保措施是否有效，避免选址不当造成的环境污染或生态破坏。

（9）安全条件。对于生产、制造、储存易燃、易爆产品的建设项目地址的选择，应远离城镇和居民密集的地区，并符合国家有关部门规定的安全要求。

4. 建设方案

（1）生产方法调查。

1）调研与项目产品相关的国内外生产方法，分析其优缺点及发展趋势。

2）所采用的生产方法是否与采用的原材料相适应。

3）生产方法技术来源的可得性和可靠性。

4）生产方法是否符合节能和环保的要求。

（2）工艺流程调查。

1）根据生产方法，调研国内外工艺流程，分析其优缺点及发展趋势。

2）调查主要的工艺参数。

(3) 主要设备调查。

根据建设规模、产品方案和技术方案，研究提出所需主要设备的规格、型号和数量，并通过对国内外有关制造企业的调查和初步询价，提出项目所需主要设备的来源与投资方案。

5. 财务分析

(1) 经营模式和盈利模式。

(2) 项目投入。

1) 项目总投资。

工程费调查：根据项目类型和建设内容，调查专门机构发布的建设工程造价费用构成、估算指标、计算方法，以及其他有关计算工程造价的文件和当地政府部门发布的物价指数等。

工程建设其他费用调查：调查专门机构发布的工程建设其他费用计算办法和费用标准。

建设期利息调查：企业融资需求和筹资能力，各种债务资金的利率水平、付息方式、偿还期和宽限期等。

流动资金调查：应收账款、存货、现金，以及应付账款及其相应的最低周转天数、周转次数等。

2) 经营成本。

主要原材料调查：包括主要原材料的品种、数量、价格（注明是否含税）、供应和运输方式等。

燃料供应调查：包括燃料的品种、数量、价格（注明是否含税）、供应和运输方式等。

人力资源配置调查：包括机构设置，工作制度，各职能部门、各工作岗位所需劳动定额，以及工资和福利水平。

其他费用明细表。

(3) 项目产出。

产品方案：包括产品种类、设计生产能力和价格（注明是否含税）。

生产负荷：结合项目性质、产出特性和市场的开发程度制订分年运营计划，确定计算期内每年各种产品的生产负荷。

（4）其他财务分析参数。

1）计算期、建设期、基准收益率、资本金比例、借款偿还期或偿债备付率等。

2）与项目相关的税种、税率和减免优惠政策等。

3）政府补贴、补助等情况。

第三章

融资需求和融资战略

项目融资策划咨询涉及宏观、产业、区域、项目等多层面的研究内容，分析的基础和逻辑起点是工程项目自身的投资价值。本章从项目投资可行性和价值评估的角度切入，阐述项目融资策划咨询需要考虑的工程项目融资需求，投资计划及预算编制，项目融资所面临的区域和产业融资环境，以及具体融资方案的确定需要进行的融资渠道和融资工具选择。

第一节　投资价值及融资需求研究

一、投资可行性及其价值评估

投资可行性及其价值评估是对拟建工程项目在战略层面和技术经济层面的深化研究，是对投资方向、投资效益、投资风险等方面的进一步研判，目的是尽可能降低不确定性，确保顺利达成项目预设的各项目标。

（一）战略可行性评估

项目预设的各项目标能否顺利实现，需要项目运行的外部环境支撑，包括宏观层面的国家发展战略、中观层面的区域及产业发展战略及微观层面的企业发展战略，对项目的战略可行性进行评估重点聚焦外部环境的现状和发展研判。

1. 宏观发展战略符合性

宏观经济发展战略是统领整个国家范围内各项经济活动的行动纲领，我国经济社会的发展理念是“创新、协调、绿色、开放、共享”，发展战略包括创新发展战略、区域协调发展战略、“一带一路”倡议等，并出台了相应的系列政策安排，主要涉及要素流动、国企改革、市场竞争机制确立、产业结构调整、宏观调控等方面。

宏观经济发展战略是策划工程投资项目的大逻辑，工程投资项目的预期目标设定及实施方案策划应当符合宏观经济社会发展理念、发展战略、发展路径等要求，如传统发展方式下依赖大量生产要素投入，并以牺牲环境为代价赚取微薄利润的产业项目投资，或依赖房地产和大规模传统基础设施投入来拉动区域经济增长的发展模式，未来将逐步为创新、协调、绿色、开放、共享的新发展理念下的发展模式所取代。因此，工程项目战略性评价的首要任务是要研判项目策划理念是否符合新形势下的宏观发展战略要求。

2. 区域发展战略符合性

当前我国实施的区域战略包括西部大开发、东北全面振兴、中部地区崛起、东部率先发展，以及全国一盘棋布局下的增长极或经济带战略，包括京津冀协同发展、粤港澳大湾区建设、长三角一体化发展、成渝地区双城经济圈、海南自贸区建设、“一带一路”倡议、海洋经济等。

区域发展战略是对各区域在较长时期内的发展定位、功能定位、产业定位等的总体布局，是在考虑各区域的发展阶段、资源环境承载力、劳动力素质、科技实力等基础上，基于宏观发展战略、各区域比较优势等进行设定。

区域发展战略通过各种政策工具、法律条例、行政管理等最终构成工程项目建设运营的外部发展环境，符合性判断指标包括区域功能定位、发展规划、各项政策等。

3. 产业发展战略符合性

产业发展战略包括针对区域协调发展和产业结构调整作出的整体部署，及针对特定产业发展作出的包括战略定位、发展规划、产业政策、重大项目等在内的系列安排。

产业发展战略需要通过计划、行政、政策、法律等手段实现预期目的，对工程项目投入产出效益影响主要体现在三个方面：一是微观层面上的，准入、规模、技术、组织等管制；二是中观层面上的，产业链、供应链、价值链等产业体系方面的影响；三是宏观层面上的，政府调控，包括税收、信贷、财政补助等方面。

工程项目的产业发展战略符合性评价，是对可能影响工程项目预期效益的各个方面进行系统分析，目的是通过选址、技术采用、规模选择、结构设计等安排降低不利影响。同时，争取到有利因素，如财政补助、信贷支持、技术扶持等。

4. 企业发展战略符合性

企业作为投资主体安排的工程建设项目，主要服务于企业经营发展所需，对项目的战略性评价，除符合宏观发展战略、区域发展战略、产业发展战略外，还应符合企业发展战略。

现代大型企业通常采取集团式组织架构，投资项目的决策权通常按照投资规模或战略性质等在集团和下属公司之间进行分配，在项目投向安排上很难保证全部符合既定发展战略，主要在于长期战略效益与短期经济利益通常不一致，如房地产业热、金融业热、环境治理业热，这些阶段性的经济热点现象，往往是企业偏离其主营业务，追求短期利益导致的。

随着全球经济一体化的纵深推进，产业层面的分工与协作将会越来越细致化，任何企业想要在激烈的市场竞争中保持优胜地位，必须沿着既定战略进行产业深耕。因此，企业必须加强工程投资项目的战略符合性审查，原则上应回避不符合企业主营业务的工程投资项目。

（二）技术经济可行性研究

从工程项目投入角度分析，能够满足各种要素组合的技术可行方案可能有很多种，但从产出角度看，各种技术方案下的经济效益会有差别。因此，技术经济可行性研究的主要任务是分析不同技术方案下的要素投入的产出效益，并根据预期建设目标，选择其中最优的方案，具体包括财务分析和经济分析评价。

1. 财务分析评价

财务分析评价是从投资人的角度分析项目投入产出效益，是投资项目立项决策的重要依据。

（1）主要参数。项目评价的主要参数包括计算期、投资额、资本结构、经营收入、经营成本、税收条件等。

计算期一般包括建设期和运营期，建设期指项目可行性研究报告预计的建成投产年限，通常默认为项目债务宽限期；运营期指项目投产后预计发挥效益的年限，通常根据项目主要资产的预计使用年限，但评估期限一般不超过30年。

投资额指项目估算的投资总额，类别上包括工程费用、设备购置及安装工程费、工程建设其他费用、预备费用、建设期利息及流动资金，主要依据可研报告确定各类别费用。

资本结构指项目的资本金和债务资金结构，资本金应明确投资人的回报要求和资本金比例，资本金比例应该满足政策规定的最低限要求，且出于融资考虑，还应满足贷款机构对资本金比例的要求；债务资金需要明确债务资金规模、还本付息的方式和期限、债务资金利率等。

经营收入指项目投产后预计产生的各项收入，包括主营业务收入及非主营业务收入。其中，非主营业务收入可根据行业及企业实际情况按照主营业务收入的比例预计。

经营成本指项目投产后预计发生的各项成本，类别上包括生产成本、财务费用、管理费用及销售费用。其中，生产成本包括原材料费用、燃料及动力费用、工资及福利费用、修理费及其他等。

税收条件指项目涉及的各项税费及费率，一般包括消费税、增值税、城市维护建设费、教育费及附加等。其中，增值税为价外税，不纳入项目经营成本，但会影响城市维护建设费、教育费及附加的数值。

(2) 评价报表。财务评价报表主体包括资金筹措计划表、还本付息表、总成本费用表、利润及利润分配表、资产负债表、财务计划现金流量表、项目现金流量表等。

编制报表的一般逻辑是：根据项目投资估算表、建设期、分年投资比例及项目资本结构编制资金筹措计划表；根据资金筹措计划表、运营期、债务资金还款方式及资金成本编制项目还本付息表；根据预测的项目经营成本、折旧费、摊销费及还本付息表编制项目总成本费用表；根据预测的项目经营收入、总成本费用及分红政策编制利润及利润分配表；根据资金筹措计划表、经营收入、总成本费用表、利润及利润分配表编制项目财务计划现金流量表。

最后，根据以上报表，编制项目现金流量表，包括全投资现金流量表、资本金现金流量表及投资各方现金流量表。

（3）指标体系。财务评价指标体系主要包括两类：盈利能力指标和偿债能力指标。

盈利能力指标包括投资回收期、财务净现值、内部收益率。其中，投资回收期按照是否考虑资金时间价值，分为静态投资回收期和动态投资回收期；内部收益率指标包括全投资内部收益率、资本金内部收益率及投资各方内部收益率，其中计算全投资内部收益率需要计算调整所得税，即计算项目折旧/摊销时，需要剔除建设期利息在运营期的计提部分；投资各方内部收益率计算时需要结合项目盈余公积制度、还本付息方式、分红政策等综合考量，该指标衡量投资方真实投资回报的有效指标。

偿债能力指标包括资产负债率、流动比率、利息备付率等。资产负债率指项目负债与总资产的比值，流动比率指流动资产与流动负债比值，利息备付率指息税前利润与利息的比值。

2. 经济分析评价

经济分析评价是从社会资源优化配置的角度分析项目投入产出效益，评价方法包括经济费用效益分析和费用效果分析，前者针对的是项目各项效益和费用可以进行货币化处理的情形，后者针对的是项目各项效益难以进行货币化处理的情形，对于效益和费用都难以进行货币化处理的情形，主要采用定性分析开展经济分析评价工作。

项目实践中，对于费用效益可以定量化分析的项目，经济分析评价主要是对财务评价涉及的基础参数进行调整，一般涉及以下三个方面：

（1）对折现率的调整，项目财务评价的折现率主要是以资金综合成本为依据，而经济评价分析需要采用社会折现率作为所消耗资源的综合成本，主要是基于机会成本的原则计取。

（2）项目效益的调整，一般区分项目直接效益和间接效益，直接效益通常体现在项目范围内，如项目产出市场化程度较高，可以直接以市场价格为参考依据，如项目产出对原有市场平衡格局影响较大的，通常采用产出的原有价格和当前价格的平均值为参考依据，如项目产出价格难以进行市场化衡量，主要遵循消费者支付意愿的原则进行定价；间接效益主要是项目范围外产生的，包括环保、科技、地区发展等方面效益，需要结合具体项目进行识别。

(3) 项目费用的调整，一般区分项目直接费用和间接费用。直接费用主要是对原材料、燃料动力、税费、人工成本、土地成本等科目的调整，调整主要遵循机会成本原则，应体现项目建设运营消耗资源的机会成本；间接费用是未体现在项目范围内的所消耗资源、所产生的费用。

在对上述项目财务评价涉及的参数进行经济分析的费用效益调整的基础上，遵循财务评价的分析逻辑和框架模型，评价项目的经济可行性。

(三) 项目筛选及项目库管理

大型企业一般需要建立投资项目库，实行动态管理，以保障企业投融资活动的合理有序实施。项目来源渠道通常较为广泛，包括政府部门、科研院所、其他企业及自身筹建等。因此，纳入投资项目库的项目需要符合一定的原则，并根据企业实际情况实行分类管理。

1. 项目筛选原则

项目筛选原则一般可包括战略原则、经济原则、技术原则、财务原则等。

(1) 战略原则。战略原则指项目应符合企业发展战略，是投资项目筛选的首要原则。企业发展战略是在对未来中长期内宏观经济发展、企业所处行业竞争力状况、企业自身情况等科学研判基础上作出的总体战略部署，是企业未来一段时间内各项活动的总纲，在发展战略既定的基础上，企业会提出未来拟投资的业务板块及预计规模。因此，纳入项目库的项目首先应当符合设定的业务板块。

(2) 经济原则。经济原则指项目投资规模应与财务预算相匹配，如项目投资规模缺乏合理可行的财务筹划，很可能导致项目资金不能及时到位，影响项目的建设进度，严重时会因个别项目导致企业的财务困难。一般来讲，企业项目投资规模应结合企业资产负债状况、净经营现金流、筹资能力等综合研判，并制定相应的量化指标进行动态监控。

（3）技术原则。技术原则指项目技术标准应符合政策、行业及企业要求，政策标准是指项目的建设应当符合相关规划要求，包括产业、土地、节能环保等；行业标准是指符合相关部门制定的行业强制性标准或达到推荐性标准；企业要求是指符合企业为实现结构调整制定的内部技术标准。

（4）财务原则。财务原则是项目的净现值、收益率等指标符合企业投资项目要求。企业一般将投资项目进一步细分为市场项目和战略项目，对市场项目的财务回报要求较高，通常不得低于筹资的资金成本；战略项目投资目的主要是实现区域布局、产业链布局或新兴产业布局等，对战略项目一般不硬性设置资金回报要求，但项目决策权限往往设置在集团层面。

2. 项目库管理

为更好地进行项目库动态管理，可将项目库进行分类，按照投资性质划分为固定资产投资项目、股权投资项目；按照实施进度划分为储备库、准备库及执行库。

按照投资性质划分，固定资产投资的主要目的是形成具有价值的实物资产，方式包括新建、续建、扩建、技术改造等。股权投资的主要目的是参与目标企业分红或获得对目标企业生产经营决策的参与权或控制权，方式主要是参股或并购。

按照实施进度划分，储备库项目是指经过战略、经济、技术及财务等原则筛选后判断初步具有可行性的项目；准备库项目是指经过战略可行性和技术经济可行性研究后，准备进入立项决策程序的项目；执行库项目是指经过企业立项决策进入具体实施阶段的项目。

二、投资计划及中长期投资预算编制

（一）项目投资估算及汇总

工程项目投资费用构成一般包括建设投资、建设期利息及铺底流动资金，其中建设投资又称静态投资，费用类别包括建筑工程费、设备购置及安装费、工程建设其他费及预备费。

1. 建筑工程费

建筑工程费由直接费、间接费、增值税及附加、施工利润构成，直接费指人工、材料、机械使用费等施工工程中直接发生的费用；间接费指施工过程中发生的管理费、规费等，一般按照直接费用的百分比计取；增值税及附加指按规定需要交纳的增值税及城市维护建设税、教育费附加等；施工利润指施工单位可以获得的合理利润，通常按照直接费和间接费的一定比例计取。

2. 设备购置及安装费

设备购置费指工程建设项目需要采购的设备、工具、器具等费用，一般由设备价格、运杂费等构成。

安装费即安装工程费，指将设备安装到指定位置并达到使用状态所发生的费用，包括直接费、间接费、管理费等。

3. 工程建设其他费

工程建设其他费指工程建设前期和过程中发生的除建筑工程费、设备购置及安装费外的其他费用，包括土地征拆费用、勘察设计费、建设单位管理费、办公和生活家具购置费等，费用金额通常可依据相关文件规定按照工程费用的比例进行计取。

4. 预备费

预备费包括基本预备费和涨价预备费，基本预备费是指项目可研或概算阶段难以预料到的情况导致项目投资额发生变动而预留的投资费用，一般按照工程费和工程建设其他费的一定比例计取；涨价预备费指工程项目建设过程中因材料、人工等价格变动或利率、汇率等波动导致投资额变动而预留的费用，计算公式一般根据工程项目的行业属性、主材构成等进行设定。

5. 建设期利息

建设期利息指项目资金来源中债务资金在建设期需要支付给贷款方的利息费用，一般根据建设投资分年投资比例、资本结构、建设期年限、债务资金综合成本等计算。

6. 铺底流动资金

铺底流动资金指用于保障工程项目正常生产并可纳入总投资费用构成中的

流动资金，一般占项目全部流动资金的30%。流动资金可以采用比例法或分项核算法进行估算，比例法指参照其他项目经验，按照项目投资、销售收入、销售成本等费用的一定比例估算；分项核算是指分别核算流动资产和流动负债占用资金后，两者差额即为项目所需流动资金。

（二）分年度投资计划编制

分年度投资计划编制主要依据企业发展战略、年度投资方向及财务预算情况，确定年度投资总量规模及各业务板块的投资总量，并根据项目库中储备项目情况进行调整确定。

1. 年度计划报告编制

年度计划报告编制一般应包括背景情况、发展战略、年度投资方向和目的、投资规模及结构、财务预算、风险管理等内容。

（1）背景情况。主要对宏观经济运行、产业发展情况等进行研判，对企业上年度经营发展情况进行总结，介绍本年度生产经营指标等。

（2）发展战略。主要介绍企业总体发展战略及业务板块战略等情况。

（3）投资方向和目的。主要对企业年度投资具体方向和通过投资要实现的投资目的进行介绍。其中，年度投资方向应符合企业总体发展战略和业务板块战略要求，并能够对企业年度计划安排投资项目形成刚性约束，即不符合投资方向的项目不得安排投资。

（4）投资规模及结构。主要介绍企业年度投资总规模及结构情况，其中结构情况包括固定资产/股权结构、境内/境外结构、自有资金/债务资金/其他资金结构、主要业务板块结构。一般情况下，应对主要业务板块结构进行重点介绍，并结合历年投资情况，对板块结构占比变化较大的情形，应说明原因。

（5）财务预算。主要是对企业筹资计划及保障措施、年度财务预算、资产负债变化情况等进行介绍。

（6）风险管理。主要对企业投资管理制度及风险体系构建、重大项目风险识别及预防措施等情况进行介绍。

2. 项目计划情况表编制

通常，企业年度投资项目表可区分为固定资产投资项目计划情况表、股权投资项目计划情况表及股东方、董事会、管理层等关注的重点领域项目计划情况表进行编制。

（1）固定资产投资项目计划情况表。固定资产投资项目计划情况表（示例）（见表 3-1）内容包括项目名称、项目地点、项目内容、所属行业、计划投资总额、自有资金出资额、年度计划投资额、项目起始时间、项目预计完成时间、预计投资收益率（%）等。

表 3-1　　固定资产投资项目计划情况表（示例）

编号	项目名称	项目地点	项目内容	所属行业	计划投资总额	自有资金出资额	年度计划投资额	项目起始时间	项目预计完成时间	预计投资收益率（%）	备注
合计											
主营业务											
1											
2											
…											
非主营业务											
1											
2											
…											

（2）股权投资项目计划情况表。固定资产投资项目计划情况表（示例）（见表 3-2）内容包括项目名称、项目地点、项目内容、被投资企业所属行业、计划投资总额、自有资金出资额、年度计划投资额、投资完成后所占股比（%）、预计投资收益率（%）、其他股东及股比情况等。

（三）中长期投资预算编制

年度投资计划编制的基础是相对确定的投资项目，而中长期投资预算编制的基础主要是企业的战略规划，包括企业内外部环境分析、发展战略、业务战略等，侧重于企业业务板块的投资策划。

表 3-2　　股权投资项目计划情况表（示例）

编号	项目名称	项目地点	项目内容	被投资企业所属行业	计划投资总额	自有资金出资额	年度计划投资额	投资完成后所占股比（%）	预计投资收益率（%）	其他股东及股比情况	备注
合计											
主营业务											
1											
2											
…											
非主营业务											
1											
2											
…											

1. 中长期投资预算编制基础

（1）内外部环境分析。主要是基于企业发展现状和业务板块构成，对企业经营发展面临的内外部形势进行分析，包括以下内容：

国际、国内发展形势分析。国际发展形式分析视角包括全球经济增长态势、地缘政治风险、大宗商品价格波动、科技创新趋势等；国内发展形式分析视角包括宏观经济发展现状，重大经济政策主要特征，投资、消费、进出口的增长情况，创新、资源、劳动力、资本等长期影响经济发展的生产要素发展趋势等。

重点行业发展趋势。指对企业主营业务所属行业的发展现状和趋势进行分析，内容包括行业总体发展趋势、政策现状及走向、市场业务结构增长情况、领先企业发展现状、重大风险等，目的是确定企业中长期内业务发展的战略、方向及指标等。

企业发展现状分析。主要对企业上一个规划期主要经营指标、业务发展指标、资产结构指标等完成情况及增长率情况进行分析，及人力资源、管理等业务支撑要素发展状况进行分析。

企业发展的优劣势分析。主要采取态势分析法（strengths weaknesses opportunities threats，SWOT），对企业经营发展面临的外部机遇和威胁、内部优势和劣势进行综合分析，为制定发展战略提供技术支撑。

（2）发展战略分析。主要涉及企业发展愿景、战略目标、总体战略、业务战略、职能战略等。

发展愿景指能体现企业存在的社会意义、价值等方面的追求，可以从经济社会发展的全局或特定领域去构思，如推动时代进步、劳动创造财富、创新决定未来等。

战略目标指企业在较长时期内通过竞争发展需要达成的目标，如创新引领者、世界一流企业、行业领先等。

总体战略指支撑战略目标的企业总体发展战略，侧重于实现战略目标的方式、方法、动力等，如多元化战略、并购重组战略、创新战略、国际化经营战略等。

业务战略指企业主要业务板块的具体发展战略，如金融板块战略、房地产板块战略、制造业板块战略、环保业板块战略等。业务战略是在企业优劣势、行业等分析的基础上提出，主要围绕竞争力提升展开，主要包括成本战略、差异化战略、集中化战略等。

职能战略指企业各职能部门围绕发展愿景、战略目标、总体战略、业务战略而制定的支撑服务战略，包括人力资源战略、集团管理战略、财务经营战略等。

（3）发展目标制定。发展目标主要是对一个时期内企业发展的总体、业务及职能等提出的定性和定量指标。

总体指标。主要是财务指标及管理指标，财务指标包括规模方面的总资产、净资产、主营业务收入等指标，效益层面的净资产收益率、销售利润率等，质量方面的总资产周转率、流动资产周转率、不良资产比率等；管理指标主要是人均产值、安全生产等方面。

业务指标。主要是企业各业务板块对总体指标的具体分解，如对营业收入、净利润、资产规模、资产负债率等总体指标的分解。

2. 中长期投资预算编制

中长期投资预算主要是对企业资本支出预算进行谋划，资本支出预算的首要目的是形成企业的经营性资产，对企业的资产规模、营业收入、利润等做出贡献，操作上可以采取股权并购、固定资产建设等方式。以战略为导向的资本支出预算编制思路简单示例如下。

某环保设备生产企业在制定企业未来五年发展战略时，根据企业发展现状和环保行业的发展趋势，确定将污水处理成套设备作为企业重点业务之一，规划5年后企业污水处理设备销售收入达到 a，年均复合增长率为 g，当下销售收入为 b；根据企业历史数据及行业数据，企业推算污水处理设备的总资产周转率为 c，则每单位销售收入对应的资产规模为 b/c。据此，该企业推算5年后污水处理成套设备的资产规模为 $a\times b/c$，对应的资本支出预算规模为 $(a-b)\times b/c$，未来每年的资本支出预算规模可以结合收入的复合增长率进行推算。

上述示例只针对单一类型业务，如企业存在多个业务类型，则需要结合各业务类型在发展战略中的地位和作用对总体指标进行分解。除此之外，还应结合企业融资能力、获取资源难易程度、管理能力等因素进行分析调整。

三、工程建设融资需求研究

（一）融资需求规模研究

对于单个工程项目而言，通常投资规模确定后融资规模也随之确定。对于项目群而言，较为典型的案例如区域综合开发等，由于开发年限较长，且存在着不同经营性质项目的开发时序错配等问题，确定融资需求规模相对较为复杂，一般情况下，需要结合区域规划、工程项目策划、项目开发时序、土地出让计划、投融资模式、融资渠道等进行系统研究。

1. 区域规划

主要是明确区域发展的总体战略、功能定位、产业规划布局、基础设施规划布局等。从工程项目投资策划的角度看，区域规划是整个区域综合开发能否顺利开展的重中之重，多数地方区域规划最终难以有效落地的主要原因是未从资本的角度分析，过分强调战略性、前瞻性、创新性等，导致融资规模研究难以实施。

2. 工程项目策划

主要是在区域规划的基础上，策划区域内基础设施、产业导入、商业设施、住宅开发、配套基础设施等不同项目的区域布局和投资规模。

3. 项目开发时序

主要是结合政府需求、市场调研、融资约束、财政收支等情况，研究可行的区域开发方案，制定合理可行的项目建设时序，重点是确保基础设施、产业、商业、住宅及融资等有效衔接。

4. 土地出让计划

土地出让涉及土地收储、出让及土地一级开发等事项，需要重点关注土地一级开发资金来源、土地出让收益如何支出等问题，因政策规定土地一级开发不能采取违规举债的方式，如融资或延期支付，同时规定政府性基金预算不能作为 PPP 模式的运营补贴支出来源，因此区域综合开发项目中土地如何顺利收储及出让需要进行重点研究。

5. 投融资模式

主要指工程项目投资主体、资金来源及组织架构等，如土地开发采用一、二级联动开发模式、基础设施采用建设—经营—转让（build-operate-transfer, BOT)、PPP 等模式、产业项目采用股权合作方式等。区域综合开发项目由于涉及不同经营性质的项目，主要是非经营性项目、准经营性项目、经营性项目等类型，不同类别的项目可以采用的投融资模式不同，需要结合具体项目和外部投资环境进行研究。

6. 融资渠道

指分析区域综合开发所需建设资金可能的获取渠道，包括财政资金、银行贷款、上市融资、发行债券或票据、国外贷款等，重点是确保资金供给能够与区域综合开发进度相匹配，同时应避免资金成本过高，导致项目难以正常运行。

（二）融资需求结构研究

融资需求结构主要指各个渠道资金来源的构成及其比例关系，一般应对资本结构、负债结构进行研究。

1. 资本结构选择

资本结构是指企业所有者权益和企业负债的构成及比例关系，体现在项目层面，是指资本金和项目负债之间的比例关系。资本结构受企业价值、所有者偏好、政策法规、行业属性、资产负债状况等因素影响。

企业价值方面。最初的资本结构理论（MM 理论）认为在企业经营风险相同、证券市场交易成本为零、企业增长率为零等假设条件下，如不考虑所得税影响情况下，则企业价值与资本结构无关；在考虑所得税影响情况下，企业价值与负债规模正相关，即企业最佳资本结构是负债占比趋近 100%。关于最佳资本结构研究的其他较为著名的理论包括权衡理论、代理成本理论及控制权理论。现实社会中，由于债务利息的税前扣除作用，企业会在所有者权益和债务资金中选择一个有利于企业发展的比例。

所有者偏好方面。由于股权融资意味着所有者要让渡一定的企业控制权给投资方，导致企业所有者在发展经营方面的话语权有所减弱，因此企业是否选择股权融资与所有者的权利偏好有很大关系。在风险投资行业中，企业所有者偏好对资本结构的影响尤为显著，往往成为融资的谈判焦点。风险投资机构通常出于对创业者在管理能力、营销能力、资源整合能力方面的担忧，会要求企业创始人将大部分的企业控制权交由机构派出的专业团队，而企业创始人只需要做擅长的、通常为技术上的工作。

政策法规方面。国家出于防范投资风险、促进有效投资等考虑，制定了项目资本金制度，即企业投资项目必须满足项目资本金制度确定的最低限要求，如按照《国务院关于加强固定资产投资项目资本金管理的通知》（国发〔2019〕26 号）的要求，将港口、沿海及内河航运项目的最低资本金比例确定为 20% 等，并提出“通过发行金融工具等方式筹措的各类资金，按照国家统一的会计制度应当分类为权益工具的，可以认定为投资项目资本金，但不得超过资本金总额的 50%”。

行业属性方面。行业影响资本结构主要与行业所处发展阶段、行业固定资产比重情况等相关，如行业发展阶段处于幼稚期时，发展不确定性较大，投资风险也较高，此时融资更多的是资本性融资；再如电力、建筑等行业，固定资产投资比重较大，需要的资金量也较大，单纯依靠资本投资很难满足发展需要，因此融资主要采用债务融资形式。

资产负债状况。通常资产负债率较高的企业，债务融资的难度和成本越高，此时更多需要采取股权或其他不体现为资产负债表负债的融资方式筹集资金。资产负债率高低是相对的，需要结合行业属性、行业发展阶段、企业经营情况等进行判断。此外，宏观经济发展情况、区域金融市场情况等也会影响项目资本结构选择。

2. 负债结构选择

负债结构主要包括债务资金结构和债务期限结构，前者指各种融资渠道获取资金的比例关系，后者指全部负债在期限上的比例关系。

资金结构方面。金融市场上能够给企业提供债务资金的金融工具大致包括银行贷款、企业债券、中期票据、短期融资券、融资租赁、金融信托、国外贷款等，各种融资工具在前期手续、贷款条件、审批流程、放款期限、担保要求等方面不尽相同。其中，银行贷款是主要融资渠道，企业债券适用于大型企业，融资租赁主要用于设备投资，金融信托适用于房地产及大型的能源、矿产项目等，国外贷款主要考虑项目的背景情况。通常情况下，企业应在日常生产经营过程中与不同的金融机构建立合作关系，并熟悉各种金融工具，在资金结构配比方面应努力做到符合企业生产经营所需的前提下，实现综合成本最低。

期限结构方面。债务期限结构是企业管理财务风险的重要事项之一，主要视企业投资规划、资产负债情况、生产经营状况等决定。一般情况下，各种融资工具的适用期限不同，如银行贷款适用于解决流动资金和其他短期资金需求，企业债券适用于解决中长期固定资产投资需求等，企业应做好各种融资工具的期限搭配，尽量避免短债长投。

（三）融资需求计划编制

融资需求计划编制一般应考虑企业基本情况、战略与方向、立项决策、融资方案、还款计划及风险控制等。

1. 企业基本情况

（1）企业简介。包括企业历史沿革、发展现状、经营状况、业务构成、技术实力等。

（2）管理团队情况。包括管理团队岗位职责及人员构成、履历情况、主要业绩等。

（3）企业实力。包括企业股东背景、资金实力、资信证明、相关业绩等。

2. 发展战略与投资方向

（1）发展战略情况。包括企业发展总体战略、业务战略、管理战略、资本战略及其他专项战略等。总体战略目标是企业经营发展的总纲领，体现企业在很长一段时间内的发展愿景。一般情况下，企业需要通过业务战略、管理战略、资本战略及其他专项战略等对总体战略进行谋划，并提出更为具体的发展目标。介绍发展战略有助于投资方、金融机构等更为全面深刻地理解企业。

（2）投资方向情况。主要介绍企业围绕各业务板块的投资目标、投资规模、投资形式及财务预算情况。投资目标指通过投资达成的发展目标、资产规模、经营指标等；投资规模指拟安排的业务板块投资额；投资形式指固定资产投资或股权并购投资；财务预算指围绕投资方向拟初步安排的资金筹划情况。

3. 项目立项决策情况

（1）项目基本情况 包括区域发展情况、战略与技术经济可行性情况、技术方案情况等。

（2）立项决策情况 包括政府层面的审批、核准或备案情况、企业层面董事会决议情况等。

4. 融资方案

（1）融资规划情况 包括资本金及债务资金构成比例，债务资金融资渠道、融资工具、融资期限、融资成本等情况。对于大型的工程项目或项目群而言，由于建设时间跨度长、投资体量大，会涉及多个融资渠道、多种融资工具的运用，因此企业需要将融资与投资进行合理规划。

（2）财务平衡情况 主要是对融资方案进行财务平衡测算，包括对收益率指标、盈利能力指标、偿债能力指标等进行敏感性分析等。

5. 还款计划

（1）还款方式安排。一般情况下，还款方式包括等额本金、等额本息及最大能力还款，具体采用哪种还款方式，需要结合项目预计收益情况，与金融机构在签订协议时商定。

（2）还本付息保障。指项目如果出现收益无法覆盖债务资金还本付息的情况时，有哪些担保措施，具体包括物权担保、担保人担保、贷款担保等。

6. 风险控制

主要是对项目可能涉及的政治风险、经济风险、社会风险、法律风险、技术风险等进行充分识别，并提出有效的应对措施。

（四）投融资规划的编制

投融资规划的研究对象主要是项目群，是在区域发展战略和总体规划的基础上，对基础设施项目、产业项目、公共服务设施项目、配套商业项目等进行总体策划，目标是在土地、资金、区位、环境等要素约束条件下，解决区域发展战略的实际落地问题。一般而言，投融资规划编制的主要研究对象包括：

1. 片区发展现状调研

内容包括项目边界内及周边区域的人口、产业、基础设施等情况梳理，相关利益主体的走访调研。

2. 规划布局研究

内容包括发展战略、目标任务、功能布局、产业策划、空间布局、发展时序等。

3. 建设内容分析

内容包括土地征拆、市政基础设施、公共服务基础设施、产业项目及配套基础设施等。

4. 开发时序安排

内容包括土地政策梳理、土地规划及储备状况分析、土地收储成本、出让收益及时序安排；建设项目开发时序，方式包括组团开发、类型开发、滚动开发等。

5. 融资方案策划

内容包括融资策略、融资渠道、融资工具、组合配置等。融资策划指根据地区发展现状、财政实力、片区发展规划等确定融资的整体思路。融资渠道包括政府财政、金融机构、社会资本等。片区不同发展阶段融资渠道的侧重点不同。融资工具包括银行贷款、企业债券、融资租赁、资产证券等。组合配置主要指内源融资和外部融资的组合，股权融资和债权融资的组合，短期、中期及长期融资安排等。

6. 投入产出平衡分析

内容包括投融资模式、投资及融资测算、收入及成本分析、盈利及偿债能力分析、盈亏平衡分析、敏感性分析等。

7. 风险分析及措施安排

内容包括政策、资金来源、市场等方面可能出现的影响项目投融资的风险点分析及相关建议。

第二节 融资环境及融资战略

一、融资环境研究

融资环境研究是从整体视角考察工程项目所在区域对资本要素的吸收能力，良好的融资环境有助于项目初始融资和再融资的顺利开展。此外，各区域的融资环境差异也会导致项目融资成本不同。融资环境研究主要从一般的区域融资环境和具体的产业融资环境两方面进行。

（一）区域融资环境研究

区域融资环境是由区域政策优势、经济发展状况、区域信用状况、当地金融业发展状况、税收环境等因素构成。

1. 区域经济政策优势

区域经济政策是政府为实现经济社会发展目标，对经济活动进行规范、调节、引导而制定的各类条例、法令和措施等。各地因发展阶段、资源禀赋等不同，制定的区域经济政策也存在一定差异性，区域内的金融机构也会制定配套的支持措施。因此，符合政策导向的工程项目较为容易获得资金支持。

2. 经济发展状况

经济运行状况良好的区域，有利于聚集各种要素资源，促进资本要素的聚集，从而能够为项目融资提供较为宽松的环境。区域经济发展状况可以通过地区生产总值（GDP）及结构、固定资产投入、财政收支等指标进行分析。

3. 区域信用状况

信用是支撑政治、经济、社会、文化等各种活动正常开展的基石，具体到区域内的主体，包括政府信用、企业信用及个人信用。融资环境评价主要关注区域内的政府信用及企业信用情况，尤其是区域内企业信用体系的建立情况，包括企业信用信息征集、征信系统建设及配套中介服务机构等情况。

4. 当地金融业发展状况

金融业发展状况直接关系项目融资的可得性，主要包括三个方面：一是主要金融机构，包括政策性银行、商业银行、城市商业银行、信用合作社等金融机构设立情况及其相应的贷款权限、贷款余额等；二是其他金融机构，包括小贷公司、金融租赁公司、保理公司等设立情况及资本实力、贷款余额等；三是多层次资本市场，包括股权融资，如主板市场（中小板）、科创板、创业板、全国中小企业股份转让系统（新三板）、区域性股权交易市场等发展和企业融资情况，以及区域内企业发债规模及资金成本情况等。

5. 税收环境

税收环境与区域的政治体制、经济发展、社会文化等密切相关，涵盖的范围非常广泛。具体到融资环境方面，主要考察税负规模及结构是否有利于经济社会发展、税负是否公平、征收环节是否简化、执法人员是否严格执法等情况。

此外，区域融资环境分析还可结合企业所处宏观环境，采用分析模型PEST进行分析，PEST即P是政治（politics）、E是经济（economy）、S是社会（society）、T是技术（technology）。

（二）产业融资环境研究

1. 产业政策优势

产业政策指政府依据区域产业发展状况和经济社会发展目标，制定的调整产业结构、培育主导产业等系列政策，具体到产业融资环境，主要关注项目所属产业，政府在财政资金扶持、信贷资金支持、资本市场培育等方面采取的措施。财政资金支持主要包括引导资金、贷款贴息、财政补助、投资基金等手段，信贷资金支持主要包括设立信用担保基金或机构、抵押物支持、构建金融机构对接平台等，资本市场培育包括培育风险投资和私募股权基金市场、提供上市融资便利性条件等。

2. 产业周期状况

产业周期通常可划分为幼稚期、成长期、成熟期、衰退期四个阶段，各个阶段在市场增长率、产品结构及需求规模总量、产业组织等方面的表现不同。产业周期状况需要结合一定的区域范围进行判别。一般而言，处于幼稚期的产业发展主要依靠政府资金、风险投资资金等进行融资，处于成长期的产业发展主要依靠企业内部资金积累、银行债务资金、私募股权基金等进行融资，处于成熟期的产业发展主要依靠资本市场资金进行融资，处于衰退期的产业延续主要依靠企业自有资金支持。

3. 产业吸引力

产业吸引力主要从投资项目主体的角度，分析项目所属行业的投资可行性。一般而言，企业如果进行跨行业或规模较大的工程项目投资前，都应注重对产业吸引力进行分析。分析产业吸引力的主流工具是波特五力竞争模型，包括潜在进入者、产品替代品、已有竞争对手、供应商议价能力和购买者议价能力。波特五力竞争模型提供了分析产业吸引力的主要框架，在具体分析时，还要结合产业市场规模的增长趋势、有关的产品互补性等进行分析。

二、融资渠道的选择

融资渠道是指融资资金的来源，从企业角度看，主要包括自主融资、资本市场融资及境外融资等。企业融资渠道选择除考虑融资成本因素外，还需要结合企业发展阶段、经营状况、资产实力等内在因素综合考虑。除此之外，区域、产业、金融等发展状况也会影响企业融资渠道的选择。随着金融体系的创新发展，不同融资渠道下的融资方式层出不穷，因此企业除选择融资渠道外，还需对适合企业的具体融资方式进行选择。

(一) 自主融资

自主融资是指企业通过盘活内部现金资产或其他可变现资产获得发展所需资金的融资行为，相较于资本市场融资，自主融资具有易操作性、可控制性、低风险性等特征。主要方式包括内部资金积累、应收账款融资、设立财务公司等。

1. 内部资金积累

不考虑外部融资时，企业内部资金积累的主要来源是折旧和留存收益，包括固定资产折旧和无形资产摊销、盈余公积和未分配利润等。企业依靠内部资金积累支撑项目投资活动时，需要在符合财税政策的前提下，结合企业实际情况，合理规划企业的折旧方式和分红政策。

2. 商业信用融资

企业经营活动中，由于购销行为的存在，通常会形成对购买单位的债权，本质上是购买单位对销售企业资金的占用，较为典型的是应收账款。应收账款融资指企业将购买单位的债权出售或抵押给金融机构获得资金的融资行为。《关于金融支持工业稳增长调结构增效益的若干意见》(银发〔2016〕42号) 明确提出："大力发展应收账款融资。推动更多供应链加入应收账款质押融资服务平台，支持商业银行进一步扩大应收账款质押融资规模。"应收账款融资流程一般是企业提出融资申请、银行进行贷前审查、银行批准授信额度、签订贷款合同。

3. 设立财务公司

财务公司主要是大型企业集团为集中管理内部资金、提高资金使用效率而设立的非银行金融机构，设立财务公司应满足《申请设立企业集团财务公司操作规程》(银监发〔2021〕12号) 的有关规定。相较于金融机构，财务公司对内部企业成员的信息掌握更为全面，能有效弥补信息不对称，提高优质项目的融资效率，且财务公司资金来源主要是内部企业成员的闲散资金，资金成本相对具有竞争优势。

(二) 资本市场融资

资本市场一般指借贷期限在一年以上的资金交易市场，主要为政府、企业或个人提供长期资金支持，市场类型包括银行信贷市场、股票交易市场、债券交易市场等。从融资的权益属性看，资本市场融资的主要类型包括股权融资、债权融资和夹层融资。

1. 股权融资

股权融资指企业所有者通过让渡部分所有权引进新的投资者的融资行为。

（1）股权融资的特点。

1）融资条件较为苛刻。由于股权融资没有硬性的还本付息要求，投资者投入的资金收益主要是资本增值和利润分红，即投资回报完全依赖于企业的生产经营状况，因此无论是公开市场发行还是私募发行，市场监管或投资者都会对企业的融资条件提出较高要求。

2）融资资金较为稳定。通过股权融资获得的资金，企业在存续期内可以一直使用，而无须承担还本付息的财务压力。

3）企业控制权被稀释。股权融资需要让渡部分企业所有权引进新的投资者，对企业经营管理决策及剩余控制权都会造成影响，因此多数企业对于股权融资方式都会持谨慎态度。

（2）股权融资的方式。

1）公开发行指向不特定对象发行证券，或者向累计超过二百人的特定对象发行证券，较为典型的是公开上市发行，即首次公开募股（inital public offerings，IPO）。我国股票公开交易市场类型包括：主板市场、中小企业板市场、创业板市场、新三板市场、科创板市场，各个交易市场在上市门槛、发行条件、发行程序等方面的规定不尽相同。此外，我国还建立了区域性股权交易市场，为区域内中小企业股权融资行为提供便利条件。

2）私募发行指向少数特定对象发行证券进行募资的行为，对象主要是个人投资者和机构投资者。相对于公募发行，私募发行的证券流动性较差，但发行条件相对较为宽松，且企业不用担心信息披露造成的不利影响。目前，在我国尚未有针对私募发行的明确法律规定，往往是由证券管理部门参照公募发行管理规定，采取“一事一议”方式受理，因此私募发行活动较为受限。

2. 债权融资

债权融资指企业以承担债务的形式进行融资的行为。

（1）债权融资的特点。对于企业而言，通过债权融资需要承担还本付息压力，如果融资过多，融资产生较大的财务风险。但债权融资的优势在于不会分散企业控制权，且利息可以税前扣除，相当于变相降低了企业税务负担。

（2）债权融资的主要形式。

1）银行信贷指通过银行进行融资的方式，是多数国家债权融资的主要形式。银行信贷对企业的申请条件较为苛刻，一般青睐于实力较为雄厚的大型企业集团，而中小企业由于经营发展具有较大的不确定性，银行出于风险管理的需要，通常会拒贷。

2）债券融资主要形式包括企业债、公司债、中短期票据等。国内债券市场相对于股票市场，发展较为缓慢，主要原因包括信用体系建设滞后、金融体系改革缓慢等。

3）信托融资指通过信托机构进行融资的方式，相对于银行融资或债券融资来讲，信托融资的审核条件较为宽松，通常有足够的担保物就可以进行融资，且放款时限较快。

3. 夹层融资

夹层融资是介于股权融资和债券融资之间的融资行为，主要用于企业采用股权融资和债券融资后弥补资金缺口的不足，资金借贷的风险和收益介于债券和股票之间。

夹层融资通常附带企业的认股权证，比较典型的是可转换债券，即债券持有人可以按照事先约定的价格将债券转换为企业的股票，也可持有债券到期获得本金和利息。

（三）其他融资渠道

工程建设项目除自主融资、资本市场筹集建设资金外，还可通过国际金融组织和外国政府贷款的方式筹集项目资金。我国境内企业、机构、团体都可申请国外贷款，拟申请贷款项目应当纳入国外贷款备选项目规划。

1. 国际金融组织贷款

国际金融组织包括联合国的专门机构及其他地区性的国际金融机构，如世界银行、亚洲开发银行等。

世界银行贷款主要指国际复兴开发银行贷款和国际开发协会贷款。国际复兴开发银行主要是为发展中国家提供有息的中长期贷款，期限通常为 20 年，利率水平与国际金融市场利率水平较为接近。国际开发协会主要是向最贫穷的低收入会员国提供无息的长期开发信贷，期限在 35～50 年，但此类贷款自 2000 财政年度起不再向中国发放。

亚洲开发银行贷款是亚洲开发银行对亚洲和太平洋地区的发展中国家提供的长期性开发资金。贷款类别包括普通贷款和特种贷款。普通贷款主要用于帮助成员国提高经济发展水平，期限通常为 15—25 年，采用浮动利率；特种贷款主要是为贫困成员国提供的优惠贷款，不收取利息，贷款期限一般为 40 年。

2. 外国政府贷款

外国政府贷款是指一国政府向另一国政府提供的，具有一定赠与性质的优惠贷款，实质上属于国家的主权外债，且主要用于政府主导型的工程建设项目。贷款方式包括：①财政资金贷款，通常利息较低或无息，还款期限较长，主要用于非营利性的基础设施建设项目；②混合贷款，由财政资金和商业贷款混合，较一般商业贷款利率更优惠；③出口信贷，指一国政府为鼓励本国产品或项目出口，提供的贷款贴息或信贷担保的融资行为，主要方式是对本国出口商或外国进口商提供利率较低的贷款。

三、融资工具的选择

融资工具指约定借贷双方权利和义务关系的凭证，较为常见的是银行贷款、债券、股票等。融资工具是为解决资金供求需要。随着经济活动的纵深化发展，将会出现更多的创新型融资工具，但本质上仍然是解决货币资本如何有效转化为产业资本和商业资本的手段问题。

（一）融资工具类型及选用原则

1. 常用融资工具

（1）银行贷款。银行贷款指银行将资金按照一定的利率和期限贷放给资金需求方的融资行为。在当今世界各国，尽管金融市场发展程度有差异，但银行贷款仍一直是资金融通活动的主要方式。

按照期限划分包括：短期贷款，通常贷款期限在 1 年以内；中长期贷款，贷款期限在 1 年以上 5 年以内；长期贷款，贷款期限在 5 年以上。

按照资金用途划分包括：流动资金贷款，主要用于补充企业流动资金不足；固定资产贷款，包括新建项目贷款、技改项目贷款等；专项贷款，主要是解决具有特定用途项目的资金需求，如经济开发贷款、扶贫贴息贷款等。

按照担保方式划分包括：信用贷款，指借款单位的信用作为担保条件的贷款；抵押贷款，指借款单位提供一定的财产作为发放条件的贷款，抵押物可包括房产、生产设备等；质押贷款，指借款单位提供动产或权利作为质押物的贷款；保证贷款，通常指其他第三方为借款单位提供连带担保责任的贷款。

（2）发行债券。在我国，企业通过发行债券筹集资金的主要融资工具包括企业债券、公司债券、中期票据和短期融资券。

1）企业债券。企业债券的法定注册机关是中华人民共和国国家发展和改革委员会（简称国家发展改革委），中央国债登记结算有限责任公司为债券受理机构，中央国债登记结算有限责任公司、中国银行间市场交易商协会为债券审核机构。债券的发行条件、发行程序、申报要求等应符合《中华人民共和国证券法》（简称《证券法》）《企业债券管理条例》《关于企业债券发行实施注册制有关事项的通知》等政策规定。

2）公司债券。公司债券的发行管理部门是中国证券监督管理委员会，债券期限通常在十年以上，债券的发行条件、发行程序、申报要求等应符合《证券法》《公司债券发行试点办法》等政策规定。

3）中期票据。中期票据的发行管理部门是中国人民银行、中国银行间市场交易商协会，票据期限通常在 1～10 年间，中期票据的发行条件、发行程序、申报要求等应符合《银行间债券市场非金融企业债务融资工具管理办法》《银行间债券市场非金融企业中期票据业务指引》等政策规定。

4）短期融资券。短期融资券的发行管理部门是中国人民银行、中国银行间市场交易商协会，期限通常在一年以内，短期融资券的发行条件、发行程序、申报要求等应符合《银行间债券市场非金融企业债务融资工具管理办法》《银行间债券市场非金融企业中期票据业务指引》等政策规定。

（3）上市融资。上市融资指企业通过资本市场公开交易部分股权筹集资金的行为。上市融资按照进入资本市场的方式划分包括直接上市和间接上市，按照上市地点划分，包括境内上市和境外上市。

直接上市指企业通过IPO的方式进行上市融资，间接上市主要指企业通过并购控股已上市公司，再通过上市公司收购企业拟上市资产或业务实现上市的行为。

境内上市指在境内证券交易所发行股票上市交易的行为，境内证券交易所包括上海证券交易所和深圳证券交易所，按照资本市场层级划分，主要是主板上市、中小企业创业板上市、科创板上市。此外，境内还有经国务院批准设立的全国中小企业股份转让系统，对应的资本市场类型为“新三板”。境外上市指在境外证券交易所发行股票上市交易的行为，主要包括香港联合证券交易所、新加坡交易所、纳斯达克证券交易所等，各个交易所在上市门槛、发行程序、交易规则等方面的规定不尽相同。

（4）融资租赁。融资租赁指企业通过融资租赁公司购买发展所需生产设备的长期租赁行为，本质上属于企业筹资活动的一种方式。融资租赁与银行贷款的主要区别在于申请条件和程序相对较为简单，融资租赁公司主要考察租赁物能够产生的投入产出效益，对申请人的综合信用考察较为简单。

与融资租赁相对应的是经营租赁，二者的区别在于：融资租赁属于长期性的租赁，与租赁物相关的经营、技术等风险、设备维修保养等基本由承租人承担，且设备租赁期满之后通常由承租人象征性购买；而经营租赁属于短期租赁设备使用权，相应的与租赁物相关的经营、技术等风险、设备维修保养等由租赁公司承担。因此，融资租赁实质上属于资金融通行为，而经营租赁属于生产经营行为。

融资租赁的主要形式包括直接租赁和售后回租两种。直接租赁较为典型，指融资租赁公司按照企业指定要求，购买设备租赁给企业的行为；售后回租指企业将自有设备先出售给融资租赁公司，再从融资租赁公司租回设备的行为，售后回租有助于尽快解决企业发展资金不足的问题。

融资租赁政策方面，最初我国金融租赁由中国银行保险监管管理委员会（简称银保监会）银保监会，负责监督管理，融资租赁业务由中华人民共和国商务部（简称商务部）负责监督管理，自2018年商务部发布《关于融资租赁公司、商业保理公司和典当行管理职责调整有关事宜的通知》以后，融资租赁公司业务监管正式划归银保监会负责。此外，国家为扶持融资租赁业务发展，符合条件的融资租赁行为在折旧政策、印花税、契税、增值税等税收方面制定了相应的优惠政策，因此，企业有时出于享受优惠政策的考虑，也会选择融资租赁方式筹集资金。

2. 融资工具选择原则

随着金融创新的不断深化，金融体系将会创造出更多的适合不同类型企业融资需求的金融工具，这些融资工具在门槛条件、适合对象、资金成本、借贷手续、贷款期限、信用保障等方面会有所区别，企业选择融资工具应重点把握以下原则。

（1）结构最优化原则。企业资金结构涉及资本结构、股本结构及负债结构。其中，资本结构选择需要在资金有保障的前提下考虑企业控制权稀释、债务压力等问题；股本结构需要考虑企业发展战略、治理架构、产品方案、营销模式等问题；负债结构需要考虑资金成本、期限错配、信用增级等问题。

在理论和实践中，对于企业资金结构最优化状态没有统一的规定，主要是根据企业所处发展阶段、所在区域投融资环境、所处行业发展状况等实际情况，结合结构化设计需要考量的因素进行确定。

（2）成本最低化原则。企业融资成本包括股权融资支付的股利、债务融资的利息及融资过程中发生的交易费用等。融资成本最低化是指企业通过各种融资渠道所获得资金的综合成本最小化，对于企业融资而言，需要经历不断更迭优化的过程。融资成本最小化的前提是各种融资渠道资金能够获取且期限结构与企业中长期发展能够匹配。

（3）风险最小化原则。融资风险主要是从企业中长期资本预算和营运资金周转的角度考虑，研究企业经营发展过程中各个关键节点的资金需求量和能够承受的资金成本，在此基础上分析各个融资渠道资金供给在总量和结构上的风险点，并制定相应的预防措施。

总体而言，企业随着发展规模不断壮大，需要有专门的融资队伍做好融资筹划工作，避免因资金周转困难需要通过过桥贷款或民间借贷等方式融资导致企业财务负担过重，或因融资不到位导致企业资金链断裂爆发财务风险。

（二）项目可融资性及融资模式选择

项目融资指以项目资产或预期收益为保障，以无追索权或有限追索权为特征的融资方式。其中，无追索权指项目融资完全以项目范围内的资产价值或预期收益为担保进行融资；有限追索权指项目投资主体为保障项目的可融资性而提供的担保或信用支持，使得当项目收益无法覆盖债务还本付息时，债权人可向投资方进行约定范围内的追索。

1. 项目可融资性

项目可融资性主要指项目创造现金流的能力及其稳定性对投资人、金融机构等的吸引力，评价维度一般包括政策符合性、技术经济可行性、管理团队实力、风险分配框架及担保体系等方面。

（1）政策符合性。主要是项目背景、技术路线、预期目标等是否符合相关政策法规、发展规划等。对于投资方及金融机构而言，主要关注项目建设的背景及必要性是否与宏观经济政策一致、是否符合项目所在地区发展规划等。

（2）技术经济可行性。主要是项目采用的技术路线是否先进，在此基础上分析项目投资效益是否符合基本要求。项目融资可行性主要关注项目自身的财务生存能力，即依靠项目经营获得的收入能否满足债务资金还本付息及权益投资方的最低回报要求。

（3）管理团队实力。主要是项目管理团队的人员构成、资质背景、管理能力及类似项目经验。优秀的项目管理团队是项目成功运作的必要保障。一般而言，项目股东方如果由具备建设运营实力的大企业参与或组成，则容易获得金融机构的青睐。

（4）风险分配框架。主要关注项目涉及的各项风险，如政策风险、市场风险、法律风险、财务风险等是否充分识别、应对措施是否合理可行等，以及项目各项风险在相关方之间的分配是否公平适当。

（5）担保体系。以项目为载体进行融资，金融机构通常会要求融资主体或其他第三方提供信用或物权担保，担保人可以是投资人、相关方或商业担保机构。

2. 项目融资模式选择

项目融资模式指通过对项目涉及的各相关方的权利、责任、义务等进行结构化设计，使其能够顺利实现既定目标的系列措施安排的统称，常见模式包括PPP模式、BOT模式、转让—运营—移交（transfer operate transfer，TOT）模式、民间主动融资（private finance initiative，PFI）模式、ABS模式等。

（1）PPP模式。指政府与社会资本合作提供公共产品或服务的模式。PPP项目合同关系非常复杂，前期交易成本较高，因此主要适用于投资规模较大、经营现金流较为稳定、合作期限较长的基础设施项目，如铁路、高速公路等。

（2）BOT模式。通常指政府授予基础设施项目的特许经营权，由投资方承担项目的建设—运营—移交各阶段涉及的具体任务。BOT模式的变化形式较多，如设计—建设—融资—运营—移交模式（DBFOT）、TOD模式等，主要适用于能源、水务、交通等领域。

（3）TOT模式。指政府将基础设施或公用设施的经营权交予社会资本方，由其承担项目合作期内的运营、维护等事项，通常不涉及工程建设，主要适用于能够产生使用者收费的项目，典型领域的如城市供水。

（4）PFI模式。指政府向社会资本购买服务的模式，主要是由社会资本负责项目设计、融资、建设、运营等。PFI模式与BOT模式、PPP模式的区别在于，政府通常只对产出进行绩效考核，而不干涉项目的设计、建设等环节。

（5）ABS模式。指以项目未来预期收益为标的发行债券进行融资的模式，适用于市场预期较为稳定、收费基础良好的项目。对于基础设施项目而言，ABS模式一般需要组建SPV，对项目的收益权进行结构化设计，经由信用评级公司进行评级和信用增级机构进行增信，使得结构化设计产品达到融资的条件，再由券商进行承销，完成项目融资。

第四章

融资的信用基础及融资主体策划

融资活动本质上是对以货币形式体现的经济资源的再次配置，过程可以是直接的或间接的。供给方之所以愿意将资金出让给需求方，主要是资金出让的期望收益高于资金自持的期望收益，即本质目的是追求资金更好地保值增值。同时，由于资金需求方的生产经营活动客观上存在着风险，以及信息不对称、道德风险、经营管理能力不足等问题，导致资金可能无法实现预期收益或有效收回，因此需求方以债务偿还能力为核心的信用基础及融资主体策划成为投融资策划咨询的核心关切。

第一节　融资的信用基础及分析评价

一、融资的信用基础

（一）融资信用主体

项目融资信用主体是指承担融资主要责任义务的法人机构。融资过程伴随着货币运动过程，货币运动的最终目的是实现保值增值。因此，融资主体对融入资金的保值增值能力是投资人、金融机构等货币供给方的考察重点。按照融资主体的不同，项目融资可分为既有法人融资和新设法人融资。

1. 既有法人融资

既有法人融资指以既有法人的信用为基础，为项目筹集建设资金的融资方式。项目类型包括新建、改扩建、技术改造等。

既有法人融资的主要特征包括：

（1）由既有法人承担项目建设资金的融资责任和承担相应的风险。

（2）项目建设资金的融资渠道包括内部融资和外部融资。内部融资指企业内部资金积累；外部融资包括股权融资和债务融资。

（3）项目债务融资的还本付息以既有法人的整体盈利能力为保障。

（4）项目融资担保是以既有法人整体资产和信用水平为条件。

2. 新设法人融资

当既有法人融资的信用不足，或出于减少融资时限、降低融资成本、隔离项目风险等目的，可以通过为项目单独设立公司，即新设法人，达到项目融资目的。

新设法人融资的主要特征包括：

（1）由政府或企业为项目设立新的法人企业，由该企业法人负责项目融资和承担风险。

（2）项目建设的资金来源主要是相关投资人投入的资本金和项目公司承担的债务资金。

（3）项目融资的还本付息依赖项目建设运营产生的各项收益。项目具有较强的盈利能力，依靠项目自身未来的现金流可以按期偿还债务。

（4）项目采用无追索权或有限追索权的担保方式，主要的担保条件以项目自身的资产、收益或权益等为限。

（二）融资主体信用评价

各资信评级机构、金融机构等在融资主体信用评价的维度和指标选取方面不尽相同。但综合来看，评价重点主要包括企业整体情况、市场竞争力、经营管理能力、财务状况、偿债能力、营运能力、盈利能力七个方面。

1. 企业整体情况

企业整体情况主要是公司经营历史、人力资源、技术水平、规模优势、股东状况、安全和环保状况、外部支持及所处行业地位等。

（1）经营历史。包括企业设立时间、注册地、批准机关、股东、隶属关系、改制、并购、主营业务、上市、资质等历史与现状。

（2）人力资源。包括管理层和员工队伍整体素质水平，受教育水平、年龄结构、技术支撑、培训管理等。

(3) 技术水平。包括研究开发能力、研发队伍、科技投入、专利技术、生产工艺及设备技术含量和先进程度等。

(4) 企业规模。包括资产总规模与职工数量、业务收入、经济规模等。

(5) 股东状况。包括股东及实际控制人状况的经济实力、资信状况等。

(6) 安全和环保状况。企业经营涉及国家有关安全生产和环保的,需评估安全和环保方面的制度建设及其落实情况。

(7) 外部支持。企业获得政府优惠政策、风险分担及补偿机制、第三方在流动性、业务发展方面的支持等。

2. 市场竞争力

企业竞争力分析主要从三个方面入手:

(1) 业务层面,主要是分析企业产品或服务的市场竞争力,具体环节包括研发、生产、价格、成本、营销、服务等。

(2) 管理层面,主要是分析企业内部管理制度、组织架构、管理团队、人才队伍、运行机制、反馈机制等有效性及其外在表现,如外部资源关系、企业规模、品牌效应等。

(3) 价值层面,主要是企业的愿景、使命、发展理念、发展战略、发展目标等。

3. 经营管理能力

经营管理指在企业内,为使生产、营业、劳动力、财务等各种业务,能按经营目的顺利地执行、有效地调整所进行的系列管理、运营等活动。

一个企业的经营管理能力强不强,要看这个企业是否能合理地组织生产力,使供、产、销各个环节相互衔接,密切配合,人、财、物各种要素合理结合,充分利用,以尽量少的活劳动消耗和物质消耗,生产出更多的符合社会需要的产品。

4. 财务状况

通过企业近三年财务报表,考察关键财务指标,包括总资产、总负债、资产负债率、营业收入、毛利率、利润总额(营业外利润)、经营性净现金流等指标,通过这些关键指标的评估分析,掌握企业财务状况。这些指标若发生重大变化或明显与行业平均水平有较大偏差，则重点予以关注。

通常，企业财务状况用三个方面来衡量，即偿债能力、营运能力和盈利能力。企业财务状况较好，主要体现在三个方面能力均较好。

5. 偿债能力

偿债能力指企业用其资产偿还长期债务与短期债务的能力。要判断偿债能力，需与盈利能力、现金流量指标相结合，才能反映企业实际的偿债能力。

反映公司偿债能力的指标主要有：流动比率、速动比率、资产负债率、现金负债率等。通过计算企业的流动比率和速动比率可以了解企业偿还短期债务的能力；通过计算资产负债率，可以了解企业偿还长期债务的能力。此外，单纯分析企业的偿债能力指标是不能反映企业真实的偿债能力的，还应与企业的盈利能力结合起来分析。企业偿债能力的好坏，也取决于企业盈利能力的高低，即使企业的各项偿债能力的指标都符合相关标准，如果该企业处于衰退期，且是夕阳行业，盈利能力很低，则该企业从偿债能力指标分析来看，可能短期具有一定的偿债能力，但长期来看，该企业偿债能力是不可靠、不稳定的。相反，如果企业资产负债率较高（比如大于60%），但只要该企业的息税前利润率高于企业负债的资金成本，则该公司获利能力较强，即使该公司正处于发展阶段且属于朝阳行业，则该企业从偿债能力指标分析看，短期内偿债能力较差，但长期而言，该企业偿债能力是可以肯定的。

偿债能力又可以分为短期偿债能力和长期偿债能力。

短期偿债能力指企业偿还短期债务的能力。短期偿债能力不足，不仅影响企业的资信，增加融资成本和偿债难度，还可能使企业陷入财务危机，甚至破产。一般而言，企业以流动性资产偿还流动负债，不应靠出售长期资产，所以用流动资产与流动负债的数量关系来衡量短期偿债能力。

（1）流动比率。

$$流动比率=流动资产\div流动负债\times100\%$$

流动资产既可以用于偿还流动负债，也可以用于支付日常经营所需的资金。流动比率高，一般表明企业短期偿债能力强。但如果过高，则影响企业资金使用效率和盈利能力。

（2）速动比率。

速动比率＝（流动资产－存货－待摊费用）/流动负债×100％

一般认为，速动比率为 1 比较安全，过高有存在资金使用效率较低、管理不善之嫌。

（3）现金净流量与流动负债比率。

现金净流量与流动负债比率＝经营现金流/流动负债×100％

该比率反映经营所得现金能否覆盖流动负债。该指标对短期偿债能力较为重要。

长期偿债能力指企业偿还长期利息与本金的能力。一般来说，企业借长期负债主要是用于长期投资，因而最好用投资产生的收益偿还利息与本金。通常以负债比例和利息收入倍数两项指标衡量企业的长期偿债能力。

（1）资产负债率。

资产负债率＝负债总额/资产总额×100％

资产负债率又称为负债比率、财务杠杆，是一个重要的长期偿债能力分析指标。资产负债率越高，债权人所受保障就越低。但并不是资产负债率越低越好，一定负债表明企业管理者能够有效运用股东资金进行较大规模的经营。

（2）产权比率。

产权比率＝负债总额/股东权益×100％

股东权益就是净资产。净资产越高，且在负债总额占比越高，则企业拥有较强的偿债能力。

（3）利息收入倍数。

利息收入倍数＝息税前利润/利息费用＝（净利润＋所得税＋利息费用）/利息费用

利息收入倍数考察企业的营业利润是否足以支付当年的利息费用，它从企业经营活动的盈利能力方面分析其长期偿债能力。一般来说，这个倍数越大，长期偿债能力越强。

（4）债务保障率。

债务保障率＝负债总额/经营活动现金流净额×100％

企业通常使用经营活动现金流来偿还债务。若企业经营活动现金流无法偿还债务，偿债压力较大，表明该企业长期偿债能力较弱。

6. 营运能力

营运能力用企业各项资产的周转速度来衡量企业资产利用的效率。周转速度越快，表明企业的各项资产进入生产、销售等经营环节的速度越快，那么其形成收入和利润的周期就越短，经营效率自然就越高。一般来说，包括以下五个指标：

应收账款周转率＝赊销收入净额/应收账款平均余额

存货周转率＝销售成本/存货平均余额

流动资产周转率＝销售收入净额/流动资产平均余额

固定资产周转率＝销售收入净额/固定资产平均净值

总资产周转率＝销售收入净额/总资产平均值

上述指标越高，说明企业的经营效率越高。

7. 盈利能力

盈利能力是指企业在一定时期内赚取利润的能力，利润率越高，盈利能力就越强。对于经营者而言，通过对盈利能力的分析，可以发现经营管理环节出现的问题。对企业盈利能力的分析，就是对企业利润率的深层次分析。

盈利能力指标主要有：净资产收益率、销售净利率、总资产收益率等。但是单纯分析以权责发生制为基础的盈利能力指标而得出企业盈利能力相关指标是片面的，盈利能力的好坏与否，应该与企业获取的现金流量（主要是经营活动净现金流量）的能力结合起来考虑，即使从盈利能力相关指标分析得出企业的盈利能力较好，但若没有稳定的经营现金净流量为基础，则该企业不具有盈利能力。相反，即使通过分析企业的盈利能力指标而反映出企业的盈利能力一般，但该企业如果有稳定可靠的经营现金净流量作为保障，则该企业具有盈利能力且具有可持续性。

（三）增信措施及途径

增信是一种常见的企业信用增信措施，指采取一定措施让企业的信用提高，以便在金融活动中能顺利筹取有效资金。信用增信的具体形式很多，但归根结底，各种形式的信用增信主要解决融资前的信息不对称和融资后的损失补偿问题。对此，信用增信的主要途径是信息增信和信用增进。

1. 信息增信

信息增信指外部信息评价机构对融资主体出具的用于评价和说明特定事项真实情况的报告。企业或项目融资不畅的重要原因之一是缺乏相对权威的信息评价报告，而社会公众、金融机构、企业等往往出于收集信息的成本较高，或对已掌握信息真实度的担忧等问题，不愿将盈余资金借贷给资金短缺方，而外部信息评价机构，包括企业性质的资信评级机构、审计机构等，以及有政府背景的企业信用信息系统等，可以发挥专业化优势，减少融资主体信息收集成本，并对相关信息进行处理，为社会公众、金融机构、企业等借贷资金提供专业化评价意见。主要方式有：

（1）审计增信。审计是最早、最经常提供的增信服务类型。审计增信主要是审计机构出具的审计报告，一定程度上反映了融资主体的经营情况、财务状况等，是金融机构贷款决策的重要参考依据之一。美国注册会计师协会（American institute of Certified Publie Accountants，AICPA）将增信业务定义为："为决策制定者提供的旨在提高信息质量，或者改善信息使用环境的独立职业服务"。

（2）评级增信。主要针对融资主体发行债券、项目贷款等行为进行信用评级。我国信用评级业务始于债券评级。1993年8月，国务院颁布《企业债券管理条例》，规定发行企业债券可以向经认可的债券评级机构申请信用评级。1997年中国人民银行发布《关于中国诚信证券评估有限公司等机构从事企业债券信用评级业务资格的通知》（银发〔1997〕547号）文件，确定中诚信等9家机构具备企业债券资信评级资格。信用评级市场紧密地联系着广大金融市场，并且随着金融体制改革的不断深化、新的金融产品的推出，以及国外评级机构的进入，大大促进了我国信用评级市场的发展。

（3）政府信息平台。主要是政府主导建立的公开信息查询平台，包括中国人民银行牵头建立的征信查询系统、中征应收账款融资服务平台等。此外，部分地方政府为便于属地企业融资，也相应建立了信用信息服务平台，内容包括财政、税务、工商、知识产权、违约记录等，供金融机构查询征信和评级增信。

（4）大数据信息。主要是通过大数据技术手段分析融资主体信用状况，为金融机构提供信息，较为典型的是芝麻信用，收集信息的渠道包括阿里巴巴的电商交易数据和蚂蚁金服的互联网金融数据，以及政府公共部门数据、合作企业和金融机构数据等外部数据。

2. 信用增进

信用增进在理论上或实践中都成为解决信息不对称并增强企业融资能力的重要途径，指通过一定措施增进融资主体的信用等级，使得融资过程能够顺利实施。信用增进的主要方式包括内部增信和外部增信。

（1）内部增信。内部增信指通过融资主体自有资产抵押的结构化设计，以满足融资业务所需信用等级的方式，在企业整体信用等级不足以支撑企业实际融资需求或出于降低融资成本等情形时，通常采用这种方式控制债权人风险，如资产证券化业务。

（2）外部增信。外部增信指通过融资主体以外的第三方提供担保，达到提高信用等级的目的，主要方式包括：

1）银行增信。指银行提供的保函、备用信用证、承兑汇票等表外业务，这种增信方式本质上是将商业信用转化为银行信用，提高企业资金周转效率。

2）政府增信。指政府通过成立基金、担保公司及贷款贴息等方式，为融资主体提供增信措施。

3）担保公司。指通过市场化运作的担保机构，提供风险补偿形式，包括差额补足、本金担保等，实现信用增信。

4）企业联保。指多个企业组成融资责任主体实现信用增信，成员企业间可以互相监督，有助于降低金融机构面对的逆向选择风险和道德风险。

5）保险公司。指部分保险公司为投保企业提供的增信服务，主要服务对象是中、小微企业，且支持的贷款额度较低，通常只能满足企业的营运资金需求。

二、金融机构的评价

（一）开发性金融机构的评价

开发性金融是政策性金融的深化和发展。开发性金融聚焦实现政府发展目标、弥补体制落后和市场失灵，有助于维护国家经济金融安全、增强竞争力。开发性金融一般为政府拥有、赋权经营，具有国家信用背景，体现政府意志，把国家信用与市场机制特别是与资本市场机制有机结合起来。

开发性金融机构具有以国家信用为基础、不以营利为目的及以财政支撑为主的融资机制等主要特征，决定其对项目投融资方案主要关注点包括政策背景、融资结构、财务生存能力和经济社会效益等方面。

1. 政策背景

主要是项目建设的政策背景应符合国家产业政策、区域战略、经济社会发展规划等。一般来讲，重大基础设施项目，如能源、交通、水利等，以及能够引领未来经济社会发展制高点的产业型项目较易获得开发性银行的资金融资支持。

2. 融资结构

开发性金融机构通常对项目的融资有一定的比例限制，即项目发起方要对项目资本金和除开发性贷款外的缺口资金有合理可行的融资方案，应当保障项目建设所需各个渠道资金能够按照项目建设进度足额及时配套到位。

3. 财务生存能力

开发性金融机构虽不以营利为主要经营目的，但一般都会以投入资金的保本为底线，通常也会要求一定的资金成本。因此，会要求融资项目有一定的财务生存能力，即项目自身收益至少能够覆盖开发性贷款的本金偿还。以棚户区改造为例，开发性金融机构要求的财务生存能力主要是以项目和政府的偿贷能力指标为主。

（1）项目借款单位偿贷能力指标。

偿债覆盖率＝（折旧＋摊销＋未分配利润＋其他可用于还款的资金）/应还本金×100％

资产负债率＝总负债/总资产×100％

流动比率＝流动资产/流动负债×100％

速动比率＝（流动资产－存货－待摊费用）/流动负债总额×100％

到期债务本金偿付率＝经营活动产生现金净流量/（本期到期债务本金＋现

金利息支出)×100%

利息保障倍数=(利润总额+利息费用)/利息费用

长期资产适合率=(权益+长期负债)/(固定资产+长期投资)×100%

(2) 政府偿债能力指标。

政府负债率=年末政府债务余额/当年地方 GDP×100%

财政债务率=年末政府债务余额/当年地方财政收入×100%

债务依存度=当年举借债务额/(当年地方财政支出+未列入财政支出的还本付息额)×100%

偿债率=当年债务还本付息额/当年财政收入×100%

新增债务率=当年新增债务额/当年财政收入增量×100%

到期债务偿还率=预算年度政府债务实际还本付息付费金额/预算年度政府债务总额×100%

赤字率=当年财政赤字/当年地方 GDP×100%(不考虑转移支付)

计算出上述两类指标后，根据社会公认的标准设定基准值，再按指标权重计算加权分并累计，就可以分别取得相应的借款单位和政府偿债能力分值。以棚改项目为例，可将两借款单位和政府分数平均后取得相应的偿债能力分，从而比较分析其偿债能力，预估风险。

4. 经济社会效益

主要评价项目建设运营对就业、环境保护、税收、科技、区域发展环境等方面的影响。开发性金融机构较为注重项目的经济社会效益，尤其是能够带来长期效益的项目，这类项目通常财务效益一般，但能够促进经济社会的长期发展，如重大基础设施。

(二) 商业性金融机构的评价

商业性金融机构是按照现代企业制度改造和组建起来的，以营利为目的银行和非银行金融机构。商业性金融机构主要经营的是收益和风险，是在以流动性和安全性为前提下实现盈利的最大化。商业性金融机构类型包括银行、证券、保险、信托、基金、租赁等机构，各类型金融机构融资机制、业务范围、贷款期限、资金成本等不尽相同。

对于项目投融资方案而言，商业性金融机构主要关注放贷资金能否安全及时地收回本金和利息，因此商业性金融机构主要关注项目收益能否覆盖本息及存在的风险，对项目收益能否实现还本付息，对风险的评价主要包括：

1. 借款人风险

在商业银行项目贷款中，借款人是绝对的主体要素，其自身的综合素质、信誉直接影响着项目贷款的成败，同时也是实现项目目标的基本要素。具体体现为借款人的资质、信用、管理能力、经营能力、竞争能力、股东背景、财务能力等。

2. 行业风险

行业风险对于项目贷款的影响较大，但是其中也存在一定的不确定因素，这些因素呈现出隐性、不可控等特征，会导致行业生产、经营、投资偏离预期结果，从而造成较大的损失。行业风险违约往往发生在行业中的劣势企业，以及风险防控能力较差的企业中。另外，行业风险还会受技术变革、政策变化、财政变化、关税变化等因素影响。

3. 可行性风险

可行性风险是一种显性风险，但是该类风险的揭示往往需要采用多方面的数据进行分析评价。通常来说，项目可行性风险主要体现在资金、市场、财务、建设、技术等方面。这些因素均会直接影响项目的成本，决定企业是否能实现预期的收益，进而偿还贷款。

4. 其他风险

其他风险主要指法律性风险、担保风险、合规性风险等，相关主管部门针对项目规划、土地、环保、安全的审核，均会直接影响项目贷款最终结果。从项目贷款的自身状态及社会各行业发展状态来说，此类风险是相对可控的，但是影响该类风险的外在因素也比较多。

三、信用评级及授信咨询

信用是一种社会中介服务，将为社会提供资信信息，或为单位自身提供决策参考。信用评级又称为资信评级，是对各类市场参与主体及各类金融工具的发行主体履行各类经济承诺的能力及其可信程度进行评价。目前，各大国际评级机构还给出了自己的定义。比如，穆迪评级是穆迪对一个发债机构能否于债券等发行债务工具到期日前按时偿还的能力和意愿做出的意见，评级并不是为买卖做出推荐；标准普尔认为信用评价仅是对信用风险的意见，对发债人（如企业、州、市政府等）完全与及时履行财务责任的能力及意愿的意见。

（一）信用评级分类

1. 评估对象分类

信用评级分类中按照评估对象来分，可以分为企业信用评级、证券信用评级、项目信用评级和国家主权信用评级四类。

（1）企业信用评级。包括工业、商业、外贸、交通、建筑、房地产、旅游等公司/企业和企业集团的信用评级，以及商业银行、保险公司、信托投资公司、证券公司等各类金融组织的信用评级。金融组织与公司/企业的信用评级要求不同，一般公司/企业生产经营比较正常，虽有风险，但容易识别，企业的偿债能力和盈利能力也易测算。相比金融机构有较大不同，它是经营货币借贷和证券买卖的企业，易受宏观政策环境、经营环境影响，涉及面广、风险大，在资金运用上要求盈利性、流动性和安全性的协调统一，实行资产负债比例管理，接受政府有关部门监管。因此，金融组织信用评级风险性要比一般公司企业大，评估工作也更复杂。

（2）证券信用评级。包括长期债券、短期融资券、优先股、基金、各种商业票据等信用评级。目前，债券信用评级在我国已形成制度，国家明确规定，企业发行债券要向认可的债券评信机构申请信用等级。关于股票评级，除优先股外，国内外都不主张对普通股票发行前进行评级，但普遍认可对普通股票发行后上市公司进行业绩评级，即对上市公司经营业绩综合排序，而且有些评估公司已编印成册，公开出版。

（3）国家主权信用评级。国际上流行国家主权信用评级（sovereign rating），体现一国偿债意愿和能力，主权评级内容很广，除要对一个国家国内生产总值增长趋势、对外贸易、国际收支情况、外汇储备、外债总量及结构、财政收支、政策实施等影响国家偿还能力的因素进行分析外，还要对金融体制改革、国有企业改革、社会保障体制改革所造成的财政负担进行分析，最后进行评级。根据国际惯例，国家主权等级列为该国境内单位发行外币债券的评级上限，不得超过国家主权等级。

（4）其他信用评级。如项目信用评级，即对特定项目进行信用评级。

2. 评估方式分类

（1）公开评估。一般指独立的信用评级公司进行评估，评估结果向社会公布，向社会提供资信信息。评估公司要对评估结果负责，评估结果具有社会公正性质。这就要求信用评级公司必须具有超脱地位，不带行政色彩，不受任何单位干预，评估依据要符合国家有关法规政策，具有客观公正性，在社会上具有相当的权威性。

（2）内部评估。评估结果不向社会公布，内部掌握。如银行对借款人的信用等级评估，就属于这一种，由银行信贷部门独立进行，作为审核贷款的内部参考，不向外提供资信信息。

3. 评价是否收费分类

（1）有偿评级。由独立的第三方信用评价机构接受客户委托进行信用评价，属于有偿评级。有偿评级特别要讲究客观公正性，不能因为收费而失去实事求是原则，忽视投资者利益。如果违背了这一原则，信用评价机构就会丧失社会的信任。

（2）无偿评级。信用评价机构有时为了向社会提供资信信息，为了内部掌握相关情况，开展无偿评估业务。无偿评级通常只能按照有关单位的公开财务报表和资料进行，不能深入现场调查，因而资信信息比较单一，评估程序和方法也较简单。

4. 评价内容分类

（1）综合评估。综合评估是对评估客户的各种债务信用状况进行评级，提出一个综合性的资信等级，它代表对企业客户各种债务的综合判断。

（2）单项评估。单项评估是对某一具体债务进行有针对性的评估，如对长期债券、短期债券、长期存款、特定建设项目等信用评价。债券评估属于单项评估的典型例子，通常采用"一债一评"的方式。

（二）授信咨询

授信咨询业务中，咨询机构可根据客户的需求，利用自身的产品和服务及其他社会资源，为客户财务管理、投融资、兼并与收购、资产重组及债务重组、发展战略等活动提供咨询、分析、方案设计等财务顾问服务。这里以企业债务融资财务顾问为例，阐述具体实施操作流程和环节。

1. 对企业申请贷款提供指导和咨询

财务顾问需要提供的咨询服务包括：针对商业银行对项目贷款需求、贷款所需具备的条件、贷款申报等方面内容为企业提供咨询；对公司现有经营状况、资产管理、股权结构、财务状况、偿债能力进行分析，并针对问题提出建议，以便顺利完成银行贷款，指导企业准备各类贷款文件，撰写贷款申请报告。

2. 项目可行性研究的预评估

对企业拟贷款项目的可行性研究开展预评估，重点对项目可靠性和能否达到预期效果进行评估，它直接关系企业能否顺利实现其贷款目标。一般而言，对项目的评价包括如下内容。

（1）企业和项目背景。

（2）融资主体评价。评估融资主体有六大要素，分别是企业概况、经营者整体能力、经营技术实力、企业财务、企业信用、发展前景。

（3）贷款金额和期限。贷款金额的确定取决于项目总投资和资本金比例。项目总投资包括固定资产投资、流动资产投资的总和。按照国家有关资本金制度规定，投资项目必须首先落实资本金才能进行建设，银行贷款的到位也是根据资本金到位情况相应比例贷出。此外，企业经济综合实力、企业现有债务情况、经营情况、未来现金流、在建工程等方面的因素都会影响贷款金额。贷款期限包括短期、中期和长期贷款。具体取决于贷款用途、项目投资回收期、项目存续期等因素。

（4）贷款担保。商业银行贷款可以分为信用贷款和担保贷款。对于企业项目融资，商业银行需有相应担保，包括保证、抵押、质押、留置和定金等方式。

3. 设计项目融资方案、完成融资分析报告

在完成项目评估后，财务顾问设计项目融资方案，并向业主提交融资分析

报告。分析报告的质量对于企业融资工作至关重要。

通常情况下，融资分析报告涉及七个方面内容：①融资数量、期限的测算与确定；②融资渠道分析；③融资方式设计；④融资担保方式设计：⑤协助、指导融资所必需的文件；⑥融资负债偿还方式；⑦风险因素分析。

第二节　政府融资及平台公司转型发展

一、政府融资及项目融资主体的选择

在社会主义市场经济体系下，政府的经济职能包括宏观调控、市场监管、国有资产管理、公共产品提供等。其中，公共产品由于消费上的非竞争性或受益上的非排他性，导致无法通过市场机制进行有效供给。因此，多数公共产品投入须由政府财政进行负担。在我国，公共产品主要采用政府投资和采购服务两种形式提供。前者主要针对工程建设项目，如市政道路、桥梁等基础设施；后者主要针对货物或服务类项目，如信息技术服务、咨询服务等。

（一）政府投资与政府融资

1. 政府投资

政府投资指政府作为投资主体主导的固定资产投资建设活动，形式上包括新建、扩建、改建、技术改造等。政府作为投资主体主要投向公共物品、具有正外部性产品等市场不能有效配置资源的领域，以及出于兼顾公平和效率、调整经济结构等目的安排的投资。我国中央政府和地方政府的投资职能随着我国市场配置资源的主体地位逐步确立而不断调整。改革开放初期，为强化投资责任约束机制，提高投资效益，政府投资项目均由政府主导，采用单一的指令性计划和行政命令，投资方向、投资计划和投资项目等相关决策权力集中在政府，尤其是中央政府；投资资金来源主要来自国家财政拨款，投资项目的建设实施活动包括相关资源和要素配置主要按照政府指令性计划执行。随着我国市场经济的不断发展，特别是投资主体的多元化发展，这种高度集中的计划管理体制，已不能适应生产力发展的要求。我国政府不断调整在投融资领域的职能定位，更多地让市场机制在投资资源和要素配置中发挥越来越重要的作用。我

国经济机制改革的核心问题是如何处理好政府和市场的关系，使市场在资源配置中起决定性作用和更好地发挥政府作用。《政府投资条例》（简称“《条例》”）要求“政府投资资金应当投向市场不能有效配置资源的社会公益服务、公共基础设施、农业农村、生态环境保护、重大科技进步、社会管理、国家安全等公共领域的项目，以非经营性项目为主”。该《条例》的出台为规范政府投资、融资行为和实施政府投资资金和项目管理提供了法律依据，也为深化投融资体制改革提供了法治保障。

2. 政府融资

政府融资指政府作为投资主体开展的一系列资金融通活动，其地位和规范程度是随着经济体制改革的逐步深入而不断增强的。改革开放初期，财权和事权主要集中在中央政府手中，地方政府投资项目基本依赖中央政府拨款，融资渠道较窄，主观能动性一般；此后，随着经济体制改革的不断深入，包括中央政府逐步向地方政府下放部分财权和事权、金融体系市场化改革不断深入、地方政府经济发展指标考核导向逐步确立等系列改革措施的落实等，地方政府投融资积极性被逐渐调动起来。在融资工具上，从最初的银行贷款为主，逐步向银行贷款、债券、信托、资产证券化、融资租赁等方式并举。在融资主体上，逐步由地方政府转移到地方各级投融资平台公司。随着地方政府直接举借债务和隐性债务规模的不断扩大，债务风险不断累积，党中央、全国人大、国务院高度重视地方政府债务管理。2014 年 8 月 31 日，十二届全国人大常委会第十次会议表决通过的预算法修正案，对地方政府债务管理做出了整体制度安排，在举债主体、举债方式、规模控制、预算管理、举债用途、风险控制和责任追究等方面都做出明确规定。新《预算法》的出台为地方政府债务管理奠定了法律基础。在此基础上，国务院于 2014 年 9 月发布《关于加强地方政府性债务管理的意见》（国发〔2014〕43 号），从建立规范的地方政府举债融资机制、对地方债务实行规模控制和预算管理、控制和化解地方政府性债务风险、完善配套措施等方面，提出了规范和加强地方政府性债务管理的政策措施。此外，在国务院统一部署下，中华人民共和国财政部（简称财政部）联合有关部门开展清理核实地方政府存量债务，建立地方政府债务风险预警机制，批准地方政府债务限额等。

（二）政府信用与政府融资

1. 政府信用及评价体系

政府信用是政府作为公共管理主体和经济行为主体表现出的为社会公众和市场其他主体的信任和接受程度。政府信用是构成整个社会信用的基石，可进一步细分为国家主权信用、中央政府信用和地方政府信用。

国内外众多评级机构、金融机构等针对政府信用建立了相应的评价指标体系，关注度较高的是标准普尔主权信用、地方政府信用评价指标体系，穆迪主权信用、地方政府信用评价指标体系等。

2. 政府信用与政府融资关系

市场经济条件下，政府信用和政府融资具有相互促进作用。首先，政府信用是政府融资的基础。从融资角度看，政府信用直接体现为政府的偿债意愿和偿债能力。偿债意愿主要取决于政府的公共管理边界和管理能力，即政府是否能做到厘清政府和市场的边界，管理是否能做到有法可依、有法必依、执法必严、违法必究等。偿债能力则取决于政府的负债规模、财政收支、地区经济发展现状及趋势等情况。其次，政府融资主要用于政府作为投资主体的公共产品领域，如市政道路、教育医疗等，公共产品领域的服务水平提升有助于经济社会活动的繁荣，从而有助于政府信用的提升。最后，过度融资会造成政府负债规模过大，容易引发债务风险，从而导致政府信用恶化。

（三）政府融资的主要渠道和方式

1. 财政预算资金

我国政府预算按照经济性质，分为一般公共预算、政府性基金预算、国有资本经营预算、社会保险基金预算四类预算。每一类预算均分为全国、中央与地方三级体系。其中，与基础设施建设资金来源密切相关的是一般公共预算和政府性基金预算。

一般公共预算的收入来源主要是税收收入。对于地方政府而言，还包括上级政府对本级政府的税收返还和转移支付、下级政府的上解收入。

政府性基金预算指为支持公用事业发展征收的具有专向用途的财政资金，包括土地出让收入。政府性基金是城市基础设施、交通运输、水利工程等建设资金的重要来源。

2. 发行政府债券

发行政府债券主要是政府向社会公众、企业、机构等发行有价证券筹集资金的行为，具体又分为国债和地方政府债券。

我国中央政府发行的债券称为国债，筹集的资金由中央统筹用于平衡财政收支和经济建设等。按照期限，国债可以分为长期国债、中期国债、中短期国债和短期国债。长期国债期限一般在10年以上，是基础设施融资的重要渠道；中期国债期限一般在3～5年，是各类投资者较为偏好的投资品种；中短期国债期限一般在1～3年；短期国债期限一般在1年以内，包括3个月、半年等。国债的类型包括记账式国债、凭证式国债和电子储蓄式国债。

我国地方政府发行的债券分为地方政府一般债券和地方政府专项债券，主要以项目是否有收益进行区分，政府一般债券又称为一般责任债券，以地方财税能力为还款保障，通常以一般公共预算收入偿还；地方政府专项债券，以项目收益为还款来源保障，以对应的政府性基金或专项收入偿还，由于项目收益具有一定的不确定性，因此利率比一般债券要高。

二、政府融资平台的发展与转型

地方政府融资平台公司是由地方政府及其部门和机构等通过财政拨款或注入土地、股权等资产设立，承担政府投资项目融资功能，并拥有独立法人资格的经济实体。2010年7月，财政部、国家发展改革委、中国人民银行、中国银行业保险监督管理委员会（简称银监会）四部门联合印发《关于贯彻国务院关于加强地方政府融资平台公司管理有关问题的通知相关事项的通知》（财预〔2010〕412号），进一步明确地方政府融资平台包括各类综合性投资公司，如建设投资公司、建设开发公司、投资开发公司、投资控股公司、投资发展公司、投资集团公司、国有资产运营公司、国有资本经营管理中心等，以及行业性投资公司，如交通投资公司等。

（一）融资平台的产生和发展

地方政府投融资平台是我国现行经济和政治体制下的特殊产物，对我国经济的高速发展起到重要的支撑作用。20世纪90年代是我国基础设施发展和城镇化进程的关键时期，由于实行分税制改革，地方政府财政收入少，建设任务重，融资需求巨大。在地方政府受原《中华人民共和国预算法》（简称《预算法》）约束不得发行地方政府债券的背景下，加之《中华人民共和国担保法》（简称《担保法》）和《贷款通则》分别限制了地方政府为贷款提供担保和直接向银行贷款的能力，地方政府在资金供给严重不能满足需求的情况下，不得不开始通过融资平台实现融资。地方政府融资平台在地方政府事权、财权不匹配和土地财政不可持续的背景下，对过去很长一段时间我国基础设施和城市建设的高速发展发挥了资金供给方面的基础性功能，其重要的经济和社会贡献均不容忽视。融资平台发展大致分为三个阶段。

1. 起步发展期（20 世纪 90 年代初到 2008 年）

这是我国政府投融资平台的起步阶段。在政策支持下，上海成立了第一家地方政府融资平台公司—上海久事（集团）有限公司（简称上海久事公司）。上海久事公司通过对外融资有效缓解了财政支出资金压力。1992 年，上海城投（集团）有限公司（简称上海城投）成立，从事城市基础设施投资、建设和运营，为地方城投公司的先行者。

地方政府融资平台的成立，是基础设施建设投融资体制改革的一个创新，地方政府纷纷效仿，推动地方融资平台的建立，融资平台逐渐发展起来。受 1997 年亚洲金融危机影响，我国为应对金融危机产生的不利影响，大力推进扩张的财政政策。由于中央在对基础设施建设进行转移支付的同时要求地方政府配套资金，地方政府承担较大的城市基础设施建设财政支出压力。为了缓解地方财政压力，地方政府通过融资平台，借助地方政府信用背书，向银行等金融机构进行间接融资，在扩张性财政政策下加速发展。

2. 快速扩张期（2008～2014 年）

2008 年，美国次贷危机爆发，全球经济步入下行通道，为应对金融危机的冲击，地方融资平台进入快速扩张阶段。中央政府推出 4 万亿投资计划，由于在基建的转移支付过程中，地方政府要配套规定额度的资金，地方政府在保增长的激励制度下大力投资基建。由于我国经济受到金融危机的影响，财政收入减少，在财政收入减少和投资增加的双重压力下，融资平台数量激增，大量的区县级融资平台纷纷建立。

2009年3月，中国人民银行和中国银行监督管理委员会（简称银监会）联合印发《关于进一步加强信贷结构调整促进国民经济平稳较快发展的指导意见》（银发〔2009〕92号），提出："鼓励地方政府通过增加地方财政贴息、完善信贷奖补机制、设立合规的政府投融资平台等多种方式，吸引和激励银行业金融机构加大对中央投资项目的信贷支持力度。支持有条件的地方政府组建投融资平台，发行企业债、中期票据等融资工具，拓宽中央政府投资项目的配套资金融资渠道。"

3. 转型发展期（2014年至今）

因应对金融危机使得地方政府投资不断扩张，融资平台债务规模急剧扩大，地方政府对平台公司债务提供隐性担保，带来了潜在的政府债务风险和区域性金融风险，地方债务风险引起了广泛的关注。一系列政策开始对地方融资平台进行规范和约束，地方融资平台作为地方政府融资渠道开始由过去粗放式发展转向规范化发展，更加注重防范地方融资风险。尤其是2014年国务院出台《关于加强地方政府性债务管理的意见》（国发〔2014〕43号）明确规定："政府债务不得通过企业举借，剥离融资平台公司政府融资职能"。为应对融资平台公司在运作过程中带来的风险，政府频繁出台相关政策进行指导调整。各地方政府也纷纷出台促进融资平台转型调整、创新发展的指导意见，促使平台公司向市场化方向规范运行。各地平台公司也不断通过兼并重组，承揽发展领域中融资、投资、建设、运营核心四大职能，主动成为基础设施和公共服务整体解决方案的供应商等方式不断深化转型发展。

（二）融资平台的转型发展

1. 转型发展背景

随着地方融资平台的快速发展，一些风险逐渐暴露出来，有些风险越来越突出。总结起来，各地政府融资平台主要存在三大风险：一是不良资产、难以变现的资产过多，导致投融资平台积聚了大量资本性风险；二是违规举债融资、违规使用融资资金导致融资平台积聚了大量法律性风险；三是治理结构不完善、政府干预过多导致融资平台积聚了大量结构性风险。这三大风险直接导致融资平台债务风险。

为了管控融资平台债务风险，避免财政风险与金融风险相互传递，2017 年以来中央收紧了地方政府融资平台的融资渠道，从源头上治理平台公司的融资乱象。2017 年 4 月，财政部、国家发展改革委、司法部、中国人民银行、银监会和中国证券监督管理委员会（简称证监会）联合出台《关于进一步规范地方政府举债融资行为的通知》（财预〔2017〕50 号）提出："地方政府不得将公益性资产、储备土地注入融资平台公司，不得承诺将储备土地预期出让收入作为融资平台公司偿债资金来源。"财政部《关于规范金融企业对地方政府和国有企业投融资行为有关问题的通知》（财金〔2018〕23 号）再次提出："国有金融企业除购买地方政府债券外，不得直接或通过地方国有企事业单位等间接渠道为地方政府及其部门提供任何形式的融资。"随着对政府融资渠道的收紧和对地方政府隐性债务的管控，地方政府融资平台的市场化转型已经迫在眉睫。

2. 转型发展面临的主要障碍

融资平台的市场化转型面临诸多障碍。首先，地方政府在推动辖区经济发展的过程中，改善民生和增进辖区居民福祉成为重要的治理目标，而这依赖于生活环境的改善和居民收入的稳步增长。在我国城镇化快速推进过程中，城市基础设施水平不断提高，但是总体呈现区域之间不平衡的特征，因此基础设施建设仍发挥着托底经济的作用，仍存在着助推城镇化发展的空间。基础设施建设，一方面，可以改善居民生活环境；另一方面，还可创造可观的就业，在地方人大及各社会组织的监督下，地方政府在居民舆论压力下会很大程度上响应居民关于改善公共服务质量的诉求，同时因为中央和地方事权划分不完善导致的地方政府财权不足，使得作为地方政府完善基础设施投资的重要融资和建设工具的平台公司成为地方政府牢不可破的"第二财政"，这构成融资平台转型的第一道障碍。

其次，我国经济增速进入了由高速转向中高速发展的经济新常态，多年以来，部分领域改革的滞后产生了结构性调整的阵痛，为了进一步推进改革，必须要实现宏观经济大局的稳定，必须要保障市场对经济的理性预期，因此稳就业和稳增长成为结构性改革关键的两大保障。为了实现这两大保障，关键落脚点仍是基建投资。地方政府作为代理方，受中央政府委托进行投资建设和区域性调控，以实现中央层面宏观调控的有效性。由于地方政府债券发行额度不足以让 PPP 项目推进过程中债务风险不断积聚，地方政府融资平台必须承担大量基础设施的投资功能。在央地政府的委托代理关系中，地方政府在判断辖区内的经济发展需求方面具有信息上的优势，在推升债务和逃避监管方面也具有信息上的优势。另外，拥有"投资主体"和"管理权限"双重角色的地方政府具备了进行自主性扩张的最大动力，这为融资平台转型为市场化主体设置了极大的障碍。

最后，地方政府考核的激励机制引发了地方政府的投资冲动，尽管考核指标已不再以 GDP 为主导，经济发展也从之前追求增长速度转为追求增长质量，并且考核体系中引入了其他指标，如生态环境治理情况、地方政府债务化解情况等，但无论是生态环境治理，还是债务化解，都需要 GDP"真金白银"的支撑，因此 GDP 仍是考核地方政府执政水平的重要因素。在这种激励机制下，地方政府依旧会有不断投资、不断扩张债务、不断掩盖危机的冲动。当然，随着中央对地方政府隐性债务的监管和规范逐渐严厉，地方政府也将面临"继续扩张"和"转向收缩"的两难选择。另外，由于融资平台不良资产过多，经营管理水平不足，法人治理结构不完善，提供公共服务缺乏稳定的项目收益，因此转型为市场化主体以后，极可能发生资金链断裂、公司经营步履维艰的情况，此时地方政府为了公共基础设施建设的长期化和稳定化进行，仍会产生兜底的自觉性。总之，地方政府出于对政绩的考虑，产生了对融资平台的依赖，以及融资平台自身缺乏市场化运作的能力，都构成其转型的障碍。

3. 转型发展的路径选择

由于面临地方政府的依赖和制约，融资平台自然成为缺乏主体性的投融资工具。因此，要实现政府融资平台市场化转型发展，应从中央/地方政府和融资平台两端合力，共同推进其转变为市场经营主体。

（1）中央和地方政府层面。

1）理顺中央、地方政府的事权和财力关系。财政体制的变革要聚集在"事权上收"方面，地方政府庞大的支出责任需要足够的资金支持，在不断趋严的举债环境下，地方政府进行公共投资和提供公共服务的动力和能力自然会下降。因此改善中央、地方政府之间的事权划分情况，增加中央政府的事权支出是当务之急。另外，地方政府杠杆率攀升，举债风险增大，地方政府在去杠杆的同时，中央政府可以相应地加杠杆以聚集足够的财力匹配扩张的事权。

2）完善中央对地方的激励和约束机制。地方政府对投资的依赖，从宏观层面看反映了投资仍是我国经济增长的主要驱动力。在经济结构转型和驱动升级的过程中，中央对地方的激励指标，应当从“唯 GDP”转变为以创新发展、绿色发展等新发展理念为基础的多元化考核指标体系，抑制地方政府的投资冲动，从而抑制融资平台的举债冲动。另外，对地方政府的违规举债要严厉问责，做到终身问责、倒查责任。

3）整合融资平台，降低融资平台与各级政府的层层依赖。我国融资平台数量很多，尽管退出名单制管理的融资平台数量不断增加，但是总体规模仍然很大，并层层分布在省、市、县三级政府中。事实上，无论是各地区的经济发展实力还是金融发展水平，都难以支撑起数目众多的融资平台，特别是缺乏造血能力的欠发展地区，融资平台的泛滥势必加重地方政府的债务负担。而且不同类型的融资平台（建筑施工类平台、国有资产管理类平台等）面临着转型路径不同的制约。因此，需要对融资平台进行整合重组，减少对地方各级政府的渗透，充分考虑地方经济发展的情况，不断减少融资平台数量。

（2）融资平台公司层面。

1）优化法人治理结构，以符合市场化发展要求。在融资平台逐步与政府部门脱离的基础上，为发展成为“自主经营、自负盈亏、自担风险、自我发展”的市场化运营主体，必须优化法人治理结构，保证平台能够稳定经营。董事会和经理层的确定可以帮助平台在经营方面实现科学决策；监事会则可以通过制定内控系统对平台的资本运作进行监督，提升资金监管效率。通过有效的法人治理结构，将政府与平台互相分离，实现权利与责任清晰，提升平台管理水平，促进地方政府融资平台的转型发展。

2）拓宽平台的融资渠道，有效降低负债率。融资平台的负债率节节攀升，与管理层的盲目决策与举债有较大的关系，因此，应该在平台内部建立有效的内控监督机制，拓宽融资渠道，保证平台资金运作。一方面，企业内部设定合理的内部控制与审计制度，对项目资金有效运作等进行定期审计，判断项目的收益率，选择合适的项目，并且对项目的全环节的操作进行监督与控制，规避出现资金风险、负债率过高等现象。另一方面，需要拓宽融资渠道，创新业务模式。政府融资平台资金风险频发，负债率过高的原因是采用传统单一的融资渠道，利用举债等形式获得资金，这就无疑加大了资产负债比率。因此，需要创新业务模式，根据项目的特点及企业的财务情况，利用资产证券化、信托、PPP 等方式进行资金运作，提升资金周转率，规避财务风险。

3）坚持多元化发展方向，拓展发展空间。融资平台具备独立的市场主体资格后，也就具备了在市场上承揽、承做项目的能力。一方面，应继续发挥自身优势，把基础设施建设作为重点业务；另一方面，要积极开拓市场业务，凭借独特的资源和机遇，向产业投资、资产运营、文化旅游、金融服务等市场化业务领域转型，将融资平台打造成综合性较强，业务多元化的平台型企业，增强平台的自我发展能力，形成新的利润增长点，用市场化业务的收益反哺公益性业务，在积累自身发展动力的同时，为地方财政减轻压力。积极参与地方政府推出的 PPP 项目，通过股权合作方式加强与央企、其他国企和民企的合作，不断拓展市场经营性业务，关注项目的盈利模式、市场化收益共享等，保证项目建成后可以健康运营，既实现民生及公益目标，又实现国有资本的保值、增值。

第三节　公司融资及项目融资主体的选择

一、公司战略与公司投资

（一）公司战略及其对投资的影响

1. 公司战略

公司战略指公司所确定的长期发展目标及为实现目标所采取的一系列行动与其资源的协调分配。公司的行为决策和经营活动通常以其战略作为指导框架，战略是一家企业能否健康持续发展的先决力量。

公司战略是一个自上而下的整体性规划过程。根据公司产品和市场的更新速度，沿着从激进到保守的趋势，定义了三种公司战略类型，依次是进取型战略、分析型战略和防守型战略。

采用进取型战略企业的特点是，积极研发新产品并开拓新的市场领域，往往承担较高的风险，在技术和产品方面具有优势创新型企业；采用防守型战略企业，一般立足于现有市场和产品，并已占据相当大的市场份额，享有较高声誉，管理当局不愿冒险进入不确定领域，表现为对环境的变化可能不愿放弃现有企业的运作方式和产品结构等，追求成本最小化和提高效率；采用分析型战略的企业，其战略激进程度与风险承担能力则介于进取型与防守型企业之间。

2. 公司战略对投资的影响

公司战略确定了公司的基本目标，并且明确了应采取的约定和行动以完成这些目标。公司战略是公司决策的基础，公司战略的差异将导致股东与管理层之间的信息和利益不对称程度产生差异，而这种差异可能会影响管理层投资决策的目标和决策空间，进而影响企业的投资效率，也即资本配置效率。

一般来说，战略映射了公司决策层和管理层的经营理念和个人偏好，并直接反映在公司的具体决策上。具体而言，进取型公司往往处于成长阶段，对外扩张开拓新市场的动机较强，因此可能偏好较为激进的战略决策。细化到投资决策，将会采取增加实物投资等行动；防守型公司与之相反，可能减少其投资规模，利用现有生产设备保持市场地位稳定。投资决策又与公司经营、融资等决策紧密相关、相辅相成，关乎公司未来收益和价值。

进取型公司往往遵循差异化战略，设置更加灵活的组织结构以便迅速适应环境，致力于创新和变革，不断寻求新的外部投资机会，大力投入资金去开拓新的产品和市场，以满足顾客需求或应对技术变革，这种公司的管理者往往也是风险偏好者，乐于冒险，从不确定性中获得超额收益；防守型公司将成本效益和确定性视为其竞争优势的来源，专注于保持现有的市场份额，通过提高生产效率降低成本，往往只有狭窄的产品市场，而产品有较强的可替代性，对于外部环境的冲击如消费者需求转变、技术革新等往往不能很好地适应。可见，公司战略在一定程度上可以反映出管理当局的特征，采取防守型战略的管理层可能是风险规避者，害怕承担风险，在投资决策方面较为保守。

进取型公司在投资机会较多、公司内部现金流量充裕时，可能表现为更激进的投资行为，将充分利用可得资源角逐新市场；防守型公司一成不变的经营模式、规避风险的战略理念，可能导致其在面临较多的投资机会和现金流量时投资动力仍不足。

（二）公司投资

公司投资，即指公司的对外投资，即公司将其资产投资到其他企业，持有其他公司的股份。因为公司资产本身来自股东的投资及投资收益，如果再次投资到其他公司其所有权即不再属于本公司，本公司无法对该资产的使用及收益施以充分的控制，与当初股东投资预期也有差距。为了保证公司资产的安全，各地法律往往都会对此做出一定的限制。

按照投资的性质，公司投资分为股权投资和债权投资。股权投资指一个公司以现金、实物、有价证券或无形资产等形式购买或换取其他公司股份的行为。通过获取被投资企业的股权，以收取分红，并通过转让股权获取收益。债权投资指一个公司通过获取被投资企业的债权，以按约定的利率收取利息，到期收回本金。债权投资仅使一个公司成为其他公司的债权人，享有债权人的权益，而不能成为其股东，不能享有股权。债权投资和股权投资的区别主要体现在四个方面：

1. 两者的性质不同

债权投资是为取得债权所作的投资。它以契约的形式明确规定投资企业与被投资企业的权利与义务，无论被投资企业有无利润，投资企业均享有定期获取利息、收回本金的权利。企业进行债权投资，一般是为了取得高于银行存款利率的利息，并保证按期收回本金。

股权投资属于权益性投资，是为获取被投资企业的净资产所有权所作的投资，包括普通股、优先股、认股权与认股证等。权益性证券的持有者一般拥有在股东大会上的表决权和领取股利的权利，但此类证券一般无还本日期，股东若无意继续持有，可依法转让给他人而收回投资。

2. 两者获取利益的方式不同

债权投资需要定期收回本息。股权投资获得的是被投资企业的股份，成为合伙人或股东之一，通过收取分红或转让股权来获得收益。股东追求公司利益的最大化。

3. 两者法律保障方式不同

债权投资一般要求融资方提供担保措施，包括提供保证人、抵押、质押等。股权投资，股东参与公司经营管理及重大决策，一般没有担保措施。

4. 两者投资期限不同

债权投资的投资期限不固定，一年以下为短期投资，一年以上为长期投资。股权投资期限较长，一般为一年以上，投资期间投资人不得随意撤资，期满之后按照约定的管理层回购、股权转让等方式退出。

二、公司融资的渠道和方式

公司融资作为一种传统的融资方式，是以公司为主体融通资金，使公司及其内部各环节之间资金供求由不平衡到平衡的运动过程。公司融资的动机遵循一定的原则、通过一定的渠道和一定的方式进行。当资金短缺时，以最小的代价筹措到适当期限，适当额度的资金；当资金盈余时，以最低的风险、适当的期限投放出去，以取得最大的收益，从而实现资金供求的平衡。

金融市场的融资功能，通过严格的信用权责约束机制、高效率地优化资源配置和利用，对整个社会经济的稳定、健康发展起着重要的作用。企业要发展，必须有资金的支持，除通过自身积累外，借助金融市场进行外部融资是必经之路。

（一）公司融资的渠道类型

公司融资的渠道和方式体现为公司的资金来源。主要包括内源融资和外源融资两个渠道。其中，内源融资（internal financing），又称为再投资（reinvestment），主要是指企业的自有资金和在生产经营过程中的资金积累部分，主要体现为公司内部留存利润（retained earnings）转化为资本投资的过程；外源融资（external financing），即企业的外部资金来源部分，是吸收其他经济主体的资本，以转化为自己资本投资的过程。其中，外源融资按照是否存在金融融资中介，可以分为直接融资和间接融资；按照融资期限的长短，可以分为短期融资和长期融资；按照融资工具的属性，可以分为股权融资、债务融资和混合性融资。

1. 直接融资和间接融资

直接融资指公司没有金融中介机构介入的资金融通方式。在这种融资方式下，在一定时期内，资金盈余单位通过直接与资金需求单位协议，或在金融市场上购买资金需求单位所发行的有价证券，将货币资金提供给需求单位使用，包括企业进行的首次上市募集资金（IPO）、非上市股权融资（风险投资、私募股权投资、众筹融资）、配股和增发等股权融资活动，以及发行债券、商业信用融资等。直接融资工具主要有：股票、债券、票据等。

间接融资是有金融中介机构介入的资金融通方式。在这种融资方式下，资金盈余单位与资金短缺单位之间不发生直接关系，而是分别与金融机构发生一笔独立的交易，即资金盈余单位通过存款，或者购买银行、信托、保险等金融机构发行的有价证券，将其暂时闲置的资金先行提供给这些金融中介机构，然后再由这些金融机构以贷款、贴现等形式，或通过购买需要资金的单位发行的有价证券，把资金提供给这些单位使用，从而实现资金融通的过程，包括银行贷款、非银行机构贷款、融资租赁等。间接融资的工具主要有，贷款合约、融资租赁合约等。

2. 短期融资和长期融资

公司融资按照取得资金使用及归还期限的长短分类，可以分为短期融资和长期融资。

短期融资一般指融入资金的使用和归还在一年以内，主要用于满足企业流动资金的需求。包括商业信用、银行短期贷款、票据贴现、应收账款融资、经营租赁等。

长期融资一般指融入资金的使用和归还在一年以上，主要是满足企业构建固定资产、开展长期投资等活动对资金的需求。长期融资方式主要有发行股票、发行债券、银行长期贷款、融资租赁等。

3. 股权融资、债务融资和混合性融资

股权融资指企业的股东愿意让出部分企业所有权，通过企业增资的方式引进新的股东的融资方式。股权融资所获得的资金，企业无须还本付息，但新股东将与老股东同样分享企业的盈利与增长。

债务融资指企业通过借贷的方式进行融资，债务融资所获得的资金，企业首先要承担资金的利息，另外在借款到期后要向债权人偿还本金。债务融资主要包括银行贷款、非银行机构贷款、融资租赁、发行债券、商业信用融资等。

混合性融资指既带有股权融资特征又带有债务融资特征的一种特殊融资方式。常用的混合性融资包括可转换（分离、交换）债、永续工具、认股权证和优先股等形式。表 4-1 介绍了三类融资的具体形式。

表 4-1　　三类融资具体形式

融资方式	具体形式
股权融资	上市融资
	非上市股权合作
	股权信托
债权融资	银行贷款
	公募市场债券融资（企业债、中期票据、短期融资券）
	非公募市场债券融资（保险资金、融资租赁、信托债权、产业基金债券投资）
混合性融资	优先股
	可转换债券
	认股权证
	资产证券化

（二）公司融资渠道的选择

1. 遵循先“内部融资”后“外部融资”的优序理论

内源融资资金产自企业内部，不需要实际对外支付利息或者股息，不会减少企业的现金流量；不需要融资费用，使得内源融资的成本要远远低于外源融资，可以有效控制财务风险，保持稳健的财务状况。因此，它是企业首选的一种融资方式。企业内源融资能力的大小取决于企业的利润水平、净资产规模和投资者预期等因素。

随着技术的进步和生产规模的扩大，单纯依靠内源融资很难满足企业的资金需求，企业获得资金在很大程度上靠的是外源融资。企业的外源融资由于受不同融资环境的影响，其选择的融资方式也不尽相同。但可以遵循先选择低风险类型的债务融资，后选择发行新的股票等股权融资的顺序。采用这种顺序选择融资方式的原因有：①负债比率尤其是高风险债务比率的提高会加大企业的财务风险和破产风险；②企业的股权融资偏好易导致资金使用效率降低，一些公司将筹集的股权资金投向自身并不熟悉且投资收益率并不高的项目，有的上市公司甚至随意改变其招股说明书上的资金用途，并且不能保证改变用途后的资金使用的获利能力。在企业经营业绩没有较大提升的前景下，进行新的股权融资会稀释企业的经营业绩，降低每股收益，损害投资者利益。此外，在资本市场制度建设趋向不断完善的情况下，企业股权再融资的门槛会提高，再融资成本会增加。

我国多数上市公司的融资顺序则是首先将发行股票放在最优先的位置，其次考虑债务融资，最后是内部融资。这种融资顺序易造成资金使用效率低下，财务杠杆作用弱化，助推股权融资偏好的倾向。

2. 考虑实际情况，选择合适的融资方式

企业应根据自身的经营及财务状况，并考虑宏观经济政策的变化等情况，选择较为合适的融资方式。

（1）考虑经济环境的影响。经济环境指企业进行财务活动的宏观经济状况，在经济增速较快时期，企业为了跟上经济增长的速度，需要筹集资金用于增加固定资产、存货、人员等，企业一般可通过增发股票、发行债券或向银行借款等融资方式获得所需资金。在经济增速开始出现放缓时，企业对资金的需求降低，一般应逐渐收缩债务融资规模，尽量少用债务融资方式。

（2）考虑融资方式的资金成本。资金成本指企业为筹集和使用资金而发生的代价。融资成本越低，融资收益越好。由于不同融资方式具有不同的资金成本，为了以较低的融资成本取得所需资金，企业应分析和比较各种筹资方式的资金成本的高低，尽量选择资金成本低的融资方式及融资组合。

（3）考虑融资方式的风险。不同融资方式的风险各不相同，一般而言，债务融资方式因其必须定期还本付息，因此可能产生不能偿付的风险，融资风险较大。而股权融资方式由于不存在还本付息的风险，因而融资风险小。企业若采用了债务筹资方式，由于财务杠杆的作用，一旦当企业的息税前利润下降时，税后利润及每股收益下降得更快，从而给企业带来财务风险，甚至可能导致企业破产的风险。因此，企业务必根据自身的具体情况，并考虑融资方式的风险程度选择适合的融资方式。

（4）考虑企业的盈利能力及发展前景。总的来说，企业的盈利能力越强，财务状况越好，变现能力越强，发展前景越好，就越有能力承担财务风险。当企业的投资利润率大于债务资金利息率时，负债越多，企业的净资产收益率就越高，对企业发展及权益资本所有者就越有利。因此，当企业正处盈利能力不断上升，发展前景良好的时期，债务筹资是一种不错的选择。而当企业盈利能力不断下降，财务状况每况愈下，发展前景欠佳时，企业应尽量少用债务融资方式，以规避财务风险。当然，盈利能力较强且具有股本扩张能力的企业，若有条件通过新发或增发股票方式筹集资金，则可用股权融资或股权融资与债务融资两者兼而有之的融资方式筹集资金。

（5）考虑企业所处行业的竞争程度。企业所处行业的竞争激烈，进出行业也比较容易，且整个行业的获利能力呈下降趋势时，则应考虑用股权融资，慎用债务融资。企业所处行业的竞争程度较低，进出行业也较困难，且企业的销售利润在未来几年能快速增长时，则可考虑适当增加债务融资的比例，获得财务杠杆利益。

（6）考虑企业的控制权。企业融资中常会使企业所有权、控制权有所丧失，而引起利润分流，使企业利益受损。如房产证抵押、专利技术公开、投资折股、上下游重要客户暴露、企业内部隐私被明晰等，都会影响企业稳定与发展。要在保证对企业相当控制力的前提下，既达到企业融资目的，又要有序让渡所有权。发行普通股会稀释企业的控制权，可能使控制权旁落，而债务筹资一般不影响或很少影响控制权的问题。

第四节 项目融资模式选择

一、项目融资责任的追索

（一）项目融资与公司融资的区别

如前所述，公司融资指以现有公司为主体融通资金，使公司及其内部各环节之间资金供求由不平衡到平衡的运动过程。公司通过一定的方式筹集资金，投入到拟建项目进而完成项目获取收益。公司融资建立在项目发起人的资产负债表资信基础上，虽然企业是为了项目而融资，贷款方却主要根据公司自身整体的资信状况决定其放贷行为，对单个项目的考虑较少，对公司整体的要求较高。公司融资属于完全追索性质的融资，要求借款人对该项目承担完全清偿贷款的责任，若该项目失败，需动用项目以外的公司资金来履行清偿责任。公司融资的投资项目既可以是利用原有资产的改扩建项目，也可以是新建项目。

项目融资的显著特点是以项目为核心进行融资，相较于企业自身的资信状况它更侧重于项目本身是否有较多的资产作为保障和较高的未来收益作为回报。项目融资属于有限追索或无追索性质的融资，项目发起人只需对该项目负责，若该项目失败，清偿范围也仅限于项目本身及其提供的担保，不牵扯企业其他资产，不影响企业其他项目或业务。二者区别主要体现在以下方面。

1. 融资主体不同

公司融资是以项目发起人作为融资主体，银行或其他资金提供者是否向该企业贷款或投入资金，一方面，取决于该企业是否有良好的经济效益；另一方面，取决于该企业的总体信用状况。公司融资不仅以公司的未来收益偿还贷款，还以企业的其他资产作为担保。

项目融资的融资主体是项目公司本身，银行或其他资金提供者能否如期投入资金，完全取决于项目的未来收益，追索也仅限于项目的未来收益和项目建成后的资产。

2. 融资基础不同

项目融资中，贷款人能否给予项目贷款主要依据项目的经济强度，考虑项目在贷款期内能产生多少现金流量用于还款，贷款的数量、利率和融资结构的安全完全取决于项目本身的经济效益。公司融资主要依赖于投资者或发起人的资信。

3. 融资追索权性质不同

项目融资属于有限追索融资或无追索融资。贷款人可以在某个特定阶段或规定的范围内，对项目借款人追索。此外，无论项目出现任何问题，贷款人均不能追索到借款人除该项目资产、现金流量及所承担义务外的任何财产。公司融资属于完全追索权融资。若借款人无法偿还贷款，则贷款人可对其所有资产行使处置权，以弥补由此带来的损失。

4. 风险分散能力不同

对公司融资而言，因融资风险完全由借款人一方承担，因此风险分散能力较低。项目融资因项目通常设计各参与方的风险分担机制而具有较高的风险分散能力。与企业融资相比，项目发起人通过项目融资可以达到利用外部债务融通项目大部分资金的目的，从而可以把项目的大部分风险转移给项目贷款人，以减少项目发起人所承担的项目风险。对于项目贷款人而言，其风险维持在可接受的水平，因此需要将项目风险合理分配给项目的参与各方。最终，项目融资方式就形成了以项目公司对偿还贷款承担直接责任、项目发起人提供有限担保、由第三方向贷款人提供信用支持的风险分担结构。

（二）项目融资的责任及其追索

1. 项目融资的责任

无追索权项目融资，又称为纯粹的项目融资，指贷款人对项目发起人（项目投资者）没有任何追索权，只能依靠项目所产生的收益作为偿还贷款本金和利息的唯一来源。有限追索权（limited-recourse）项目融资，指项目发起人（项目投资者）只承担有限的债务责任和义务，除了以贷款项目的经营收益作为还款来源和取得物权担保，贷款人还要求有项目实体以外的第三方提供担保。贷款人有权向第三方担保人追索。但担保人承担债务的责任，以各自提供的担保金额为限，所以称为有限追索权的项目融资。有限追索权项目融资的有限性可以体现在时间、金额和对象三个方面：

（1）时间上的有限性，即贷款人一般在项目建设开发阶段对项目发起人有完全追索权或较强追索权，而一旦项目达到、实现规定的“商业完工”标准测试后，项目进入正常生产经营阶段后，贷款将变为无追索权或追索权会减弱。

（2）金额上的有限性，即在项目建设期内贷款人享有对发起人的完全追索权，项目进入正常生产经营阶段后，贷款人就只能对应偿贷款的本金利息之和与项目产生的现金流量的差额部分进行追索。

(3) 追索对象上的有限性，即在项目融资中，尤其是公司制的投资结构下，贷款人只能对资产项目及项目投资者或其他融资参与方为项目提供的担保进行追索。

2. 项目融资责任的追索

项目融资是构建无追索权或有限追索权交易结构的融资方式。在项目融资中，债务、股本和信用担保结合在一起，债权人提供贷款的主要依据不再是项目发起人的自身资产和本体信用，而是融资项目本身的预期收入水平和项目公司的资产状况。项目融资用来保证贷款偿还的依据是项目未来的现金流量和项目本身的资产价值，而非项目投资人自身的资信，具有有限追索或无追索、融资风险分散，担保结构复杂和融资比例大，融资成本高等特点。

项目融资责任的追索具有以下特点：

(1) 贷款人向项目公司提供项目所需的大部分资金，通常占 65%～75%，其余资金由项目主办人投资或以其他办法解决。

(2) 项目公司是独立于其主办人之外的一个法律实体，对偿还贷款负直接责任，项目主办人只提供有限的保证或担保。

(3) 由其他与项目有利害关系的第三方，如供应方、项目使用方等向贷款人提供信用支持。

(4) 项目的债务不反映在项目发起人的资产负债表上，是属于资产负债表外的融资。也就是说，把一项贷款或为贷款提供的担保视为“商业交易”，作为商业交易来处理，并可不把这种贷款或担保交易列入发起人的资产负债表。这样做，一方面，可不影响发起人的信用地位；另一方面，可避免发起人在其他关系上处于违约或违法的情况。这对发起人大为有利。国际项目融资一般采用有限追索权的项目融资做法。

二、SPV 组建及项目融资具体方式

随着越来越多的工程建设项目采用 PPP 模式实施推进，项目融资方式和手段在我国 PPP 发展过程中不断地得到丰富。对于大型基础设施 PPP 项目而言，参与方数量往往较多，项目融资规模大、要求高，为了对各参与方权责利进行合理分配、实现表外融资、风险隔离等目标，绝大部分 PPP 项目都是通

过设立 SPV，负责资本金投资、项目融资、建设、运营期的运营及维护、财务管理等事宜，保证 PPP 项目顺利实施运营。这里以 PPP 项目为例介绍 SPV 组建及项目融资具体方式。

（一）SPV 组建

SPV 常被称作特殊目的公司。PPP 项目公司是为实施 PPP 项目这一特殊目的而设立的公司，通常作为项目建设的实施者和运营者而存在。项目公司作为 PPP 项目的重要载体，在 PPP 项目建设和运营过程中发挥着举足轻重的作用。

PPP 项目 SPV 的设立完全遵循自愿的原则，现有的政策法规并未对此进行强制性约束，参与 PPP 项目的政府和社会资本可自行协商是否成立项目公司。比如，国家发展改革委等六部委联合发布的《基础设施和公用事业特许经营管理办法》（国家发改委 2015 年第 25 号令）规定，实施机构应当在招标和谈判文件中载明是否要求成立特许经营项目公司。《关于规范实施政府和社会合作新机制的指导意见》（国办函〔2023〕115 号）规定，需成立项目公司的，项目实施机构应予以特许经营者签订协议，约定基本规定期限内成立项目公司，并与项目公司签订特许经营协议，表明 PPP 项目并未强行要求设立 PPP 项目公司，可根据项目实际自行选择是否成立项目公司。

实践中，绝大部分 PPP 项目均通过设立 SPV 这一特殊目的公司，负责项目全生命周期的管理。主要原因有以下三个方面：

一是表外融资。从政府角度看，推广 PPP 模式一大动机是缓解地方财政压力，成立 PPP 项目公司后，政府并未实际控制该公司，因此政府参股项目公司的投资直接显示为对外投资，后续 PPP 项目公司融通资金后，亦不需计入政府的资产负债表中，可使这部分的负债“脱表”，能有效减轻政府负债。

二是有限追索，风险隔离。从法律角度分析，因项目公司为独立的法人，以其全部资产对外承担责任，社会资本方作为股东在项目公司中仅承担出资范围内的有限责任。对社会资本方而言，设立项目公司能实现项目风险的隔离。PPP 项目一旦发生风险需要由债权人承担责任时，社会资本方除项目公司出资外的资产也不会受任何影响。但也有例外情形，如投资人为项目公司对外融资提供担保产生的债务，投资人就要承担担保责任。

三是明确权责利。设立项目公司后，会对各参与方的出资责任、相关权利和义务进行合理的分配，权责利十分明晰。

PPP 项目公司的设立，主要有以下两种情况：

（1）新设项目公司。一般指在社会资本方中标后，由社会资本方或社会资本方与政府方共同出资成立组建项目公司。因此，在新设项目公司中，设立主体一般为社会资本方，政府方仅作为出资方可以依法参股项目公司。

（2）股权转让和增资扩股。指在政府方拟定参股的情况下，在确定中标社会资本方之前就由政府方指定出资机构先行设立项目公司。待项目采购阶段确定中选社会资本后，由项目公司股东，即政府方出资机构通过股权转让或增资扩股方式让社会资本方成为已经设立的项目公司股东。可以看出，这种方式项目公司设立的主体是政府方。

（二）SPV 项目融资具体方式

SPV 项目融资具体方式主要包括资本金融资（股权融资）和债权融资两方面。

1. 资本金融资

《国务院关于固定资产投资项目试行资本金制度的通知》（国发〔1996〕35 号）规定项目资本金属于固定资产投资项目的非债务性资金，由投资者出资认缴，按照出资比例享有所有者权益，可以转让出资额，但不得通过任何方式抽回。具体到 PPP 项目，资本金指社会资本方或政府方出资人代表和社会资本方以自有资金对项目本身的投资，在建设期体现出杠杆撬动和资金投入的作用，运营期则表现为债务资金的保障。

PPP 项目中常见的财务投资人是产业基金，为 PPP 项目提供资本金支持。产业基金主要提供股权融资，承担风险高，此外还有管理费等因素，因此产业基金一般只满足 SPV 股权融资需求，资本金之外的资金需求通过项目贷款方式解决。通过引入资金池，社会资本出资比例只需维持在整个项目总投资 10％左右，从而解决项目融资难题。

产业基金按组织形式可分为公司型基金、有限合伙型基金和契约型基金。

公司型基金依据基金公司章程设立，具有法人资格，其设立和组织形式类似于一般的股份公司，设有董事会和股东大会。

有限合伙型基金依据合伙协议设立，由普通合伙人和有限合伙人组成，有限合伙人主要提供投资资金，但不参与有限合伙基金的管理，保留部分的监督权，对投资活动承担有限责任。普通合伙人是基金的管理人，对投资活动承担无限连带责任。

契约型基金也称信托基金，依据信托基金契约设立，由基金投资人、基金管理人和基金托管人组成，基金投资人通过购买基金管理人发行的受益凭证提供投资基金，委托基金管理人管理投资基金。基金投资人不参与基金的管理，仅保留部分的监督权。基金管理人负责基金管理、投资和处置。投资基金的资金账户由基金托管人管理。

产业基金在决策机制上具有独特性，即投资人只出资，不负责管理，具有投资管理能力者负责管理。有限合伙型基金的有限合伙人、契约型基金的投资人放弃基金的管理权，仅保留部分监督权，由基金管理人管理基金。这样让基金的风险和收益设计上较公司型基金更为对称，并且公司型基金的投资收益需要缴纳企业所得税，因此公司型基金一般不被社会资本所采用。

相比于契约型基金，有限合伙型基金的普通合伙人承担了无限连带责任，根据风险与收益挂钩的原则，普通合伙人要求获得的收益更高，要从社会资本的投资回报中分得的收益更多。从社会资本自身的利益来看，契约型基金的交易成本最低，基金转让约束最小，但契约型基金也有自身弱点，如基金财产独立性的问题。但若风险防范得当，契约型基金是社会资本最合适的选择。

根据发起人的不同，产业基金的设立模式可以分为三种：一是社会资本被选为中标人后，由社会资本联合金融机构发起产业基金，社会资本、金融机构和政府出资人代表等作为基金的投资人，成立有限合伙型基金或契约型基金，金融机构、社会资本和政府出资人代表共同认购基金，基金以股权形式投资于SPV可以达到“破产隔离”的目的；二是由省级政府出资与金融机构共同设立母基金，政府与金融机构的出资比例一般为1∶4，母基金再联合地方政府、项目所在地的金融机构成立子基金，子基金以股权形式投资于地方项目；三是由地方政府融资平台与金融机构共同发起设立产业基金，金融机构和地方政府融资平台认购基金，参与项目建设或运营的社会资本认购劣后级份额，金融机构指定的基金管理公司作为基金管理人，基金以股权形式投资于具体项目。

2. 债权融资

（1）项目贷款。项目贷款是为某个特定项目融通资金的常用方法。在PPP项目中，SPV利用与政府方签订的PPP合同（或特许经营协议）向商业银行、信贷机构、多边金融机构（如世界银行、亚洲开发银行等）及非银行金融机构（如信托公司）等机构进行项目融资。PPP项目采用贷款方式进行融资，通常有着贷款期限较长、贷款金额较大、融资成本较低和流程相对简便的特点和优势。根据项目规模和融资需求的不同，融资方可以是一两家金融机构，也可以由多家银行或机构组成的银团。PPP项目融资金额较大，融资期限较长，适合采用银团的方式进行项目融资。因该种融资方式属于债务性融资，贷款往往需要社会资本的母公司采取增信措施。

（2）债券。PPP项目公司可以采用发行各类企业债和项目收益债的方式进行筹资。无论是项目收益债还是项目收益票据，其融资方式均以项目公司未来在项目运营期内产生的收益来发行债券，其本质是一种利用项目产生的经营性现金流为主要偿债来源的债务融资工具。因此，只要项目未来盈利前景较好，即使项目公司本身资信能力弱，依然可以以较低的成本募集资金。债券融资从一定程度上帮助社会资本，特别是民营企业打破了当下融资难、融资贵的瓶颈，有效提高在PPP项目上的参与度。

（3）资产证券化。2016年12月，国家发展改革委与中国证监会联合印发《关于推进传统基础设施领域政府和社会资本合作（PPP）项目资产证券化工作的通知》（发改投资〔2016〕2698号），资产证券化被正式引入PPP项目融资中。PPP资产证券化指以项目未来收益权或特许经营权力保证的一种融资方式，满足条件的PPP项目公司的应收款、收益权等均可以通过企业资产证券进行融资，适用于诸如高速公路的收费权，纯公益类项目的政府补贴，以及使用者付费与政府补贴相结合的付费机制。

PPP项目资产证券化的应用模式有三种，分别为资产支持专项计划、资产支持票据及资产支持计划，其本质是一种表外融资方式，因此不会增加融资人资产负债的规模。对PPP项目进行资产证券化，不仅可以盘活存量PPP资产吸引更多社会资本参与PPP项目中，更可以借助其风险隔离功能提升项目稳定运营能力。

三、金融机构的分析评价

（一）项目各阶段金融机构的作用

金融机构可以作为PPP项目的社会资本方，也可以作为项目融资的资金提供方，参与PPP项目融资的全过程和所有融资环节。从金融机构作为项目融资的资金提供方来看，金融机构为PPP项目融资提供各类金融产品，并越来越受到市场欢迎。PPP项目融资产品虽然没有政府背书，但作为金融产品底层资产的项目本身安全性高，项目资产的公共品属性决定了政府隐性担保的客观存在。因此，PPP项目融资类金融产品，常被看作是具有高度安全性的产品，在市场上常被投资者看作是高信用等级的产品。但是，PPP项目相关的金融产品，又是复杂性较高的金融产品，普通投资者很难理解背后的交易结构，对其金融属性也不甚明了，这就决定了PPP融资工具的使用对象均为有理解能力、甄别能力、购买意愿的专业投资者。

1. 项目组织设计阶段

PPP项目运作首先要确定组织框架，这一阶段需要进行组织设计。PPP项目的SPV项目法人组织设计项目融资安排，主要是各类股权性融资工具：普通股本（有限责任）、优先股、合伙股本（无限责任）。项目法人融资除股权资本外，债权资本也是一种可行的选择。项目投资法人更为常见的股本融资模式是两合公司，即普通合伙人和有限合伙人分别筹集资本。金融性公司的股权投资部门，在满足约束条件下，可以参与这些股权资本的投资。

2. 项目开发建设阶段

在项目开发建设阶段，PPP项目融资的金融工具种类要远比组织环节丰富。建设期融资也是PPP项目融资的重点，参与的机构也最为多样，各种类型的金融机构为PPP项目建设提供了种类多样、品种丰富的融资工具。由银行类金融机构提供的工具主要有：由商业性银行提供的长期固定资产建设贷款和银行组团提供的银团贷款、由政策性银行提供的长期开发贷款、由国际金融机构提供的国际贷款、由保险机构提供的项目建设专项债权凭证、由信托公司提供的长期开发贷款和专项债权凭证，以及由证券公司提供的专项债权凭证等。

3. 项目经营阶段

在项目资产形成的经营期，其融资分为股权融资和债权融资，其中股权融资比较少见。债权融资的目的主要是替换前期融资，因而实践中 PPP 项目经营期融资工具主要是投资银行提供的各类证券化产品。

在以上 PPP 项目融资的各项金融工具中，很多产品是某类金融机构专属的，如贷款相对于银行，专项债权凭证相对于保险和信托机构，但也存在转让的二级市场；某些专项债权凭证，则是在发行期就采用了公开募集的方式。

基于金融机构的投资功能，所有类型的金融机构在综合衡量投资项目的风险收益和现金流情况后，可以参与上述金融产品的购买。PPP 项目融资类金融产品的安全性和长期性，契合了很多金融机构的资产配置需求，包括银行、证券公司、保险公司在内的各种类型金融机构，客观上都存在着对 PPP 项目融资金融产品的投资需求。

作为投资者，金融机构购买 PPP 项目融资的金融产品，需要根据投资资金性质、风险偏好、债项信用评级、项目前景和组织结构、社会资本的具体合作模式等因素，形成有针对性的投资决策框架，综合评价后方能做出合适的投资决定。

（二）金融机构对投融资方案的评价

金融机构在参与 PPP 项目时重点需开展投融资方案评估工作。具体通过构建一定的评价体系，对评价体系中各个要素与指标加以分析，对不同投融资方案加以应对，从而协助项目法人完善项目投融资方案，提高融资可行性。项目投融资方案评价主要包括经济效益、社会效益、管理能力、运营能力以及公平性等内容。

1. 经济效益

主要包括投资成本、投资收益及投资效率三个要素。通过对投资者投入的成本多少、后期的获利能力及资金融通的时间与速度进行分析，能够较为准确地反映项目的经济效益。

2. 社会效益

主要包括环境效益、民生状况及对经济促进作用三个要素。即项目建设中对周围自然环境与人文环境的影响、对居民工作生活带来的效益及对项目周边经济的促进作用。

3. 管理能力

主要包括人力资源、管理效率及资本配置情况三个要素。即在不同投融资方式中人员的基本素养、投融资公司的管理效率及融通资金的使用效率。

4. 运营能力

主要包括项目投入使用后的运营能力及相应的服务水平。即经营者的运营方式、运营效率及提供公共服务的水平等。

5. 公平性

主要包括定价、风险承担方式及效益分配三个要素。

目前，PPP 项目融资工作主要由项目公司负责发起，融资启动时政府与社会资本一般已达成一致，双方签署 PPP 合同。金融机构介入后，由原本的两方合作变为政府、社会资本与金融机构之间的三方合作，往往需要修正之前已达成的合意，这一过程有时较为低效且困难。为提高项目融资效率，各方可在实施方案编制阶段，提前启动融资预评估工作：一是金融机构提前阐释授信政策，对授信政策的接受程度可作为社会资本选择的重要参考之一；二是金融机构发挥第三方监督作用，督促咨询机构加强项目可行性论证，确保论证的深度与广度足以支撑金融机构作出融资决策；三是金融机构发挥融智作用，协助咨询机构完善项目设计与谋划，提前量身定制设计融资方案，提高融资可行性。

第五章

项目投融资方案策划和比选优化

项目投融资方案策划通常包括投资策划、项目设计、融资规划、财务分析、风险预防等在内的系列安排，需要重点研究的内容包括发展定位、各类型项目搭配、投融资主体及权利义务设计、融资工具及期限安排、财务效益、风险识别及应对措施等。

第一节　项目融资方案设计及分析评价

一、项目投融资方案设计

（一）项目投融资方案设计的原则

投融资方案设计过程中涉及包括政府、投资方、金融机构、运营单位、其他相关方等在内的各个主体的权利义务及利益分配等。因此，项目投融资方案设计需经过反复的论证和完善。具体来看，项目投融资方案设计的原则主要包括以下三个方面：

1. 合法合规原则

投融资活动是在给定的制度框架下进行的。因此，方案设计团队应非常熟悉与投融资相关的政策，具体包括产业政策、投资及并购、债券融资、股权融资、境内上市、境外上市及担保等方面内容，在策划投融资方案时，应严格贯彻执行有关政策规定，确保策划方案能够有效落地。

2. 合理可行原则

主要体现在三个方面：一是事实上合理可行，即制订的投融资方案在投资主体设计、融资工具运用、风险分配等方面应符合市场运行的基本规则；二是利益分配格局合理可行，主要是项目各参与方追求的最终目的不同，如政府主要追求项目社会效益、投资方主要追求投资利益最大化、金融机构主要追求资金本息偿还有保障等，因此在利益分配格局上要充分考虑各参与方的诉求；三是风险分配框架合理可行，即项目各参与方承担的风险应当与所能获得的收益相匹配。同时，考虑到项目的良好运作，应将项目各项风险合理分配给最能控制相应风险的一方。

3. 动态优化原则

投融资方案设计涉及的政策规定、利益主体、要素资源等事项具有多样性、复杂性等特点，要求方案设计团队在项目执行初始，充分调研了解上述事项的具体构成及可能的演化趋势，把握重点，在构建投入、产出模型时，界定清楚模型的内生变量、外生变量及相互之间转换的可能性，为项目执行过程中的动态优化预留好空间。

（二）项目投融资交易结构设计

项目投融资交易结构设计是对项目各参与方，包括政府、投资方、金融机构、其他相关方等之间的权利、责任和义务关系做出框架性安排。以 PPP 项目为例，投融资交易结构设计涉及投融资模式、付费机制、利益分配机制及风险分配机制等内容。

1. 投融资模式

PPP 项目中，投融资模式设计主要是对项目投融资主体、资本结构及对部分特殊事项进行安排。具体来讲，投融资主体主要阐明包括政府方、社会投资人、财务投资人、金融机构等在项目中的职责，如政府方是否提供项目资本金，社会投资人是否承担项目运营主体责任等；资本结构主要阐明项目资本金和债务资金的比例，以及初步的来源渠道安排；部分特殊事项主要是对项目建设用地、到期后资产移交、增信担保措施等做出的安排。

2. 付费机制

付费机制主要是说明项目的收益来源、付费方式及调整机制等。对于收益来源的不同和经营性质，PPP 项目可以划分为非经营性项目、准经营性项目及经营性项目。其中，非经营性项目收益主要来源于政府财政资金付费；准经营性项目指有部分使用者付费来源，但不足以覆盖社会投资人、财务投资人、金融机构等参与方的本金和利息（回报）要求，需要政府通过财政资金付费的方式进行保障；经营性项目的收益来源主要是项目收益。对于付费方式，主要是规定项目各项收益的计算方式及渠道、频次等内容。对于调整机制，主要是考虑PPP项目长运营周期情况下，因物价及人员工资调整、利率及汇率波动等引起的项目运营成本变化，需要对政府付费或使用者付费进行调整，如针对物价指数、人员工资、利率调整等因素设置付费调整公式，并定期进行调整。

3. 利益分配机制

利益分配机制主要是对项目各项收益分配做出的安排。在PPP项目中，通常约定项目收益优先用于债务资金的还本付息。债务资金还本付息一般有三种方式：等额本息、等额本金及最大能力还款。当项目优先满足债务资金还本付息后，剩余收益需要在政府、社会投资人、财务投资人等股权参与方之间进行分配。在同股同权框架下，各股权参与方均对等分配项目收益；在非同股同权框架下，由于财务投资人一般以获取中短期财务价值为目的，通常要求优先满足其回报要求，之后进行社会投资人约定的最低收益分配，再对政府方及社会投资人按股比进行分配。此外，对于非经营性项目或准经营性项目，政府方有可能不参与项目公司收益分配。

4. 风险分配框架

PPP项目风险分配指整个全生命周期内或将发生并影响项目目标的不确定性因素，由政府方及其他相关参与方遵循一定的原则，通过PPP项目合同文本的形式，有效地开展风险识别、评估、分配和承担，确保各参与方守信履约，以最低成本有效控制项目风险，保障项目顺利实施。PPP项目风险识别和分配较为复杂，不同领域、区域及参与主体等可能导致同类型项目的风险点千差万别，但总体上需要遵守以下原则：

（1）PPP项目风险有效控制原则。承担方基于其有利地位，能完全认识风险、预见风险、评估风险、管理控制风险及以最小代价吸收已发生风险带来的损失或成本。

（2）PPP项目风险分担对称性原则。PPP项目风险分担对称性原则又称为风险收益对称原则，指以“权责利对等”“公平效率两兼顾”为宗旨，遵从承担方承担风险程度和成本与所得回报相匹配（收益成本对等性）。当一方有义务去承担风险损失，必然有权利要求风险变化带来的经济收益；一方承担风险量应与所取得的收益相匹配，项目风险分担才有意义。公共部门承担风险也可以从中获益，同时公私双方的风险信息也要对称，这样才能鼓励公私双方主动承担风险，保证项目谈判能公平、有效、顺利地进行。

（3）PPP项目风险分担最优性原则。PPP项目风险分担最优性原则是分担主体之间实现风险承担量的最优分配。某一方处于最有利控制地位又能以最低成本控制该风险，则风险应分配给该主体。某一方项目风险管理水平提高，必然使风险管理成本不断上升，但风险损失不断减少，存在一个风险管理的最优点，使风险管理成本最小。

（4）PPP项目风险分担上限性原则。PPP项目风险分担上限性原则指为确保长期合作关系的稳定性，项目合同应根据政企双方各自承受能力设定各方承担风险损失的上限，任何一方承担的风险都不应该超过它们的能力范围，从而保障项目能长期推进。在PPP项目运营时，当出现风险所引起的损失比预估要大得多，此时决不能让一方单独承担这个风险，否则必将影响某一方管理项目的积极性，必然会降低提供公共设施和服务的效率，直至项目失败。

（5）PPP项目风险分担动态性原则。PPP项目风险分担动态性原则指针对PPP项目合作周期长、涉及因素复杂等特点，为弥补前期风险分配欠合理、缺乏灵活性、风险识别欠完整等问题，设立风险分配更新机制，对风险分配进行再谈判和确认，确保项目顺利实施，实现共赢目标。从项目的全寿命周期角度出发，公私双方本着考虑项目整体利益，随着项目的进展，当内外部条件发生变化时，通过重新谈判来调整风险分担，重新确定风险分担方案。在PPP合同谈判时，公私双方不能识别所有项目风险，所以需要签订重新谈判的条款来调整项目风险的分担，协同解决风险，实现项目双赢的目的。

二、项目融资方案分析

工程建设项目投资规模通常较大，资金来源渠道较为广泛。一般情况下，首先，需要确定项目融资结构，包括资本结构、资本金结构及债务资金结构；

其次，需要对构成融资结构的各种渠道资金的成本进行分析；再次，需要对融资方案进行财务可行性分析；最后，需要对多种可行的融资方案按照一定的原则进行比选和优化。

（一）融资结构分析

通常情况下，项目在进行融资方式与资本结构决策时，要从资金成本角度出发或以无差异点的方法来开展。

1. 综合资金成本最小化法

由于各种条件的制约，项目公司不可能只从某种资金成本较低的渠道融得全部资金，而是需要从多种渠道融资，这就需要进行多种融资方式的组合分析，从而合理地确定各种资金所占资金总额的比重。以这一比重为权数，计算综合资金成本率，选择综合资金成本率最小的资本结构为最优资本结构。综合资金成本率的计算公式为：

$$\overline{C}=\sum(C_i \times W_i) \tag{5-1}$$

式中：C_i 为第 i 种资金来源的资金成本率；W_i 为第 i 种资金来源所占资金总额的比重。

由上式可以看到，综合资金成本率受两个因素影响：一是不同资金来源的资金成本率 C_i，在资金结构不变时，C_i 经常发生变化，从而综合资金成本率会改变；二是各种资金占全部资金的比重 W_i，即资本结构，如果提高资金成本率较低的资金所占比重，降低资金成本率较高的资金所占比重，那么综合资金成本率就会降低，反之则会提高。

项目在融资过程中，常常面临多个可行的融资方案需要进行比较选择，以确定最优的融资方案。采取综合资金成本最小化法的决策方法：首先，要计算各融资方案的综合资金成本率 $\overline{C}$；其次，比较各个融资方案 $\overline{C}$ 的大小，选择其最小者，对应的融资方案即为最优方案，其资本结构就是最优资本结构。

2. 无差异点分析法

无差异点分析法是利用税后资本利润率无差异点来进行资本结构决策的方法。所谓税后资本利润率无差异点，指不同融资方式下税后资本利润率相等时的息税前利润点，也称为息税前利润平衡点或息税前利润无差异点。根据无差异点可分析判断在追加融资量的条件下，应采用何种方式来进行融资，并合理安排和调整资本结构。

设税前资本利润率为 r，则：

$$r=[(EBIT-I)\times(1-T)-D]/N \tag{5-2}$$

那么，无差异点的计算公式为：

$$\frac{(EBIT_0-I_1)(1-T)-D_1}{N_1}=\frac{(EBIT_0-I_2)(1-T)-D_2}{N_2} \tag{5-3}$$

式中：$EBIT_0$ 为税后资本利润率无差异时的息税前利润；I_j 为融资方式 j 下的年利息，$j=1$，2；N_j 为融资方式 j 下的权益资本；D_j 为融资方式 j 下的优先股股利。

可以看到，当 $EBIT>EBIT_0$ 时，利用负债集资较为有利；当 $EBIT<EBIT_0$ 时，利用发行普通股集资较为有利；当 $EBIT=EBIT_0$ 时，两种融资方式无差异。

项目公司在进行融资结构决策时，可根据当前融资市场的限制条件，结合上述两种方法同时进行分析，综合考虑各项影响因素，如资金的可获得性、财务杠杆、经营风险、放款人的信用评级、保持借债储备能力、项目经营的长期性和稳定性等，从而确定项目的最优融资资本结构。

（二）融资成本分析

项目融资方案选择就是融资主体在明确资本使用目的的基础上，确定融资规模、融资期限及资金来源的构成和比例的过程。融资决策中，首先考虑的因素是融资成本，即融入所需资金要付出多少成本。根据经济人假设理论，融资主体总是以尽可能低的融资成本获取资金。需要说明的是，资金成本和资本成本是有区别的。资金成本是从资金使用者角度出发，分析的是资金使用者的融资成本，并没有充分考虑资金投入者的回报要求，也没有体现风险因素。而资本成本是投资者所要求的预期报酬率，等于无风险利率加上投资项目的风险补偿。项目在选择融资方案时，着重考虑的是资金成本而不是资本成本。

1. 不同融资方式的资金成本

资金成本是项目投融资管理中十分重要的概念。融资主体在融资、投资、分配盈余时都必须考虑资金成本，也就是融资者为筹集和使用资金而付出的代价，包括筹资费用和用资费用两部分。筹资费用指在资金筹集过程中支付的各项费用；用资费用指占用资金支付的费用。在财务管理中，通常把资金成本表示成相对数，即用资费用与实际筹资额之间的比率。

（1）债券成本。债券成本指企业发行债券所支付的利息和筹资费用。按税法和会计制度规定，债券利息在税前支付，具有抵税效应。因此，债券成本的计算公式为：

$$C_b = \frac{I(1-t)}{B_0(1-f)} \tag{5-4}$$

式中：C_b 为债券成本，I 为每年支付的利息；t 为所得税税率；B_0 为债券筹资总额，f 为债券发行费率。

由于债券利息可以在税前扣除，而且债券发行费用相对股票等融资方式的手续费用较低，因此债券成本一般较低，计算负债税后成本是假设项目有利润，如果项目公司没有利润，则不能享受利息支付带来的抵税效应。就一个没有利润的项目公司而言，其负债的实际成本为其税前成本。

（2）优先股成本。项目公司发行优先股需要支付发行费用，并定期支付股利。但与债券不同，股利在税后支付，且没有固定的到期日。优先股成本的计算公式为：

$$C_p = \frac{D}{P_0(1-f)} \tag{5-5}$$

式中：C_p 为优先股成本；D 为优先股每年股利；P_0 为发行优先股总额；f 为筹资费率。

项目公司一旦破产，优先股的求偿权位于债券持有人之后，因此优先股股东的风险大于债券持有人的风险，这使得优先股的股利率一般要大于债券的利息率。另外，优先股股利要从税后盈余中支付，不像债券那样具有抵税效应，所以优先股的成本明显高于债券成本。

（3）普通股成本。普通股的成本计算主要有评价法和资本资产定价模型法两种。

评价法的基本原理是用普通股现值的公式来计算普通股成本。普通股现值的计算公式为：

$$V_0=\sum_{i=1}^{n}\frac{D_i}{(1+C_s)^i}+\frac{V_n}{(1+C_s)^n} \tag{5-6}$$

式中：V_0 为普通股现值；D_i 为第 i 期支付的股利；V_n 为普通股终值；C_s 为普通股成本。

由于普通股一般没有固定到期日，因此可以看作期限趋于无穷大，此时 $V_n/(1+C_s)^n$ 趋向于 0，所以普通股的现值为：

$$V_0=\sum_{i=1}^{n}\frac{D_i}{(1+C_s)^i} \tag{5-7}$$

如果每年股利固定不变，则可视为永续年金。那么，考虑发行费用后，普通股成本的计算公式为：

$$C_s=\frac{D}{V_0(1-f)} \tag{5-8}$$

式中：C_s 为普通股成本；D 为每年股利；V_0 为普通股按发行价计算的金额；f 为普通股筹资费率。

考虑许多项目的股利都是不断增加的，假设年增长率为 g，则普通股成本的计算公式为：

$$C_s=\frac{D}{V_0(1-f)}+g \tag{5-9}$$

普通股成本还可以利用资本资产定价模型进行计算，其公式为：

$$C_s=R_F+\beta\times(C_m-R_F) \tag{5-10}$$

式中：C_s 为普通股成本；R_F 为无风险报酬率；β 为项目公司股票的 β 系数；C_m 为市场证券组合的报酬率。

（4）留存收益成本。一般情况下，项目公司不会把全部利润以股利的形式分配给股东，未分配利润是项目资金的重要来源。项目未分配利润等同于股东追加的投资，股东对这部分投资与之前缴给项目的股本一样，也要求一定的报酬，因此未分配利润也要计算成本，这部分成本的计算与普通股基本相同，但无须计算发行费用，公式如下：

$$C_e = \frac{D}{V_0} + g \tag{5-11}$$

（5）加权平均资金成本。项目融资方案中，通常不止选择一种融资方式，因此计算融资成本时需要计算各种融资方式的加权平均资金成本，公式如下：

$$C_w = W_b C_b + W_p C_p + W_s C_s + W_e C_e \tag{5-12}$$

式中：C_w 为加权平均资金成本；C_b 为债券成本；C_p 为优先股成本；C_s 为普通股成本；C_e 为留存收益成本；W_b、W_p、W_s、W_e 分别为债券、优先股、普通股、未分配利润在资本总额中所占的比重。

如果融资主体的融资方式不仅包括以上四种，则加权平均资金成本可用以下公式计算：

$$C_w = \sum W_j C_j \tag{5-13}$$

式中：C_w 为加权平均资金成本；W_j 为第 j 种资本在资本总额中所占的比重；C_j 为第 j 种资本的成本。

2. 资金的边际成本

资金的边际成本是指资金每增加一个单位而增加的成本，这是融资方案必须考虑的问题。加权平均资金成本是过去筹资或目前使用资金的成本，但各种资金成本随时间的推移或筹资条件的变化而不断变化，加权平均资金成本也随之变化。因此，仅考虑已有的资金成本是不够的，还要考虑为满足投资需求而新筹集的资金成本，即计算资金边际成本。

一般情况下，资金边际成本的计算包括以下步骤：

（1）确定项目的最优资本结构，根据项目运营现状确定筹资时是否保持原有的资本结构不变，或进行必要调整。

（2）通过分析目前金融市场的状况和项目融资能力，确定各种融资方式在不同融资规模下的资金成本。

（3）计算融资总额的分界点，即随着融资规模的变化而使得资金成本发生变化的分界点，采用以下公式进行计算：

$$BP_i = TF_i / W_i \tag{5-14}$$

式中：BP_i 为融资总额分界点；TF_i 为第 i 种融资方式的成本临界点；W_i 为目标资本结构中第 i 种融资方式所占的比例。

（4）计算资金的边际成本，即根据计算得到的分界点，确定资金成本不同的若干组融资范围，并计算这些融资范围的加权平均资金成本，得到不同融资范围的资金边际成本。

3. 资金成本与项目融资决策的关系

资金成本是选择融资来源、拟定融资方案的依据，它对项目融资决策的影响主要有以下方面：

（1）资金成本是影响项目融资总额的一个重要因素。随着融资数量的增加，资金成本不断变化。当融资数额很大、资金边际成本超过融资主体的承受能力时，便不能再增加融资规模。

（2）资金成本是选择资金来源的重要依据。资金可以从不同的融资渠道筹集，就长期借款来说，可以向商业银行借款，也可以向保险公司或其他金融机构借款，还可以向政府申请贷款。在选择资金来源时，首要考虑的因素就是资金成本的高低。

（3）资金成本是选用融资方式的重要标准。选择项目融资方式时需要考虑的因素很多，其中资金成本这一经济标准是重要考虑因素之一，应在风险可控的前提下尽量选择较低的资金成本。

（4）资金成本是确定项目最优资本结构所必须考虑的因素。不同的资本结构会带来不同的风险和成本，从而引起股票价格的变动。在确定项目最优资本结构时，考虑的因素主要有资金成本和财务风险。资金成本虽然不是项目融资决策所要考虑的唯一因素，同时还要考虑财务风险、资本期限、偿还方式、限制条件等，但资金成本是一个重要的经济因素，直接关系到项目融资的经济效益。

（三）财务可行性分析

1. 财务可行性评价的影响因素

财务可行性评价是在国家现行财税制度和价格体系的框架下，从项目财务角度分析和计算项目的财务清偿能力和盈利能力，以判别项目的财务可行性。项目财务可行性评价的目的在于根据国民经济和社会发展战略和行业、地区发展规划的要求，在做好产品和服务的市场预测及场址选择、工艺技术选择等工程技术研究的基础上，计算项目的效益和费用，通过多方案比较，对拟建项目的财务可行性进行分析论证，为项目的科学决策提供依据。

项目财务可行性评价需要考虑一些基本的影响因素，它们直接影响项目财务评价的结果和置信度，其中主要包括以下几点：

（1）项目计算期。项目计算期一般包括项目的建设期和运营期，其中项目的运营期又包括试产期和达产期。一般来讲，项目计算期的长短主要取决于项目本身的特性，因此无法对项目计算期做出统一规定。

（2）项目范围的界定。项目范围就是项目所包括的工作和经济活动内容，是计算项目收益和费用的主要依据。项目的投资规模、运营维护费用等均取决于项目范围。

（3）现金流折算方法。在项目现金流量的折现计算中，折现方法的选择也会影响项目财务可行性的结果。如采用年末法（即项目各年现金收支均按照年末发生计算），还是年初法（即项目各年现金收支均按照年初发生计算）就会直接影响项目财务可行性的评价。

在进行项目财务可行性评价时，除要注意上述影响因素外，还需要了解财务评价的内容。项目财务可行性评价，首先，须对融资情况、项目各利益主体效益的分配和费用的分担状况进行研究，以分析资金筹措方案的可行性；然后，应分析项目在财务上的生存能力，主要包括清偿能力、盈利能力等分析内容。

2. 融资方案的财务评价方法

现有的财务评价方法可以分为两类：一类是基于收益的财务评价方法，如净现值（net present value，NPV）法、内部收益率（internal rate of return，IRR）法、回收期法等；另一类是基于风险和收益的财务评价方法，如资本资产定价模型（capital asset pricing model，CAPM）法、加权平均资金成本（weighted average cost capital，WACC）法等。在对项目融资方案进行财务评价时，这些方法各有其优缺点和适用范围，如表 5-1 所示。

表 5-1　　融资方案的财务评价方法优缺点对比

评价方法	因素	优　点	缺　点
基于收益的财务评价方法	静态回收期	1）直观地反映原始总投资的返本期限，概念清晰、简单易用； 2）一定程度上反映项目的经济性和风险大小	1）没有反映资金的时间价值； 2）舍弃了回收期以后的收入与支出数据，不能全面反映项目在生命周期内的真实效益，难以对不同方案的比较选择做出正确判断
	平均收益率	1）概念清晰、计算简单； 2）计算所需参数少，适用于技术经济数据不完善的初步研究阶段	1）未考虑资金的时间价值； 2）舍弃了全生命周期内大量的经济数据，不能全面反映项目在生命期内的真实效益
	净现值	1）考虑了资金的时间价值； 2）考虑了整个生命周期的收入与支出的全部经济数据； 3）类似于利润指标，直观简单	1）计算较为复杂； 2）假定条件和范围较严格，实际应用难以满足； 3）不考虑各方案投资额的大小，不直接反映资金的利用效率； 4）无法从动态的角度直接反映投资项目的实际收益率水平
	内部收益率	1）概念清晰，能够明确地反映投资的使用效率； 2）不受行业基准收益率高低的影响，较为客观； 3）可用以评价不同生命周期或不同投资规模方案之间的相对优劣	1）计算过程复杂、误差较大，在特殊情况下存在多解现象； 2）不能反映投资方案经济效益的绝对量，因此无法直接用于资金限量情况下多个独立方案的最佳组合决策

续表

评价方法	因素	优 点	缺 点
基于风险和收益的财务评价方法	调整净现值	1）考虑了资本成本的变化，降低计算结果对于折现率的敏感性，结果的可靠性增强； 2）避免由于债务资本与权益资本结合在一起而引起的综合资本成本的变化，同样适用于未来资金结构有可能发生变化的项目	1）利息的减税收益常被高估； 2）高度财务杠杆导致财务危机成本提高的风险； 3）忽略了发行成本等其他融资因素的影响
	加权平均资金成本	1）考虑了利息减税收益的影响； 2）概念清晰、计算简单； 3）一次性运算，方便与其他方法配合使用	1）考虑特定资本结构，因资本结构的变化必然导致资本成本的变化，从而使估计价值与实际价值产生更大差异； 2）仅仅考虑利息节税的影响，忽略了税收结构等其他因素； 3）为一次性运算，容易受预测错误影响用途单一，仅适用于决策中的评估
	平均收益—分散系数	1）可以考虑所有不确定性因素的影响； 2）可以用于评价期望值不同的多个项目的优劣性； 3）可以定量考虑收益和风险	1）不能评价单个项目的可行性，需要权衡风险和收益的关系； 2）无法给出偏差的可接受范围
	资本资产定价模型	1）简单、直观、有很强的可检验性； 2）具有深刻的经济含义和简洁的数学形式； 3）考虑了资本市场相关投资机会具有的共性风险	1）假设基础不现实； 2）无法用风险校正系数（β）完全解释不同资产之间的差异； 3）风险校正系数（β）的估值困难，实践中存在较大争议
	期权定价理论	1）考虑了待考察项目的未来发展状况； 2）满足项目投资的长期利益需求，有效规避相关风险； 3）决策主体趋利避险及在风险条件下采用灵活的动态生产经营策略所带来的收益，更符合实际情况	1）需要对项目的未来发展状况有合理预测，如果预测错误，将导致决策失误； 2）未考虑在推迟决策期间内，资金成本等因素对决策的影响
	效用理论	1）不假设决策者对风险的厌恶程度，比较符合真实情况； 2）效用函数可以完整地表现个人偏好，如多大程度上愿意承担风险，又在多大程度上愿意规避风险	1）效用函数的确定费时、费力； 2）影响结果的主观因素较多； 3）前提假设经济意义考虑不足，与实际情况较难符合

在实践过程中，应根据项目特征和实际情况合理选择融资方案的财务评价方法，或采取多种方法结合的方式，作为项目投融资决策的依据。需要考虑的影响因素包括项目决策目的、资金的可获得性、财务杠杆、投资者的风险厌恶程度、项目经营的长期性和稳定性、项目未来发展状况的可预测性、项目风险分析和评价结果等。

三、项目融资多方案比选

项目融资的多方案比选指在做出项目融资决策之前，先拟定若干个备选方案，根据一定标准进行对比分析后，确定融资方案和资本结构。在进行融资方案的多方案比选时，应注意各个方案均应通过财务可行性评价。项目融资的多方案比选可以采用定量分析方法或定性分析方法。

（一）项目融资方案比选的定量分析

项目融资方案的定量比选过程一般包括评价指标体系的建立、评价方法的选择和比选模型的构建。

1. 建立融资方案评价指标体系

结合项目本身的行业特点及融资方案的影响因素，建立项目融资方案的评价指标体系。项目融资方案比选的指标体系可以通过文献调研、专家访谈、问卷调查、案例分析等方法整理总结而来，形成的指标体系结构通常具有 3～5 层。四层结构指标体系的一般形式如图 5-1 所示。

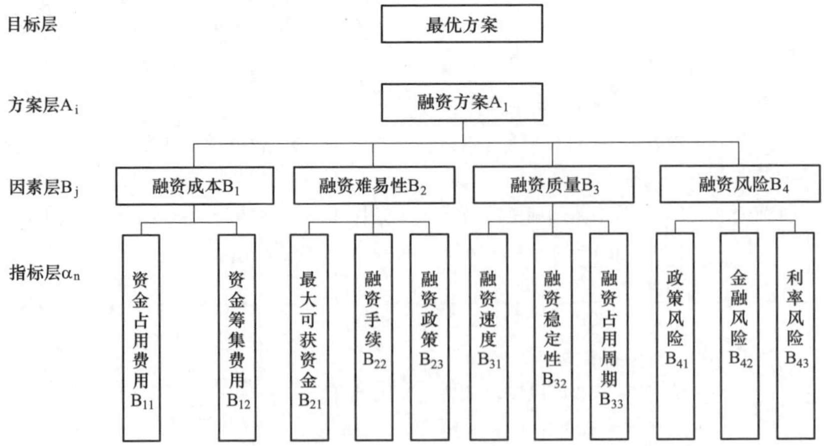

图 5-1 融资方案评价指标体系的一般形式

2. 选择合适的评价方法

根据项目融资方案评价指标体系的特征，选择合适的评价方法。其中，项目融资方案比选使用较多的一种方法是模糊评价法。项目融资方案比选中的影响因素有模糊性、难以定义和确定描述的特点。同时，项目融资方案的选择贯穿整个项目生命周期的全过程，由于影响因素的复杂性及所处环境的多变性，不可能简单用一个数值来评价，模糊评价法正适用于处理那些模糊、难以定义并难以确定描述的变量。

项目融资方案比选使用较多的另一种方法是层次分析法（analytic hierchy process，AHP）。融资方案的选择是一个涉及方案层、因素层、指标层的多层次体系，属于多目标决策问题，其影响因素众多且各因素间还存在一定的相关关系和因果关系。而层次分析法正是一种定性与定量分析相结合的多目标决策方法，是分析多目标、多因素的复杂大系统的有力工具，适用于评价因素难以量化且结构复杂的评价问题。因此，采用层次分析法是快速厘清融资思路、简化计算、实现项目融资方案比选的有效方法。

由于单纯使用模糊评价法会使得计算复杂化，单纯使用层次分析法难以对定性因素进行正确描述，因此实践中可以将层次分析法和模糊评价法相结合，如用模糊评价法确定项目融资方案比选中的各级指标权重，再采用 AHP 进行计算，采取两者相结合的评价方法来选择项目融资方案。

3. 构建融资方案比选模型

根据建立的项目融资方案比选指标体系和选择的评价方法，即可建立项目融资方案比选模型，并根据各个待选方案输入模型后的计算结果，选择项目融资的最优方案。

（二）项目融资方案比选的定性分析

项目融资方案作为融资主体筹集资金的决策对象，受到诸多方面因素的影响与限制，且资本结构理论由于自身一些不完全贴合实践的基本假设，在财务方面面临着经营环境的挑战。因此，项目融资方案比选仅仅依靠定量分析是不够的，还需要定性分析加以补充。项目融资方案比选的定性分析主要从融资主体所处行业、获利能力、经营规模、资产结构、收入变异程度、成长性、财务灵活性及主体的经营控制权等方面加以分析。

1. 融资主体所处行业

融资主体所处行业不同，最佳资本结构就会有所不同，这是因为不同行业的竞争环境和集中程度不同，融资主体的经营战略和对资本结构的要求也存在差异。首先，资本有机构成高的行业对经营所需的投入资本有较高的要求，当决策者的资本能力有限时，对资本投入的高要求意味着需要依靠更多的债务融资；其次，处于不同生命周期阶段的行业融资主体面临着不同的经营风险，考虑预期的财务拮据成本和代理成本，经营风险较大的融资主体一般不会过多地采取债务融资；最后，准入门槛较高的行业其内部竞争性一般较低，这类行业内的融资主体可以更多地依赖负债经营。

2. 融资主体的获利能力

根据融资顺序理论，项目融资的一般顺序是：先使用盈余收益即内源融资方式，然后选择发行债券，最后考虑发行股票。一般而言，长期融资受法律、市场等诸多因素的限制，具有较大的不确定性。对项目而言，当获利能力较强时，可以通过保留较多盈余资金的方式，为项目的进一步发展筹措资金从而获得更多的长远收益。采取留存收益进行融资，可以避免市场融资的不确定性，也可以减少企业的融资成本。

3. 融资主体的经营规模

经营规模大的项目倾向于采取多角化经营战略（strategy of diversification）或纵向一体化的经营战略。多角化经营战略的目的在于分散经营风险，但不一定能提高项目的总体收益水平，由于行业的生命周期不同，可以通过均衡不同时期的利润水平给项目带来相对稳定的收益。纵向一体化战略则可以通过交易的内部化来减少交易成本，提高项目的经营效益。经营规模大的项目还可以通过内部的资金调度提高资金的使用效率，因此可以更多地使用负债进行经营。

4. 融资主体的资产结构

如果融资主体以有形财产担保举债经营，可以减少债权人因信息不对称所产生的监督成本，从而使获得贷款的可能性增大，融资主体的有形资产越多，其通过资产的担保可以筹集到的债务资金就越多。而专利技术、商誉等无形资产被视为不可抵押资产，与融资主体负债比率呈负相关关系，原因是无形资产比重过大增加了资产的可塑性，使债权人的监控变得更加困难，有可能出现道德风险和逆向选择的问题。而对于技术含量较高的融资主体，未来可能形成较强的竞争力和盈利能力，对资金的需求一般通过风险资本的投资来解决。

5. 收入变异程度

融资主体经营收入的波动性较大，一般会使破产风险和经营风险相应增加，从而导致其获得贷款的难度增大，融资成本相应增加。如公共事业类项目有较为稳定的运营收入，这类项目通常可以使用较高的负债来经营，这体现了项目负债比率与收入变异程度之间的负相关关系。

6. 企业成长性

一般而言，高成长性的项目大多数属于新兴产业，虽然其资产具有较高的可塑性，但这样导致项目经营风险较大，因此项目的破产成本和代理成本也将大幅度上升，债权人对其付款条件和还款条件的要求会更加苛刻。同时，高成长性项目的发展对资金的需求量也较大，当长期融资受到限制时，项目倾向于通过短期融资来满足投资需求快于利润增长的资金需要。

7. 财务灵活性

财务灵活性指融资主体动用闲置资金和剩余负债，来应对可能发生的或无法预见的风险事件，把握未来投资机会的能力。随着财务危机成本与代理成本的增加，以及债权人风险规避意识的增强，债权人在做出借款决策时往往在债务契约中加入诸多限制性的理财条款，这些条款旨在保护债权人自身利益不受侵害，但同时也限制了融资主体在投资、融资及股利分配等理财方面的灵活性。保持适度的财务灵活性，是适应资本市场变化的必要条件，是合理利用财务杠杆的前提，是调整融资规模与融资结构的坚实基础。尽管债务的利息支出具有抵税效应，可以降低资金的使用成本，获得财务杠杆收益，但相对权益资本而言，债务资本到期必须及时兑现并支付利息，对项目财务灵活性有一定限制。

8. 企业经营控制权

经营控制权是有关项目治理结构研究的重点问题。项目治理研究集中在激励效应、信息传递效应和控制效应三个层面，这里所说的控制效应指融资方式的选择直接决定着项目控制权的分配。除资金成本外，产权问题也是影响融资主体资本结构的决定性因素，产权不清的必然结果是出现内部人控制，使融资主体的融资行为非理性化。当产权清晰时，资金成本及影响资本结构的要素将成为融资方案必须考虑的决策变量。

上述项目融资方案定性分析的决策要素之间并没有明确排序，因为融资主体面临的经营环境不同，其内部管理水平也存在差异，所以同一个因素对不同的融资主体来说往往具有不同的意义，有的看重财务灵活性，有的则看重财务杠杆效应。在项目融资方案比选中，融资主体对影响其融资决策的要素所确定的权重与排序需要一定的灵活性，这样才能找到适合项目的最优融资方案。

第二节 项目投融资风险分析评价

项目投融资处在一个不断变化和发展的客观环境之中，政治、经济和技术因素的复杂多变、市场竞争的日益激烈，都使得投融资活动充满了不确定性，这些风险在特定投融资环境下和特定时期内可能导致投融资活动的经济损失。因此，如何识别风险、分析风险，进而有效的规避风险、管理风险，是项目投融资策划分析必须考虑的重要内容。

一、项目投资风险识别及评价

（一）项目投资风险识别

1. 项目投资风险内涵

项目投资风险是指在投资过程中或投资完成后，投资者发生经济损失或不能收回投资，从而无法实现预期收益的可能性。投资决策的正确与否决定着项目的生存与发展。从某种角度讲，投资风险是项目面临的最大风险。

项目投资风险在不同的文献中有不同的表述，但通常具有三个方面的共性。第一，投资风险和损失相关联，是投资活动未来可能发生的损失；第二，投资风险和不确定性相关联，即发生损失只是一种可能性；第三，投资风险具有总量性特征，即可能的损失必须达到一定程度才能称其为风险。

对投资者来说，盈亏是一个重要的分界线，但投资活动成功与否应该是以预期收益目标为分界线。所以项目投资风险又可定义为实际的净现金流量（或收益率）与预期目标值的负偏离及其出现可能性的乘积，它需要考虑可能发生的一定程度的损失与发生这种损失的可能性这两方面因素。风险的参照物是投资者设定的预期目标，而不一定是损失额，用公式表示为：

$$投资风险=\sum(实际净现金流量-预期目标值)\times 发生的概率 \tag{5-15}$$

式中：实际净现金流量应小于预期目标值。

2. 项目投资风险的分类

（1）技术风险。技术风险指在产品创新过程中，因技术因素导致项目失败的可能性。技术风险的大小由下列因素决定：

第一，技术成功的不确定性。有些技术因不够成熟或难度较高，或尚处于探索和改进之中，从构思到形成产品的过程中会遇到工艺条件、设计原理、材料供应等方面的种种困难。因此，进行技术创新时，技术可行性论证及风险分析是至关重要的前提工作。

第二，技术前景的不确定性。技术在诞生初期都是较为粗糙的，开发者对技术创新活动、技术的发展前景往往没有足够把握，投资于技术项目，尤其是高新技术项目，面临着很大的风险。

第三，技术效果的不确定性。部分行业的技术产品具有寿命周期短、更新换代快的特征，对项目投资者来说，如果不能在技术生命周期内实现产业化，收回初始投资并取得利润，将会遭受巨大损失。

（2）市场风险。市场风险指市场主体从事经济活动所面临的盈利或亏损的可能性和不确定性。一般而言，市场风险主要包括以下方面：

第一，难以确定市场容量。市场容量决定了产品的商业总价值，如果一项产品的投入巨大，而市场容量较小，那么产品的市场价值就无法实现，投资就无法收回。

第二，难以确定市场接受的时间。新产品往往需要一个为市场了解并容纳的过程，当产品不具备刚性需求优势并且没有进行足够宣传时，可能会出现产品销售不畅或积压，从而给项目资金周转与投资者资金回收造成困难。

第三，市场价格因素。如果产品价格超出了市场承受力，将很难为市场所接受，项目投资也就无法收回。

第四，市场战略因素。好产品也需要进行市场策划、价格定位、用户选择、上市时间、市场区域划分等方面均会影响项目的市场占有率。

（3）资金风险。资金风险指由于利率及价格水平变化所带来的项目收益的不确定性。在项目运行过程中，应特别注意利率水平及其他一些基本因素的变化，如通货膨胀、金融政策、税收政策、财政政策等，其中通货膨胀是引发资金风险的最基本因素。当发生通货膨胀时，政府一般会采取紧缩银根的金融政策，致使利率上升，贷款成本随之增加，项目原材料、设备成本上升，导致项目资金紧张，入不敷出；而通货膨胀引起的股市和汇率的波动，也会使投资者承担事实上的资金风险。

（4）管理风险。管理风险的大小由以下因素决定：

第一，管理者的素质。优秀的管理团队应具有强烈的创新意识和成功愿望，具有敏锐的机会意识和高超的决策水平，并具有强烈的责任感和自信心。

第二，决策风险。由于一些行业具有投资大、产品更新换代快的特点，一旦决策失误，可能会给项目带来无法挽回的损失。

第三，组织风险。即由于项目组织架构的不合理所带来的风险。在项目发展的过程中，组织架构不健全、管理体制落后、缺乏激励与约束机制等，往往成为阻碍项目做大、做强或导致失败的重要原因。

（5）投资分析风险。投资分析风险指对项目发展不同时期的资金需求量估算的偏差。建立在可靠的资料与数据基础上的投资分析才能帮助项目做出正确的决策，一些项目并没有根据真实历史数据进行投资分析，而是凭借经验预测，从而影响投资决策的准确性。

（6）环境风险。环境风险指项目所处的社会环境、政策与法律环境发生变化或意外灾害而造成项目失败的可能性。项目投资必须重视环境风险的分析和预测，采取相应措施把环境风险减少到最低。

（二）项目投资风险分析评价

项目投资风险与投资收益密切相关。从投资收益的角度看，投资风险就是投资收益的不确定性。投资项目的未来收益会有多种可能性，每种可能性发生的概率不同，需要考虑未来收益的各种情况及其概率。具体来说，投资风险评价的步骤如下。

1. 确定未来收益的概率分布

即确定投资活动未来收益不同情况的发生概率及其分布。投资收益往往与投资项目未来产品市场需求状况直接相关。因此，决策者在判断项目投资风险大小时，可以根据对投资项目的市场预测，确定市场需求的各种情景，如畅销、较好、一般、滞销等，并根据经验或统计资料预测每种情况下的销售量或收益率，同时确定每种情况的概率。

2. 计算期望收益率

期望收益率指在各种市场状况都发生的情况下的投资项目收益率，实际上就是加权平均收益率即：

$$\overline{R}=\sum P_iR_i \tag{5-16}$$

式中：$\overline{R}$ 为期望收益率；P_i 为第 i 种情况出现的概率；R_i 为第 i 种情况下的收益率。

3. 计算标准离差

标准离差反映了每种情况下的收益率相对于期望收益率发生偏离的程度，偏离的程度越大，风险就越大。标准离差 ∂ 的计算公式为：

$$\partial=\sqrt{\sum_{i=1}^{n}P_i\ (R_i-\overline{R})^2} \tag{5-17}$$

4. 计算标准离差率

标准离差率指标准离差与期望收益率的比率。一般来说，计算出标准离差就可以确定风险大小，但在有些情况下，单看标准离差还不够，需要综合考虑不同投资方案的期望收益。如月收益为 1000 万元和 100 万元的两个项目，同样 10 万元的风险损失，两者感受会大不相同。标准离差率的计算公式为：

$$\overline{\partial}=\partial/\overline{R} \tag{5-18}$$

二、项目融资风险识别及分析评价

（一）项目融资风险的识别

1. 项目融资风险内涵

项目融资风险也称筹资风险，指项目在筹资活动中由于筹资规划而产生的由普通股股东承担的附加风险。在经营风险一定的前提下，采用资金成本固定的融资方式所融入资金的比重越大，附加给每个普通股股东的风险就越大，而优先股股东和债权人一般不承担经营风险。项目融资风险具有以下特征：

（1）一般来说，只要期望的基本收益能力比率大于固定资金成本融资方式下的资金成本率，则提高固定资金成本融资方式所融入资金的比重，就会提高股本收益率。否则，就会降低股本收益率。

（2）若项目无负债，不使用财务杠杆，则经营风险等于股本风险。若项目举债，使用财务杠杆，则股本风险大于经营风险。

（3）融资风险可以理解为普通股股东为获得财务杠杆收益而付出的代价。从项目投融资结构角度出发，融资风险是债权人将经营风险责任全部转移给普通股股东，同时普通股股东因承担融资风险获得从债权人那里转移过来的财务杠杆收益。因此，可得出融资风险等于股本风险减去经营风险。项目的总风险和总收益不因这种内部转移而增加或减少。

2. 项目融资风险的分类

项目融资风险可以按照不同标准进行分类。按经济性质，可分为价格风险、利率风险、汇率风险等；按造成风险的原因，可分为支付性融资风险和经营性融资风险等；按项目融资的来源，可以分为来源于经营的融资风险、来源于资金组织的融资风险和来源于汇率变动的融资风险；按预防和调整风险措施的结果，可分为可消除的融资风险、可调整的融资风险和不可调整的融资风险等。在项目实践中，融资风险的表现形式主要包括以下两种：

（1）项目支付能力下降的风险。项目支付能力指项目清偿到期债务本息的能力，这类风险从产生的原因而言可分为两类。

一类是资金性融资风险，指项目在特定时间节点上，现金流出量超过现金流入量而产生的不能按期偿付债务本息的风险。这类风险与项目收支是否盈余无直接关系，可由理财不当引起，表现为财务收支计划与实际不符合而出现支付危机，也可由资本结构安排不当引起，如在资产收益率较低时安排了较高的债务，或者在债务期限上安排不合理而引起某一时点的偿债高峰等。因此，这类风险属于个别风险，对所有者的收益及项目此后各期的融资影响不大。

另一类是收支性风险，指项目在收不抵支的情况下出现的不能偿还到期债务本息的风险。如果项目发生亏损，作为偿债保障的项目收益现金流和项目净资产均会减少。在负债不变的情况下，项目亏损越多，以资产总量偿还债务的能力就越低。这类风险属于整体风险，主要源于项目经营不当，对项目的整体现金流和债务偿还能力都会产生不良影响。

（2）项目自有资金经济效益不稳定的风险。项目的借款利息随着借入资金的增加而增加，导致总费用水平的上升。在项目息税前利润率下降或者借款利率超过息税前资金利润率时，项目的自有资金利润率会以更快的速度降低，甚至发生亏损。这是一种由于借款而可能使项目经济效益下降的风险。

（二）项目融资风险的影响因素

1. 项目资本结构的合理性

资本结构指项目的各种长期资金融资来源的构成和比例关系，即长期债务资本和权益资本各自所占的比例。在项目经营收益发生变动时，提高债务资本比例，会成倍地放大项目的净资产收益率。反之，当项目经营收益小于债务利息时，提高债务资本比例会成倍地缩小项目的净资产收益率，甚至导致项目丧失偿债能力，从而引发融资风险。

2. 预期收益的不确定性

预期收益的不确定性主要取决于投资风险的存在。由于市场形势复杂多变、竞争激烈，项目的投资效益就会存在一定的不确定性，并由此产生各种风险。

3. 利率的波动性

利率波动对融资风险的影响主要表现在不恰当的时间或以不恰当的方式融得资金，使得融资成本提高，导致项目遭受损失。例如，如果预计市场利率将会调高，项目可以采取固定利率方式进行融资，若用浮动利率形式融资，在利率调高后，就会增加利息成本。

4. 汇率的波动性

汇率变动产生的风险指项目在涉外经济活动中，由于外汇汇率的变动，使其以外币计价的资产或负债的价值随之变动而遭受损失的可能性。由于国际政治经济形势的复杂多变，汇率本身具有较大的不确定性，汇率变动产生的风险对项目融通外汇资金后的债务偿还能力具有很大的影响。

5. 通货膨胀

持续的通货膨胀将使项目的资金需求随之不断膨胀，资金供给持续发生短缺，货币性资金不断贬值，实物性资金相对升值，资金成本不断升高，从而给项目融资带来诸多隐患，需要项目公司做出正确决策以避免出现重大损失。

6. 项目公司信用

如果项目公司或牵头企业在长期经济活动中累积了较好的信用，那么项目在融资时，资金来源渠道会相对较宽，方式也更为灵活，资金成本降低，风险也随之降低。反之，项目在融资时，特别是进行长期的大规模融资时，会受到种种限制，资金成本提高，风险随之增大。

此外，市场风险、经济风险、政治风险等也都对项目融资有重要的影响。

（三）项目融资风险分析评价

1. 项目融资风险分析

项目融资风险分析通常是将调研结果与数据资料结合起来进行研究，一般采用定量分析，对于不能采用定量分析的情况，也可采用定性分析。定量分析中最为常用的是概率分析法，一般步骤如下：

（1）根据调研资料和预测数据，分析可能出现的各种情况的概率，计算出融资可能获得的收益额和收益率。

（2）根据各种收益的概率分布计算期望收益率平均值，其计算公式为：

$$\overline{R}=\sum(R_i\times P_i) \tag{5-19}$$

式中：$\overline{R}$ 为期望收益率平均值；R_i 为第 i 种情况的收益率；P_i 为第 i 种情况

出现的概率。

（3）计算确定各种收益率对期望收益率平均值的标准差 σ：

$$\sigma=\sqrt{(R_i-R)^2\times P_i} \tag{5-20}$$

（4）根据标准差和期望收益率平均值计算标准差系数 ρ：

$$\rho=\sigma/\overline{R} \tag{5-21}$$

（5）根据标准差 σ 和标准差系数 ρ 对融资风险的大小做出判断，并采取相应措施，避免或减小风险。

2. 项目融资风险评价

项目融资风险评价可以通过资本金利润率法、财务杠杆系数法及指标分析法来进行。

（1）资本金利润率法。设 R_C 表示息税前资本金利润率；R_I 表示息税前投资利润率；R_B 表示借入资金利息率；F_C 表示资本金总额；F_B 表示借入资金总额，则：

$$R_C=R_I+(F_B/F_C)\times(R_I-R_B) \tag{5-22}$$

项目融资风险主要来源于项目投资利润率，由于 R_I 具有不确定性，所以 R_C 也具有不确定性，它们都是随机变量，通常考虑其期望值：

$$ER_C=E[R_I+(F_B/F_C)\times(R_I-R_B)]=(F/F_C)\times ER_I-(F_B/F_C)\times R_B \tag{5-23}$$

式中：F 为企业资金总额。

当 $ER_I>R_B$ 时，$ER_C>ER_I$，说明负债融资提高了项目资本金的投资利润率，且借入资金和资本金的比值越大，资本金利润率越高；当 $ER_I<R_B$ 时，$ER_C<ER_I$，说明负债融资降低了项目资本金投资利润率，并且借入资金和资本金的比例越大，资本金利润率越低；当 $ER_I=R_B$ 时，$ER_C=ER_I$，说明负债融资的规模不影响项目的投资利润率。

在进行融资风险评价时，现有文献常用投资利润率的标准差来描述和表明可能投资利润率偏离期望利润率的程度，但这种评价方法没有直接反映出负债对项目资本金利润率的影响，而项目是否要用负债融资，这一决策的关键在于负债是否有利于提高项目资本金的利润率。因此，为弥补这一不足，可以采用资本金利润率的标准差来作为融资风险的度量指标。

用资本金利润率的标准差描述融资风险的大小，其评价结果与用投资利润率的标准差的结果基本一致，因为两者关系如下：

$$\sqrt{DR_C} = (1 + F_B/F_C)\sqrt{DR_I} \tag{5-24}$$

式中：DR_C 为资本金利润率 R_C 的方差，DR_I 为投资利润率 R_I 的方差。

可以看到，$\sqrt{DR_C}$ 的大小不仅与 F_B/F_C 正向相关，而且与 $\sqrt{DR_I}$ 成正比。F_B/F_C 或 $\sqrt{DR_I}$ 越大，则 $\sqrt{DR_C}$ 越大，其融资风险也就越大。

（2）财务杠杆系数法。利用财务杠杆系数的大小来判断融资风险的大小。财务杠杆系数的计算公式为：

$$DFL = \frac{\Delta EPS/EPS}{\Delta EBIT/EBIT} \tag{5-25}$$

或 $$DFL = \frac{EBIT}{EBIT - I - L - d(1-T)} \tag{5-26}$$

式中：$\Delta EPS/EPS$ 为普通股每股利润变动率；$\Delta EBIT/EBIT$ 为息税前利润变动率；I 为债券利息；L 为租赁费；d 为优先股股利；T 为所得税税率。

财务杠杆的大小是与项目的资本结构密切相关的，固定资金成本的资金所占比例越大，财务杠杆系数越大，表明项目偿债压力越大，则融资风险越大。相反，财务杠杆系数越小，其融资风险也就越小。

3. 指标分析法

指标分析法指利用偿债能力指标对融资风险进行分析的方法。偿债能力指项目对债务清偿的承受能力或保证程度。按照债务偿付期限（通常以一年为限）的不同，项目的偿债能力可分为短期偿债能力和长期偿债能力。

（1）短期偿债能力。短期偿债能力的衡量指标主要有流动比率、速动比率和现金比率。其中，流动比率即项目流动资产与流动负债的比率，是评价项目用流动资产偿还流动负债能力的指标，一般来说合适的流动比率是 2∶1。

速动比率即项目速动资产与流动负债的比率，速动资产指流动资产扣除存货以后的剩余部分，速动比率是评价项目流动资产中可以很快变现的速动资产用于偿付流动负债能力的指标，一般来说合适的速动比率为 1∶1。

现金比率即现金和短期有价证券与流动负债的比率，是评价项目流动资产中可立即用来偿还流动负债能力的指标，一般来说现金比率在 20%较为合适。

这三项比率越低，表示项目清偿到期债务的困难越大，其融资风险也就越大。反之，项目的短期偿债能力越强，其融资风险也越小。在项目实践中，这三项指标应结合使用。

（2）长期偿债能力。长期偿债能力的衡量指标主要有资产负债率和资本负债率。其中，资产负债率即负债总额与资产总额的比值，该指标越低，债务偿还的稳定性、安全性就越大，融资风险就越小。

资本负债率指负债总额与主权资本的比值。其中，主权资本包括实收资本、资本公积金和留存收益，资本负债率越低，偿还负债的资本保障越大，债权人遭受风险损失的可能性就越小。反之，债权人遭受风险损失的可能性则越大。

三、项目投融资风险管理和实施评价

（一）项目投融资风险管理的基本程序

风险管理致力于在风险发生前，通过采取措施减少风险发生的可能性或风险发生后造成的损失，以保护项目的资产和利润不受损失。当风险发生时，能够及时采取最有效的措施削减损失直至可以接受的水平，使得项目仍然能够保持合理的运转而不失去财务稳定性。风险管理是项目成功的关键，也是项目各参与方谈判的核心，并将达成一致的意见落实到项目有关合同协议具体条款中。

项目投融资风险管理指通过对投融资活动进行风险识别、风险评估，并采用合理的经济与技术手段对项目经营活动和融资活动所涉及的风险加以控制和处理，最大限度地避免或减少风险事件导致的项目实际效益与预期效益的偏差，从而保证项目投资者的预期收益及项目贷款人的追索权得以顺利实现的一种管理活动。风险管理的一般过程包括风险识别、风险分析与评价、风险处置、处置方案实施与评估。

1. 风险识别

风险识别指通过可靠的信息资料系统分析，对各种存在和潜在的风险因素进行系统的归类和全面分析研究，从而确定经济主体所面临的风险及其性质，并且掌握发展趋势的过程。风险识别是整个风险管理的基础，其主要内容包括，应考虑哪些因素、引起风险的原因有哪些、风险的类型、性质及其后果四方面。

2. 风险分析与评价

风险分析与评价是在风险识别的基础上，通过对风险识别获得的资料和数据进行处理，得到关于损失发生的概率及其程度的有关信息，对风险发生的可能性和风险发生后对经济目标的影响程度进行估计和衡量。风险分析与评价可以为处理风险和正确的风险管理决策提供依据，其主要内容包括，风险到底有多大以及风险会带来什么程度的损失。

3. 风险处置

风险处置指在风险识别和评估的基础上，寻找和选择应采取的各种避免和控制损失的对策，选择适当的风险管理工具，确定最佳的风险处理方案。风险处置是风险管理的核心环节，常见的风险处置策略包括回避、转移、分担、降低、承担风险等。

4. 风险处置方案实施与评估

风险处置方案实施与评估指根据所选风险对策要求，制订实施计划，监控实施情况，在实施过程中根据情况适时调整，最后对实施的效果进行评估。处置方案实施与评估是风险管理的最后阶段。

在工程项目的风险管理策略或体系中，项目公司必须确定该如何应对各种风险，制定具体的有效风险管理措施，其主要目的是，尽可能减少风险的发生、减轻甚至消除风险发生后所造成的损失及其不利影响。如果项目公司不能控制风险的发生，就只好承受风险，但要运用多种措施或手段来减少甚至消除其损失和不利影响。风险的处置和管理策略及其具体措施的选择还取决于决策者对风险的态度或心理承受力。一般而言，决策者有风险厌恶型和风险偏好型两类。具体应根据决策者的态度进行权衡分析，运用定性和定量的方法来评估风险后采取相应策略和措施。

（二）降低项目投融资风险的主要措施

针对不同的投融资风险，其降低风险的措施也不同。按照降低风险的不同思路，一般可以分为以下降低风险的方法。

1. 调整受限部分

指通过减少或完全消除受限金额而降低融资风险的方法。例如，针对项目可能存在的汇率风险，主要采取套期保值的办法，通过特定货币、资产或负债的即期与远期价值相抵消的办法，降低投融资风险。调整受限金额的方法理论上可以消除全部汇率风险，使汇率风险的影响降到最低，其条件是融资成本将相应增加，融资者必须支付调期成本。

2. 风险因素的相互抵消

这种风险处置办法主要根据不同币种和融资渠道的风险特点，合理选择融资组合，即项目融资方案中不同来源、币种、期限的结构和比例。例如，采用债券和银行贷款组成的融资组合，可以调整利率风险。当利率上浮时，银行贷款的融资成本上升，但由于利率上升往往伴随价格上浮，利息固定的债券的实际利率就会相应降低，两者相抵消，可以减少利率上升造成的损失。风险因素相互抵消的方法既适用于消除汇率风险，也适用于消除价格风险和利率风险。但采取这种方法只能部分消除或减少风险造成的损失，不能保证全部消除风险的影响。相应的，这类调整措施没有必须支付的固定费用。

3. 风险因素的分散化

风险分散化是降低难以消除的投融资风险的重要方法。例如，项目公司难以干涉的政治经济风险，以及项目采用政策性优惠资金的情况。其做法是尽可能地把项目所需的融资总额分散到互不相关的多种资金渠道上，避免由于大的政治、经济环境变化，导致不能按计划获取资金所造成的项目停、缓建或取消立项，保证建设目标的按期实现。在投融资方案研究阶段应考虑优惠资金可能面临政治、经济等风险，采用风险因素分散化的方法加以调整，当出现某一类资金无法按计划获取的情况时，加强或调整其他资金来源的供应，即可缓冲变动造成的冲击，避免造成过大的经济损失。

4. 争取有利于项目的融资协议

投资者和融资者在达成投融资协议时，就对投融资条件和潜在的风险责任建立了共同的承诺。一般来说，更多的经济利益意味着承担更多的投融资风险。涉及风险管理方式的投融资协议内容主要包括：期限及其宽限、利率的上限或下限、抵押品的内容、用汇的时间及争议仲裁等。例如，可以在协议中争取银行还款的宽限期，与银行争取利率上升上限的约定，当利率变化在下限时，融资者承担上升部分，利率上升超过上限部分由银行承担，或由双方按一定比例分担。这种措施均可减少或限制相应风险对融资成本的影响。

项目公司进行投融资风险管理时，应对投融资方案、代理筹集资金、管理项目资产、安排还款计划等内容相关的投融资风险进行详尽的识别、分析与评价，并对可能出现的每项风险设计合理的风险处置措施。同时，项目公司应对可能承担的部分投融资风险预留风险处置资金。在项目运营过程中，利用专业人才和业务信息渠道，利用多种风险处置方法，规避投融资风险，降低融资成本，保护融资者的经济权益。

（三）项目投融资风险管理方案设计

项目投融资的风险管理非常困难，并且风险管理措施只能尽可能地减少风险发生的概率或减轻风险发生后的不利后果，并不能完全消除风险。也就是说，采取任何风险管理措施都可能有剩余风险，而且风险随时间、技术复杂性、产品和服务性质、原料和价格的敏感性等因素均相关，因此风险管理是一个伴随项目建设和运营的动态过程。对项目投融资活动的风险管理方案设计如图 5-2、图 5-3 所示，主要包括市场和收益风险、财务风险。

（四）项目投融资风险管理方案的实施评价

1. 风险管理方案实施评价的目的

风险管理方案的实施评价实际上是项目后评价的一部分，指项目进入稳定运营期后，项目先前存在的不确定性已经明了之后，从项目落地到后评价时点之间，对项目前期的风险识别、风险分析与评价，对比实际发生的风险、风险的实际应对情况及风险带来的影响进行评价。

项目风险管理方案的实施过程及计划的监督实施是一个系统的、客观的事

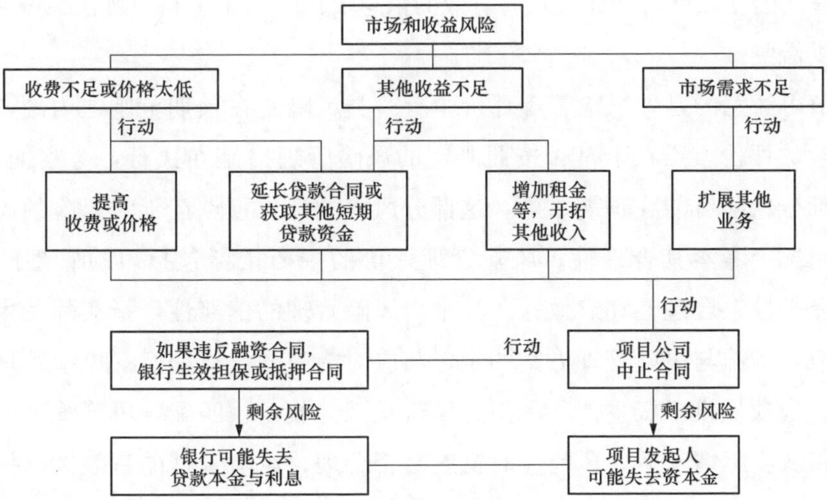

图 5-2 市场和收益风险管理方案设计

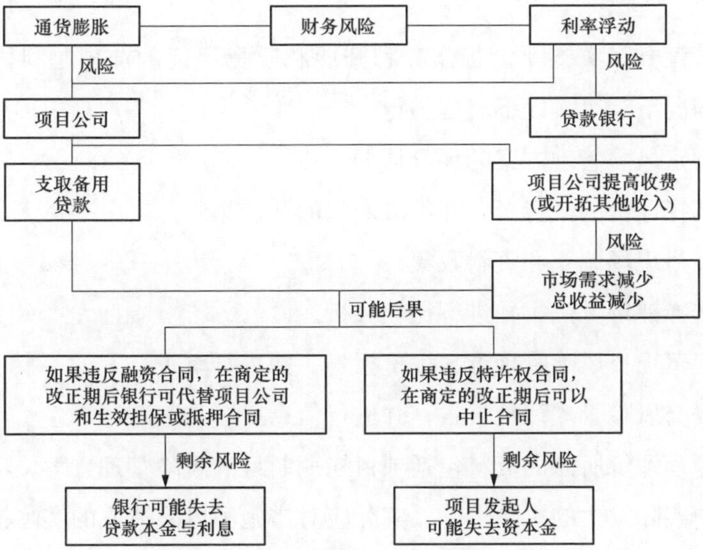

图 5-3 财务风险管理方案设计

后分析评价程序。通过对项目风险管理活动实践的检查总结，来确定项目前期的风险识别是否准确、风险分析与评估是否合理、项目实施过程中风险管理的预期目标是否实现。经过这种事后的分析评价可以找出项目风险管理成败的原因，总结经验教训，并通过及时有效的信息反馈，为未来新项目投融资风险管理提供借鉴。

值得注意的是，风险管理评价中有一类风险是在预期范围之内的，这部分风险的评价重点在于是否按照既定的风险管理措施在执行，考察偏离性；另一部分风险可能在预期之外，这部分风险的评价重点在于对风险的应对和承担情况，考察其合理性。风险管理评价的主要指标包括风险管理的偏离性、公平性、合理性和有效性。其中，风险管理的偏离性，指实际发生风险后的应对措施与风险管理方案的拟定与应对措施的偏离程度；风险管理的公平性，指项目投融资主体所承担的风险是否与收益相匹配；风险管理的合理性，指从实际情况看，风险应对措施是否合理；风险管理的有效性，指实际承担风险所需的时间和成本是否能接受，风险承担之后项目的经济强度和运行是否处于正常情况。

2. 风险管理方案实施评价流程

风险管理方案实施评价工作顺利开展和质量保证的前提是科学的工作流程。一般情况下，可按以下流程进行：

（1）制定风险管理方案的评价计划。

（2）选择评价的执行者，并组成专门的评价小组。

（3）项目现场调查和资料收集。

（4）选择评价方法，并进行比较分析。

（5）起草项目风险管理方案评价报告，并进行审查。

（6）提交风险管理评价报告，并进行信息反馈和跟踪。

风险管理评价所需的资料包括项目初期制订的风险管理方案、项目建设和运营过程中实际发生的风险事件、实际应对措施和风险造成的实际损失。主要方法包括，前后对比法、有无对比法、目标树—逻辑框架法及成功度分析法。

第三节　工程项目投融资策划咨询案例

这里通过案例分析进一步阐述项目投融资方案策划及其分析评价需要关注

的主要内容。某收费公路项目位于境外某地区，为新建道路工程项目，建设目的主要是解决港口、厂区、工业园区等生产运输需求。项目策划咨询遵循战略必要性、经济合理性、财务可负担性、商务可运营性及管理可实现性的策划理念，在投资必要性和投资环境分析的基础上，重点对项目建设方案、投资方案、融资方案、风险识别及应对方案等进行谋划。

一、投资必要性及财务效益测算

（一）投资必要性分析

1. 相关规划符合性分析

项目实施后，可实现包括主要工业基地、新建深水港港口及新国际机场等功能区的互联互通，因此符合地区总体规划、港口发展规划和机场建设规划。

2. 区域经济发展相关性分析

项目建成后，可作为地区交通运输的主干道之一，有利于促进区域大型工业基地配套基础设施的完善，充分带动地区经济发展。

3. 国家政策和投资方发展战略需求分析

项目建设符合国家对外投资有关政策要求，同时也有助于投资方实施海外业务的战略转型发展。

4. 投资环境分析

主要是对项目所在地的政治、经济、法律、社会及营商环境进行分析，目的是挖掘有利于项目建设运营的外部条件，同时对影响投资目标实现的不确定因素进行识别等。

5. 交通分析及预测

交通量分析及预测是在拟建项目所在地区相关通道或既有公路当前交通量基础上，综合考虑项目影响区的社会经济发展现状、土地利用现状、综合运输现状及各自发展规划等，依据定性分析和定量计算相结合的原则，分析和预测拟建项目的远景交通量，为策划建设方案、投资估算及财务方案等提供依据。

6. 建设方案策划

在确认项目自然、气象、工程水文地质等条件符合工程建设条件的基础上，对项目所在地政府发布的各项规划、工程技术标准等文件进行进一步深化研究，并结合项目实际情况，对项目建设方案进行策划，具体内容包括走廊带方案、起讫点方案、路线方案、路基路面方案、桥涵方案、路线交叉方案及其他事项等，最后形成拟推荐Y方案和L方案。

（二）投资估算

1. 工、料、机单价计取

人工单价：项目所在地一般劳动力充足，但技术水平总体较低，需要经过培训才能进行施工作业。估算编制按照一般劳动力采用当地工、其余人员由中国工人担任考虑。综合考虑中外用工比例及工效因素，人工综合单价取×元/工日。

材料单价：主要材料单价通过调查料场价格加计运杂费后形成到场价格（预算价格），部分材料价格见表5-2。

表5-2　　部分材料价格表

序号	材料	单位	到场价（元）	与国内价格比照
1	回填土	立方米		
2	水泥（综合标号）	吨		
3	钢筋	吨		
4	砂、中粗砂	立方米		
5	碎石	立方米		
6	石油沥青	吨		
7	乳化沥青	吨		
8	柴油	千克		

施工机械可从当地建筑承包商租赁。部分施工机械租赁价格可见表5-3（不含机械工及汽柴油费用，相当于国内机械台班定额的不变费用）。

表 5-3　　部分施工机械价格表

序号	施工机械	单位	单价（元）
1	斗容量 2.0 立方米履带式挖掘机	台班	
2	斗容量 3.0 立方米轮胎式装载机	台班	
3	机械自身质量 12～15 吨光轮压路机	台班	
4	机械自身质量 15 吨以内振动压路机	台班	
5	最大摊铺宽度 12.5 米以内沥青混合料摊铺机	台班	
6	3.0～9.0 米滑模式水泥混凝土摊铺机	台班	
7	装载质量 15 吨以内载货汽车	台班	
8	装载质量 20 吨以内自卸汽车	台班	
9	提升质量 25 吨以内汽车式起重机	台班	
10	提升质量 80 吨以内履带式起重机	台班	

根据拟参与项目施工单位和项目所在地情况，计取雨季施工增加费、夜间施工增加费、沿海地区施工增加费、行车干扰施工增加费、施工辅助费、工地转移费等各项费用。

2. 费率和费用标准分析

根据现行有关规定计取企业管理费，利润按定额直接费及措施费、企业管理费之和×100%计算；税金按直接费、设备购置费、措施费、企业管理费、规费、利润之和×100%计算；计取建设项目管理费、建设项目前期工作费、专项评估费、联合试运转费、生产准备费、工程保险费等；按照项目实际情况以建安费×100%计取其他相关费用；计取预备费和建设期利息。各项费用计算结果见表 5-4 和表 5-5。

表 5-4　　项目静态投资估算表（Y 方案）

分项编号	工程或费用名称	金额（万元）	各项费用比例
1	第一部分　建筑安装工程费		
1.1	临时工程		
1.2	路基工程		
1.3	路面工程		
1.4	桥梁涵洞工程		

续表

分项编号	工程或费用名称	金额（万元）	各项费用比例
1.5	交通工程及沿线设施		
1.6	绿化及环境保护工程		
1.7	专项费用		
2	第二部分　土地使用及拆迁补偿费		
3	第三部分　工程建设其他费		
3.1	建设项目管理费		
3.2	研究试验费		
3.3	建设项目前期工作费		
3.4	专项评价（估）费		
3.5	联合试运转费		
3.6	生产准备费		
3.7	工程保险费		
3.8	其他相关费用		
4	第四部分 预备费		
4.1	基本预备费		
4.2	价差预备费		
5	第一至第四部分合计		

表 5-5　　项目静态投资估算表（L 方案）

分项编号	工程或费用名称	金额（万元）	各项费用比例
1	第一部分　建筑安装工程费		
1.1	临时工程		
1.2	路基工程		
1.3	路面工程		
1.4	桥梁涵洞工程		
1.5	交通工程及沿线设施		
1.6	绿化及环境保护工程		
1.7	专项费用		
2	第二部分　土地使用及拆迁补偿费		
3	第三部分　工程建设其他费		
3.1	建设项目管理费		

续表

分项编号	工程或费用名称	金额（万元）	各项费用比例
3.2	研究试验费		
3.3	建设项目前期工作费		
3.4	专项评价（估）费		
3.5	联合试运转费		
3.6	生产准备费		
3.7	工程保险费		
3.8	其他相关费用		
4	第四部分　预备费		
4.1	基本预备费		
4.2	价差预备费		
5	第一至第四部分合计		

（三）财务效益分析

1. 分析思路

（1）财务效益测算体系。

1）测算依据：参考《建设项目经济评价方法与参数》（第三版）、交通部2010年颁发的《公路建设项目经济评价办法》、项目所在地现行财税政策及金融机构融资评审阶段对财务效益测算的一般要求，对本项目进行财务效益分析。

2）货币种类：暂采用美元测算。建设期按美元计价，运营期按当地币计价，并考虑一定幅度的增长率，以及当地币与美元汇率的变化；在采取特定投资模式签署投资协议时，考虑将通行费单价增长及汇率变化纳入测算公式。

3）计算周期：暂按建设期2年，运营期25年测算项目自身的财务效益；财务模型设计以季度为周期，以利于融资方案调整（宽限期/提款及还款周期等）、工期调整对财务效益的影响；在投资协议谈判阶段，投资方可向项目所在地政府尽量争取更长的运营期限，以获得更长周期的财务收益；在融资协议谈判阶段，考虑项目初期现金流压力大，可考虑争取更长的还款周期或采用期初更低的本金偿还方案，按15年贷款周期和等额本息还款方式进行测算。

4）基于“基准情形＋投资模式（政府付费或补贴）”的测算思路：由于该项目投资收益测算可设定或调整的边界条件众多，项目投资收益和现金流水平与设定的边界条件密切相关，而这些边界条件均需投资方与项目所在地政府或其他相关机构基于法律许可及市场规则，通过投资协议谈判等方式去争取和确定。因此，本次测算采用“基准情形＋投资模式（政府付费或补贴）”的测算思路。基准情形是在当地经济稳定发展、相关建设规划顺利推进落地的前提下，预计项目能实现的基本边界条件；在此情形下，如项目收益及现金流水平仍难满足还本付息及投资收益预期，则需要引入外部政策或资金支持，以实现项目投资方的投资收益和风险防控目标。

上述测算思路以客观公正地反映项目实际财务效益水平为原则，并为投资方风险控制及下阶段投资协议等谈判提供测算依据。

（2）项目投资确定思路。

1）采用的项目静态投资暂不包括征地拆迁费用。

2）根据项目初拟的提款进度、融资条件和融资费用，估算项目动态投资。项目动态投资＝项目静态投资＋融资费用。

3）考虑收费公路项目的行业特性，项目运营期流动资金需求量相对较低，项目总投资按不含铺底流动资金考虑。

（3）项目收入确定思路。

1）根据项目前期规划资料、现场流量调查和复核数据、咨询论证会议交流等，项目财务效益测算采用本报告的交通量分析数据为测算基础。

2）交通量预测以当地经济稳定发展，重点项目建设基本按规划预期实施落地为前提。

3）财务效益测算参考初步商业计划概要提出的通行费标准。如根据该通行费标准及交通量预测水平测算效益不佳时，也可在本项目线路综合服务水平高于对标项目前提下，考虑提高通行费标准（交通量可能受连带影响），以提升项目的财务收益水平。

4）通行费采用当地币计价，并在固定时段设定一定的通行费增长幅度，该增长幅度原则上应小于当地的通胀率。

5）由于财务评价体系按美元测算，当地币兑美元按一定的贬值趋势考虑。

（4）项目成本确定思路。

1）经营成本按公路行业常规的日常养护费、大修费和管理费分项测算；

2）日常养护费和大修费设置一定比例增值税抵扣部分；

3）参照《可研报告》预测的成本参数取值；

4）项目总成本＝经营成本＋折旧摊销＋财务费用。

（5）项目税收确定思路。

按照项目所在地财税政策及相关规定，计取项目增值税、教育税、企业所得税、利息预提所得税、股息预提所得税等，但暂不考虑特许权使用费，可随商务谈判工作进展调整。

2. 参数汇总

根据对项目基础资料的分析，总结项目财务测算主要参数如表 5-6 所示。

表 5-6　　项目财务测算基本参数表

基本参数项				单位	Y 方案	L 方案	数据来源/备注
基本情况	拟建道路情况	拟建线路总长		千米			
		主线长度		千米			
		北段改造长度		千米			
		支线长度		千米			
		沿海线路长度		千米			
		道路等级		等级			
		设计行车速度		千米/时			
		路基宽度		米			
		行车道数		车道			
		开工日期		日期			
		完工日期		日期			
	国民经济基础	GDP		亿美元			
		人口		万人			
		服务目标		规模			
				能力 1			
				能力 2			

续表

基本参数项				单位	Y方案	L方案	数据来源/备注
投资参数	项目静态投资			千美元			
	工程建设费用			千美元			
	征地拆迁费用			千美元			
	建设期利息			千美元			
	管理费及承诺费			千美元			
	信保费用			千美元			
	流动资金			千美元			
	项目总投资			千美元			
	建设工期			年			
	美元兑×汇率			汇率			
	美元兑人民币汇率			汇率			
融资参数	贷款比例			%			
	贷款金额			千美元			
	年利率			%			
	Libor			%			
	Margin			%			
	承诺费率			%			
	管理费率			%			
	宽限期			年			
	还款年限			年			
	还款方式			年			
收入参数	交通量预测	路段Ⅰ	2023年	辆/日			
			2027年	辆/日			
			2032年	辆/日			
		路段Ⅱ	2023年	辆/日			
			2027年	辆/日			
			2032年	辆/日			
		路段Ⅲ	2023年	辆/日			
			2027年	辆/日			
			2032年	辆/日			
		路段Ⅳ	2023年	辆/日			

续表

基本参数项				单位	Y 方案	L 方案	数据来源/备注
收入参数	交通量预测	路段Ⅳ	2027 年	pcu/d			
			2032 年	pcu/d			
		路段Ⅴ	2023 年	pcu/d			
			2027 年	pcu/d			
			2032 年	pcu/d			
	通行费单价	基础单价	小客车	*/车次			
			大客车	*/车次			
			摩托车	*/车次			
			小货车	*/车次			
			大货车	*/车次			
			涨价周期	年			
			单价涨幅（3 年/1 年）	%			
		采用货币	计价方式	美元/*			
			年变化幅度（贬值）	%			
		收费站位置		位置			
		免费车比例		%			
	不含税收入		2023 年	千美元			
			2027 年	千美元			
			2032 年	千美元			
成本参数	经营成本	日常养护费	综合单价	奈拉/(千米·年)			
			综合单价	美元/(千米·年)			
			年增幅	%			
			2023 年费用总计	千美元			
		大修费	频次	年			
			费用倍数	倍数			
			大修费（2032 年）	千美元			
		管理费	生产定员	人			
			人工成本	千美元/人			
			综合管理成本	千美元/人			
			人工单价年涨幅	%			
			2023 年费用总计	千美元			

续表

基本参数项			单位	Y 方案	L 方案	数据来源/备注
成本参数	经营成本	2023 年经营成本	千美元			
		2027 年经营成本	千美元			
		2032 年经营成本	千美元			
	折旧	首次折旧扣除比例	%			
		年度折旧扣除比例	%			
		残值率	%			
		2023 年折旧额	千美元			
	财务成本	年利率	%			
		2023 年财务成本	千美元			
		2023 年信保费用	千美元			
	总成本	2023 年	千美元			
		2027 年	千美元			
		2032 年	千美元			
税收参数	增值税率		%			
	教育税率		%			
	利息预提税		%			
	所得税率		%			
	红利税		%			

注 * 表示当地货币符号。

（四）财务指标汇总及敏感性分析

1. 财务评价指标汇总

根据上述投融资、收入、成本和税收参数，分别测算项目 Y 方案和 L 方案的盈利能力、偿债能力及财务生存能力等，各项财务效益指标计算结果如表 5-7 所示。

表 5-7　　项目财务效益测算指标（基准情形）

序号	项　　目	单位	Y 方案	L 方案
1	工程总投资	千美元		
1.1	工程建设投资	千美元		
1.2	征地费用	千美元		

续表

序号	项目	单位	Y方案	L方案
1.3	银行融资费用	千美元		
1.4	信保费用	千美元		
2	资金来源	千美元		
2.1	资本金	千美元		
2.2	银行贷款	千美元		
3	年均销售收入（至计算期末）	千美元		
4	年均税金（至计算期末）	千美元		
5	年均经营成本费用（至计算期末）	千美元		
6	年均总成本费用（至计算期末）	千美元		
7	年均利润额（至计算期末）	千美元		
8	年均所得税（至计算期末）	千美元		
9	年均税后利润（至计算期末）	千美元		
10	盈利能力指标			
10.1	全部投资财务内部收益率（所得税前）	%		
10.2	全部投资财务内部收益率（所得税后）	%		
10.3	资本金财务内部收益率	%		
10.4	项目投资财务净现值（所得税前）	千美元		
10.5	项目投资财务净现值（所得税后）	千美元		
10.6	投资回收期（所得税前）	年		
10.7	投资回收期（所得税后）	年		
11	清偿能力指标			
11.1	偿债备付率（均值）	年		
11.2	偿债备付率（低值）	年		
12	财务生存能力指标			
12.1	年均净现金流量（运营期内）	千美元		
12.2	年均净现金流量（还款期内）	千美元		
13	项目还款期内的政府补贴			
13.1	还款期内年均补贴额	千美元		
13.2	还款期内补贴总额	千美元		

2. 敏感性分析

在基础财务效益分析的基础上，还需要对各方案下财务效益主要影响因素进行敏感性分析。本项目选取静态投资、交通量水平和经营成本和建设工期等要素变化进行敏感性分析，如表 5-8 所示。

表 5-8　　敏感性分析测算

敏感因子	敏感因子变化	IRR（税前）	NPV 千美元（税前）	投资回收期年（税前）	DSCR 最低值	DSCR 均值	还贷期年均现金流（千美元）	计算期年均现金流（千美元）
基准条件								
静态投资	增加 10%							
	降低 10%							
交通量预测	增加 10%							
	降低 10%							
经营成本	增加 10%							
	降低 10%							
建设工期	增加 3 个月							
	减少 3 个月							

3. 投资方案比选

鉴于项目 Y 方案和 L 方案自身均难以具备财务生存及可持续运营能力，不适宜以 BOT 投资方式推动项目商务工作。考虑项目所在地政府承诺给予项目一定的投资收益保障，策划团队重点对 Y 方案和 L 方案下的政府年金付费模式、收入补贴模式，从政策支持及执行风险、财政支付金额等方面进行对比分析，并推荐投资方案采用 Y 方案＋政府付费年金模式。

二、项目融资方案策划

（一）项目融资难点分析

1. 项目自身收益不足以支撑还款

从财务效益测算指标看，项目自身现金流收入不足，偿债备付率尚不足一定比率的，项目自身不具备还款能力。通常情况下银行对于项目融资（有限追索或无追索）项目自身还款能力有较高的要求，一般要求年均偿债备付率至少在 1.20～1.30 的水平。

2. 付费模式不稳定

根据目前商务模式，本项目未来收入来源不稳定。基准情形下，本项目公路使用费的支付方是较为分散的个体用户，车辆流量和个体付费者的支付能力均无充分保障。在 Y 方案情形下，除本项目外，车辆可通过其他替代路径绕开收费站，使本项目车流量难以得到充分保障。此外，本项目过路费定价权实质不属于投资方，即使有调价公式，但也会因为没有包销的付费方兜底，收费价格的调整可能进一步压缩车流量，导致项目收益下降。

3. 汇率汇兑风险

项目所在国汇率政策较不稳定，国内实行双轨制汇率。本项目收入币种是当地货币，而融资币种为美元，存在币种错配。尽管本项目定价公式中有年增长率上浮调整，但项目收入时点较为分散，与银行集中还本付息的时间节点难以匹配，如汇兑发生延误或短期内的大额波动，则会对项目偿债履约造成重大影响。

4. 押品可执行性不明确

根据项目融资的基本原则，实施项目本身的一切资产，包括特许公司所拥有的实体资产、股权、协议权益以及现金账户等均需抵押给贷款行，同时在特定条件下，银行有权直接介入（step in）特许权公司所签署的商务合同，直接替代特许权公司享有相应的一切合同权益，并且有权在介入后将项目整体打包转卖给新的投资者以填补贷款损失，因此必须保证项目的权益完整，可不受限制转让。这就需要项目所在地政府相关法律法规较为健全，且对银行在项目资产以及项目权益中享有的介入权有充分的保障。

（二）项目可选融资方案分析

1. 有限追索项目融资

（1）基本模式。PPP 项目最常用的是以项目自身收入和资产作为还款来源和押品的项目融资。该模式下，通常银行会要求由项目发起人或其他有能力和意愿的担保人向银行提供完工担保，对项目资产形成有效收入来源之前借款人的还本付息提供连带责任担保，担保金额上限为整笔贷款的余额及应付利息，该担保将在项目实现一系列完工要求的前提条件下得以释放。

完工担保释放后，银行将以项目公司所拥有的一切资产和权益作为押品，同时会要求项目公司按照银行要求建立一系列账户体系，对项目公司的现金流实施监控，以现金流作为主要还款来源。

（2）从项目商务结构及投资回收看，项目融资在公平性和效益性方面是可以与政府和社会资本合作项目匹配的融资模式。但本项目自身经济效益一般，仅凭市场收益偿债备付率无法达到最低限要求，如以道路使用收费作为唯一还款来源，付费方也过于零散，银行无法掌控，所以并不具备策划项目融资的基础。因此，在设计本项目融资方案时，需先从优化商务方案入手，需要解决付费方稳定性、年度投资回收金额等核心问题。

2. 中长期出口买方信贷

中长期出口买方信贷是海外基建项目中较为常见的融资模式。该模式下，EPC 业主作为借款人，向银行申请中长期贷款。该模式的关键在于 EPC 合同业主作为借款人的还款能力。按照本项目目前的商务结构设计，投资方在当地成立的 SPV 将作为 EPC 合同的业主方，与 EPC 总包商签署 EPC 协议。因此，正常情况下，该 SPV 应作为出口买方信贷的借款人。但由于其并非具有独立还款能力的公司，且项目所在地政府也不可能为其支付 EPC 工程款所获取的融资提供直接还款担保，因此如采用该模式融资，金融机构会要求投资方提供全程、全额的还款连带责任担保，投资者将直接面对还款风险。

3. EPC 合同应收账款买断融资

相对于中长期出口买方信贷，EPC 合同应收账款买断融资成为被普遍采用的一种融资模式。其主要融资结构是以 EPC 合同中的承包商作为借款人，向银行申请出口卖方信贷。承包商将每笔确权延付的 EPC 工程款应收权益转让给银行作为还款抵押品，并为这些应收账款投保中信保出口卖方信贷保险或特殊合同保险，同时，承诺对信保未能赔付的敞口部分向银行提供担保或应收账款回购。

这种模式下，尽管承包商承担了兜底的还款责任，同时金融机构仍然会审核 EPC 业主，即应收账款支付方的资信水平和支付能力。因此与中长期出口买方信贷一样，EPC 业主 SPV 因为不具备独立还款能力，同样会被金融机构要求提供母公司的全程、全额还款担保。

综上，项目投资方应优先推荐基于政府支付或补贴模式下的有限追索项目融资作为本项目的融资模式，并尽可能优化商务结构和融资条件，降低投资方的偿债风险。

三、融资风险识别及应对措施

（一）国别风险

1. 安全风险

恐怖主义一直是影响项目所在地安全稳定的突出问题。目前，境外某收费公路项目所在国北部频繁遭遇恐怖分子袭击，中部地区部族、教派、地区农牧冲突问题尚未取得根本性的进展。项目所在国政府承诺加大力度打击恐怖主义，结束国内各类暴力冲突，但成效并不显著，尤其在打击恐怖组织方面，短期内难以妥善解决，可能对社会秩序产生一定影响。

2. 石油经济风险

随着国际能源价格回升，项目所在国石油出口有所回升，经济增长也逐步回升。但未来能源价格波动可能继续影响石油出口，项目所在国经济过度依赖石油出口的局面短期内仍难以改变，因此国际能源价格波动将继续给项目所在国经济产生冲击。

3. 基础建设滞后和腐败风险

项目所在国基础设施建设仍较为落后，交通运输、通信，特别是供水和供电等一系列基础设施条件较差，这也是制约项目所在国经济社会发展的重要问题。此外，当地腐败问题较为严重，特别是在经济领域，可能进一步加大项目投资风险。

4. 应对措施

（1）按投资估算内容要求，落实项目投资期间的安保措施。

（2）制定详细的安全管理办法，并有效监督落实，降低项目安全风险。

（3）与中国驻当地使馆、经商处、中资企业及当地政府等保持密切联系，以及时掌握当地安全动态，提前进行风险防范。

（4）跟踪了解和掌握当地经济发展动态、相关基础设施建设进度等，以实时跟进及评估所在国的投资环境变化。

（二）交通量不足风险

1. 经济发展和重点项目投运难以按规划预期实现

由于项目所在区域国家普遍缺乏完整的工业化体系及存在经济结构单一等问题，经济可持续稳定发展均存在风险，国家财政创汇能力不强，国家债务负担相对较重，重点项目的实施落地及完工均受资金短缺及政府管理效率低下等影响往往难以按规划预期实现目标。在项目所在国能源和交通基础设施领域，重点项目的推进实施几乎很难按规划时点落地，给未来交通量预测基础带来较多的不确定性因素。境外某收费公路项目主要服务的几大主体功能区是否可以按规划时点实际预计产能仍存在风险，建议关注重点项目的实施进度，实时掌控项目不可控因素的变动，把控项目投资节奏。

2. 通行费价格持续上涨增加交通量上行风险

本项目通行费按当地币计价，暂设置每 3 年上涨 30%（每年上涨约 9.1%），虽然一定程度上弥补了当地币汇率贬值的因素，也低于项目所在国近期通胀率水平，但项目通行费价格的持续上涨或多或少影响项目近/远期交通量的实现。

3. 当地民众交费意愿给交通量上行带来风险

Y 方案情形下，项目交通路线存在绕行路线，虽然项目通行费定价也考虑了能源消耗成本及通行时间成本，但当地民众的缴费意愿仍给交通量持续上行带来风险。

L 方案情形下，项目部分路段由原先免费通行调整为收费通行，当地民众的交费意愿产生一定的社会风险，或给交通量持续上行带来风险。

4. 未获得足够政策支持或政策支持不到位

本项目财务效益分析提出了政府支持方向（包括优先保证内容）。如难以获得相应政府支持或支持不到位，或运营过程中双方良好的合作关系未能持续，均会影响项目投融资方案落地，影响项目持续运营及实现预期的交通量水平。

5. 应对措施

（1）关注重点项目实施进度，实时掌控外部因素变动，把控项目投资节奏。

（2）根据项目运营管理构架并结合进一步的市场调研，在商务层面约定通行费持续上涨的相关要求，以规避未来的通胀、汇率及运营管理风险。

（3）根据项目运营管理构架，落实相应的政策支持，并在项目融资阶段，根据投资方及融资银行风险管理要求，落实相应的担保措施。

（三）工程实施风险

1. 征地拆迁风险

本项目路线均由规划道路组成，理论上征地拆迁风险不大。但征地拆迁仍需依靠政府解决，应在合同中规定必要的进度，以确保项目顺利实施。

2. 环保风险

项目策划阶段对环保论述相对较少，且未开展环评工作（待确定工程方案和投资方案后开展）。因本项目所在地建筑材料缺乏，路基填料和建筑材料均需要远运，涉及粉尘、噪声和污水等环保问题较多，施工中应务必遵守当地法律，满足环保部门的要求，减少环保问题带来的项目风险。

3. 相关手续风险

为使项目合规经营，项目实施过程中将按当地要求办理众多手续，如开工手续、航道等级和通航净空手续等，均需与当地政府商定。如难以按预期安排办理相关手续，将延误项目工期，增加工程实施风险。

4. 施工风险

受当地劳动力素质限制，国内成熟的施工经验不一定能在当地得到推广，且当地的气象、水文、地质等条件也与国内有差异。在施工过程中，应充分考虑以上因素，采用难度低的施工方案，降低项目施工风险。

5. 应对措施

（1）项目征地拆迁工作应由当地政府负责，应在投资协议中明确相应条款。

（2）遵守当地法律，按环境影响评估批复要求开展项目建设及运营管理工作。

（3）聘请当地律所，进一步了解当地投资管理程序及需要办理的投资许可文件，按相应时点要求完成项目投资合规的必要手续。

（4）根据当地施工技术水平，考虑项目施工组织设计方案，降低施工风险。

（四）投资超支风险

1. 材料价格和汇率变化影响

项目策划阶段基于现行材料价格，以人民币为单位计价。项目推进过程中，价格波动会带来项目投资额的变化，由于大量材料需要在当地购买，因此汇率变化也会给境外某收费公路项目投资带来一定影响。从长期趋势看，材料价格总体趋于上涨，当地货币总体趋于贬值。当价格上涨幅度或货币贬值幅度大于预期和承受范围时，会给项目带来一定的超支风险。

2. 工期影响

项目策划阶段计算投资时，往往很少考虑工期影响，但在项目实施过程中，工期延长会带来财务风险。例如，由于工期延长导致人工工资增加、机械闲置增加机械费用，由于不能及时完成项目造成的半成品保护成本增加等。因此，在项目实施过程中，应排除一切影响工期的障碍，落实工期保障措施。

3. 地质、水文等工程因素影响

鉴于项目策划阶段研究报告编制深度所限，地质、水文等工程因素尚未能全面深入了解。随着项目工作的深入开展，工程因素可能会发生一定程度的变化，致使工程规模增加，从而增加项目投资超支风险。

4. 应对措施

（1）提前进行施工组织安排或将该风险向承建单位转移，以降低投资风险。

（2）排除影响工期的一切障碍，落实工期保障措施。

（3）后续阶段深化项目地质和水文条件调查，进一步控制投资风险。

（五）投资合作风险

1. 投资人内部合作风险

本项目投资结构尚未确定，但未来各股东方除投资商角色外，对项目的关注点仍有差异，如关注工程建设利润或关注项目运营收益等。由于关注点的差异，使投资方存在一定的合作风险，需要各方在项目执行过程中进行良好的沟通、协调与合作，并通过签署内部商业协议等模式，约定各方的责权利规则，使投资各方做到风险共担、利益共享的目标，实现项目预期的财务效益。

2. 当地政府政策履约风险

目前，中资企业在项目所在区域从事的绝大多数大型基础设施项目，中方角色均为工程承包商（或运营技术服务商），而作为投资方角色参与极少。究其原因，仍与较高的国别风险相关，项目签署投资协议及争取的政策措施均存在履约风险，进而影响项目实现预期的收益水平。

3. 应对措施

（1）签署内部协议，约定投资各方责权利边界，实现风险共担、利益共享。

（2）根据项目投资方及贷款机构的风险管理要求，落实项目所在地政府对项目回购支付或补贴的履约担保。

第六章

基础设施项目投融资策划

基础设施具有基础性、先导性、战略性、引领性作用，是促进产业发展和维护经济社会正常运行的重要基础。构建系统完备、高效实用、智能绿色、安全可靠的现代化基础设施体系，是推动经济社会高质量发展的根本保障。基础设施项目投融资策划专业性强，内容复杂，是项目投融资策划的核心内容，对于促进基础设施有效投资，实现基础设施高质量发展意义重大。

第一节　基础设施投融资的主要特征及融资主体选择

一、基础设施投融资的主要特征

（一）基础设施主要类型

基础设施作为经济术语，最早大约出现于20世纪40年代末的西方经济学著作中。经济学家用“基础设施”或“基础结构”来概括那些为社会生产提供一般条件的行业。

从社会化大生产的角度看，基础设施属于较为特殊的商品，一般商品可以通过市场机制进行有效配置，而基础设施这种特殊商品，因其具有生产上的“非竞争性”或消费上的“非排他性”，使得无法完全通过市场手段达到最优化的产出水平，需要政府介入才能实现有效供给。

人们对基础设施外延的认识处于不断变化的过程中。世界银行《1994年世界发展报告》把经济基础设施定义为：永久性工程构筑、设备、设施和它们所提供的为居民所用和用于经济生产的服务。之后，世界银行进一步拓展基础设施的定义，将基础设施分为两大类：一类是经济基础设施，又称为生产性基础设施；另一类是社会基础设施。而随着经济社会分工和协作的纵深化发展，人们意识到咨询、管理、科研等生产性服务活动也应归纳到基础设施这一特殊商品类别。因此，基础设施的主要类型包括：

1. 经济基础设施

指提供与经济生产活动直接相关的产品或服务，用于保证国家或地区社会经济活动正常进行的公共服务系统，包括公路、铁路、机场、通信、水电煤气等公共设施。经济基础设施是社会化大生产有效进行的先行条件，作用的发挥依赖于自身的经济性能及网络化状况。

2. 社会基础设施

指提供与经济生产活动间接相关的产品或服务，包括科、教、文、卫等方面的基础设施。社会基础设施的积累，有助于不断提升劳动者素质，从而提升其劳动生产率，创造出更多的财富。

3. 软基础设施

指除传统意义上的经济基础设施和社会基础设施外的为经济活动提供管理或智力支持的服务投入，包括制度、管理、咨询等在内的软设施体系。现代社会，软设施体系的重要性在某种程度上已超越传统意义的硬设施，即从经济学角度看，软设施的边际产出效益已超越硬设施的边际产出效益。

（二）基础设施投资的主要特征

基础设施投资包括基础设施立项决策及资金投入使用的过程，因基础设施主要是为产业活动提供支撑或配套服务，且其产业属性不同于普通的商品，故其投资具有决策复杂性、规模巨大性、效益特殊性及模式多元性等特征。

1. 决策复杂性

基础设施主要为人们的生产、生活服务，在投资决策时，需要根据其产出的主要服务对象，考虑选址、规模、技术方案等。如城市供水投资，在选址方面，需要在水源地及终端用户之间选择管线建设及运输成本最低的位置；在投资规模方面，需要根据预计的人口数量及城市发展状况，考虑居民用水、工业用水、生态用水、农业用水等需求量，进而设计供水规模；在技术方案方面，需要在投资规模、运输成本、用水安全、技术可行性方面进行综合考量。

2. 规模巨大性

规模巨大性主要是基础设施服务的对象众多，往往需要呈网状式分布才能更好地发挥作用，如城市中的市政道路网、供水管网、污水管网、电网、轨道交通网等，在各个网状节点上通常涉及站点工程投资。因此，一次基础设施投资决策涉及的建设规模非常大，进而涉及的投资金额也很容易达到百亿元级以上。

3. 效益特殊性

基础设施效益发挥的特殊性主要体现在三个方面：一是正外部性，主要是基础设施具有的非竞争性或非排他性，使得其效益难以完全通过价格信号体现出来，即从社会角度看，基础设施一经形成，发挥的社会效益远远大于项目自身效益；二是滞后性，主要是基础设施决策的“超前布局”，使得其效益的完整发挥需要依赖人口或城市发展能够逐步达到预期；三是协同性，通常与规模巨大性相对应，即基础设施效益往往需要依赖网状式分布才能有效发挥，如城市轨道交通建设，单个线路的客流量一般会低于网状式分布后的客流量。

4. 模式多元性

模式多元性主要是基础设施虽然总体具有生产的非竞争性或消费的非排他性，但往往局部具有一定的竞争性或排他性。因此，投资主体通常主要是政府，但在模式设计上可以吸引广大社会资本参与，使其具有多元性。如城市燃气，在管网投资方面可以由政府负责，但在站点和线路运营上因具有一定的生产的非竞争性和消费的非排他性，因此可以交由各类社会资本投资运营。

（三）基础设施融资的主要特征

基础设施融资主要是为基础设施投资服务，在一定程度上，也制约着基础设施投资决策。因此，其融资特征主要伴随着基础投资特征而来。总体来看，其融资具有政府主导性、项目导向性和风险共担性等主要特征。

1. 政府主导性

基础设施融资的政府主导性主要体现在政府对融资渠道、融资工具、融资成本及融资风险等方面的监管。基础设施对经济社会发展具有重要的作用，在模式设计上可以吸引社会资本参与建设运营，但政府作为最终责任主体，需要平衡公众利益和社会资本投资收益。因此，在融资方面，政府需要对融资的可得性和稳定性、融资渠道和融资成本等因素进行综合把控，确保基础设施投资不因融资问题而影响建设运营。

2. 项目导向性

项目导向性主要针对具有一定使用者付费基础的项目而言，如高速公路、城市供水、轨道交通等。对于这类项目而言，可以通过模式设计，使得项目现金流能够覆盖融资还本付息。因此，投资人和金融机构主要关注项目效益，包括使用者付费基础、产出定价、绩效考核等方面。对投资主体信用的关注则相对较为弱化。

3. 风险共担性

风险共担性主要是基础设施投资规模巨大、效益发挥特殊等特征，使得项目收益和依赖项目自身的还本付息能力具有一定的不确定性。因此，对于具有一定使用者付费基础的基础设施项目，在投融资模式设计上，需要充分吸引具备建设运营实力的社会资本参与，并为项目融资提供一定的增信措施，政府则为项目提供必要的支持，如争取政策性贷款、资本金注入等，以此实现项目融资风险共担。

（四）推动基础设施体系建设的重点领域

1. 传统基础设施骨干网络建设

加强交通、能源、水利等传统基础设施骨干网络建设，是构建现代化基础设施体系的核心任务。要以联网、补网、强链作为建设的重点，着力提升网络效益。

（1）交通运输网络，要按照建设国家综合立体交通网主骨架的要求，推动交通基础设施重大工程建设，形成战略骨干通道、高速铁路、普通铁路、城市群和都市圈轨道交通、高速公路、港航设施、现代化机场、综合交通和物流枢纽，建设现代化综合交通运输体系，推进各种运输方式一体化融合发展，提高网络效应和运营效率。

（2）能源基础设施网络，推动各流域水电基地和清洁能源基地建设，协同推进大型清洁能源基地、沿海核电、电力外送通道、电力系统调节、油气储运等基础设施建设，推动电网基础设施智能化改造和智能微电网建设，提高电力系统互补互济和智能调节能力，加强源网荷储衔接，完善煤炭跨区域运输通道和集疏运体系，推动建设天然气主干管道，完善油气互联互通网络。

（3）水利设施网络，立足流域整体和水资源空间均衡配置，加强跨区域河流水系治理保护和骨干工程建设，强化大、中、小微水利设施协调配套，构建水利基础设施网络主骨架和大动脉，推进重点水源、灌区、蓄滞洪区建设和提质升级。

2. 产业升级基础设施网络

产业升级基础设施是提升产业国际竞争力，有效解决产业和技术领域卡脖子问题，维护产业链、供应链安全的重要基础。加强信息、科技、物流等产业升级基础设施建设，推进重大科技基础设施布局建设。通过拓展数字化应用场景带动智慧交通、智慧能源、智慧教育、智慧医疗、智慧社区、智慧农业及智慧水利等工程建设。

3. 城市基础设施网络

加强新型城镇化建设需要市政公用设施提档升级、公共服务设施提标扩面。打造高品质生活空间，推动建设重点城市群和都市圈城际铁路网，发展市域（郊）铁路和城市轨道交通，推进城市群交通一体化和城市综合道路交通体系建设，有序推进地下综合管廊建设，加强城市防洪排涝、污水和垃圾收集处理体系建设，加强防灾减灾基础设施建设，加强公共卫生应急设施建设，加强智能道路、智能电源、智能公交等智慧基础设施建设。

4. 农业、农村基础设施网络

完善农田水利设施，加强高标准农田建设，完善农村交通运输体系，加快城乡冷链物流设施建设，实施规模化供水工程，加强农村污水和垃圾收集处理设施建设，以基础设施现代化促进农业、农村现代化。

5. 国家安全基础设施网络建设

国家安全基础设施内容广泛，包括防灾、减灾基础设施（人防工程、水利工程、抗震结构工程、城市地下管廊等）；应急保供体系（战略物资仓储基地、保供物流体系、战略性交通基础设施）；医疗保障基础设施（疫情防控设施、

ICU 病房和设备）；安全信息化基础设施（大数据系统、应急指挥中心、数据灾备中心）等。要通过补齐国家安全基础设施建设短板，切实提升应对极端情况的能力。

二、基础设施投融资主体的选择

（一）政府在基础设施投融资中的作用界定

作为公共物品，基础设施的融资建设及其产品供给是政府的经济职责之一，应当获得政府预算的支持。政府投资基础设施建设的意义，不仅在于基础设施的产品和服务具有公共物品性质，必须由政府生产或提供，而且在我国金融市场尚不发达、资本市场尚未成熟的情况下，政府的直接投资可以弥补民间资金的不足和融通不畅，还在于政府投资在金融市场及资本市场的资金配置上具有明显的示范和引导效应。纵观国际经济和我国改革开放的实践成果，政府介入基础设施的建设和运营，主要分为两种类型：政府直接生产与政府间接生产。

1. 政府主导型：政府直接生产

政府直接生产是政府直接通过财政支出、拨款给自己拥有的企事业平台机构负责基础设施投资建设运营管理，这是政府介入基础设施领域的传统方式。改革开放以来的较长时期，基础设施建设主要依靠这种方式，中央和地方政府包揽了大多数基础设施项目建设。目前，即使是在市场经济比较发达的一些西方国家，地方政府也直接提供基础设施。在美国，公路始终是地方政府直接投资建设运营的主要内容。在欧洲，特别是北欧国家，各国地方政府对一些基础设施的供给也较多采用直接生产形式。

政府直接生产方式是政府介入基础设施发展的一个重要方式，它具有力度大、收效快的特点。其优点在于：一是政府直接投资可以不从投资项目本身的利益着眼，不计较投资是否可以通过收费获得收益，而是更注重社会效益；二是政府直接投资可以不受私人资本的数量限制，一般通过征税等财政资金来筹措资金，可解决搭便车和市场失灵问题；三是消费不受限制，其潜在效用可以得到充分实现。但这种方式也显示出一定的缺点，特别是政府投资机构缺乏投资竞争压力和投资破产风险机制，激励动力不足。主要表现在三个方面：一是投资成本高、效益差，亏损较为严重；二是政府直接投资生产的品种单一、质量低、常常供不应求；三是项目建成后缺乏后期维修和保养，资产后期损耗较为严重。据世界银行对44个有资助项目国家的调查，政府直接投资的基础设施普遍存在投资主体的目标模糊不清、缺乏自主权和责任制、财务困难及劳资问题等。

我国自改革开放以来，随着经济体制改革的进一步深化，单一的政府直接投资已经远远不能满足基础设施发展需求。政府直接投资应该逐渐退出经营性和准经营性的基础设施领域，而将财政资金重点投向非经营性属于公共消费性质的基础设施。基础设施中具有经营性和准经营性的投资项目则主要依靠社会及外资投资，由市场提供，而政府只是对它们施以适当的干预。

2. 非政府主导型：政府间接生产

改革开放以来，随着市场经济的发展，政府开始逐步采用间接生产的方式，促进基础设施融资主体的多元化发展。政府间接生产的准公共产品，一般属于产出易于界定和可强制履行合同，采取竞争方式选择优质的投资主体负责基础设施投资建设运营。政府利用政策安排和预算安排形成经济刺激，引导广大社会资本参与基础设施生产，一方面，降低政府的财政开支；另一方面，促进公共产品和服务的质量提高。

政府间接生产的形式包括：政府与民营企业或国有企业签订长期合约（如PPP合同），授予特许经营权、政府给予经济补贴和资助，政府参股在项目内部拥有一定监督手段等。

（二）政府主导型主要融资模式

1. 代建制模式

我国关于代建制的理解主要参照《国务院关于投资体制改革的决定》（国发〔2004〕20号）文件中的表述："对非经营性政府投资项目加快推行'代建制'，即通过招标等方式，选择专业化的项目管理单位负责建设实施，严格控制项目投资、质量和工期，竣工验收后移交给使用单位。增强投资风险意识，建立和完善政府投资项目的风险管理机制。"随后，2004年9月，财政部发布《关于切实加强政府投资项目代建制财政财务管理有关问题的指导意见》（财建

〔2004〕300 号），首次对代建制下的投资计划制订、支出预算申报及编制、建设资金的拨付、项目会计核算及竣工决算、代建管理费核算等进行了较为详细的规定。例如，规定对于建设单位自行确定项目代建单位的，由建设单位直接负责向代建单位拨付资金。对于政府设立（或授权）、政府招标产生代建单位的，财政部门根据项目代建单位的资金申请向其拨付。再如，规定代建管理费要与代建单位的代建绩效挂钩，代建管理费的拨付要与工程进度、建设质量等相结合。由于代建制模式无须项目融资，所以在国内的运用较为顺畅。代建制模式下项目建设资金的筹措不由政府投融资平台公司负责，而是由地方政府安排财政性资金来解决，不存在借项目之名新增融资债务的问题，因此以政府为主导的基础设施投融资主体可以通过代建制参与基础设施项目。

2. 政府债券模式

为进一步加强地方政府债务管理，规范地方政府专项债券发行行为，2014 年修订发布的《预算法》和《国务院关于加强地方政府性债务管理的意见》（国发〔2014〕43 号）相继出台。《国务院关于加强地方政府性债务管理的意见》明确建立规范的地方政府举债融资机制。地方政府举债采取政府债券方式。没有收益的公益性事业发展确需政府举借一般债务的，由地方政府发行一般债券融资，主要以一般公共预算收入偿还。有一定收益的公益性事业发展确需政府举借专项债务的，由地方政府通过发行专项债券融资，以对应的政府性基金或专项收入偿还。根据财政部《地方政府专项债券发行管理暂行办法》，地方政府专项债券是指省、自治区、直辖市政府（含经省级政府批准自办债券发行的计划单列市政府）为有一定收益的公益性项目发行的、约定一定期限内以公益性项目对应的政府性基金或专项收入还本付息的政府债券。

专项债券不计入财政赤字，发行相对灵活，可以有效缓解地方政府资金压力，助力积极财政政策的施行。同时，专项债券发行纳入财政预算管理，明确了发行额度，有助于推进地方债务显性化，防范地方政府金融风险。发行节奏更快，能更有效应对突如其来的风险。为更好发挥专项债券的重要作用，着力加大对重点领域和薄弱环节的支持力度，撬动社会资本，增加有效投资，优化经济结构，保持经济持续健康发展，2019 年 6 月，中共中央办公厅、国务院办公厅印发《关于做好地方政府专项债券发行及项目配套融资工作的通知》明确规定，允许将专项债券作为符合条件的重大项目资本金。

专项债券的发行一般需要具备五个条件：一是优先安排在建项目，新建项目已取得相关主管部门批复，基本具备施工条件，且已纳入财政债券项目库中；二是项目资本金比例符合国家固定资产投资项目资本金比例要求；三是项目融资不存在违规增加地方政府隐性债务的情况；四是满足项目收益与融资自求平衡原则，确保项目收益能够覆盖债券本息，如项目已有其他融资，应明确原有融资和新增债券的偿还责任；五是按信息公开有关规定，在网站上及时、准确披露项目实施方案、建设进度与运营情况、债券资金使用偿还、债券项目收益及对应资产情况等。

（三）非政府主导型主要融资模式

1. PPP 模式

社会资本参与基础设施建设运营最早可以追溯到 1782 年，法国 Perrier 兄弟建设运营自来水公司。直到 20 世纪中期，随着各国经济的飞速发展，政府部门对基础设施建设越来越重视，但单纯依靠政府资金难以满足基础设施建设的巨大需求。因此，为弥补这些不足，经过多年实践逐步推行 PPP 融资模式。PPP 模式通常是指政府与社会资本为提供公共产品或公共服务而建立的合作关系，在项目的论证设计、施工建设、运营管理等环节进行全过程合作，并共同承担风险，利益共享。英国是最早推行 PPP 模式的国家，从英国经验看，PPP 融资模式一般可为政府节省 5%～20%的费用，而且节约了建设时间，提升了服务质量。

新中国成立以来，我国基础设施建设基本上由政府财政支持投资建设，由国有企业垄断经营，这种管理模式不仅越来越不能满足社会日益发展的需要，而且政府在基础设施建设中存在浪费严重、效率低下、风险较大等诸多问题，政府身兼投资者、经营者、监督者等多种互相制约角色，迫切要求其地位和职能的转变。2014 年，国务院发布《关于创新重点领域投融资机制鼓励社会投资的指导意见》（国发〔2014〕60 号文），要求在基础设施等重点领域进一步创新投融资机制，充分发挥社会资本的积极作用。

立足国内实践，借鉴国际成功经验，政府通过PPP模式向社会资本开放基础设施市场，一方面，拓宽了基础设施建设融资渠道，形成多元化、可持续的资金投入机制，有利于整合社会资源，激发民间投资活力，拓展企业发展空间，提升经济增长动力，促进经济结构调整和转型升级；另一方面，减少了政府对微观事务的过度参与，提高公共服务的效率与质量，实现政府职能转变。同时，有利于深化财政制度改革，建立中长期政府财政规划，构建现代财政制度体系。

随着PPP模式的推广应用，政府投融资主体转型后可以通过PPP模式来承接政府项目。市场化转型后的政府投融资主体，在基础设施和公共服务领域的施工、建设技术方面较为成熟；融资渠道相对比较通畅；具体项目运营经营丰富，比如收费公路、城市供电、供热、供水等；对当地的情况也很熟悉，参与PPP项目有着天然的优势。

政府投融资主体作为社会资本参与PPP项目应该满足以下条件：一是已经建立了现代企业制度、实现市场化运营的，其承担的地方政府债务已纳入政府财政预算、得到妥善处置，并明确公告今后不再承担地方政府举债融资职能；二是按照《中国银监会关于加强2013年地方政府融资平台贷款风险监管的指导意见》（银监发〔2013〕10号）要求完成政府投融资平台公司退出的审批程序，实现市场化运营，转型为一般公司。

2. ABO模式

授权—建设—运营或者叫授权经营（authorize-build-operate，ABO），指由政府直接授权下属的国有企业开展公益性或准公益性项目的投资、建设、运营，要求被授权的国有企业具备较强的项目融资、投资、管理和运营能力，地方政府给予必要的资源和财政支持，这一揽子的授权和支持政策，通常体现为地方政府与下属企业之间签署的《授权经营协议》。在该模式下，政府作为授权方，需要履行规则制定、绩效考核、支付授权经营服务费等职责；被授权的国有企业则需要履行业主职责，按约提供相关项目的投资、建设、运营等整体服务。

ABO模式的实践已有多年，但该概念的正式提出来源于2016年北京市轨道交通行业的一项投融资体制创新举措。2016 年 4 月，北京市交通委代表北京市政府与北京市基础设施投资有限公司（简称京投公司）正式签署《北京市轨道交通授权经营协议》，该授权经营协议结合了北京市轨道交通实际情况，提出授权（authorize）—建设（build）—运营（operate）的 ABO 模式。协议明确北京市政府授权京投公司履行北京市轨道交通业主职责，京投公司按照授权负责整合各类市场主体资源，提供城市轨道交通项目的投融资、建设、运营等整体服务，并且在授权经营协议中，以授权经营费的形式，约定北京市财政局给予京投公司的一揽子资金支持政策。

ABO 模式不属于特许经营，也不同于 PPP 和 BT、代建制等模式。北京市交通委员会与京投公司之间即便存在考核，但不存在政府与社会资本之间的议价关系。换言之，就直接授权这一行为而言，ABO 模式并非新鲜事物，中央和地方政府在一些重大项目上，直接组建公司、给予专项资金支持和政策支持，授权国资主体实施项目投资、建设和运营本就是普遍存在的现象，其特点一是被授权主体不是某一个具体项目的法人，而是一揽子规划项目的总体业主，是政府发展城市的职能在中观层面的统筹载体；二是这种授权体现为协议的形式，而不是简单的一纸批文，政府不仅仅授予权利和责任，同样给予稳定的支持保障，这是传统批文式的项目法人制一直未能实现的。

从预算安排的角度，ABO 模式具有三方面的特征：一是这种模式基于财政预算的主动安排。北京市政府给予京投公司一揽子的资金政策支持，是一种在既定战略性建设任务（以轨道交通线网规划实施为评估基础）目标下的主动性、中长期预算安排，而不是传统融资平台模式下，未考虑财政预算能力的平台融资行为导致的政府偿债行为。财政部门并未做出兜底安排。二是这种安排的本质是一种发展信用。这种安排的目的，不是简单地为了某一个项目的融资而安排，而是为了给轨道交通领域注入充分的发展信用。主要体现在，行业发展所需要的资金由行业的业主在财政稳定支持下进行统筹使用，而不是简单地由财政部门统筹。三是财政资金的支持嫁接整合了既有的预算管理政策。北京市给予京投公司的一揽子授权经营费，拆解开来，从预算安排的经济科目上而言，实际上是传统政府固定资产投资方式中资本金出资、投资补助，以及针对公益性行业定价亏损的价格补贴的综合运用。

综上所述，从京投公司作为政府代理人角色来看，其为项目建设开展融资行为是在政府一揽子支持政策下京投公司自身的信用能力而做出的，是一种市场化融资占主导地位的行为，更接近《国务院办公厅关于保持基础设施领域补短板力度的指导意见》（国办发〔2018〕101号）中提出的合理保障融资平台公司正常融资需求，支持转型中的融资平台公司和转型后市场化运作的国有企业，依法合规承接政府公益性项目，实行市场化经营、自负盈亏，地方政府以出资额为限承担责任等要求。

第二节 基础设施网络建设及投融资方案策划

一、基础设施网络建设及集约化、规模化经营特征

集约化原是经济领域中的一句术语，本意是指在最充分利用一切资源的基础上，更集中合理地运用现代管理与技术，充分发挥人力资源的积极效应，以提高工作效益和效率的一种形式。"集"就是指集中，集合人力、物力、财力、管理等生产要素，进行统一配置；"约"是指在集中、统一配置生产要素的过程中，以节俭、约束、高效为价值取向，从而达到降低成本、高效管理，进而使企业集中核心力量，获得可持续竞争的优势。将集约化理论应用于基础设施领域，应以提高基础设施领域资源利用效率和效益为基本原则，以实现资源高效配置为导向，以强化管理集约和业务集约为主要措施，实现基础设施的合理建设及后期运营的有效保障。基础设施集约化运营的类型可划分为两大类、四小类，分别是管理集约型，包括区域集约型和规模集约型两类；业务集约型，包括网络集约型和要素集约型两类。

（一）管理集约型

管理集约型，从管理层面对基础设施进行管控，主要体现集中管理后的效率及效益的提升。包括同区域不同要素的集约型管理、同区域同要素的集约型管理，以及不同区域同主体的集约型管理等。

1. 区域集约型

此类型指同区域内的管理集约，包括同要素和不同要素集约，主要实施主体是区域性综合服务商，其属地性、区域性强，企业一般由当地国资委全资或控股，承接区域内项目。

同区域同要素区域集约。例如，南昌水业集团有限责任公司，是南昌市政公用集团旗下一家致力于民生服务、生态保护的大型国有环境产业集团，立足南昌，深耕江西，实践辐射全国的“走出去”战略。江西省 77 个县（市）78 个污水处理厂统一按地域划分为 8 个区域（8 个运营管理部）实行统一模式、统一制度、统一标准管理，逐步形成了规范化、流程化、常态化的管理模式。

同区域不同要素区域集约。例如，上海城投（集团）有限公司，涉及路桥、水务治理、固废治理、地产等多领域业务，项目非同一标的，但均为环境治理项目，且同一中标主体，同一区域。

总体上看，区域集约型项目，更多的是政府资源配置行为，项目实施过程中需要承接主体具有较强的资源配置能力，通过多领域的要素配置，实现开源节流，实现产业的增量挖掘及后端价值落地，因此转型中平台公司较为适宜。此外，区域集约型项目要考虑城市的顶层发展规划，考虑城市短期、中期、长期的发展战略，同时应注意避免过行政化，导致集而不约，政企不分等现象出现。

2. 规模集约型

此类型指同主体的规模化管控，一般为同要素的不同区域的集约，例如，水控水务集团有限公司（简称水控水务）、首创环境控股有限公司（简称首创环境）、新奥（中国）燃气投资有限公司（简称新奥燃气）、香港中华煤气有限公司（简称中华煤气）等，具有较强的融资能力和运营管理的成本控制能力，具有人才集聚、品牌集聚、规模集聚的特征。此类项目是通过市场化方式配置资源，通过统一的公共资源交易平台进行规范交易，采取招拍挂或其他方式进行配置，让优秀的公司在公平的市场竞争环境中崭露头角。因此，对于此类项目模式而言，公平的市场竞争环境、健全的监管机制与执行到位是对外部环境的基本要求。

在使用者付费方面，行业监管与垄断性问题需统筹考量，避免造成公共利益的损害，尤其是在垄断性相对较强的燃气、自来水、公共交通等领域。

（二）业务集约型

业务集约型，从项目落地层面对基础设施进行管控，主要体现在产业链上的价值流转，以及多要素的有机或无机整合，包括产业链上下游之间的不同要素的集约，以及打包项目的不同要素集约等。与管理集约型不同，此类项目不考虑承接主体，仅考虑要素的连接，此类集约型项目可为单主体承担，如厂网一体化项目，亦可为多主体承担，如农村环境综合整治项目等。

1. 网络集约型

此类型项目一般为物质输送流通的前后端关系的集约，或为网络节点之间的集约，其目的是要素组合后的效益和效率的提高，如厂网一体化项目，环卫一体化项目，以及高速公路网与公交网、地铁网的集约。

具体而言，厂网一体化项目，体现的是前端管网和后端污水厂一体化管控后，绩效考核系统化，以及管理系统化，前端污水通过管网，与污水厂之间形成了物质输送关系。但此类集约化项目中，因涉及跨产业及跨部门管理，业务的顶层规划及管理协调至关重要。

2. 要素集约型

此类型项目一般为产业上不同要素的集约，体现在产业链上的前伸后延，例如环保＋农业的延伸；或为系统内不同要素的集约，体现在多要素的系统性集合，如循环经济园、农村环境综合整治、水环境综合治理，以及非环保领域大型交通枢纽（机场＋火车站＋公交）等。具体而言，如水环境综合治理项目，为多要素的系统性集合集约型项目，污水处理厂、黑臭水体治理、岸坡治理以及部分非环境领域要素打包，形成多要素的系统性集合，其目的为体现多要素协同下的增量效果。

二、基础设施集约化经营及其对投融资方案策划的要求

在社会、经济、城市建设正处于转型的大时代背景下，基础设施的建设也应转型发展，向用地兼容、集中共建等融合方向发展。土地开发强度逐步提高为基础设施集约建设创造了有利条件，提升城市功能、改善城市环境成为基础

设施集约建设的内在动力；在满足功能及安全要求、提高建设标准、通过技术措施改善基础设施自身不利因素（环境污染、异味、电磁辐射等）的基础上，做好相关配套政策研究（如用地性质的界定、配建基础设施的奖励政策、建筑物的权属与转让价格等），将会更利于推动基础设施集约建设的蓬勃发展。

（一）集约化投融资方案策划相关政策

1. 现实需要

中国经济已经进入只有转型升级才能持续发展的关键阶段。2012 年，党的十八大报告提出："要节约集约利用资源，推动资源利用方式根本转变，提高利用效率和效能"。在经济转型升级要求节能减排和新型城镇化大力发展的环境下，基础设施建设作为我国社会经济发展的重要抓手，也应当遵循集约与节约的基本要求，提高其经济效率与效益水平。然而，基础设施建设受到地区发展水平差异与技术发展等因素的制约，就其投融资模式和项目实务操作而言，却一直局限于政府直接投资、政信融资、"或取或付"（take or pay）、最低需求量保障等传统路径，而在政府付费或补贴的资金来源层面始终缺乏有效突破，也找不到可以作为制度性改革或创新依据的主流理论，单体项目如此，集约化、规模化项目就更是如此。基础设施集约化建设和运营发展缓慢，势必影响技术效率、技术进步效率、规模效率等效率的提高，从而影响区域经济发展方式的转变与新型城镇化的推进。

2. 相关政策

我国在轨道交通领域和生态环境领域正在推动探索集约化融资模式创新。轨道交通领域以公共交通为导向的开发（transit-oriented-development，TOD）模式，与城镇综合开发领域的"产城融合"理念，在国内均有较大范围的传播，影响很广。2012 年 12 月，国务院印发《关于城市优先发展公共交通的指导意见》（国发〔2012〕64 号）明确提出："加强公共交通用地综合开发，对新建公共交通设施用地的地上、地下空间，按照市场化原则实施土地综合开发，收益用于公共交通基础设施建设和弥补运营亏损的战略举措，将城市轨道交通的物业发展提升为国家政策层面。" 2014 年 7 月，国务院办公厅印发的《关于支持铁路建设实施土地综合开发的意见》（国办发〔2014〕37 号），针对铁路用地及站场毗邻区域土地综合开发利用提出了一系列实施原则和指导措施，这些都为沿线物业的发展带来了新的契机。2014 年 11 月，国务院印发《关于创新重点领域投融资机制鼓励社会投资的指导意见》（国发〔2014〕60 号）提出，“鼓励按照多式衔接、立体开发、功能融合、节约集约”的原则，对城市轨道交通站点周边、车辆段上盖进行土地综合开发，吸引社会资本参与城市轨道交通建设”。2015 年 12 月，住房城乡建设部印发《城市轨道沿线地区规划设计导则》（建规函〔2015〕276 号），为进一步加强和改进城市轨道沿线地区规划设计工作，推进轨道交通与沿线地区地上与地下整体发展，促进轨道交通建设与城市发展相协调，为提高轨道交通运营效益提供了规划指导。

在中央层面出台上述文件后，全国 20 多个省份结合各省实际情况，先后出台了具体实施意见，如江苏省印发了《江苏省政府关于进一步落实城市公共交通优先发展战略的实施意见》（苏政发〔2014〕80 号）等，对各方职责、投融资体制、开发模式、开发规模和政策支持等方面进行了细化。TOD 的理论体系相对完整，相关理念在轨道交通业内深入人心，但项目操作模式的推广与落地仍在进一步探索。

近年来，我国在生态环境领域也迈出了重要一步。2018 年 8 月 31 日，生态环境部印发《关于生态环境领域进一步深化“放管服”改革，推动经济高质量发展的指导意见》（环规财〔2018〕86 号），明确倡导 EOD 理念，强调探索开展生态环境导向的城市开发模式，推进生态环境治理与生态旅游、城镇开发等产业融合发展，创立试点并予以支持。

（二）集约化投融资方案策划要点

1. 战略规划研究

（1）要进行系统规划。基础设施集约化建设应遵循“一次规划、分步实施、资源优化、合理配置”的原则，构建规划体系，包括建设规划、产业规划和投融资规划。

1）建设规划。根据区域的总体规划、控制性规划到修建性详细规划及土地利用总体规划，统筹做好各行业基础设施规划，做到“一张蓝图绘到底”。科学合理的基础设施规划不仅能满足城市各项活动的要求，而且有利于带动城市建设和经济发展、保障城市健康持续发展。

2）产业规划。实现产业发展是区域开发项目的重要目标。首先，需要结合产业发展环境和区域发展禀赋，明确产业定位；其次，应结合区域产业基础及未来产业发展趋势，进行产业细分（区分出基础产业、核心产业和先导产业），并明确这些产业的布局和比例；再次，应结合地方发展需求和政府产业政策，拟定引入企业的类型及名单，并据此制定招商策略；最后，应充分考虑区域地块属性、容积率等因素，对产业、基础设施、公共配套进行功能落位、空间落位和载体量分析，并进行合理布局。

3）投融资规划。投融资规划以城市规划、基础设施规划为基础，以资金为切入点，首先，对各个相关方的利益进行量化评估，并且建立财务模型。对于市场化的投资项目，要考虑其投资范围内的项目是否具备合理的盈利模式；对于基础设施及一级开发的投资项目，要注重其长期现金流和短期现金流的匹配关系；对于地方政府，要考虑城市开发工作对城市财政支付能力的影响。其次，在当前法律法规和规章制度以及规划等框架下进行财务测算，试算出各个相关方的利益均衡点，从而实现各个相关方之间的利益平衡，进而减少项目阻力，达到资金和项目之间的有效匹配。投融资规划主要目的是运用系统工程的方法，在规划和建设之间架起一座桥梁，服务于基础设施建设的实施工作，因此最终完成的投融资规划有明确的操作主体分配、融资来源、建设模式设计等，用于指导具体的开发工作。

（2）项目组合搭配。基础设施项目的类型及其性质决定其融资模式，非经营性、准经营性和经营性项目均有其常用的投融资模式。

1）非经营性项目。如环境保护、监测、绿化、防灾抗灾设施等。这类项目在研究期、施工期、维护期全程不具备收费机制，而且公益性强，建设资金的筹集主要依靠政府财政预算拨款，项目建成后的管理和运营也由政府主导。

2）准经营性项目。如道路、桥梁、环卫、供电、供水、供气等设施。这类项目具备外在性、规模性、非排他性特征，收费机制难以弥补所有的建设运营成本，不能完全依靠市场化运作。政府可通过创新投融资机制，注入一定的资本金、提供政策优惠等方式引导各类社会资本广泛参与。

3）经营性项目。如城际铁路、高速公路、闭路电视等。这类项目具有排他成本较低等的特征，收费机制完善且可覆盖建设运营成本，应该以市场主体为主，政府给予适当支持。随着建造成本的不断上涨，大量铁路、高速公路等项目因投资成本高、回收期长，收费不能完全覆盖建设运营成本，需要政府给予资本金出资、财政缺口性补贴等方式予以支持。

由此可见，各类基础设施建设需要根据项目收益时序、结构和规模，利用利率结构、期限结构各不相同的金融创新工具，来获得来源灵活、数额充足的资金保障。因此，基础设施集约化项目可以根据不同基础设施资产的盈利特性，考虑各资产之间的利益均衡和资金支持进行项目包装整合，实现项目自身平衡。可将非经营性基础设施项目与经营性项目打捆整合，作为一个整体项目进行市场化融资或招商，实现项目自身的资金平衡。如将市政道路或城市绿地等非经营性基础设施项目，与经营性体育场馆等项目进行整合，或与具有较高土地升值空间的周边土地二级开发项目进行捆绑开发，通过用可产生现金流的项目弥补非经营性基础设施项目，作为一个可经营、自平衡的整体项目进行综合性、系统性开发建设。

（3）要进行分步实施。分步实施指通过合理选择开发时序来实现达到资金平衡的目的。大部分基础设施集约化项目的资金来源不是全由外部供给的，在一定程度上可以自给自足。即充分规划整合自身资源优势，利用自身的增值为基础设施建设提供资金支持，又可称之为循环发展模式。

基础设施集约化项目开发运营周期较长，大致可以分为三个阶段：项目启动阶段、项目建设阶段及项目运营阶段。不同类型的项目在项目启动阶段和建设阶段都需要大量的资金投入，现金流为负。而在项目运营阶段，不同类型项目的现金流状况则不一样。经营性项目的收费收入较为稳定，能够覆盖前期的投入；准经营性项目尽管存在一定的收费收入，但由于其不确定性使得运营阶段的现金流具有不稳定的特点，难以完全覆盖前期的投入；非经营性项目在运营阶段由于不存在收费收入，运营阶段的现金流依然为负。因此，企业应根据投资项目现金流收益的时序性来决定融资策略。也就是说，当企业投资项目只有很少或几乎没有短期现金流收入时，企业将极少或不进行短期债务融资，而选择长期债务融资。当企业有持续稳定的现金流时，企业可以增加短期债务融资的比率，从而降低融资成本。由于基础设施集约化项目的系统性可能使不同项目处于不同的开发阶段，需要在不同项目叠加之后确定相应的现金流状况，进而确定合理的融资结构。表 6-1 为集约化项目资金平衡总体规划。

表 6-1 集约化项目资金平衡总体规划

名称	具体内容
系统规划	基础设施集约化建设应遵循“一次规划、分步实施、资源优化、合理配置”的原则，构建规划体系（建设规划、产业规划和投融资规划等），坚持“一张蓝图绘到底”
组合搭配	梳理、分析基础设施集约化项目中各子项的投资规模及回报机制等，为尽可能实现项目投资平衡，可考虑相关土地调规、扩大范围、挖潜经营项目等途径，纳入更多的经营性资源
分步实施	为平衡资金投入、降低项目投资风险，可首先启动起步区或较为成熟的项目，实现短期资金平衡，减少前期投入及资金筹措的难度。设计与建设开发、产业经营资金需求时点相配的投融资时序，保证融资来源及时可靠
投资风险防控	制订分期分区的开发计划，把控开发节奏，合理安排资金使用；对项目投入的资金总额进行峰值控制，实现滚动开发
投资回报路径	在依法依规的前提下，结合各子项目投资回报资金来源，合理设计资金流转路径

2. 联合体治理机制

（1）明晰政企职责边界。传统体制下，政府提供基础设施服务时存在着“政企不分、政资不分”现象，在 PPP 等其他模式下也依然存在，部分项目政府方委派政府出资人代表在项目承担出资人职责，进而出现一些项目中个别单位在项目的立项和建设管理上往往从本部门、本单位的利益出发争项目、争资金。因此，应明确政府部门与私人部门之间的投融资责任与协作范围，划清政、事、企职能边界，形成各主体分工协调的协作关系。政府应集中精力做好决策、监督、协调和指导工作，科学制定整体建设目标、项目建设计划、资源配置方案和成本分担机制等，而社会资本联合体作为权责利相统一的市场主体和投资主体，通过不断提升投资、建设、运营和资金管理水平，高质量完成政府授权的投资建设任务，将项目实施中各项风险控制在项目公司范围内。同时，还要通过行政手段明确政府部门在基础设施建设领域的财政投入职责，按照现行预算管理体制和机制，通过三年滚动预算编制，保障基本公共产品和服务的公益性支出，确保基础设施领域的财政投入到位。

(2) 完善内部组织制度。社会资本联合体不是独立法人，要按照地位平等、民主决策、合作共赢的原则，由各成员在充分协商基础上，制定共同章程和签订合同协议，明确权利、责任和义务，提高运行管理效率。鼓励联合体探索治理机制，制发成员统一标识，增强成员归属感和责任感。鼓励联合体依托现有条件建立相对固定的办公场所，以多种形式沟通协商涉及经营的重大事项，共同制订经营计划，保障各成员的话语权和知情权。

3. 内部反哺机制

将基础设施用地综合开发收益反哺于基础设施建设，通称为溢价回收（value capture）理论，即按照“谁受益，谁投资”的原则，把建设基础设施项目获得的额外收益应该全部或部分返还给公共部门，由其用于反哺基础设施项目的收支缺口，主要措施包括征税和津贴。通过对基础设施受益主体进行征税，政府把所得外部效益中的一部分返还给基础设施建设企业，实现外部效益的合理分配与平衡。

注重基础设施外部效应内部化的实现，强调基于基础设施建设和周边土地及相关资源利用一体化的理念。就基础设施集约化建设项目而言，从设计合理的社会经济布局入手，以“多规融合”的综合性规划提高社会、经济、生态基础设施投入效应，全面改善生产环境和生活质量，从而带动周边土地及相关商业资源的较快增值，并反哺基础设施的持续投入及运营维护，缓解政府的财政压力，最终形成基础设施投资与其外部效应受益者之间自我强化的正反馈关系。

(1) 推动产业转型升级，打造区域发展内生动力。德国经济学家阿尔弗雷德·韦伯（Alfred Weber）的工业投资区位理论认为，具备一定的基础设施是形成产业集聚效应的重要条件，通过打造完备的基础设施体系，提高人才吸引力、降低企业中间投入成本，集聚高端产业集群，推动产业转型升级，打造内生发展动力。例如，亿达控股中国有限公司有机整合办公楼及居住、商业、教育、娱乐、园林、交通等各项基础配套设施，并提供公司选址、楼宇定制、专业装修、工位配置、人员招聘等各项前期工作和政策咨询、企业注册、手续代办、专业培训、人力派遣、信息交流、物业维护等一系列服务保障，集聚高端产业，培育区域发展动力。

（2）带动有效投资，稳定经济增长。推动区域综合开发类基础设施投资可以激发民间投资活力，增加有效投资，带动相关产业发展，进一步拉动社会需求，促进经济稳定增长。

（3）补齐发展短板，改善民生。推动区域综合开发类基础设施投融资发展，补齐道路、生态、教育、医疗等基础设施和公共配套设施领域的短板，是改善民生、打造宜居宜业可持续发展城市的关键。

（4）带动区域财政收入增长。完备的上下水道、电力、电讯、煤气、暖气以及幼儿园、学校、公园、医院等基础设施、公用设施可以吸引居民、企业进入区域发展。

（三）基础设施网络投融资方案实践案例

1. 区域集约型

区域集约型，实行同区域内的管理集约，包括同要素和不同要素集约，主要实施主体是区域性综合服务商，其属地性、区域性强，企业一般由当地国资委控股，承接区域内项目。这里以南昌水业为例，介绍该企业在区域集约化战略实践和管理方面的经验做法。

南昌水业集团有限责任公司（简称南昌水业集团）成立于1937年，至今已有81年的历史。经过80余年的发展，形成了以“城镇供水、污水处理、固废处理、燃气供应”四大产业为核心，带动清洁能源、工程建设、环境治理、科技研发等多领域发展的全国性环境产业集团，是江西省水务环保领域龙头企业。

城镇供水。公司有水厂13个，日供水总设计能力达180万立方米，承担着南昌市1县6区的供水重任，服务人口近400万人。

污水处理。公司拥有污水处理厂100余座，日污水处理能力达250万立方米，服务人口近4000万人，承担了江西省全省生活污水总处理量的60%以上。

固废处理。公司2012年涉足固废行业，投资控股温州宏泽热电股份公司，建成年处置污泥、皮革等固废14万余吨、年发电量1.8亿千瓦时、供热75万吨的温州滨海“污泥焚烧综合利用热电联产”项目；打造以生活垃圾焚烧发电厂项目为核心的南昌市固废处理循环经济产业园，处理生活垃圾达100万吨/年，约占南昌市生活垃圾的70%，基本实现南昌市生活垃圾“零填埋”目标，年发电量3.6亿千瓦时。

燃气供应。公司旗下燃气集团是江西省全省用户规模最大的城市燃气运营商，负责南昌市行政区域内的天然气供应，年销售气量2.66亿立方米，管网跨越赣江两岸长达2700余千米。

南昌水业集团对项目按领域、地域实行统一模式、统一制度、统一标准管理，严格按照准上市公司的管理模式规范经营，依据行业要求规范运作，结合公司自身特点创建了整套运行、维护、安全、财务管理机制，逐步形成了规范化、流程化、常态化的管理模式。通过对江西省南昌市的供水、污水、固体废物、燃气等集约化的运营，发挥“化零为整”优势，从制度建设和技术管理等方面进行创新管理探索，极大地提高了运营管理效率。

2. 规模集约型

规模集约型进行同主体的规模化管控，一般为同要素的不同区域的集约，主要实施主体是PPP模式下的社会资本等。例如，北控水务是北京控股集团有限公司旗下专注于水资源循环利用和水生态环境保护事业的旗舰企业，是集产业投资、设计、建设、运营、技术服务与资本运作为一体的综合性、全产业链、领先的专业化水务环境综合服务商。北控水务自2008年起，收购了中科成、东莞7家水务公司的全部股份、标准水务公司的两个全资子公司和36个以污水为主的水务项目，以及实康水务等。截至2019年年底，北控水务的水务总规模达到5070万吨/日，排名全国第一。北控水务通过其大范围的并购，迅速掌握了规模化的优势。在稳定运营的基础上，规模化集中模式强大的创收能力及费用管控能力得以凸显，使得北控水务集团迅速成为受到资本青睐的优质资产。得益于此，北控水务的融资成本能够一直控制在较低水平，使其在行业内的话语权和龙头地位持续稳固。此外，规模化运营的优势也在于更容易掌握行业发展的最新趋势和动态，从而引领行业的走向。

3. 网络集约型

网络集约型以整合业务为目的，打通产业链，集约化开展并管理除主营业务外的一项或多项上下游业务，借助自身对主营业务的深入理解，合理整合资源，解决上下游业务痛点和难点，使得整体产业链效率及效益得到提高。例如，北京环境卫生工程集团有限公司探索了“大环卫、全覆盖、一体化”的服务模式，形成了现代固废收运处一体化运营的京环模式。京环模式的基础是构建基于固废收运体系联通产业上游垃圾智慧分类、道路清扫保洁及下游生活垃圾等多种固废的处理的环卫一体化、全流程、集约式服务体系，从而形成固废收运处一体化运营体系，实现了对城市所有固废的齐收共管和分质协同处置。与传统环卫服务相比，一体化大环卫服务模式可以实现环卫服务的延伸及集约化管理。京环模式为环卫产业提供了一个系统的解决方案，提供全产业链业务协同，提供全要素保姆式服务，提供专家级专业咨询规划，大幅度降低成本，提高环卫全产业链条的作业效率及业务效益。

4. 要素集约型

要素集约型以整合业务为目的，充分利用一切资源，将某项业务的各种要素（或为实现某一目的所需的各种要素）集中，并合理运用现代化的管理及技术，以提高工作效率，降低整项业务的成本或提高业务整体的效益。较典型的要素集约型包括静脉产业园、循环经济产业园等形式。这里以宁波市固废处置中心项目为例，介绍要素集约型模式实施情况。宁波市固废处置中心项目包括鄞州区生活垃圾焚烧发电工程、宁波市厨余垃圾处理厂工程和宁波市餐厨垃圾处理厂工程三个项目。其中，鄞州区生活垃圾焚烧发电工程由鄞州区负责实施，处理规模2250吨/日，中标社会资本为上海康恒环境股份有限公司下属的宁波明州环境能源有限公司；宁波市厨余垃圾处理厂工程由宁波市城管局负责实施，处理规模400吨/日，中标社会资本为首创环境控股有限公司，该项目为世界银行贷款项目；宁波市餐厨垃圾处理厂工程由宁波市城管局负责实施，处理规模440吨/日（其中，废弃食用油脂40吨），中标社会资本为宁波开诚餐厨废弃物处理有限公司。

宁波市固废处置中心采用资源共享、集约化管理的先进理念降低总体成本，提高实施效率及整体效益。在市固废处置中心垃圾进出物流通道、地块土方平衡、通信、给排水、排洪防涝、施工方案组织等方面实现共建共享，形成集约式管理。另外，餐厨厂项目和厨余厂项目同属于有机垃圾处理，故在污水处理和沼气利用方面也建立了集约式管理模式。餐厨厂项目满足厂区自用后的额外沼气以及经预厌氧发酵、预处理后的生产污水输送至厨余厂进行后续资源化利用和无害处理，免除了餐厨厂项目的沼气提纯、污水处理设施建设的成本，且增加了厨余厂项目建造相关设施的规模经济性。而餐厨厂项目及厨余厂项目生产过程中产生的其他固废均送至同厂区内的生活垃圾焚烧厂进行处理，进一步降低了两厂的运营成本，提高了整体效益和效率。

第三节　基础设施外部性及投融资方案策划

一、区域综合开发与基础设施外部性影响

（一）区域综合开发与基础设施投融资规划

1. 区域综合开发内涵

区域综合开发在我国尚无统一的定义，实践中泛指在国家政策及当地规划范围内进行的一定区域内的一体化建设、改造、经营和维护等活动的集成，也可以定义为在一定规模区域内，按照总体规划进行土地征用及房屋征收、基础设施建设、房地产开发建设、产业经营、城市资源经营和管理的综合性开发。

我国对区域综合开发的内涵是逐步丰富的。早期的区域综合开发指土地一级开发或土地储备，主要是地方政府为提高土地综合利用水平，调控土地市场、促进土地资源合理利用目标，促进区域的可持续发展，根据土地利用总体规划、城乡总体规划、年度土地开发计划和土地市场供需状况等，对依法收回的国有土地、已办理农用地转用、土地征收批准手续的土地等，统一进行征地、拆迁、安置、基础设施建设等，达到土地供应条件的行为。

2. 区域综合开发投融资规划

随着我国各地土地一级开发的大规模实践，部分地区在区域开发时，在土地一级开发的基础上打包区域基础设施和公共服务的建设、运营和维护等内

容，即增加运营和维护环节，形成“产城融合”发展理念，区域开发重心由建设开发为主转向以服务开发为主。区域综合开发按照现行的政治和经济政策，通过土地资源的开发和利用，挖掘土地资源，更有效地组织和安排区域内的经济和生活方式，实现区域社会经济效益的最大化。其形式主要包括新城开发、产业园区开发、旧城改造、环境综合整治、未来社区建设、旅游度假区及特色小镇等。

近年来，部分园区开发、产业新城、特色小镇等领域的开发模式不断创新，在完成土地储备前期开发和公共服务体系配套的基础上，增加了项目前期规划、后期产业导入、产业服务和社区治理等环节，形成了全流程的综合服务体系。

因此，区域综合开发的概念可从横向和纵向两个维度概括。横向是纯粹地理空间角度，通过开发在一定区域范围形成的多个经济单元统称为区域综合开发；纵向是产业价值链，指通过产业导入和上下游集聚，形成了富有竞争力的产业集群和规模效应的新城。表 6-2 为区域综合开发项目与一般开发项目的比较。

表 6-2　区域综合开发项目与一般开发项目的比较

名称	区域综合开发项目	一般开发项目
规划定位	前期规划定位对项目成败极为关键，要实现多规融合，产业定位要精准	规划定位对项目成败具有重要作用
开发体量	占地面积大，开发内容多，往往涉及一二三级开发	往往只是单个项目开发
投资金额	需要巨量的投资，对开发主体的实力要求高	投资规模相对较小
项目复杂度	项目较为复杂，涉及大量的征地拆迁、多种利益主体、多项建设内容	相对较简单
资源整合能力	巨大的项目体量，对资源整合能力要求极高	要有一定的资源整合能力
盈利来源	每一个开发环节均能构成盈利来源	盈利来源较少
项目风险	项目环节多，面临多重风险，对风险的把控能力要求较高	风险相对较小

（二）基础设施外部性及投资回报机制设计的特殊性

区域综合开发建设需要各方面的协调和配合，不是简单的线性关系，开发项目的选择、开发时序和开发深度的差异都将影响最终的建设结果。应从资金投入、经济发展、资源环境可持续发展等三个层面进行谋划，统筹推动基础设施投资回报机制创新发展。

1. 基于财政付费的回报机制

很多区域综合开发项目以合作区域新增财政收入作为政府付费资金来源，因其实现路径不确定，所以存在增加政府负债风险。区域基础设施建设关注政府财政资金的有效投入，要强调财政资金的介入是为发展服务的，要从发展的视角研究如何有效使用财政资金，把财政资金的承受能力作为投资回报的前提条件。

2. 基于经济发展的回报模式

通过 PPP 等模式推动基础设施建设，整合各种资源，解决地方政府在产业规划及系统设计方面能力不足的问题，引入专业机构进行开发运作，促进园区生态环境、产业布局、土地规划的协调发展。通过高质量的综合开发，促进相关区域的价值增值，把 PPP 等模式作为整合专业资源、发挥市场优势、促进产业联动、实现价值增值的一种手段，并通过产业发展实现基础设施建设的投资回报。

3. 基于可持续发展的回报模式

园区和产城融合的物质基础就是不断发展的产业，“产业和人的相互融合”是区域综合开发的必然要求。区域基础设施建设，需要关注以人为本及资源环境的可持续发展问题，这也是联合国倡导的可持续发展理念的应有含义。如果园区基础设施投资回报仅仅将目光盯在如何套取财政资金或经济视角，园区发展的眼界就会变窄，思路就会变得非常狭隘。相反，通过 TOD、UOD、EOD 等模式，促进区域经济发展、生态环境和社会发展的统一，这是区域发展人本价值的回归，是基础设施投融资的最终归宿。

二、基础设施与区域融合发展的投融资模式策划

（一）政府主导的开发建设模式

政府主导的开发建设模式指在区域综合开发过程中以政府为主导，由政府

牵头组织不同部门负责区域的开发、建设、招商、运营和管理等工作。政府主导的开发建设模式，其投融资模式具体有以下三种。

1. 政府预算内直接投资

政府预算内直接投资，指各级政府安排本级预算投资建设本级非经营性固定资产投资项目。对于非经营性基础设施项目，如道路、园林绿化、生态环保等，投资规模较大、建设周期较长，广大社会资本尤其是民营企业参与意愿不强，建设资金主要来自政府投资。

政府直接投资项目实行审批制，按照基本建设程序，履行项目建议书、可行性研究报告、初步设计及概算、施工许可、竣工验收等相关环节，不得随意进行简化、合并。政府投资项目要严格按照批准的投资概算进行建设，实行全过程造价管理。

2. 政府购买服务

政府购买服务，指通过发挥市场机制作用，把政府直接提供的一部分公共服务事项及政府履职所需服务事项，按照一定的方式和程序，交由具备条件的社会力量和事业单位承担，并由政府根据合同约定向其支付费用。对于部分规划，如产业规划、融资规划等，政府可通过购买服务，交给专业的社会资本方负责。政府购买服务所需资金，应当在既有财政预算中统筹安排。

3. 政府发行债券

根据《预算法》规定，经国务院批准的省、自治区、直辖市的预算中必需的建设投资的部分资金，可以在国务院确定的限额内，通过发行地方政府债券举借债务的方式筹措。发行主体为省、自治区或直辖市级政府，地（州、市）级政府仅能通过省级转贷。发行类型主要分为一般债券和专项债券。其中，无收益的公益性事业由地方政府发行一般债券融资，主要以一般公共预算收入偿还；有收益的公益性事业由地方政府通过发行专项债券融资，以对应的政府性基金或专项收入偿还。随着我国实施积极的财政政策，地方政府专项债券额度有较大幅度增加。专项债券资金可用于区域综合开发有收益的基础设施项目。

（二）平台或开发公司主导的开发建设模式

平台或开发公司主导的开发建设模式，指政府通过授权、委托等方式，确定当地政府平台或开发公司为开发主体单位，由当地政府平台或开发公司按照市场化方式对外融资，推进区域开发建设的模式。平台、开发公司主导的开发建设模式，其投融资模式具体有以下两种。

1. 银行贷款

根据我国《贷款通则》对借款人资格的规定，地方政府不能直接向商业银行借款。因此，实践中，为解决区域综合开发的巨大资金缺口，通常由地方政府指定平台公司作为借款主体，以地方政府信用作为担保，通过政府财政拨款、注入土地、公益性资产等方式进行偿还。后来，国务院及财政、人民银行等部门一系列政策文件的出台，不断加强对平台公司举债限制。其中，2014年9月，《国务院关于加强地方政府性债务管理的意见》（国发〔2014〕43号）明确规定剥离融资平台公司政府融资职能，融资平台公司不得新增政府债务。随后，2017年4月，财政部、国家发展改革委、司法部、人民银行、银监会、证监会联合印发《关于进一步规范地方政府举债融资行为的通知》（财预〔2017〕50号）规定政府不得将储备土地注入融资平台公司，不得承诺将储备土地预期出让收入作为融资平台公司偿债资金来源。2018年4月，财政部印发《关于规范金融企业对地方政府和国有企业投融资行为有关问题的通知》（财金〔2018〕23号），指出除购买地方政府债券外，金融企业不得直接或通过地方国有企事业单位等间接渠道为地方政府及其部门提供任何形式的融资，不得违规新增地方政府融资平台公司贷款，不得要求地方政府违法违规提供担保或承担偿债责任。在上述政策文件规定下，平台公司通过银行贷款方式替政府融资的行为受到限制。

2. 城市投资债券

城市投资债券（简称城投债）指以各级政府主导的地方融资平台（多为城市投资建设公司或相关此类公司）作为发行主体，发行用途限定于道路桥梁、公共交通、公用事业等市政建设项目资金投放的公司债券。

20世纪90年代是我国城镇化进程的关键时期，地方政府融资需求巨大，开始通过融资平台实现融资。这个阶段我国债券市场刚刚起步，城投债发行量很少，经历了漫长的低速增长期。2009年3月，中国人民银行、银监会联合印发《关于进一步加强信贷结构调整促进国民经济平稳较快发展的指导意见》(银发〔2009〕92号，即“四万亿元投资计划”)，支持有条件的地方政府组建投融资平台，发行企业债、中期票据等融资工具，拓宽政府投资项目配套资金的融资渠道。在此政策刺激下，城投债发行量大增，迎来第一个快速发展阶段。2010年，银监会连发两文，8月印发《中国银监会办公厅关于地方政府融资平台贷款清查工作的通知》(银监办发〔2010〕244号)、10月印发《关于加强融资平台贷款风险管理的指导意见》(银监发〔2010〕110号)，要求城投平台不得新增贷款。2010—2012年，随着地方政府融资平台债务风险的上升及“影子银行”规模的快速膨胀，影子银行输血地方政府融资平台逐渐发展壮大，信托贷款、委托贷款等形式不断出现，地方政府违法融资有抬头趋势。在这种情况下，国务院、财政部、国家发展改革委、人民银行和银监会先后出台《关于加强地方政府融资平台公司管理有关问题的通知》(国发〔2010〕19号)和《关于制止地方政府违法违规融资行为的通知》(财预〔2012〕463号)，以阻断信政合作模式。自此，直接融资成为城投平台首选融资方式，城投债发行规模持续增长，但中间受到“钱荒”、监管加码和信用违约潮的多次冲击。随着中央一系列监管政策的出台，加之融资平台与政府债务厘清日益明确，城投债的发行规模波动下行，融资成本亦持续攀升。

（三）社会资本参与或主导的开发建设模式

社会资本参与或主导的开发建设模式，主要分为PPP模式和非PPP模式两类。两者在所提供的产品服务属性、投融资需求、经营方式、回报机制等方面有较大的不同。

社会资本主导的非PPP模式（见图6-1），指由社会资本承担区域综合管理与开发的双重职能，且其回报主要源于市场经营，是非政府付费的开发模式。例如，2016年，华润置地与天安数码城集团联合打造天安数码城产业综合体，负责区域投资及运营，回报来源包括商住销售及物业经营租赁、对园内企业的股权投资等；又如2013年，万达集团投资建设的青岛东方影都项目，围绕影视产业，具体包括影视产业园、大剧院及秀场、万达茂、电影乐园、商业住宅及酒店等产业组合。从本质上说，这属于一种产业地产的开发模式。该模式主要有以下特点：

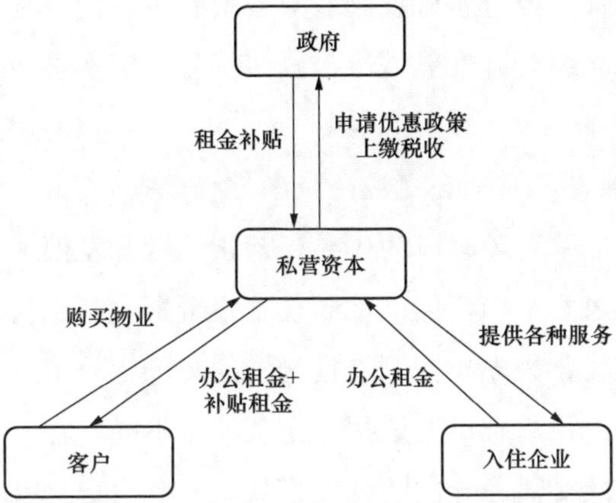

图 6-1 社会资本主导的非 PPP 模式

(1) 市场化开发经营为主。社会资本主导的非 PPP 模式下，除项目前期规划及土地出让等由政府部门审批外，社会资本对区域综合开发各事项负责，但不介入区域基础设施及公共设施建设和运营，拿地后其实际经营活动很少受政府干预，其投入与产出也基本和政府无关，属于市场化经营领域。

(2) 项目主题突出、投融资体量相对较小。区域综合开发非 PPP 模式下，项目占地一般较小（多为几十万平方米，不足 1 平方千米），主要聚焦在一两个产业主题，具有区域产业孵化、产业导入与产业服务的部分属性，整体投融资体量较小，且其融资主要受项目本身质量、现金流影响。

(3) 经营上“自己搭台、自己唱戏”。区域综合开发非 PPP 模式下，社会资本的经营活动主要包括住宅及写字楼销售、物业经营及出租、对在园企业的股权投资等部分，实际参与地产及商业项目运营中，因此在一定程度上体现“自己搭台、自己唱戏”的特点。

回报主要来自私营资本租售及自营收入。非 PPP 模式下，社会资本通过地产开发、商业经营、物业管理等获得收益，其回报主要在地产销售收入、物业租赁收入及其他经营收入，政府无须付费（或少量给予税收优惠或租金补贴），实质上是一个综合型、市场化的产业地产项目。

综合比较，社会资本参与或主导的两种开发建设模式，PPP 模式下能更好地发挥政府的主导作用、社会资本的市场化作用，保障区域综合开发的公共性、运营性、共赢性，推进基础设施有效投资、进而促进社会经济又好、又快地发展。因此，区域综合开发领域应鼓励使用社会资本参与、政企合作的 PPP 模式。

（四）基础设施与产业融合发展的投融资模式策划

以基础设施的运营管理改革为先导，探索综合开发模式，为各类资本寻找适合的收益匹配和风险承担，因此基础设施投融资改革要与营运管理的改革相结合，以营运的市场化为先导，倒逼投融资的市场化改革。

综合开发模式，视基础设施依托特定载体的不同，在不同的行业有不同的称谓。例如，以公共交通为导向的开发模式，称作 TOD 模式；以城市为导向的空间开发模式，称作 UOD 模式；以生态为导向的开发模式，则称作做 EOD 模式。其核心内容均是地方政府与城市运营商就城市开发达成合作协议，在规定的合作年限内，城市运营商负责某些区块的投资、建设和运营，将“公益性项目＋经营性物业”的整体用地模式，扩展到地方的道路、水利、教育、医疗等基础设施项目建设中。这将进一步吸引社会资本对基础设施项目的投资兴趣，加快推进投融资的市场化改革。

1. TOD 模式

经济水平和居民消费的不断进步正不断改变着中国的城市发展。轨道交通、机场、高铁等交通枢纽的建设正引起地方交通系统的结构性转变。交通系统的多样性、立体性有效地改变了城市发展的空间发展模式及土地规划布局，对促进城市发展起到颠覆性的促进作用。TOD 模式已经成为城市发展的新动力。

TOD 模式指以公共交通为导向的综合发展模式。TOD 模式通过公共交通站点与周边地区开发达成良性互动、增值共赢。由于公共交通可以带来大量的客流、人流，带动沿线房地产业发展和物业增值，同时沿线地区的发展也会为公共交通带来营业收入的增益。近年来，我国城市公共交通得到快速发展，技术装备水平不断提高，基础设施建设运营成绩显著，人民群众出行更加方便，但随着我国城镇化加速发展，城市交通发展面临新的挑战。城市公共交通具有集约高效、节能环保等优点，优先开展 TOD 模式是缓解交通拥堵、转变城市交通发展方式、提升人民群众生活品质、提高政府基本公共服务水平的必然要求，是构建资源节约型、环境友好型社会的战略选择。

2015 年 1 月，国家发展改革委印发《关于加强城市轨道交通规划建设管理的通知》（发改基础〔2015〕49 号），提出“创新投融资体制，实施轨道交通导向型土地综合开发，吸引社会资本通过特许经营等多种形式参与建设和运营”。鼓励社会资本采用 PPP＋TOD 的模式与政府方通过合资成立 SPV 投资建设运营轨道交通项目。SPV 以其运营收益、盈利或其他增信担保，借助债务融资、股权融资、项目融资等多种融资方式，投入轨道交通建设及运营当中，运营收益又进一步促进融资渠道的拓展，实现了 TOD 模式良性发展。

实践中，在满足公共基础设施和房地产物业需求的基础上，充分挖掘项目综合效益，吸引社会资本投资 TOD 模式项目建设，主要包括两种操作方式：一是捆绑运作，将项目建设及沿线土地投资捆绑开发，作为项目整体，通过公开招标的形式，交由一个经营主体进行投资开发，通过公共交通建设实现沿线土地升值，通过各种外部多元化经营完成收益获取；二是分离运作，即项目建设与二级开发交由两个不同主体进行投资开发，政府通过协调机制进行资源匹配，完成共同运作。

当前及未来一段时间是城市交通高质量发展的关键时期。TOD 模式作为一种综合城市规划、土地开发和交通建设的联合开发融资模式，在提升交通设施内部收益的同时，更有利于其外部化收益，有利于转变城市交通发展方式，有利于提升人民群众生活品质，有利于提高政府基本公共服务水平，对促进城市发展进入良性循环起到关键性作用。

2. UOD 模式

UOD 模式指以人为本的城市发展模式，引导民间资本从城市交通的 TOD 领域拓展到教育、文化、医疗、体育等城市基础设施领域发展，通过有序推进城市基础设施建设，促进城市土地增值，带动城市基础设施投融资模式创新。

UOD 模式通过对城市基础设施和城市土地进行一体化开发和利用。建设投入可以提供以人的需求为核心的基础设施和城市运营综合服务，改善居民的生活质量和企业的生产环境，从而带动土地的增值，提高城市土地资产的附加值和出让效益，带来良好的经济和社会效益，进而通过土地的增值反哺城市的发展，切实解决新型城镇化发展进程中“钱从哪里来和到哪里去”的问题。

UOD模式强调区域综合开发与城市发展的联动与协调，即以产业的可持续性发展为目标，以基础设施建设和公共服务为重要内容，构建起城市级的生活服务体系，营造各种功能和谐发展的良性生态环境，进而产生人口虹吸效应，带动周边人口的持续导入。该模式下的区域综合开发项目，除在基础设施建设和各类公共服务配套方面加大投资力度外，还应完善医疗、教育、娱乐等配套设施，以完善城市功能、增强承载能力，为园区所需吸纳的就业人口提供生活、教育、医疗、商务等便利，实现产城一体、产城结合。

3. EOD模式

生态导向的概念最早由美国学者霍纳蔡夫斯基（Honachefsky）于1999年提出。他认为美国城市的无序蔓延及其对生态环境的破坏等问题的出现，是因为将土地的潜在经济价值置于生态过程之前所致，因此他强调应将区域生态价值和服务功能与土地开发利用政策相结合，提出“生态优化”的思想。这一思想迅速在全球范围内得到积极响应，并开始从“生态优化”所强调单纯的环境保护向利用生态来引导区域开发的生态导向方向转变。

2018年8月31日，我国生态环境部印发《关于生态环境领域进一步深化“放管服”改革，推动经济高质量发展的指导意见》（环规财〔2018〕86号），明确倡导EOD理念，强调探索开展生态环境导向的城市开发模式，推进生态环境治理与生态旅游、城镇开发等产业融合发展，创立试点并予以支持。同时，提到加快出台《关于打好污染防治攻坚战推进生态环境领域政府和社会资本合作的实施意见》，采取多种方式支持对实现污染防治攻坚战目标支撑作用强、生态环境效益显著的PPP项目。

区域综合开发EOD模式强调以生态文明建设为引领，以特色产业发展为支撑，以区域生态环境基础设施建设为载体，通过生态优化聚集优势资源，带动城市区域整体价值提升，从而通过未来的发展来实现区域综合开发项目的内在价值，构建多元化的投资回报机制。以EOD理念推动区域基础设施投融资模式创新，必须通过体制机制改革创新，为 EOD 理念的落地生根创造条件。例如，如何以生态可持续发展为导向，如何根据生态发展的成果来构建回报机制，有很多体制机制的障碍，必须强调通过改革来推动发展，破除体制机制方面的制约因素，包括价格改革，环境产权改革，绿色资产价值评价机制的创建等。

第七章

产业发展项目的投融资策划

产业发展是建立在基础设施建设之上所产生的经济活动，不同于基础设施项目具有公益性、规模性及共享性等特点，产业发展项目具有较为明显的商业性和竞争性特征，以市场盈利为最主要目的，通过市场机制的运作和指引，遵循市场经济的运行规律，依靠市场供求关系引导资金流向。产业发展项目的投融资策划坚持市场化导向，突出强调市场配置资源的决定性作用，遵循市场规则进行投融资模式创新。

第一节　产业发展项目及其融资渠道

一、产业发展项目及其投融资特征

（一）产业发展项目及产业分类

1. 产业发展项目及产业体系

产业发展项目主要聚焦在经济效益较高的行业，投资回收率较高，同时经济效益主要取决于市场需求，是企业资本竞相进入的行业领域。从产业分类角度，将产业按照不同的特点进行分解，然后再把具有相同特征的产业加以组合，形成不同类型的多层次的产业体系。随着全球经济的多元化发展及社会分工的不断加深，各个产业在生产要素、技术等多方面都在进行不断地融合，产业之间的界限日渐模糊，同时由于科学技术的进步，不同的产业之间的相互融合逐渐产生新的产业及领域。在不同的时代背景下，根据对产业研究目的不同及对社会分工理解的不同，产生了不同的产业分类方法，包括霍尔曼分类法、资源密集度分类法、增长率产业分类法等。目前，我国划分产业主要是通过三次产业标准来划分，其中具体的行业主要依据《国民经济行业分类》（GB/T 4754—2017）。

2. 我国产业分类方法

三次产业分类是主要以产业发展的层次顺序及其与自然界的关系作为标准的分类方法。三次产业分类依据国家统计局2018年修订的《三次产业划分规定》，把整个国家经济活动分为第一、第二及第三产业。根据其划分标准，第一产业指产品直接取自自然的物质生产部门，第二产业指加工取自自然物质的物质生产部门，第三产业指派生于有形物质财富生产活动之上的无形财富的生产部门。具体来看，第一产业指农、林、牧、渔业（不含农、林、牧、渔专业及辅助性活动）；第二产业指采矿业（不含开采专业及辅助性活动），制造业（不含金属制品、机械和设备修理业），电力、热力、燃气及水生产等供应业，建筑业；第三产业即服务业，指除第一产业、第二产业外的其他行业（剔除国际组织）。其中，根据国家统计局定期公布的《全国固定资产投资报告》，制造业包括农副食品加工业、食品制造业、纺织业、化学原料和化学制品制造业、医药制造业、有色金属冶炼和压延加工业、金属制品业、通用设备制造业、专用设备制造业、汽车制造业、铁路、船舶、航空航天和其他运输设备制造业、电气机械和器材制造业和计算机、通信和其他电子设备制造业。表7-1为三次产业分类。

表7-1　三次产业分类

产业分类	第一产业	第二产业	第三产业
具体行业	农、林、牧、渔业（不含农、林、牧、渔专业及辅助性活动）	采矿业（不含开采专业及辅助性活动），制造业（不含金属制品、机械和设备修理业），电力、热力、燃气及水生产和供应业，建筑业	服务业（除第一产业、第二产业以外的其他行业，并剔除国际组织）

（二）产业发展项目主要特征

1. 投资项目的竞争性

相较于基础设施项目，产业发展项目的资本回报率相对较高，整个项目运作中资金周转率较高，由于资本的逐利性，有利于吸引社会及民间投资，所以形成了产业发展项目市场竞争性特点。产业发展项目的利润较高，同时对技术水平也有一定要求，有一定的行业壁垒，如果想要进入行业，对于一些资本实力较差、技术水平较低、管理素质较差的投资者和企业，很有可能因为达不到进入门槛的标准而被排挤在外。此外，由于进入产业之后有巨大的规模经济效益，也会因为风险过高或竞争对手过于强大而不敢进入这个领域；部分产业发展项目未来前景好、利润高，在面临优质产业发展项目时，有多个投资人共同追逐一个项目，造成"钱多项目少"的局面，所以在项目层面的争夺体现了竞争性。总体上，产业发展项目竞争性的投资进入，是各个投资主体相互竞争产生的结果。

2. 投资收益的风险性

产业发展投资项目的竞争性，在一定程度上会造成在项目投资收益方面的风险性。产业投资项目具有一定的规模，同时资本密集程度也较高，商业化程度高，其投资收益绝大多数取决于市场的需求，而市场的需求具有不确定性，这也造成了项目收益的不确定性。在项目投资方面，高投入不一定会产生高的产出，高的产出也不一定会产生高的收益。同时，产业发展项目并不一定是完全垄断产业的项目，也不具备完全垄断经营的条件，在完全开放的市场化条件下去竞争经营，在外部条件（国家政策、市场条件、竞争对手）瞬息万变的情况下，都会直接影响投资项目的直接收益。所以，不同于基础设施项目在投资方面可能由于政府补贴等财政手段保证其具有相对稳定的收入来源，产业发展项目的收益具有非稳定性、非均衡性及较高的风险性。

3. 投资项目的直接收益性

产业发展项目一般是直接为社会提供终端产品，并且为社会公众去提供私有品。投资收益可以直接从出售给社会公众的最终产品中直接获得，如果在产业链中的议价能力较强，这样的收益具有显著的排他性，一般不会转移给其他供应商。相较于基础设施，产业发展项目具有直接的收益来源，也是最主要的收益来源，正因为这一特性吸引了社会资本竞相进入该领域，项目投资的主要参与者一般由企业和居民来承担。

4. 投资项目的有偿性

由于产业发展项目的本身特征，决定了项目投资的高风险与高收益相互对立与统一，资金投入要匹配相对应的收益产生，即投资收益与投资风险对称。不论是项目投资中的权益性资金还是债务性资金，都具有一定的机会成本，而通过投资资金的有偿使用，投资主体的经济利益得到保障，提升了投资的成本，同时又提高了投资的责任，提高了资源配置效率，使得资源产出率得以提高。

（三）产业发展项目融资的主要特征

1. 企业主导性

产业发展项目由于附加值较高、资金周转较快、投资收益高，其经济效益更加符合市场需求，一般是由社会资本方通过向各类资本市场和渠道进行融资，各级政府部门一般不参与竞争的投资项目（国家管控行业之外），政府则把投资重点放在公益性和收益性较低的基础设施建设项目上。企业作为商品生产者和经营者与市场有天然的联系，确立企业在产业发展项目的主体地位，是产业发展项目市场化发展的基础，也是提升资本配置效率、实现资源高效配置的必要手段。

2. 项目收益导向性

产业发展项目主要是依赖于项目本身的技术、财务效益、经济效益、资产价值量及现金流量等来进行融资，而不是根据项目发起人的信用背书或者政府的财政支出承诺来安排融资的。由于不同产业发展项目的不同收益特征，不同项目风险及收益的不同，对于资金的需求与选择也不同，最终选择的融资渠道及资金成本也会有所不同，最终由项目的预期收益来决定是否投资。

3. 融资灵活性

不同于基础设施项目融资，产业发展项目的融资渠道具有多样性，可以充分根据项目自身的特点与需求，在融资方式上，可以采用以投资者或发起者为法人代表的独立筹资，也可以采用股份制或股份合作制的形式，对银行贷款、产业基金、风险投资机构、技术资金入股等多种融资方式进行组合，也可以通过公开市场上市融资；在融资时序上，可以一次性筹资到位，同时也可以分阶段筹资到位。相比于基础设施以政府财政资金和追求稳定性为主的资金而言，产业发展项目所面临的融资渠道和资金面更为广阔，资本的逐利性更强，在整体融资的协调性等技术操作层面上更为灵活。

4. 融资的不确定性

融资的本质是项目找资金。基础设施有政府财政保障等类似支持，信用主体强、资金具有风险规避性的天然属性。相比，产业发展项目在融资方面处于劣势。此外，产业发展项目相较于基础设施项目面临着更大的技术风险、经验风险与管理风险，在一定程度上增强了投资的风险性，增加了融资难度。

5. 融资需求呈动态性变化

产业发展项目的主要运行主体是企业，而企业的成长需要经历一定的生命周期，在不同生命周期的阶段所面临的融资需求不同，呈动态性变化。和基础设施项目不同，产业发展项目更具张力，伴随着企业的成长与项目的扩张，不同生命阶段其规模不同、对资金需求不同，风险特征、融资特征也不同。因此，在融资方式的选择、融资渠道和融资策略的确定上也不同，在整体的融资需求策划方面呈现动态性变化。

二、资本金和债务融资

（一）资本金

1. 资本金比例

项目资本金制度在我国发挥着调控投资的功能，始于 1996 年，资本金比例于 2004 年、2009 年、2015 年及 2019 年分别进行了调整。项目资本金主要指投资项目总投资中，由投资者认缴的出资额，这部分资金对于投资项目来说是非债务性资金，项目法人不承担这部分资金的任何利息及债务，投资者按照出资比例依法享有投资者权益，可以进行买卖与转让，但不得以任何方式进行抽回，一般情况下在会计科目中形成实收资本和资本公积。为了从宏观上进一步调节投资的节奏与力度，根据不同行业和项目的经济效益等。对投资项目资本金占总投资的比例有不同的具体规定。《国务院关于加强固定资产投资项目资本金管理的通知》（国发〔2019〕26 号）规定，港口、沿海及内河航运项目，项目最低资本金比例由 25％调整为 20％；机场项目最低资本金比例维持 25％不变，其他基础设施项目维持 20％不变。其中，公路（含政府收费公路）、铁路、城建、物流、生态环保、社会民生等领域的补短板基础设施项目，在投资回报机制明确、收益可靠、风险可控的前提下，可以适当降低项目最低资本金比例，但下调不得超过 5 个百分点。

2. 资本金来源

项目资本金可以用货币来进行出资，也可以用实物、工业产权、非专利技术、土地使用权等出资，但都必须经过相关有资质部门的评估作价，不得高估或低估。以工业产权、非专利技术作价出资的比例不得超过投资项目资本金总额的 20%，国家对采用高新技术成果有特别规定的除外。

投资者以货币方式认缴的资本金，其资金来源有：①各级人民政府的财政预算内资金、国家批准的各种专项建设基金、“拨改贷”和经营性基本建设基金回收的本息、土地批租收入、国有企业产权转让收入、地方人民政府按国家有关规定收取的各种规费及其他预算外资金；②国家授权的投资机构及企业法人的所有者权益（包括资本金、资本公积金、盈余公积金和未分配利润、股票上市收益资金等）、企业折旧资金及投资者按照国家规定从资金市场上筹措的资金；③社会个人合法所有的资金；④国家规定的其他可以用作投资项目资本金的资金。

国发〔2019〕26 号文件进一步明确，鼓励依法依规筹措重大投资项目资本金。对基础设施领域和国家鼓励发展的行业，鼓励项目法人和项目投资方通过发行权益型、股权类金融工具，筹措不超过 50%比例的项目资本金。地方各级政府及其有关部门可统筹使用本级预算资金、上级补助资金等各类财政资金筹集项目资本金，可按有关规定将政府专项债券作为符合条件的重大项目资本金。

从产业发展项目的角度来看，项目投资的风险与收益并存，资本金的投入可增强投资者的责任心和风险意识，调动公司治理的积极性，有利于避免投资企业杠杆比率过高、债务负担过重、对银行资金过度依赖而面临的经营风险，也有利于控制经营风险向金融体系的传导和扩散。同时，根据经济发展形势的需要而动态调整投资项目的最低资本金比例，有利于平抑经济周期波动，实现经济持续平稳发展。

（二）债权融资

债权融资指企业通过举债的方式进行融资。债权融资所获得的资金，企业首先要承担资金的利息，另外在借款到期后要向债权人偿还借款的本金。由于产业发展项目本身特性，除去部分行业（如高新技术产业）的政策性贷款外，债权融资主要通过银行贷款和发行债券等方式进行融资。

1. 银行贷款

在我国的投融资体系中，以银行为主导的间接融资体系仍然占据着举足轻重的作用。根据中国人民银行 2021 年 1 月发布的《2020 年社会融资规模存量统计数据报告》，2020 年末，社会融资规模存量为 284.83 万亿元，同比增长 13.3%；人民币贷款余额为 171.6 万亿元，同比增长 13.2%，占同期社会融资规模存量的 60.2%。在我国以间接融资为主导的金融体系下，大多数产业发展项目的债权融资仍以银行信贷方式为主。对于希望通过银行贷款来进行融资的产业发展项目，决定及影响其信贷融资的因素主要有以下几点：

（1）项目所处区域。项目所处的地理位置实际上代表了项目的发展环境，而对项目融资而言，也因为项目所处区域不同，融资环境不同。具体的区域不同，经济与金融发展水平、政府管理与扶持政策、基础设施配套、司法效率与信用文化等都不尽相同，而这些区域环境要素都会直接或间接地影响项目的信贷可得性、时限性与信贷成本，进而决定项目的信贷约束程度。由于项目所处地域决定了项目所处的融资环境，而项目与环境之间相互依存、相互影响、相互渗透。因此，在分析产业项目信贷融资行为时，要考虑项目所处的地域影响。

（2）项目所在行业。不同行业的生产经营特征不同，决定了其外部融资需求存在很大差异。由于不同的行业在初始投资的规模、项目的建设周期、项目的投资回报期和追加投资的需求等方面存在差异，项目所在的行业对外部融资依赖的程度有所不同。

此外，不同行业的风险特征也决定了其贷款融资能力的强弱。一般来说，制造业风险程度较低而高科技产业项目投资风险更高，由于银行贷款接近固定收益投资，贷款利率的浮动范围有限，因此适合低风险企业。对高科技中小企业，商业银行则普遍缺乏贷款动力。高科技企业在发展过程中存在着更高的不确定性，银行对此难以做出客观的评估以确定合适的贷款利率，因此银行要承担高风险却又难以保证高收益，风险收益不对称，这导致银行更愿意投资低风险的传统产业。

（3）项目所处周期。在项目发展初期，各方面条件较差，融资量非常有限，通常依靠内源融资，但随着其规模不断扩大，信息透明度逐步提高，开始寻求外部资金支持；在项目发展成长期和成熟期，更多地利用银行信贷和股权融资等外源融资方式。银行为减少投资风险，通常要结合企业生命周期不同阶段的特点，采取不同的投资方式和组合投资。

对于初创期的项目，现金流较差、信用记录也不够完整，并且缺少可以提供贷款抵押的合格资产，贷款难度相对较大。项目资金需求规模、融资动机、信誉及信息不对称程度都在不断发生变化，因而其所受到的信贷约束程度也呈动态变化，越是处于初创期的项目，外部融资约束越紧，融资渠道越窄。随着项目成长周期的推移，严厉的信贷约束会逐渐缓解。

（4）项目规模。项目规模的大小对银行选择贷款对象具有重要影响。项目规模决定了其可能选择的向银行显示其质量的手段组合，企业贷款信用级别与企业规模正相关，如果项目的主要股东治理机构完善，拥有诸如财务报表、实物资产、公司治理安排等方式，项目规模较大，信息披露透明，企业股东信用较高，在获取银行贷款时处于优势地位，借贷成本也相对较低，反之亦然。

（5）项目股东背景及治理结构。一般来讲，如果项目股东背景是重点国有企业控股或参股，相对于其他企业更容易从银行融资，主要原因是目前我国项目融资体系还靠以信用背书为支撑的融资评判方式，国企/央企的违约率相对较低，融资成本也会相对较低，所以股东背景在一定程度上决定项目融资的难易程度。

此外，不同的融资选择代表着不同的收入流和控制权在企业内部人（经理/企业家）和外部投资者（外部股东/债权人）之间的分配与安排，即体现为不同的公司治理结构。由所有者和经营者分离所引起的股权代理问题和股权集中与较高的负债融资比例都会作为银行对企业融资是否达到融资条件时的评判标准。

（6）项目财务状况。银行对贷款项目的财务状况进行分析是银行信贷决策的基础，财务分析应满足对真实性、合理性和客观性等方面的要求。一般来说，财务状况良好的项目，银行对其未来现金流有着稳定预期，从而比较容易获得银行贷款。一方面，银行会评估企业盈利性、成长性、流动性、偿付能力和营运能力等传统财务指标，预示违约行为的可能性；另一方面，贷款协议中具体条款的约定可以有效降低贷款的违约风险，如抵押物、担保人等，这些都是银行对项目融资贷款的评判标准。

2. 债券融资

依据中国人民银行《2020年社会融资规模存量统计数据报告》，企业债券余额为27.62万亿元，占比9.7%，同比增长17.2%；政府债券余额为46.06万亿元，占比16.2%，同比增长22.1%。无论对于企业和政府，债券融资都是极其重要的融资手段之一。企业进行债券融资的目标是以最小的成本和最小的风险来获取债务资金和最大的债券融资效益，从而促进企业的全面发展。在企业决定通过发行债券融资时，这一目标的实现可以从以下四个方面进行分析。

（1）筹资规模。无论是发行企业债券还是公司债券，都应该对企业债券筹资的数量做出判断和规划，从而能够合理确定债券融资规模。要综合考虑企业未来投资项目的资金需求量、目前企业具备的条件及融资的成本等因素，融资过多可能会造成资金浪费（资金本身具有成本），融资不足可能会造成企业发展桎梏。一般情况下，需要考虑企业的多种情况来确定融资规模，包括目前企业经营及财务状况是否有足够能力来继续举债（如负债比率、流动比率或速动比率、存货周转率、应收账款周转率等）、企业对于未来发展的预期、行业周期、经济大环境变化等。总之，需要考虑方方面面的因素来最终确定。

一般来说，企业项目的投资规模主要从三个方面进行考虑：一是对企业的财务状况进行分析，重点关注企业的盈利能力和偿债能力；二是基于企业预计的资金需要量及合理的资金占用水平，合理规划企业生产扩大规模及投资项目；三是要通过多方对比融资方式，具体指标包括融资的资金成本、难易程度等，选择对企业最为经济和便捷的资金来源。

（2）融资期限。偿债期的确定通常要根据投资项目的不同来确定。如果企业是为某个建设项目筹集资金，企业的偿债能力取决于项目投产后具备的获利能力。一般情况下，如果工程建设等需要较长周期实现盈利的项目，发行此类债券偿债周期一般比较长。但如果仅仅是为了补充短期现金流的项目而发行债券，则发行周期较短。总之，偿债期限取决于筹资用途或投资项目性质，以最为经济的方式利用债券发行获得资金。

同时，在发行债券时，还要依据具体项目的收益及现金流情况来合理确定还本付息的节奏，要避免过多的流动债券，预防债务偿还集中在某年或某月出现。此外，还要考虑债券市场的流通难易程度。目前，我国债券二级市场的流动性不够，交易市场不够畅通，所以要充分考虑是否能吸引到合格的投资者来购买债券，如果出现发行失败或发行人要支付更高的利息，从而使企业不能达到融资的目的，资金得不到合理的利用。

(3) 债券利率。债券的利率既要在企业的承受能力之内，尽量降低利率，又要能吸引投资者。首先，要对比银行同期的贷款利率水平，要尽可能在利率宽松环境下进行发行债券。如果未来利率上调，企业依照现在的利率水平承担较低的融资成本，如果未来利率进一步下降，则企业在未来将会承担更高的融资成本。

影响债券利率水平的两个核心要素是企业的信用级别及偿债风险控制措施。如果企业社会知名度高，社会信誉好，信用评级较高（一般在 AA 级以上），投资者就会接受较低的利率，企业可以通过承担较低的成本来进行债券发行。反之，如果信用不好且偿债风控措施较差，那么相应发债成本将会较高，企业将承担较高的融资成本。

(4) 清偿方式。企业的清偿方式包括清偿时间和清偿方式的选择，到期后是一次还本付息还是分期付息，通过现金方式支付还是其他方式支付。一般的清偿方式的选择主要依据具体企业项目收益情况和对成本的考虑，要保证企业有充足的资金支付利息和本金，使用最便宜的资金且使资金得到最合理有效的利用。

（三）融资租赁

1. 融资租赁的含义和特点

融资租赁也称金融租赁，是将传统的租赁、贸易与金融方式有机结合后形成的一种新的交易方式。根据国际统一私法协会《融资租赁公约》的定义，融资租赁指这样一种交易行为：出租人根据承租人的请求及提供的规格，与第三方（供货商）订立一项供货合同，根据此合同，出租人按照承租人在与其利益有关范围内所同意的条款取得工厂、资本货物或其他设备。并且出租人与承租人（用户）订立一项租赁合同，以承租人支付租金为条件授予承租人使用设备的权利。在租赁期内租赁物件的所有权属于出租人所有，承租人仅拥有租赁物件的使用权。当租赁期届满之后，承租人根据融资租赁合同的规定履行完成相应的义务之后，设备可以由承租方按照合同规定进行处置。

融资租赁指出租人根据承租人对租赁物和供货商的选择或认可，将其从供货人处取得的租赁物按融资租赁合同的约定出租给承租人占有、使用，向承租人收取租金，最短租赁期限为一年的交易活动。出租人通常限于依法取得融资租赁经营资格的企业，融资租赁交易的租赁物为机器设备等非消耗性资产，不适用于为个人、家庭消费目的的使用租赁物。

融资租赁具有以下特征：

（1）融资租赁涉及三方当事人和两个合同。融资租赁需要由承租人、供应商和出租人三方共同参与，三方之间需签订并履行租赁合同与购货合同两个合同，从而构成一笔租赁交易的整体。出租人需要与供应商签订买卖合同并支付货款，出租人与承租人签订融资租赁合同，将租赁物交给承租人，承租人随后按照合同的规定定期偿付租金。因此，租赁合同的签订和履行是购货合同签订与履行的前提，购货合同的履行是一笔租赁业务完成不可缺少的组成部分。以上述关系为前提，出租方有根据购货合同购买物件，并有支付货款的责任和义务，承租方则有根据租赁合同获得物件的使用权，并有按合同规定的条款支付租金的责任和义务。

（2）融物和融资的双重职能。融资租赁是由出租方融通资金为承租方提供所需设备，它不同于一般借钱还钱，借物还物的信用形式，而是通过借物达到借钱，借物还钱，它使融资与融物相结合。租赁公司兼有金融机构（融通资金）和贸易机构（提供设备）的双重职能，因此融资租赁比银行信用具有更强的约束力。由于融资租赁将设备的生产厂商与设备的实际使用单位连接起来，有利于促进产销结合。

（3）所有权与使用权长期分离。所有权归出租方，使用权归承租方。财产的所有权与使用权呈分离状态。通过签订融资租赁合同，出租人保留租赁物的所有权，将租赁物的使用权和收益权转移给承租人，在这种情况之下租赁实现了使用权和所有权的分离。所有权与使用权的分离，摆脱了传统的财产占有观念，所有权因素被淡化，有利于确定现代化的经营方式，以适应社会化大生产的要求。

（4）融资租赁属于中长期的融资行为。出租人购买租赁物，主要是为达到给承租人提供融资的目的。一般来说，租赁物通常以重资产的大型设备为主，折旧年限较长，而租赁期一般会占据设备法定折旧年限的大部分，因此融资租赁的合同期限一般都较长，属于中长期的融资行为。

（5）融资租赁的不可解约性。对承租方而言，租赁物是承租人根据其自身需要而自行选定的，因此承租方不能退还租赁物为条件而提前中止合同。对出租方而言，因租赁物为已购进商品，也不能以市场涨价为由而在租期内提高租金。总之，一般情况下，租期内双方无权中止合同。

（6）融资租赁的全额清偿性。出租方在基本租期内只将租赁物租给一个特定的用户（承租方），出租方从该用户收取的租金总额应等于该项租赁交易的全部投资及利润，或根据出租方所在国关于融资租赁的标准，为投资总额的一定比例，如80%。换言之，出租方在此交易中就能收回全部或大部分该项交易的投资。

2. 产业发展项目采用融资租赁融资方式的优势

大多数的产业发展项目（尤其是工业制造业）都属于重资产行业，所生产产品的竞争力在一定程度上由生产设备水平所决定。因此，对于重资产的产业项目来说，相比股权融资与债券融资，融资租赁体现出独特的优势，主要可应用于原材料工业、装备制造业、新能源配件生产和现代物流等领域。

（1）突破传统融资模式桎梏，拓宽融资渠道。融资租赁具有融资和融物的特点，对于一些工业企业，如工业机器人、数控机床或军工、能源等大型制造企业，这些企业对于设备的要求较高，所需生产设备价格昂贵、生产周期较长、产生现金流也较慢，依附于传统融资路径很难去一次性获得大规模融资资金。而通过融资租赁方式，企业只需要通过少量的资金引入设备获得设备的使用权进行生产，所产生的现金流一部分可以用来支付购买设备的费用。与传统融资模式相比，融资租赁的门槛更低，自筹比例更小，负债与采购合一，运作周期更短。

(2) 可以有效延长融资期限，弥补传统融资模式的不足。尤其对一些中小型工业企业来说，虽然可以拿到一定的流动性贷款，但由于其贷款期限较短，很难在短期内偿付用来大笔购买设备的资金。融资租赁可以有效解决这个问题，融资租赁将租赁标的物直接带来的净现金流作为第一还租来源，通过设备产生的现金流来决定还款计划，更充分地反映了经济决定金融的理念，所以设备的融资租赁对工业企业来说是一个非常有效的长期融资工具。

三、内部融资与外部融资

(一) 内部融资

内部融资是企业通过内部资金管理平台，形成企业内部成员单位间的资金融通，主要由企业的盈余公积金、未分配利润及折旧构成，是企业不断将自己历年实现的利润中提取或留存在企业内部的积累（主要包括留存盈利、折旧和定额负债）转化为投资的过程。我国企业内部融资占总体融资比例较低，今后会逐步提高内部融资的比例。

企业内部融资有以下特点：

1. 融资成本较低

相对于企业外部融资，企业内部融资成本极低，企业外部融资需要涉及支付相应的中介费用，如 IPO 和发债时支付的发行承销费用、律师费用、会计师出具审计报告费用等，而利用企业内部的未分配利润等则无须支付这些费用。

2. 自主性更强

内部融资资金的主要来源是自有资金，通过董事会及股东大会批准即可根据企业的发展需求自由使用，而外部融资则面临更多的限制和约束，发行债券所融得的资金则需要按募资时所规定的用途来按需使用，资金自由度大大受限。

3. 保护原有股东权益

通过自有资金融资直接增加权益资产而不会稀释原有股东权益，相应地也更好地保障了原有股东对企业的控制权和话语权，而外部融资引入的新股东可能会损害原有股东的权益。

（二）外部融资

随着企业生产规模的扩大，仅仅依靠内部融资已经无法满足企业的发展需求，外部融资已经逐渐成为企业获得资金的重要方式之一。外部融资方式主要是与内部融资相对应，通过各种方法/途径从企业外部筹集资金的过程，是通过吸收其他外部经济体的资金并转化为自己投资的过程。

企业外部融资的方式较为多元化，主要包含外部股权融资、银行贷款、融资租赁、政策性银行融资和非标融资等多种渠道。总体来看，我国产业发展项目在外部融资方面具有融资渠道窄、融资难、融资贵和融资期限短等特点，结合产业发展项目的特点，在外部融资方面呈现以下特点。

1. 工业企业发展进入工业化后期，有效融资需求不足

进入工业化中后期的经济发展阶段后，生产要素所带来的边际效应不断递减，技术需要突破的瓶颈难度日益上升，土地、劳动力、资源等现实条件所带来的制约开始凸显。经济从高速发展阶段迈向高质量发展阶段，工业化也从前期的高速跨越阶段向高质量阶段转变，过去工业产业的高速发展同样也造成了部分行业产能过剩、产业结构配置不合理等历史性遗留问题。此外，人们生活方式和理念不断转变，以互联网为主要承载体的新经济、新模式对传统工业企业带来巨大的冲击，社会逐渐转向更好地去满足生活需求的新兴产业，传统工业企业利润逐渐下滑，相应的有效需求就会下降，金融机构投资意愿降低，融资难度提升。

2. 供给侧融资结构严重失衡

国资/大型企业与民营/中小企业融资结构严重失衡。民营企业创造全国80％的专利、60％的发明专利和70％的新产品。但民营企业贷款的比重较低。大型商业银行负债端成本较低，可以吸收大量低息活期存款和无息结算存款，

能以较低的资金成本借贷给一些信用良好的企业，通常大型工业企业具有国资背景，不仅有政府信用背书可以获得财政补贴，对于银行来说，具有较高信用资质的客户，银行通常会给予高于其正常需求的信贷资源。对于一些中小企业和民营企业来说，由于企业规模较小、抵押物不足、信用没有背书，商业银行出于风控考虑，不愿提供贷款，或会增加风险溢价成本，中小/民营企业融资成本攀升，对于亟须融资的企业，甚至会通过一些民间借贷或非常规方式进行高成本融资。

3. 行业融资生态制约，资产负债率普遍较高

工业产业项目本身特性决定了其融资特性区别于基础设施项目和科技创新项目。对于基础设施项目，回报稳定且风险较低，且绝大多数项目拥有政府背书或接受财政补贴，政策性较强、融资途径较广，拥有较为稳定的融资来源；对于科技创新项目，项目潜在收益高，面临风险也高，由于资本的逐利性，能够承受更多风险压力的资金更趋向科技创新项目。对于处在两者之间的工业产业项目而言，更多是扎根于实体经济本身，收益具有不确定性，承受风险也具有不确定性。另外，工业企业大多数是重资产企业，负债率普遍偏高，不良贷款率远高于全国平均水平，高债务违约率、高不良资产比率使得很多银行抽贷，行业生态不好，影响投资信心。

4. 企业需求与金融服务不能有效对接

工业企业尤其是中小型工业企业，大多数属于未上市公司且由民营资本控股，由于没有上市公司等严格信息披露要求，普遍存在经营不稳健、管理不规范、财务不透明、信用记录缺失等问题，金融机构获取和验证相关信息的管理成本较高，金融机构与工业企业之间存在比较严重的信息不对称，企业无法获取有效的融资服务。此外，由于工业企业存在建设厂房、购置设备扩大再生产等中长期融资需求，但金融机构往往只能提供短期融资资金，供需矛盾形成短贷长用现象。最后，由于资本市场不够发达、政府产业基金风险偏低，对于一些政策倾向不明显、存在一定风险的传统工业产业来说，要更加持谨慎态度，工业企业获取直接融资难度较大。

第二节　科技创新项目投融资方案策划

一、科技创新项目的特点及其融资需求

（一）科技创新项目的特点

1. 风险高

科技创新项目的本质特征之一就是技术的创新性，而将技术转化为实际生产力和收益的过程中，需要承担较大的风险。首先，科技创新项目具有较强技术风险。科技创新企业在产品研发过程中具有很强的未知性，大多数情况都是处于摸索的过程，产品研发的成功与否具有很强的不确定性，如果不能成功研发出相应产品，就不能取得相应的经济效益。同时，由于现代科技更新迭代较快，如果很快被新技术所替代，那么原有的技术优势将不复存在，存在一定被替代性。其次，科技创新企业面临一定的市场风险，其无法准确预测市场对于高科技产品的接纳程度，所以市场对产品的认可度会影响经济效益。最后，科技创新项目需要持续不断地投入大量资金进行研发，调查显示，由于资金缺乏而导致项目中断的情况普遍存在，所以科技创新项目还面临一定的财务风险。

2. 成长高

科技创新项目具有科技含量高且附加值高的特点，所生产的产品可以为企业带来巨额的利润，当生产的产品可以被市场接纳后，市场对其需求量可能会出现爆炸式增长，并在新的市场领域具有一定的垄断性，企业规模会迅速扩大，利润额也将呈现巨幅增长。

3. 收益高

成功的科技创新项目整体收益回报率要明显高于传统的产业项目和基础设施建设项目，由于其产品、技术的高附加值，专利或其他知识产权所带来的垄断性会带来巨额利润。

4. 创新高

相较于一般的产业项目和基础设施建设项目，科技创新项目最为突出的特点就是科技创新，通过超越现有领域的专业技术来创造获得技术方面的垄断或

优势地位。科技创新项目以创新技术为目的而进行研发，是其核心竞争力的重要体现，也是未来发展潜力和收益增长的重要标志。

5. 投入高

与传统的产业项目和基础设施项目相比，科技创新类项目从事技术开发与研究、试验则需要投入大量的人员和实验经费，技术创新的要求越高，各个方面所需投入也就越多。无论是有形资产中的高端研究设备还是无形资产中的高科技型人才，科技创新项目都需要投入大量的资金去保证在该领域的领先性，导致其相较于一般项目投入成本要高出很多。

（二）科技创新项目的融资需求特征

1. 融资需求量大

科技创新项目属于资本密集型项目，具有高投入的特性，从技术研发、设计、试验直至生产、销售及产业化，每一个环节都需要大量的资金投入，且具有不可间断性，必须稳定、持续地进行投入，最终才有可能将技术成果转化为批量生产的产品或服务来实现经济收入，科技创新项目基于自身的天然属性和营运特征使其融资需求量要远高于同规模的产业发展项目。

2. 融资风险大

科技创新项目不确定性极高，导致融资风险很大，特别是在项目早期阶段，在科技成果还未实现商品化的阶段，需要很长一段时间进行投入，而没有实质性收益，同时还面临着技术创新失败的风险，所有投入资金都将没有任何产出。由于科技创新企业一般缺乏足够的有形资产作为抵押品担保，即使失败也没有足够的补偿措施去弥补相应损失，金融机构所面临的投资风险极大。

3. 风险及私募股权投资吸引力强

风险投资及私募资金主要是通过权益投资向企业提供资金占股然后参与企业的经营管理，通过帮助企业成长发展到成熟阶段获得稳定的净利润后，转让或通过二级市场退出等方式实现投资收益。所寻求的投资标的需要具备高成长性和高收益性，同时也伴随有高风险性，这些都是科技创新项目的典型特征。因此，风险投资和私募资金通过加强与科技创新项目合作，并以自身能力去帮助科技创新项目的成长来实现双方的共赢。

4. 融资对政策依赖性强

科技创新项目融资不仅只看自身的盈利能力，而更多地受到投融资环境和政策的影响。相比发达国家，无论一级市场还是二级市场，目前我国的资本市场还有待于进一步完善，投资信心不足、信息透明度低、制度不健全，出于风险控制考虑，大量资金仍聚集在传统产业领域，投向新兴市场资金量较小。通过政府积极引导和扶持，加上国家政策的导向作用，在很大程度上可以影响资金投向，如投向新能源产业是国家政策引导的结果，所以科技创新项目融资受政策风向的转变和影响很大。

5. 融资呈现阶段性变化且融资需求频繁

科技创新项目在发展过程中的不同阶段呈现出不同的阶段性特征，在初创期、发展期、成熟期与持续期等不同发展阶段面临的融资需求会有差异，融资目标也会有所不同。

（三）科技创新项目不同发展阶段的融资需求

科技创新项目的成长经历着一系列的演变过程，虽然在发展策略和经济地位上与其他产业会有所区别，但也遵循着经历初创期、发展期、成熟期、持续期等不同生命周期发展阶段，成长中的不同阶段也面临着不同的融资需求。

1. 初创期：政府资金支持

在这一时期尚处于不确定性阶段，也是技术孵化和转化的初始阶段，企业的大部分资金会投向产品的研发，研发成果一般不能形成真正的产品，并未规模化生产，产品的推广难度较高，技术的研发风险和市场风险较大。由于高昂的研发费用且产品还未推向市场，企业的收入较低会造成企业资金缺口较大，内部营运资金完全不能支持企业更好地发展，亟须外部资金的注入。

在我国，这一阶段企业风险的极大不确定性削弱了银行等间接融资体系的投资热情。由于我国风险资本发展相对较慢，也未起到支持高新技术企业发展的作用。这个时期推动新兴产业进步的机构主要为政府、科研机构等公共部门，并提供基础研究的资金支持。因此，健全的政策性融资体系对于初创期的科技创新项目尤为重要。

2. 发展期：产业基金等风险投资者

在发展期，企业已经将研发技术转换为具有一定商业价值的成果，这一时期融资的需求主要用于产品的开发和推广，是企业发展的关键时期。但在这一时期，产业中的企业数量大幅增加，市场化程度不断加大，会降低企业的盈利程度。

在这一时期，企业的成长前景较为明朗，尽管融资缺口仍然较大，但由于自身发展原因，会受到多方面的融资束缚，除去政府补贴等政策性支持外，还可以通过一些政府牵头设立的产业或创业投资基金来募集资金。此外，一些可承受风险较高的风险投资机构也会进行一定的融资支持，但要求回报也相对较高。和政府目的不同，有效退出是其运作的最终和最重要的环节，要求最终通过 IPO、企业并购、回购和清算等方式退出。由于大多数企业仍然缺乏一些可抵押、质押的有形资产，仍旧无法低成本从银行等渠道融资。

3. 成熟期：银行贷款和发行债券等

当企业进入成熟期之后，整个产业市场逐渐趋于稳定，相对前两个阶段来说，所面临的技术风险和市场风险明显降低，盈利能力开始凸显，企业规模逐渐扩大，固定资产等有形资产不断增加，融资能力逐渐提升，政府等对于企业的支持力度会减少，银行贷款、发行债券等较低成本的融资方式成为最主要的融资模式。但由于面临较大的融资缺口，企业也面临着对于其他风险投资、私募融资等需求，风险私募等金融资金成为此阶段除银行贷款外的重要融资来源，可弥补银行贷款融资的不足。对于一些盈利和前景较好的企业，在达到一定的规模和盈利要求之后，会选择在创业板/科创板上市，以获得充足的资金进行扩张。

4. 持续期：外部融资需求进一步增加

能够进入产业持续期的企业，一般都是行业中实力雄厚甚至龙头地位的企业，在这一阶段的企业经营风险相对较低，在组织架构、业务经营等方面都拥有相对成熟的模式。此时，主要面临的是行业中的转型风险。企业在这一阶段会对资源进行重新配置，对企业的战略等进行重新布局，可能会涉及新的产业领域，有大量的资金需求。随着盈利能力逐渐增强且可抵押物的不断增加，企业外部融资能力会不断增强，更偏向于获取长期和低成本资金，如保险资金和银行贷款等。

二、政府在科技创新项目投融资中的作用

（一）政府应对科技创新产业发挥政策引导作用

结合经济全球化发展趋势，面对我国在高端科技领域的短板，根据国家产业规划和相关的政策要求，应该尽快研究制定面对新形势下培育和扶持科技创新产业发展的相关政策及法规，集中力量解决好科技创新产业中卡脖子的关键问题。政府应当"有所为、有所不为"，重点对新能源、新材料、节能环保、新能源汽车、新一代信息技术、高端装备制造和生物医药等新兴产业实施重点突破策略，积极制定技术引进和技术推广政策，整体提升在高端科技领域的综合实力。具体可从以下方面进行政策支持。

1. 投资引导政策

政府引导投资是促进国家和地区经济发展，改善经济结构的重要抓手之一，也是有效解决科技创新项目融资、促进科技创新项目发展的有效途径之一。除基本的直接政府投资外，还可以通过财政补贴、贷款贴息、贷款担保等多种手段间接支持科技创新项目融资，尽量要减少直接财政补助，尽可能地激发社会资本的活力，充分发挥市场的作用。

2. 税收优惠政策

对处于初创阶段的科技创新企业，其大多数处于微利或者亏损状态，应当对这部分企业出台相应的税收减免政策，同时为了鼓励资金向科技创新项目领域流动，对投资机构/投资人也应当出台相应的所得税减免政策。

3. 对部分行业制定政府采购政策

在科技创新项目投产的前期，产品不一定会立即被市场所接受，消费市场有限，政府通过采购为高科技项目产业化开辟初期市场，这都是国际通行的做法。作用有两个方面：一是可以在一定程度上解决消费市场不足的问题，短期内改变消费市场的结构；二是提振投资者对科技创新领域的信心，加大科技创新产品在市场上的推广力度。

（二）发挥平台对接作用

1. 搭建科技创新项目与资本市场有效对接的桥梁

阻碍科技创新项目融资最核心的问题之一是"信息不对称"，由于大多数科技

创新企业未上市，没有建立起严格的信息披露制度，资本市场缺失了解科技创新项目的有效途径，而对于政府来说，去搜寻和处理这些信息的边际成本相对较低，这些信息对于项目端与资金端都具有十分重要的意义。因此，政府应该推动构建一个高效、便捷的信息发布和融资渠道对接平台。信息发布平台是指整合科技创新项目融资的相关信息，借助一些权威的渠道，收集国内外最新技术成果、市场行情等信息，定期、及时公布最新的研究成果和市场信息；融资信息发布与对接平台要引入国际行业标准，可实现全国范围内融资信息的共享与实时更新。一方面，该平台可以联合多家金融中介机构帮助科技创新项目设计优化融资方案；另一方面，可以将需要融资的科技创新项目推荐给合格投资者，提供投资标的。

2. 建立科技创新项目的征信平台，完善现有融资担保体系

依托全国信用信息共享平台，研究设立科技创新企业征信平台，支持利用大数据及各类信息资源，建立包括企业纳税信息、诚信经营信息等公开透明化信用信息平台，鼓励各类平台畅通与金融机构间的信用信息渠道，便于各类金融机构对各类科技创新企业进行评级及授信。建设科技创新企业征信平台是完善现有融资担保体系的前提，融资平台可以通过科技创新企业的征信平台，获得企业的信用信息，进一步把控风险，更好地为科技创新企业提供融资服务。此外，建立融资平台风险分散机制，设立担保风险补偿专项基金、按比例担保、再担保基金制度，加强银行与融资担保平台合作，尽快建立起“风险分担、利益共享”的合作机制。

三、政府引导产业基金模式

（一）政府引导产业基金内涵

1. 政府引导产业基金政策规定

政府投资基金指由各级政府通过预算安排，以单独出资或与社会资本共同出资设立，采用股权投资等市场化方式，引导社会各类资本投资经济社会发展的重点领域和薄弱环节，支持相关产业和领域发展的资金。《中共中央 国务院关于深化投融资体制改革的意见》（中发〔2016〕18号）提出，要根据发展需要依法发起设立基础设施建设基金、公共服务发展基金、住房保障发展基金、政府出资产业投资基金等各类基金，充分发挥政府资金的引导作用和放大

效应。国家发展改革委《政府出资产业投资基金管理暂行办法》（发改财金规〔2016〕2800 号）将政府出资产业投资基金界定为具有政府出资，主要投资于非公开交易企业股权的股权投资基金和创业投资基金。国家发展改革委等六部门联合印发的《关于进一步明确规范金融机构资产管理产品：投资创业投资基金和政府出资产业投资基金有关事项的通知》（发改财金规〔2019〕1638 号）将政府出资产业投资基金定义为：包含政府出资，主要投资于非公开交易企业股权的股权投资基金和创业投资基金。

通常把政府发起、对社会资本投资起引导作用的基金统称为政府引导产业基金或政府投资基金。具体在名称上相关部门使用有一定差异，即财政部使用“政府投资基金”、国家发展改革委使用“政府出资产业投资基金”。这里将“政府投资基金”“政府出资产业投资基金”统一称为“政府引导产业基金”。这类基金通常是由政府主导设立的引导社会资本进入国家鼓励的新兴产业，按照市场化运作思路和机制去运作的政策性引导基金；不完全由政府出资，通常会吸收银行、非银金融机构及民间资本等社会资本共同设立，不完全以盈利为目的，主要利用政府资金撬动社会资本，发挥政府资金的杠杆放大效应，引导资本投资方向，以达到招商引资、促进产业发展等目的。

2. 政府出资产业投资基金应满足的条件

政府出资产业投资基金应同时满足以下条件：①中央、省级或计划单列市人民政府（含所属部门、直属机构）批复设立，且批复文件或其他文件中明确了政府出资的，政府认缴出资比例不低于基金总规模的 10%，其中，党中央、国务院批准设立的，政府认缴出资比例不低于基金总规模的 5%；②符合《政府出资产业投资基金管理暂行办法》（发改财金规〔2016〕2800 号）和《政府投资基金暂行管理办法》（财预〔2015〕210 号）有关规定；③基金投向符合产业政策、投资政策等国家宏观管理政策；④基金运作不涉及新增地方政府隐性债务。

通过设立政府引导产业基金，实现资金来源的多元化，通过引导和优化资本的流向，支持一些政府扶持的领域，主要包含基础设施领域和新兴产业，通过联合金融机构一起投向新兴产业，不断带动和扩大我国创业投资资本的供给能力，解决市场在新兴产业投资的失灵问题。

（二）政府在政府引导产业基金中的作用

1. 充分调动社会资本积极性，积极发挥财政资金的杠杆作用

政府引导产业基金需要政府的引导、鼓励和扶持。政府引导往往可以为产业基金后续的发展营造一个良好的外部环境，为其他投资者增加信心，在基金的发展初期，政府资金往往表现为股权形式，随着基金规模的不断扩大，社会资本在基金中的比例不断加大。很多的政府引导产业基金均采用母子基金，即“$1+N$”形式，政府参与设立母基金，多个子基金分别投向不同领域，政府参股资金可以充分发挥乘数效应以吸引更多社会资本，确保财政资金运作有效。但是，同时要注意政府仅仅是引导投资方向，减少用行政命令手段干预基金的操作运营，从而保证产业投资活动的市场化运作。

2. 解决市场失灵问题，提升市场配置资源的效率

发展政府引导产业基金是转变政府职能的重要手段，对于市场失灵且完全靠政府不能有效解决的问题，政府通过引导设立各类投资产业基金，吸引社会资本参加，实行市场化运作、专业化管理，专业管理团队在市场上筛选项目，对重点产业和薄弱领域的符合条件的企业项目进行投资，可以有效解决市场失灵问题，并能在最大程度上高效配置市场资源，是“无形之手”与“有形之手”的最佳结合。

3. 深化投融资体系改革，有效提升财政资金的使用效率

政府引导产业基金是深化投融资体制改革的重要举措，政府通过基金投资企业帮助企业成长，与社会资本风险共担、利益共享，不做最低投资回报承诺，在创业企业成熟后，通过上市、股权收购等方式退出。通过市场化机构的专业管理，投入的财政资金也同样可以通过分红等取得回报。与传统的项目补贴等方式相比，政府对引导产业基金的投入实现了从直接到间接、从无偿到有偿的转变，大大提升了财政资金的使用效率。

4. 有效调节经济结构，培育新兴产业，加速产业升级

在政府引导下，产业基金可以有效实现定向支持创业初期的科技创新产业、高新技术产业发展，促进产业发展和成熟，提升产业竞争力，推动产业结

构优化升级，使得政策措施有效落地。同时，对于一些产能落后、产业结构发展不合理的地区而言，通过政府引导基金的方式加速出清理落后产能、加速落后产业升级、大力发展新兴产业是培育新型经济增长点的有效措施。另外，向融资困难、经济发展落后地区倾斜，引导社会资本投资落后地区，减小区域间经济发展差距，可以促进区域经济协调发展。

（三）政府引导产业基金的运作机制

1. 基金设立

基金的募集主要包含公开和非公开两种方式。非公开发行基金的方式通常采用直接销售法，即基金收益凭证的出价和报价按照基金净值来计算，面向的投资人是合格投资者，投资金额根据合同有一定的要求。公募方式发行主要是通过中介机构，如银行或者券商等机构将基金份额卖出，并非直接出售给一般的投资者。

2. 基金投向

政府引导产业基金主要目的是要引导社会资本流入国家重点支持领域，主要集中在以下方面：

（1）创新创业领域。主要的目的是强化创新发展的市场环境，通过增加向创投基金的供给，引导和鼓励社会资本支持处于发展期和初创期的高科技企业。

（2）中小科技创新企业。主要目的是推动中小企业的发展，由此实现国家宏观经济政策，政府产业政策和区域发展的规划意图，扶持中小高科技企业发展，改善投融资环境，激发企业生命力，提升企业创新内在动力。

（3）推动产业转型升级。积极落实国家重要的关键技术产业发展政策，转变产业发展模式，为企业升级转型提供动力，吸引社会资本流入，改变区域经济结构与布局，优化资源配置。

3. 基金的管理模式及组织结构

政府引导产业基金采用的是市场化的运作模式，政府和出资机构不直接参与投资基金的投资决策和日常经营管理，一般会设立基金管理委员会，由政府部门人员和其他人员组成，包括第三方独立的会计师事务所、评级机构、律师事务所等，基金管理层要定期向委员会进行汇报和披露，遇重大决策要经基金管理委员会批准通过。政府引导产业基金也可以采用多种不同的组织形式，主要包含公司制、有限合伙制、契约制等形式。

（1）公司制基金。组织形式一般为有限责任公司，各个投资人按照公司的运营规制，投资人为公司股东，根据投资额确定其所占公司的股权份额，并根据投资额为限承担民事法律责任，具有独立的法人地位和资格。这种组织形式的优势在于能完全按规范的公司法人治理结构操作，但是在利益分配上一般不能较好地解决资金与人力的平衡，会导致股东意见不一致，公司陷入僵局，商业机会丧失等问题。公司制基金通过设立股东（大）会、董事会和监事会等，能形成良好的法人治理结构，管理体制较为稳定，有利于强化基金管理；公司法人对股东投入资本及基金公司投资方向约束较强，有利于稳定财政资金投入，保障政府投资意图的实现；公司法人可通过公司章程、董事会等层面，协调各方投资关系，支撑公司发展战略的有效实施；公司法人通过股东投票权、董事会及权责配置等，有效保护投资者利益。缺点是体制封闭，设立周期长、灵活性稍差，基金公司和基金管理公司均需缴纳企业所得税等双重纳税问题、税收成本高。

（2）有限合伙制基金。有限合伙制基金指基金的组织形式为有限合伙企业，通过设立理事会、投资咨询委员会等进行治理，并聘用专业基金管理公司对基金实施具体的投资管理，基金形式灵活，出资进退便利、对社会投资人具有较强吸引力。缺点是治理结构相对松散，由于基金完全按照市场化方式运作，特别是针对社会效益高、经济效益较差的项目，政府投资战略和目标可能较难实现。

此类基金由普通合伙人（gteneral partner，GP）和有限合伙人（limited partner，LP）组成。通常情况下，投资者作为 LP 参与投资，依法享有合伙企业财产权，但会放弃对基金的实际运营权，只保留一定的监督权，以其认缴的出资额为限对合伙企业债务承担责任。GP 负责基金的运营管理，对合伙企业的债务承担无限连带责任。基金则以其全部资产包括所募集的资金和收益对外承担民事法律责任，不足部分由普通合伙人承担。普通合伙人的报酬结构以利润分成为主要形式，市场上常见的是“二八分配”，即超额收益在 GP 和 LP 之间按 2∶8 分配。有限合伙制较好地平衡了资金管理者（普通合伙人）与资金所有者（有限合伙人）的利益，既能体现资金的价值也能体现资金管理者的价值。有限合伙制基金的核心不仅是风险承担分为有限责任和无限责任，更重要的是将基金运营的资金、人力等各种要素的价值都给予相应的回报，而不是仅仅依据资金投入来确定价值回报。这种组织形式在地方政府引导产业基金最为常见，如山东省 PPP 融资支持基金、江苏省投资基金、上海市创投引导基金等均采用有限合伙的组织形式，定期公开招标选择 GP。

(3) 契约制基金。契约型基金一般采用资管计划、信托等形式，投资者作为信托、资管等契约的受益者，一般不参与管理决策，所有权和经营权分离，有利于基金的长期运作。如江苏 PPP 融资支持基金，其子基金的组织形式就是契约型的，江苏银行和江苏省财政是基金的出资人，江苏信托是基金的管理人，江苏银行和省财政与江苏信托签订信托协议，约定收益分配方式。契约型基金是一种资金的集合，不具有法人地位，如果其投资未上市企业的股权，无法直接作为股东进行登记，只能以基金管理人的名义认购项目公司股份。因此，该种方式设立形式简单，管理更为松散，投资各方通过签订协议明确各方责任和义务，不需设立相应的基金管理实体。

4. 基金退出方式

政府引导产业基金和普通私募投资基金一样，通常也设有存续期限，在存续期结束后，可以根据条款决定是否展期，如果选择退出，退出方式一般包括上市、兼并收购、股权转让和回购、清算退出等。

(1) IPO。IPO 为首次公开发行股票并上市，一般在私募股权投资基金所投资的企业经营达到理想状态时进行。当被投资的企业公开上市后，私募基金再逐渐减持该公司股份，并将股权资本转化为现金形态。IPO 可以使投资者持有的不可流通的股份转变为可交易的上市公司股票，实现资本的盈利性和流动性。IPO 退出方式可以使私募股权投资基金获得最大幅度的收益。

标的企业上市后，引导基金在解禁期结束后，转让股份退出。由于投资回报率较高，公开上市是退出的首选方式，但由于上市难度较大，这种退出方式在引导基金中比较少见。即使是资本市场高度发达的美国，普通产业投资基金能够通过公开上市实现退出的项目还不到股权转让方式的三分之一，政府引导产业基金比例更低。

(2) 收购兼并。兼并收购是私募股权投资基金在时机成熟时，将目标企业的股权转让给第三方，以确保所投资金顺利撤出。兼并的结果是否和预期一致，要综合考虑各方的利益，包括兼并方的利益、产业投资基金本身的利益和被投资企业管理层的利益，管理层是否积极配合对兼并结果起至关重要的作用。相比较 IPO，并购形式更加灵活高效、可在一次交易中集中完成，但实现交易的难度较大，产生的收益较 IPO 要低。

(3) 股份回购。股份回购指企业或者公司管理人员按照约定的价格将公司股份购回，使私募投资基金退出的方式。与并购相同，回购的本质也是一种股权转让，两者的区别在于股权转让的主体不同。如果企业有很大的发展潜力，则管理层和员工等会非常乐意进行回购以实现对企业更好的控制。如果企业的价值不被长期看好，则被主动要求回购股权，对企业而言属于消极回购。

股权转让和回购主要区别在于股权认购方的身份，如果股权认购方是项目发起人、企业或大股东就是股权回购，否则就属于股权转让。大部分政府引导产业基金通过这两种方式退出，有些政府为了促进引导基金流向当地产业、加速引导基金周转，采用让利回购的方式退出，相当于给予企业无息或低息贷款优惠。例如，湖北省高投引导基金，三年内直接全部退出的项目按照实际投资金额原价回购退出，五年退出则会收取费用。

(4) 清算退出。清算退出有到期清算和破产清算两种。有些政府引导产业基金投资时会设置一个最长投资期，如果到期后不再续期，根据所持权益份额获得相应公司或项目财产的方式就是到期清算。破产清算是政府引导产业基金最不理想的一种退出方式，也很少有基金采用这种退出方式。当企业出现重大问题没有继续发展空间，抑或持续经营会带来更大损失，其他投资者和企业管理层、原有股东等内部人员也不愿意接手时，只有果断对目标企业进行清算，才能及时收回资本，避免损失扩大。在被投资企业破产或项目宣告失败后，经过最终处理清算后，按照对应清算顺序和财产份额进行分配。

四、产业园区项目的投融资方案策划

（一）产业园区项目的特点、发展趋势及其融资需求

1. 产业园区项目特点

产业园区是以促进某个特定产业发展为目标而创立的特殊区位环境，整合产业的上下游产业链企业，形成全产业链企业的物业空间集聚，同时围绕该产业打造完善的产业运营服务体系，不断优化产业结构，创新驱动产业企业转型升级，已经成为培育新兴产业、促进经济发展、加剧产业集聚、提高区域竞争力的重要载体。联合国环境规划署（United Nations Environment Programme，UNEP）认为，产业园区是在一大片的土地上聚集若干个企业的区域。

产业园区创造了企业之间相互联系交流合作的平台，促进了企业间资源共享，同时产业园区作为资源和生产要素的集中区域，能够为本地区吸引资本、技术和人才等要素，促进本地区产业的转型升级，对地区发展具有显著的提升效应。

总体上看，产业园区具有以下特征：①以相对集中的物业空间为物理基础；②以某一类产业为主，集聚产业上下游企业或横向同类型企业；③有统一的运营单位负责园区的管理；④对常驻公司、土地利用率和建筑物类型实施限制；⑤详细的区域规划对园区环境规定了执行标准和限制条件；⑥为履行合同与协议、控制与适应公司进入园区、制订园区长期发展政策与计划等提供必要的管理条件。

2. 产业园区的发展趋势

（1）产业园区走向综合城区。随着我国各地产业园区的不断发展，产业园区承载的功能呈现多元化，大量城市要素和生产活动在园区内并存和聚集，从而推动了产业园区的城市化进程，产业园区经济与城区经济逐渐走向融合。为顺应这一发展趋势，一些产业园区主动谋求战略转型，从单一生产型的园区，逐渐规划发展成为集生产与生活于一体的新型城市。

面对产业园区经济走向城区经济、产业园区走向综合城区的发展趋势，地方政府需要摒弃传统的思维方式和运营模式，以产城融合的理念系统策划、规划、管理、开发、运作产业园区，打造产业新城。

（2）园区的品牌化和“连锁经营”。产业园区经济的发展单有数量和规模还不行，还必须有自己的质量和品牌。通常情况下，一个高质量产业园区的单位产出要高出一般产业园区单位产出的数倍。创建精品产业园区，建设品牌产业园区，已成为各地政府发展经济的重要举措。

产业园区的品牌化运作需要精耕细作，绝不仅仅是个营销的过程，它需要有内涵支撑。产业园区的品牌建设，其实从产业园区规划启动之初就已开始。具体可以将园区品牌细化为环境品牌、产业品牌、企业品牌、服务品牌、文化品牌等，特别是服务品牌和文化品牌，更需要做精、做深、做出特色。

（3）产业招商的精细化运作。产业招商是一个系统工程，涉及产业规划、政策体系、招商接洽、项目入驻、运营扶持等诸多环节，涉及招商参与部门的权责和利益设计。产业园区招商模式若仍停留在点状式突破的“游击战”，单体激励强、项目导入快，但招商体系不健全、整体营销力度不足，不利于未来园区产业集群的发展。

产业招商的精细化运作关键在于两个方面：一是精准定位，明确产业客商类型，建立产业项目信息库，进行定向式招商；二是系统运作，围绕产业招商构建全方位的服务能力，细化产业项目招商的流程和规范，使整个招商工作更具系统性和有序性。

（4）从招商引资到招商引“智”。很多产业园区在关注招商引资的同时，也在关注“引智招商”，积极吸引科研院所、科学家工作室、博士后工作站等落户产业园区。只有强化招才引智，才能实现资金、技术、项目管理的立体带动。未来的产业园区发展应更加重视人力资源开发工作，通过招商引“智”手段的创新，吸引园区所需要的高端人才，促进人才资源的集聚与开发，从而为新兴产业培育和园区产业升级提供动力，实现园区经济的可持续增长。

（5）产业资本战略推动产业园区战略。为了推动产业园区的发展，很多产业园区开发商定位为产业投资商，以较少的资金撬动更多的社会化资金形成一个大资金池，以土地入股、物业入股、产业投资基金等多种形式投资园区企业，从而形成“资本运作—园区开发—产业集聚”的良性循环发展，资本运作成为产业园区开发的撬动杠杆。

3. 产业园区不同阶段的融资需求

我国各地产业园区的发展面临着投资规模较大、相对收益较低及金融支持不到位等问题。产业园区的发展取决于基础设施的建设，而产业园区建设又需要庞大的资金支持。资金的不到位使对产业园区的规划设计不够全面，并且对产业园区的配套基础设施建设不够完善，进而降低产业园区招商引资的吸引力，难以吸引新兴产业和高科技产业的进入。产业园区项目在其不同的发展阶段有不同的具体融资需求，具体可分为如下四个阶段：

（1）产业园区前期工作阶段。在项目建设前期工作阶段，产业园区开发内容主要是对园区开展各类规划设计工作及对土地的征用。规划设计工作需要对国际和国内相关产业规划资源进行整合，深入研究产业发展机遇和方向，为产业园区制定明确的发展规划，并为后续完善规划和产业招商提供依据和方向。因此，需要支付一系列的规划咨询费、勘察设计费等。对土地的征用则需要投入大量的资金，以保障产业园区后续建设和运营。而该时期处于开发初期，资金需求量大，但产业园区并未通过经营获得大量资产，因此该阶段的资金获得需要政府的帮助。

通常情况下，地方政府搭建项目融资统筹平台，与产业园区建设公司建立“委托—代理”关系。同时，制定符合当地经济发展水平和产业发展需求的园区规划，以土地资本和政府财政为依托，推动项目实施。项目融资平台成立后，需要向各类金融机构寻求资金，以支持产业园区建设公司的基础设施建设和公共服务项目。

（2）产业园区启动开发阶段。产业园区启动开发阶段主要是基础设施和公共服务项目建设，以土地一级开发内容为主。一般以财政收入、土地出让金作为自有资金，以银行负债等方式获得债务融资。这一阶段的特点是建设规模大、资金需求大。因此，主要依靠政府财政性资金和金融机构贷款来满足资金需求。随着投融资体制机制改革，引入社会资本，同时将社会资本运用到建设、运营、管理各个环节，形成“政府引导、社会参与、市场运作”的投融资格局，已成为产业园区建设运营发展趋势，采用分期滚动开发建设的战略方式，撬动融资的杠杆，以保证产业园区各项目的顺利启动和开发。比较流行的融资方式有银行贷款、土地空转运作、融资划片开发、产业基金融资、项目融资等。

(3) 产业园区土地出让和招商引资阶段。该阶段也可称为产业园区建设的“成长期”，产业园区已经形成了一定的规模并进入全面建设发展阶段，需要开展土地出让和招商引资。该阶段已经开始正常运营，有一定的经营收入，对资金的需求虽然没有前期那么迫切，但依然存在着一定的资金压力，具体融资需求主要包括：存量负债和新增负债的还本付息、基础设施及其配套的升级改造、产业招商及业务领域拓展、经营战略转型等。

该阶段产业园区融资方式，除了同银行、基金、信托等金融机构对接，一些条件较好的产业园区还可以采取对接资本市场、引入战略投资者等直接融资策略，为产业园区的建设和发展奠定良好基础。为了调动招商引资的积极性，许多政府或者开发区还设立了招商引资激励机制，奖金的来源多为财政资金。

（二）产业园区项目开发模式

1. 政府主导模式

政府主导模式指完全由政府运营的模式，由管委会或同等角色的政府机构进行产业园区建设和管理运营，可以概括为管委会模式。

政府主导模式是产业地产行业“先行先试”的产物，其存在对产业地产的发展起到了重大作用。管委会模式的主要特点就是政企一体，一个班子两个牌子，由政府管委会负责产业园区的运营管理。

管委会模式的优势在于：一是利用政府的宏观调控手段对产业园区进行整体规划和产业布局；二是有效的利用政府资源，包括政策资源、政府项目资源、政府资金资源、行政资源等可以直接导入到项目中；三是便于利用政府的强制手段和地位与相关部门企业进行协调沟通；四是政府背书，有利于招商引资，可以有效提高项目开展的效率和成功率。

管委会模式的劣势在于：一是缺乏市场化运作的灵活性，容易与市场脱节，在市场发生变化时不能快速应对；二是产业园区完全受制于派出单位的能力，一般都存在效率低下的问题。在我国有较多的城市，以这种传统的政府管委会的模式进行产业园区运营。其中，较为成功的案例是，成立于 1985 年的深圳科技工业园，由中国科学院和深圳市政府联合创建。该项目前期采用政府主导模式，组建园区管委会对园区进行开发和建设。由深圳市主要领导和中国科学院的主要领导分别担任管委会的主任和副主任，政府赋予管委会一定的行政职能。在这一时期，深圳科技工业园担负的主要任务是对园区土地的规划、行政审批、企业管理和服务等行政职能。同时，担负着转化和孵化中国科学院前沿技术等使命。

2. 国企平台模式

国企平台模式指政企分离，政府通过成立国有平台公司，运用行政手段完成土地资源的划拨，由国有平台进行产业园区的建设运营管理，政府倾向性地对产业园区制定一系列政策予以扶持，相对市场化运作。该模式的主要优点有：一是产业园区运营单位的运营成本相对较低，具备国有平台具有的资源及政策优势；二是初步解决了管委会模式在市场灵活性方面的缺陷，一定程度上适应了市场经济的需求；三是机制有一定的优势，可以利用市场的杠杆作用提高资产收益率。该模式的最主要缺点有：一是国有平台固有的思维模式和业务流程模式造成了业务效率低下、人浮于事、审批办事周期长等问题；二是国企平台对地方政府主政团队的依赖程度过高，存在一定的政策风险。典型案例有苏州工业园区、上海张江高科技园区等。

上海张江高科技园区是比较成功的国企平台模式，被誉为中国硅谷。上海张江高科技园区成立于 1992 年 7 月，位于上海浦东新区中南部，是中国国家级高新技术园区，与陆家嘴、金桥和外高桥开发区同为上海浦东新区四个重点开发区域。上海张江高科技园区“科技投行”定位明确，并通过一系列举措，突破“房东”的角色，形成了“房东＋股东”“股东引房东”的模式，加快向投资前端靠拢。一方面，上海张江高科技园区利用产业地产，把产业地产的有形资源转化为产业投资的无形资源，即将产业地产的租赁和销售收入转化成园区企业的股权投资；另一方面，上海张江高科技园区通过建立满足产业链上不同成长阶段企业所需的多级、多元投融资服务体系，各种企业孵化模式、创投平台和产业基金等，摆脱过去以工业地产开发运营为主导的“高投资、重资产、慢周转”模式，逐步向“轻资产、证券化、快周转”模式转型。

3. 市场化模式

完全市场化运作模式，政府只承担土地供应者及政策制定者的角色，由企业通过市场化的方式获得土地资源后，根据地方产业、经济等环境进行园区开发和运营管理。该模式的特点是重资产运作，园区运营完全由企业控制。市场化模式的优点在于效率高、周期短。由于企业重资产投入，所以企业希望能够通过高周转实现现金流的快速回收并取得可观的经济收益。这就要求企业以最高的效率完成园区的建设并快速进入销售或运营阶段。最大的缺点在于政府缺乏一定的控制能力，比较容易沦为打着“园区”的幌子，行“商住”地产之实。企业快速完成可销售部分的变现后逃之夭夭，把园区的烂摊子留给政府。随着住宅地产和商业地产发展遇到瓶颈，很多实力雄厚的地产企业逐渐通过二级开发模式介入到产业地产业务中。该模式做得比较好的典型案例有天安数码城、联东U谷等。

4. 政府和企业合作模式

该种模式下，由政府和企业合作联合建设开发运营园区，政府担任资源供给者和监督者的角色，企业担任项目建设和运营者的角色。该模式的主要特点是：政府通过特许经营模式，或者契约模式与企业共建园区并共同运营。政企模式较好地解决管委会模式、国企平台模式和市场化模式的缺点，能最大限度地调动政府和企业的资源，高效率地完成产业园区的建设和运营，快速实现产业的集聚效应。该模式存在的风险在于政府领导层变动带来的政治风险，导致项目开发和发展不稳定。产业园区建设是个“长周期、低回报、细水长流”的业务，而该模式下的园区建设运营受政府的监督和约束，因此领导层的变动可能为园区带来不可预知的政治风险。该种模式比较好的典型案例有，万科前海企业公馆、中信汕头滨海新区。随着政府对产业园区建设的重视程度的提高和国有企业改革的宏观经济政策的持续推进，该模式将成为未来的产业园区运营主要模式。一方面，企业通过特许经营模式获得园区建设运营资格，将极大地降低产业园区运营企业的运营成本，使得产业园区运营从“重资产”运营向

"轻资产"运营转型。产业园区运营企业因为没有巨大的成本压力，其运营重心也将会从"短期回笼资金"向"长期产业集聚"转移，有利于产业园区的持续发展。另一方面，政府通过契约模式与企业共建运营园区，有利于当地产业环境的良性发展，产业的集聚将能为政府带来持续的税收收入和稳定的就业岗位，有利于社会安定。

第八章

结构化投融资方案策划

结构化融资是投融资方案策划专业性很强的一个概念，要求在融资过程中对众多环节及要素进行多层次的结构性安排，对项目融资方案进行结构化设计，以提升项目的可融资性，规避融资风险，优化融资方案。本章阐述结构化融资的基本特征和主要类型，重点阐述夹层融资工具在结构化融资方案策划中的应用，以及各类金融机构在结构化融资中的作用及功能定位。

第一节　结构化融资的特点及主要类型

一、结构化融资及其特征

（一）结构化融资的内涵和类型

1. 结构化融资的概念及内涵

结构融资是一个广泛应用但很少被定义的概念。MBA 智库、百度百科等搜索引擎将其定义归纳为：结构融资指企业通过利用 SPV，将拥有未来现金流的特定资产剥离开来，并以该特定资产为标的进行融资。也可以理解为，以现金资产将企业特定资产从其资产负债表中替换（资产置换），在资产负债率不变的情况下增加高效资产，主要是流量资产。

上述对结构化融资的定义，更接近以基础资产作为现金流进行融资的资产证券化业务。例如《证券公司及基金管理公司子公司资产证券化业务管理规定》（证监会公告〔2014〕49 号）规定：“本规定所称资产证券化业务，指以基础资产所产生的现金流为偿付支持，通过结构化等方式进行信用增级，在此基础上发行资产支持证券的业务活动。”但资产证券化只是结构化融资的一种表现形式，是否依托现金流融资并非其根本特征。结构化融资的根本特征在于结构化，对资产要素进行分级或分层，如不依托有现金流的基础资产，以设立优先级、中间级、劣后级为结构化方式成立的有限合伙制基金。公司融资中的优先股和永续债，同样属于结构化融资。

因此，结构化融资可定义为，通过分级、分层等结构化设计（设立优先级、劣后级甚至包括中间级），并通常通过设立 SPV 开展的包括资产证券化、结构化投资基金、信托、股权融资、债务性融资等融资方式的统称。结构化设计的目的在于调节不同风险偏好的投资主体的收益与其风险，以满足其投资需求；设立 SPV 的目的在于实现风险隔离，或者满足监管要求。常见的结构化融资工具有结构化信托计划、资产证券化（asset-backed security，ABS）、REITs，以及具有结构化特征的证券投资基金、私募股权投资基金，包括形式为私募股权投资基金的政府投资基金、政府出资产业投资基金等。

广义来讲，在企业层面，介于股权和债权之间的优先股、永续债等夹层融资工具，也属于结构化融资工具。优先股是具有债性的股权融资工具，永续债是具有股性的债务融资工具，都是传统股权融资和债权融资之间的第三层“融资结构”设计。而另一种可以转换为公司股票的含权债券——可转换公司债券（又称为可转债），我们认为这不属于结构化融资工具。原因是可转债只是债券的投资者享有在规定期限内按照一定比例和相应条件将其转换成确定数量的普通股票的权利，在未行权时其就是债券，行权后就是股票，并不存在优先股、永续债既有“股性”，又有“债性”的“双性”特征。

2. 结构化融资的主要类型

结构化融资分为主体层面的结构化融资和产品层面的结构化融资两大类。

（1）主体层面的结构化融资。主要指从融资主体角度进行的结构化融资，即除融资主体传统股权融资、债权融资外，介于股和债之间的优先股、永续债融资。优先股、永续债通常也称为夹层融资工具。

（2）产品层面的结构化融资。主要指在信托、私募基金、ABS、REITs 等融资产品层面，通过优先级、劣后级等结构化设计实现融资目的的融资。

（二）结构化融资的特征

1. 分级（分层）

分级（分层）是结构化融资的重要表现形式。分级通常至少分为优先级和劣后级两级，有时会增加中间级，中间级也可以是多个层级，例如中间级Ⅰ、中间级Ⅱ等。在资产证券化业务中，优先级根据不同的风险及收益、期限，有时也会分成若干级别（最优的优先级以外的优先级，也可以被看成是中间级）。分级和分层的目的是在一个整体的结构化融资工具中，通过不同的分级，调节不同投资人的收益及其对应的风险。

在金融工具的应用中，风险和收益是对应的，且是呈正相关的。收益越高，风险越高；收益越低，风险越低。融资的过程，就是风险定价的过程。通过金融专业技术识别一项融资业务的风险高低，以识别并量化为风险指标的风险进行定价（通常为加上金融机构的各项成本及其预期收益），确定融资产品的最终价格（利率/收益率）。不同的金融产品，同一金融产品中的不同层级，其风险和收益是不同的：风险高、收益高的层级（劣后级），适用于相对激进的投资人，以较高的风险博取更高的回报；风险低、收益低的层级（优先级），适用于相对保守的投资人，其不愿承担高风险，只求安全稳定的低回报。

2. 设立 SPV

多数结构化融资需要设立 SPV。信托、有限合伙企业、有限责任公司，均为 SPV 的表现形式，应用最多的 SPV 形式即信托（含契约型基金）和有限合伙企业。设立 SPV 的目的在于实现风险隔离或者满足监管要求（规避监管）。

（1）风险隔离。信托作为最典型的 SPV，其最大的特征是信托财产的独立性，其财产权益与利益分离。信托财产与属于受托人所有的财产（简称固有财产）相区别，不得归入受托人的固有财产或者成为固有财产的一部分，即信托依法成立后，信托财产即从委托人、受托人及受益人的自有财产中分离出来，成为独立运作的财产，这时财产已不属于原委托人，信托财产的占有、使用、处分权利由受托人（信托公司）行使，其利益权利则由信托受益人（可以是委托人，也可以是其他第三方）享有。同时，信托的责任是有限责任。在信托关系中，受托人按委托人的意愿以自己的名义，为受益人的利益或特定目的，对信托财产进行管理或处分。除了信托报酬，受托人并不享有任何信托利益，因此受托人因处理信托事务所发生的财产责任（包括对受益人和第三人），原则上仅以信托财产为限承担有限清偿责任。信托财产的独立性、有限责任性，使其能够将投资风险与投资人自身的其他财产分离——信托投资发生风险不会向投资人传递，投资人破产也不会影响信托财产及其收益。

（2）满足监管要求。在我国，受金融监管法律政策的影响，一些金融机构的投融资权利受限。例如《商业银行法》规定，商业银行“不得向非自用不动产投资或者向非银行金融机构和企业投资”（如 PPP 项目公司股权）。因此，在有合适投资标的但又受监管限制时，可以通过设立信托或有限合伙制基金，以投资金融产品的方式间接投资相关公司股权，从而满足监管要求。同时，银行的风险偏好较低，需要降低风险，则被投资的信托通过结构化设计成优先级和劣后级，银行投资信托的优先级，从而降低其投资风险。

（3）组合方式灵活。理论上，结构化融资的组合方式非常灵活，可以在企业层面，也可以在产品层面。企业层面即优先股、永续债，产品层面即信托、有限合伙制基金等。在层级上，也可以很灵活，除优先级、劣后级外，可以设置无限多的中间级，所有的非优先级和劣后级的层级，都可以看成是中间级；站在优先级角度，其他所有级别（劣后级和中间级）都是劣后级；站在劣后级角度，其他所有级别（优先级和中间级）都是优先级。

此外，不仅层级及对应的收益也可以进行分级。在期限上，结构化融资可以设置不同的设立日（起始日）和到期日，以满足同类资产的不断注入和融资的持续开展。例如，应收账款资产证券化、停车场专项资产支持计划等（如国金—川投航信停车场 PPP 项目 1 号资产支持专项计划，即设置了到期日不同的多笔子计划）。在收益率上，可以设置为固定收益，也可以设定为浮动收益，或者固定＋浮动收益。在还款方式上，可以设置为定期付息、到期一次还本，也可以设置为定期付息、分次还本。结构化融资的这些灵活性，解决了投资人、融资人有关收益、风险、期限等多维度的不同需求，是结构化融资的魅力所在。

结构化融资的灵活性也是一把双刃剑，在提供融资便利、调节风险和收益的同时，也容易被一些机构利用，成为违法违规的工具。例如，在 2015 年的融资融券中，有些配资机构期望以最小成本撬动最大收益，无限加杠杆，甚至以 20 倍杠杆帮一些投资人融资炒股，收益放大的同时也放大了风险。有些机构为绕开监管，或者让更多的参与者分享融资收益（不排除也存在利益输送），通过设立多个资管产品多层嵌套的方式进行融资，如银行理财投资信托，再投资私募基金 A，再投资私募基金 B，最后投资到企业。

正因为结构化融资被一些机构非法使用，2018 年 4 月，中国人民银行等机构联合印发《关于规范金融机构资产管理业务的指导意见》（银发〔2018〕106 号，业内称资管新规）对结构化融资中的杠杆比例、多层嵌套提出了监管要求。对杠杆比例，要求公募产品和开放式私募产品不得进行份额分级，分级私募产品的分级比例（优先级份额/劣后级份额，中间级份额计入优先级份额）中，固定收益类产品的分级比例不得超过 3∶1，权益类产品的分级比例不得超过 1∶1，商品及金融衍生品类产品、混合类产品的分级比例不得超过 2∶1。对于多层嵌套，要求一个资管产品最多只能再套一个资管产品（最多一层嵌套），不得多层嵌套。

二、结构化融资主要模式

结构化融资最早主要适用于资本市场融资。例如，通过信托、私募股权投资基金，参与上市公司的非公开增发的股票（定向增发）。但由于结构化融资的分级、SPV 和灵活性等优势，常被用于基础设施领域的融资，通常采用政府引导产业基金、基础设施资产证券化等方式。

（一）政府引导产业基金

1. 政府引导产业基金的应用

政府引导产业基金既可用于产业发展项目领域，也可用于基础设施领域。在基础设施领域，政府引导产业基金从 2014 年以来发挥了重要作用。很多地方政府通过成立城市建设发展基金、基础设施发展基金等产业引导基金，对包括高速公路、市政设施、污水处理、环境治理等领域进行投资和建设。但是，与资本市场高风险、高回报的真股权基金不同，实际操作中多数基金普遍约定回购，属于“明股实债”的基金。究其原因有：①基础设施投资大，收益低，资本市场上期望获得高额回报的资金方投资意愿不强，有意向的通常是银行、保险等金融机构；②由于基础设施项目具有很强的公益性，项目收益通常无法覆盖投资，而银行和保险等金融机构只能接受相对安全的投资标的，因此通常要求有资金实力较强的主体进行回购，才有意愿进行投资。

基金交易结构通常如图 8-1 所示。

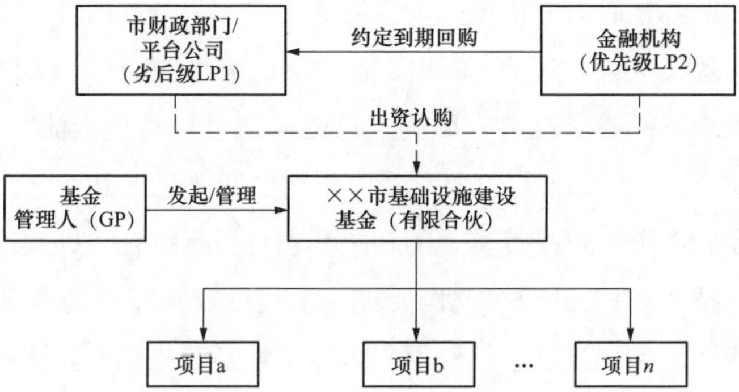

图 8-1　基金交易结构

通常情况下，政府方和金融机构分别作为劣后级出资人和优先级出资人出资一定比例（例如，基金总规模 100 亿元，政府方出资 20 亿元，银行出资 80 亿元，分级比例为 4∶1），并约定基金的存续期限（如 5 年）和回购价款计算标准（一般是约定年化回报率，如 6%），在基金到期时，政府方出资按约定回购价款回购金融机构的出资。

从本质上，这种约定到期回购的方式，属于明股实债，是政府融资的一种表现形式。正因为如此，2017 年 4 月财政部印发《关于进一步规范地方政府举债融资行为的通知》（财预〔2017〕50 号）（简称 50 号文件），要求地方政府及其所属部门参与 PPP 项目、设立政府出资的各类投资基金时，不得以任何方式承诺回购社会资本方的投资本金，不得以任何方式承担社会资本方的投资本金损失，不得以任何方式向社会资本方承诺最低收益，不得对有限合伙制基金等任何股权投资方式额外附加条款变相举债。该文件规定不得回购金融机构的出资，银行、保险类金融机构在没有强有力的回购增信的基础上，也很难再出资政府投资基金，因此政府投资基金的应用大幅减少。

2. 政府引导投资基金的结构化安排

政府投资基金中的结构化，体现在政府方出资与金融机构出资之间的分级关系。通常政府方作为基金的发起人，在基金中做劣后级出资，承担更多的风险，从而吸引金融机构作为优先级出资。

需要说明的是，禁止回购，并未禁止结构化分级，政府投资基金仍可分为优先级、劣后级，且政府方仍可作为劣后级出资，只是政府方不能回购优先级份额。从这个意义上说，50 号文件实施以来仍可以设立政府引导产业基金，只不过金融机构不能要求政府方回购，只能从项目自身现金流中退出。例如，某基金规模 10 亿元，政府方和金融机构分别出资 2 亿元和 8 亿元。根据资管新规规定，政府出资产业投资基金的相关要求可另行制定，即政府引导产业基金可不遵循权益类 3∶1 的分级比例要求。基金投资某停车场项目，期限为 10 年。金融机构经谨慎测算后，投资期限内停车场经营收费在归还项目贷款本息的基础上，能够实现基金预期收益的清偿，不需要政府方回购，因此该项目可以组建政府引导产业基金的方式进行投资。

由于金融机构通常难以接受期限较长的基金投资，期限过长只能通过回购退出，而类似上述在短期内（最多 10 年内）能够清偿贷款本息又能够使投资资本金的基金得到清偿退出的项目，在基础设施项目中很少遇到。因而，实践中政府引导产业基金在基础设施建设投资领域的适用空间已被大大压缩。

（二）PPP 基金

1. PPP 基金的特点

PPP 基金指以产业投资基金形式，直接或间接投资基础设施和公共服务领域 PPP 项目的一种基金，一般通过股权或股债联动投资由地方政府纳入 PPP 框架下的项目公司，由项目公司负责具体基建项目的设计、建造、运营，在基金存续期限届满时通过约定回购、份额转让、分红或资本市场挂牌转让等方式实现投资的退出[1]。

PPP 基金与政府引导产业基金存在区别，区别主要在于是否有政府出资，且是否投资 PPP 项目——PPP 基金不一定有政府出资，如社会资本和金融机构成立的 PPP 基金（如建设银行和中国铁建成立的铁建蓝海基金）。政府引导产业基金不一定投资 PPP 项目。

在特征上，由于 PPP 基金投资的是基础设施和公共服务领域的基建项目，因此 PPP 基金与投资基础设施项目的政府投资基金比较类似，也是私募的股权投资基金。此外，PPP 项目规模需求大，收益不高，能够参与的主要是银行、保险等大型金融机构，且由于 PPP 项目期限长，因此 PPP 基金的期限一般要比政府引导产业基金更长。

2. PPP 基金的应用

PPP 基金主要有政府引导型基金和社会资本融资型基金、母基金和子基金、新项目建设基金和债务置换基金、债权型（明股实债）基金和同股同权型基金等。其中，明股实债型 PPP 基金与同股同权型 PPP 基金，其特征和遇到的问题与上述政府引导产业基金类似。简言之，PPP 项目多数规模大、回报率不高，能够参与投资的主要是银行、保险等机构，而这些金融机构风险偏好低，要求发起人提供强有力的担保或者回购才能出资，本质上为明股实债。但在政府不能回购的制度要求下，社会资本中的中央企业也不能进行回购［主要受《关于加强中央企业 PPP 业务风险管控的通知》（国资发财管〔2017〕192 号）的限制］，民营企业的回购能力又很难得到金融机构的认可。因此，目前各地设立 PPP 基金较为困难，即使设立也因没有好收益项目作为保障而基金运作步履维艰。

由于保险资金对投资回收安全性的要求很高，除非 AAA 级企业担保、回购或项目为国家级重大项目，一般项目难以进入保险资金的视野范围，能够投资 PPP 基金的主要是银行，而银行的资金以往主要为理财资金。理财资金的来源为理财产品，受投资人投资期限偏好影响，理财产品期限通常为 1 年及以

[1] 张继峰．PPP 项目融金术：融资结构、模式与工具［M］．北京：法律出版社，2017.

下，很少有超过 2 年的，这与期限动辄 5 年、10 年的 PPP 基金出现了期限错配的问题。资管新规出台前，期限错配问题主要通过银行建立的理财资金池来解决，理财投资人的短期到期产品兑付和中长期项目投资就能够做到随时满足。但是，2018 年 4 月"资管新规"出台后，要求"每只资产管理产品的资金单独管理、单独建账、单独核算，不得开展或者参与具有滚动发行、集合运作、分离定价特征的资金池业务"。资金池被撤，短期限的银行理财与中长期的 PPP 基金（包括政府投资基金）之间的期限错配问题无法解决。没有了保险、银行资金的支持，动辄几十亿的资金需求并非信托、私募基金能够满足，PPP 基金的运作非常困难。

目前，我国 PPP 基金中有一支国家队伍，即中国政企合作投资基金（中国 PPP 基金）。与其他 PPP 基金不同的是，中国 PPP 基金是由财政部牵头十大金融机构出资成立的，公司组织形式为股份有限公司，注册资本即所有股本规模为 1800 亿元，所有投资人的资金均为自有资金，非银行理财等表外资金，不受期限错配问题困扰。因此，中国 PPP 基金作为我国 PPP 市场中股权投资机构的作用更加凸显。不过，由于中国 PPP 基金是股份公司，其投资人都是股东，不是分级的有限合伙或者信托投资人，不存在结构化融资设计，因此其可以为 PPP 项目提供融资，但并非结构化融资工具或融资机构。

（三）资产证券化（ABS）

1. 资产证券化的定义

关于资产证券化（ABS）的定义，业界和学界有较多的讨论。有"证券化之父"之称的弗兰克·J. 法博齐认为资产证券化是一个过程，通过这个过程将具有共同特征的贷款、消费者分期付款合同、租约、应收账款和其他缺乏流动性的资产包装成可以市场化的、具有投资特征的附息证券。

美国证券交易委员会（United States Securities and Exchange Commission，SEC）则将资产证券化定义为一种融资技术：即将缺乏流动性的资产（大多数情况）进行组合并转化为一种更自由的在资本市场上发行和出售的融资工具。美国学者格顿（Gardener）认为资产证券化指把缺乏流动性的，但能产生可预见稳定的现金流量的资产，通过一定的结构安排，对资产中风险及收益要素进行分离和重组，进而转换成在金融市场上可以出售和流通的证券的过程。我国《证券公司及基金子公司资产证券化业务管理规定》规定，资产证券化业务是以基础资产所产生的现金流为偿付支持，通过结构化等方式进行信用增级，在此基础上发行资产支持证券的业务活动。也有学者认为资产证券化（asset securitization）指将流动性较差的贷款或其他债权性资产通过 SPV 进行一系列组合、打包，使得该组资产能够在可预见的未来产生相对稳定的现金流，并在此基础上通过信用增级提高其信用质量或评级，最终将该组资产的预期现金流收益权转化为可以在金融市场上交易的债券的技术和过程。

总的来说，资产证券化就是将缺乏流动性但能够产生可预期的稳定未来现金流的资产作为基础资产池（underlying assets），通过一定的结构安排，对资产中的风险和收益要素进行重新分割、重组和增信，进而发行可以在金融市场上出售、流通的证券的一种融资方式。资产证券化的最终目的是发行证券募集资金，实现未来现金流与当前现金流的转换，证券的收益来源于基础资产。其本质可以概括为“出售未来可回收的现金流从而获得融资”，因而在华尔街有一句流行语“只要有稳定的现金流，就考虑把它证券化”。

2. 资产证券化的类型

资产证券化是世界金融领域最重大和发展最快的金融创新和金融工具，是衍生证券技术和金融工程技术相结合的产物。按照分业经营划分，我国资产证券化分为两类：资产支持证券（asset-backed securitie，ABS）和资产支持票据（asset-backed notes，ABN）。按管辖主体划分，我国资产证券化主要分为四种类型：中国证券业监督管理委员会主管的资产支持专项计划（企业 ABS）、中国银行间市场交易商协会主管的资产支持票据、中国银保监会主管的项目资产支持计划、中国人民银行与中国银保监会主管的信贷资产证券化（信贷 ABS）。资产证券化相关概念之间的关系如图 8-2 所示。

信贷资产证券化，是指银行业金融机构作为发起机构，将其信贷资产（例如住房抵押按揭贷款）信托给受托机构，由受托机构以资产支持证券的形式，向投资机构发行受益凭证，以该资产所产生的现金流支付资产支持证券收益的

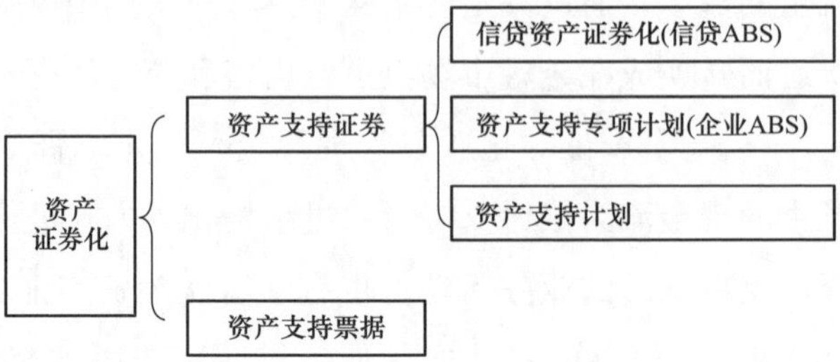

图 8-2 资产证券化分类

结构性融资工具。

资产支持专项计划是我国资产证券化的主流，多数应收账款、基础设施 ABS 都是资产支持专项计划。资产支持专项计划由证监会负责监管，但不对具体产品进行审核，具体产品由挂牌管理机构（上交所、深交所和机构间私募产品报价与服务系统）负责挂牌审核，基金业协会负责事后备案管理。资产支持专项计划的发起人为非银行业金融机构，因此也被称为企业 ABS，与银行业金融机构作为发起人的信贷 ABS 相对应。

资产支持计划指保险资产管理公司作为受托人设立支持计划，以基础资产产生的现金流为偿付支持，面向保险机构等合格投资者发行受益凭证的业务活动。资产支持计划由银保监会负责监管。

资产支持票据指非金融企业在银行间债券市场发行和交易的资产证券化产品，按照银行间市场交易商协会发布的《银行间债券市场非金融企业资产支持票据指引》操作，由交易商协会负责注册。

3. 资产证券化的核心：基础资产

资产证券化业务的核心是基础资产，即能够产生现金流的资产。《证券公司及基金管理公司子公司资产证券化业务管理规定》对基础资产进行了界定："指符合法律法规规定，权属明确，可以产生独立、可预测的现金流且可特定化的财产权利或者财产。基础资产可以是单项财产权利或者财产，也可以是多项财产权利或者财产构成的资产组合""财产权利或者财产，现金流应当持续、稳定"。基础资产的种类，"可以是企业应收款、租赁债权、信贷资产、信托受益权等财产权利，基础设施、商业物业等不动产财产或不动产收益权，以及中国证监会认可的其他财产或财产权利。”

证监会《资产证券化业务基础资产负面清单指引》列明了八类不适宜采用资产证券化的基础资产，明确规定：以地方政府和地方融资平台公司为直接或间接债务人的基础资产，不适宜作为ABS的基础资产；但地方政府在PPP模式下应当支付或承担的财政补贴，可以作为基础资产。

2016年，证监会发布的《资产证券化监管问答（一）》规定：

（1）污水处理费、垃圾处理费、政府还贷高速公路通行费等公共产品或公共服务收费，其按照“污染者/使用者付费”原则由企业或个人（使用者）缴纳，实行收支两条线管理，全额上缴地方财政，专款专用，并按照约定明确了费用返还给公共产品或公共服务的提供方的相关收费权类资产，可以作为基础资产开展ABS业务，该类基础资产应当取得地方财政部门或有权部门按约定划付购买服务款项的承诺或法律文件，并明确约定现金流返还账户，管理人应当对现金流返还账户获得完整、充分的控制权限。

（2）PPP项目开展资产证券化，原则上需纳入财政部PPP示范项目名单、国家发展改革委PPP推介项目库或财政部公布的PPP项目库的项目。PPP项目现金流可来源于有明确依据的政府付费、使用者付费、政府补贴等。其中涉及的政府支出或补贴应当纳入年度预算、中期财政规划。

从上述规定可以看出，基础设施资产证券化需要满足作为基础资产的条件，其核心有几个关键词：独立（通过SPV隔离风险、设立专户回笼资金）、可测（行业成熟且现金流预测合理可信，不能“画大饼”）、持续稳定（不能波动太大甚至断流）、合规（如现金流来源于政府的要纳入财政预算）等。

4. 资产证券化的交易结构

资产证券化是结构化融资中的典型融资工具。其交易结构如图8-3所示。

如前所述，资产证券化的结构化体现在“资产支持专项计划”作为SPV，进行分级、分层和期限错配等结构化设置。基础设施项目的资产证券化，还应符合基础资产的相关要求，确保项目现金流合规、持续、稳定、可测。

由于ABS上述特征以及对基础资产的要求，在基础设施项目建设期项目现金流不稳定，通常无法进行ABS融资，因此ABS通常作为项目进入运营期

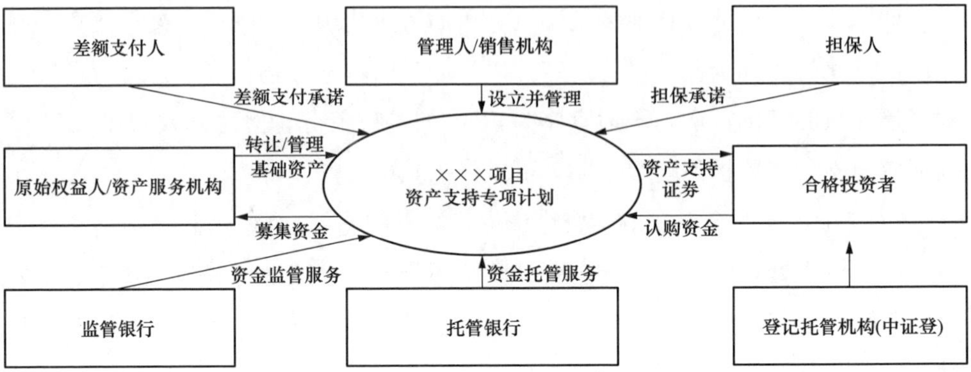

图 8-3 资产证券化交易结构

后的再融资工具。但也有个别项目在建设期就通过 ABS 盘活存量资产、降低融资成本、拓宽融资渠道。例如，2020 年 2 月，北控水务（中国）投资有限公司联合申万宏源证券在上海证券交易所成功发行“申万宏源—北控水务楚雄州亚行配套 PPP 项目资产支持专项计划”，项目规模 10.5 亿元，优先档 10 亿元，债项评级 AAA 级，期限 10 年期（不含权）。该项目既是北控水务首单 PPP 项目资产证券化（简称 PPP-ABS）业务，也是全市场首单建设期 PPP-ABS 业务。但需要说明的是，由于该 ABS 由北控水务作为保证人，核心增信不是现金流而是 AAA 级企业担保，严格来讲不能算作标准的 ABS。

第二节 结构化融资的应用

一、夹层融资工具的应用

与夹层融资相对应的是平层融资。平层融资和夹层融资之分，是融资工具在收益分配、风险承担方面是否有先后顺序。平层融资一般没有先后顺序，而夹层融资一般有先后顺序。平层和夹层的分类有广义和狭义的区别，广义的夹层融资包括两种：结构化融资中的优先级、公司融资中的优先股和永续债；狭义的夹层仅指结构化融资中的中间级。平层融资和夹层融资的不同主要体现在收益分配和风险承担的顺序上。平层融资在收益分配和风险承担方面没有先后顺序，所有投资者的顺序是一样的；而夹层融资则在收益分配和风险承担方面有先后顺序，优先级最先分配收益，中间级其次，劣后级再次（公司层面债权投资人最先分配收益，优先股股东其次，普通股股东最后）；风险承担则反过来，劣后级首先承担风险，中间级其次，优先级最后（公司层面普通股股东最先承担风险，优先股股东其次，债权人最后）。上述结构化融资中的基金、资产证券化等融资工具，体现的都是交易结构中的夹层，在此不赘述。这里主要介绍企业融资层面的夹层，即优先股和永续债。

（一）优先股

1. 优先股的主要特征

《布莱克法律词典》对优先股所下的定义是：一种给予其持有者对股利和剩余财产分配优先请求权的股份类别，这一股份通常没有表决权。《新帕尔格雷夫货币金融大辞典》对优先股定义为：既有股本权益的特点，又具有负债的特点，它通常具有固定的股利，并须在普通股股利之前被派发，而且在破产清算时，优先股对资产的主张先于普通股，但在债务主张之后。我国《优先股试点管理办法》（证监会令第 97 号）将优先股定义为“在一般规定的普通种类股份之外，另行规定的其他种类股份，其股份持有人优先于普通股股东分配公司利润和剩余财产，但参与公司决策管理等权利受到限制。”

综合上述，优先股不同于普通股的特点在于，以股份表决权的妥协换取了公司盈余利润分配和剩余财产分配上的优先权。同时，作为一种具有股权性质的证券，优先股的相对分配序位排在债权之后。因此，优先股通常被视为一种融合了普通股和债权特性的混合证券，其基本属性为股票，但是又具有明显的债权特性。因此，优先股有两个主要法律特征：一是分配权优先，优先股股东优先于普通股股东分配公司利润和剩余财产；二是管理权受限，即参与公司决策管理等权利受到限制。前一特征针对股权权能的财产权利，后一特征针对股份权能中的非财产权利，这也是与普通股的本质区别所在。总体上看，优先股具有“固定收益，先派息，先清偿，权利小”的特点。从这两个特征中，我们不难看出优先股的股东比较适合那些必须以股东身份进入公司，但又要求其出资优先于普通股股东获得回报、风险承担在普通股股东之后的财务投资人。因此，优先股通常被用作于资本市场并购中的财务融资，如上市公司大股东发行上市公司优先股，用于增持回购上市公司普通股，也适用于在“不得明股实债”的制度背景下的基础设施建设中，代社会资本出资项目资本金，但要求优先于其他股东（地方政府、社会资本）分配公司利润且不参与建设、运营的财务投资人。

按照《国务院关于开展优先股试点的指导意见》（国发〔2013〕46号）和《优先股试点管理办法》（证监会令第97号），公司可以发行强制分红的优先股，优先股的股东分红权得到法律保障，且优先股股东可按约定的票面股息率（可以是固定股息率，也可以是浮动股息率）优先于普通股股东分配公司利润。此外，若公司累计3个会计年度或连续2个会计年度未按约定支付优先股股息，优先股股东恢复表决权，其每股优先股股份享有公司章程规定的表决权。如果公司因本会计年度可分配利润不足而未向优先股股东足额派发股息，差额部分可以累积到下一会计年度。这些规定都对基础设施项目财务投资人（如银行理财）要求的稳定且相对固定收益提供了保障，也从法律上避免了股东陷入《关于进一步规范地方政府举债融资行为的通知》（财预〔2017〕50号）规定的明股实债和固定回报的违规境地。

2. 优先股应用存在的主要问题

优先股能够在一定程度上解决基础设施项目资本金融资中的社会资本寻求出表、金融机构寻求固定收益（约定股息）等问题，但也存在一些难以解决的如下问题：

（1）招投标程序导致无法发行优先股问题。例如，PPP项目，社会资本需要提前组成联合体并参与投标。金融机构若与社会资本组成联合体，成立项目公司时则是以普通股股东身份，无法在成立项目公司后发行优先股介入。

（2）项目收益不足、期限错配与回购困难问题。多数基础设施项目期限长，通常长达20～30年，参与的金融机构主要为银行理财，在资管新规“不得开展资金池业务”的要求下，资管产品与其资金期限通常无法满足如此长的期限。若缩短优先股期限（如优先股5年期），则面临两个问题：一是短期内项目收益不足，无法兑付优先股股息，无法让金融机构退出；二是优先股股东的提前退出只能是减资或回购，在有债务未清偿的情况下减资难度很大，回购则要求有实力的回购主体，基础设施项目的主要发起人都无法回购。政府方回购涉嫌变相举债，国有企业作为社会资本回购涉嫌明股实债，审计中会并表处理，民营资本的回购能力又难以被银行认可。正因为这些原因，优先股作为夹层融资工具尽管对基础设施项目资本金融资很有帮助，但无法大规模推广。

（二）永续债

1. 永续债的内涵及其监管

（1）永续债的定义。永续债（perpetual bond），也叫“可续期债”或“无期债券”。顾名思义，就是依照法定程序发行的，没有明确到期日，期限非常长（一般超过 30 年），按期支付利息，不享有剩余财产分配权的有价证券，与优先股一样是介于传统债券和普通股票之间的一种混合型证券。“债券之名，权益之实”是永续债的灵魂，债券发行方只需支付利息，在未确定到期日前，没有还本义务。实际操作中会附加赎回及利率调整条款。永续债一般以 3 年或 5 年为一个计价周期，在一个计价周期内该债券的利率锁定为一固定水平，发行人按该利率水平向投资者支付利息，在债券的每个计价周期末，发行人有权选择是否将债券赎回。

（2）永续债的监管。在永续债监管方面，从已经发行的永续工具看，可续期企业债由国家发展改革委监管；永续中票（长期含权中期票据）、可续期定向融资工具、永续次级债由人民银行/银行间交易商协会监管；可续期公司债券则由证监会/交易所监管。

从交易场所来看，可续期企业债、永续中票、可续期定向融资工具、永续次级债等主要在银行间市场发行和交易，而可续期公司债券则在交易所市场发行和交易。

在制度法规方面，主要是国家发展改革委对“可续期债券”的要求，而交易商协会对于“长期含权中期票据”并没有特别的要求。例如，国家发展改革委曾在地下综合管廊、养老、铁路建设等领域提倡采用永续债方式进行融资，典型的发行人有武汉地铁、北京首创集团、中电投、北京基础设施投资、南昌轨道、广州地铁和贵阳城市轨道交通等，而交易商协会并没有对永续债有领域上的指导，更多取决于发行人的自身安排。

2. 永续债的主要特征

根据国内外永续债的实践案例总结，永续债的主要特征包括以下七个方面：

（1）永续债属性。永续债是具有一定权益属性的债务工具。永续债券被称为“债券中的股票”。非金融企业发行的永续债在满足一定条件下可以在财务报表中体现为权益工具而非债务工具，符合会计准则权益工具定义，可以计入公司权益。虽然永续债具有一定的权益属性，但是其投资者并不能像普通股股东一样参与企业经营管理和利润分配。永续债券持有者除公司破产等原因外，一般不能要求公司偿还本金，而只能定期获取利息，因而也被市场称为最彻底的公司债。

（2）永续债期限与赎回。永续债没有明确的到期时间或者期限非常长。实务中，永续债一般都带有赎回条款，即发行人在条款约定的时间点或者时间段内拥有按某种价格赎回永续债的权利。例如，发行结束 3 年、5 年或 10 年以后开始设置发行人赎回权。不少永续债的赎回权还不止一个，赎回价一般为面值，有的还规定了最后赎回日，这使得多数永续债的实际存续期并非“永久”，甚至在第一个赎回点就被全部赎回的永续债也不少见。

（3）永续债利率。永续债的利率水平（票息）一般高于同级别的信用债，主要在 6％～9％之间，且随着利率市场的波动而波动。永续债的高票息使其对投资人颇具吸引力，并且多数永续债设置了所谓的“利率跳升”机制，或者叫利率调整条款。例如，首次赎回期一般设定在发行 5 年后，债券发行人大会表决是否应予以赎回。伴随赎回条款通常会设置利率调整条款，以应对赎回日后永续债未被赎回的情形。利率调整条款一般有两种形式：第一种是将固定利率调整为浮动利率，浮动利率基准通常参考伦敦同业拆借利率（london inter bankoffered rate，LIBOR）等；第二种是设置票息率“递升”。这样的安排实际上达到了促使发行人赎回债券的效果。

（4）永续债利息延迟支付。永续债的发行人可自主决定延迟支付利息或在一定条件下强制延迟支付利息，且一般还约定下列相关条款：延息累计/免除，即延迟的利息可约定累计（复利/单利），也可约定免除（有条件/无条件）。

（5）永续债清偿顺序。永续债的清偿顺序一般为次级债务，在一般债券之后，但优先于普通股与优先股，也有一些设置为与普通债权清偿顺序一致。我国发行的永续债多数无次级属性，即在发行时约定永续债券在破产清算时的清偿顺序等同于发行人所有其他待偿债务融资工具（或负债），即在破产状态下并不具有次级属性。

（6）永续债的股息推动/制动。永续债的发行人向清偿顺序相同或者靠后的证券派息时，必须向永续债券付息。永续债利息未获全额清偿前，清偿顺序相同或靠后的证券也不得派息。

此外，永续债违约方面，无任何事项（如票息延迟等）可构成发行人在永续债项下的违约/交叉违约。

3. 永续债与其他融资工具比较

永续债与一般债券、可转债、优先股、普通股等融资工具比较，具有如下特点，详见表 8-1。

表 8-1　　永续债与其他融资工具的比较

项目	永续债	一般债券	可转债	优先股	普通股
属性	混合性证券	债券	混合性证券	混合性证券	股票
期限	无明确到期日或期限很长，实际期限要短于优先股	有明确到期日	有明确到期日	无明确到期日	无明确到期日
票息	高于一般债券，可固定或浮动，多含票息率“跳升”机制	一般较低，定期发放，可固定或浮动	可固定或浮动，比一般债券更低	一般定期发放股息	不固定

续表

项目	永续债	一般债券	可转债	优先股	普通股
票息重置	是	否	否	否	否
清偿顺序	优于普通股和优先股	优于永续债和优先股	优于永续债和优先股	低于各类债券	剩余索取
违约事件	可自主决定延迟付息或强制付息	延迟付息即违约	延迟付息即违约	可自主决定支付，不构成违约	可自主决定延迟付息或强制付息
融资成本	低于优先股，高于普通债券	较低	低于一般债券	较高	高
会计处理	可计入权益	计入负债	计入负债或分拆计入负债/权益	可计入权益	可计入权益

4. 永续债在基础设施项目中的应用

永续债在基础设施结构化融资中的应用，主要体现在项目资本金融资中。

基础设施融资的难点在于资本金即股权融资。由于基础设施项目资本金财务性融资提供方主要是银行，而银行的资金主要是银行理财，理财资金来源于机构和自然人、投资人购买的理财产品，理财产品需要按季兑付收益。理财产品收益的按季兑付与基础设施项目资本金融资中股权只能通过分红、转让获得收益相矛盾，并且基础设施项目建设期和运营期初期没有利润，无法分红，也不能回购退出。为解决这一问题，2017 年之前一些 PPP 项目的资本金融资采取“小股大债”、股东借款充当项目资本金的方式。如某 PPP 项目总投资 100 亿元，项目资本金 20 亿元。投资人各方约定项目公司注册资本 2 亿元，其中政府方出资 0.4 亿元、社会资本方出资 0.4 亿元，银行理财通过基金出资 1.2 亿元，分别持股 20％、20％、60％，剩余的 18 亿元项目资本金由各股东按持股比例以股东借款方式借给项目公司，其中基金出资 10.8 亿元。由于是股东借款，因此项目公司需要对 10.8 亿元基金还本付息，从而满足银行理财按季兑付收益的问题。基金出资 1.2 亿元入股部分的利息，可通过提高 10.8 亿元股东借款利率的方式实现。

2017 年 11 月以来，中央加强项目资本金监管，财政部先后印发《关于规范金融企业对地方政府和国有企业投融资行为有关问题的通知》（财金〔2018〕23 号）、《财政部关于推进政府和社会资本合作规范发展的实施意见》（财金〔2019〕10 号）等文件，明确要求国有金融企业向参与地方建设的国有企业（含地方政府平台公司）或 PPP 项目提供融资，应按照“穿透原则”加强资本金审查，确保融资主体的资本金来源合法合规，融资项目应满足规定的资本金比例要求。这些文件叫停了股东借款充当项目资本金模式，要求项目资本金不得为债务性资金。2019 年 11 月，国务院印发《关于加强固定资产投资项目资本金管理的通知》（国发〔2019〕26 号），明确规定：“对基础设施领域和国家鼓励发展的行业，鼓励项目法人和项目投资方通过发行权益型、股权类金融工具，多渠道规范筹措投资项目资本金。”因此，永续债、优先股等权益型融资工具作为基础设施项目资本金成为可能。

由于永续债在未确定到期日时不作为负债，因此可以计入实收资本，从而用作项目资本金；又由于其为债券，不是股权，不需要稀释项目公司股权，因此比优先股更加灵活，可以在项目公司成立后再发行。同时，可以以“小股大永续”的模式，由社会资本和基金公司组成联合体，中标后出资时，少量资金进入注册资本，较多的资金以永续债计入项目公司的“其他权益工具—永续债”科目。例如，上述案例，基金出资 1.2 亿元进入注册资本，注册资本以外的 10.8 亿元出资不再充当股东借款，而是以永续债计入其他权益工具。这样，既可以作为项目资本金，又可以以债券方式获得日常利息的兑付。

永续债在基础设施项目结构化融资方面的应用示例如图 8-4 所示。

当然，即使是永续债，在基础设施项目资本金融资中也无法解决与优先股面临的同类问题，即收益不足、期限错配等问题，在此不赘述。

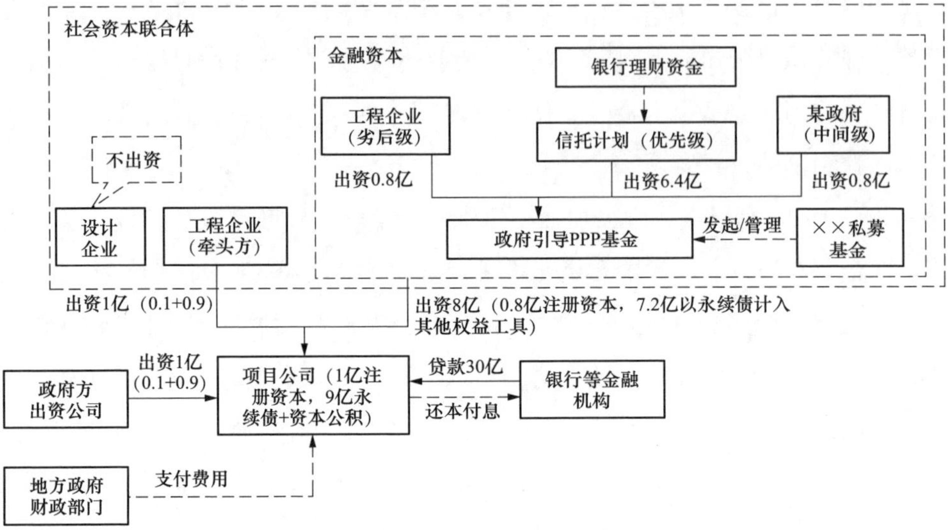

图 8-4 永续债在基础设施项目融资中的应用示例

二、各类金融机构的作用

（一）资金来源机构

结构化融资的资金来源机构很多，包括银行、保险、信托、公募基金、私募基金、证券公司、融资租赁、各类资产管理公司等。但是，多数机构只是“通道”，真正从资金源头上能满足基础设施项目规模大、期限长、收益低（融资成本低）的融资需求的，只能是能够进行公开募集的金融机构。在我国金融监管规定下，具有公募权利的金融机构主要是银行（吸收存款、销售理财）、保险和公募基金。公募基金受《证券投资基金法》限制，主要投资证券类产品，不能投资非上市公司股权。因此，能够担此重任的机构只有银行和保险公司。

1. 银行

在基础设施结构化融资中，银行是最主要的资金来源机构。银行的资金来源主要有三类：一是储户存款，主要用于表内发放贷款；二是销售理财，主要用于表外投资，用于基础设施结构化融资中的银行资金主要是理财资金；三是作为银行间债券市场的承销商，承销中期票据、信贷资产 ABS 等结构化融资产品，或者作为机构投资人，在银行间债券市场投资上述结构化产品。其中，第一类传统信贷对基础设施的支持主要是固定资产贷款，已经很成熟；第三类银行投资或承销结构化融资产品，由于投资和承销条件较高（通常要求信用评级达到AA＋以上），无法大规模开展。在此重点讨论的是第二类银行理财业务。

理财融资是银行表外融资的一种形式。理财融资的模式是：银行作为资本中介机构，对于借款人的借款需求，根据内部或外部进行主体评级、债项评级，并通过对借款人、所投项目的尽职调查，确定理财融资发行额度、增信措施、风控条件，制作相应的融资信息披露文件，并以公开或非公开定向（针对特定的投资人群体）的方式，向合格投资人发售，银行将投资人购买理财产品而募集的资金，通过委托贷款借给借款人，或者通过信托计划、资管计划的形式投资信托、私募基金，从而投资项目公司股权。

在理财融资中，银行的角色不仅仅是信息中介，还发挥着信用中介的作用。投资人投资理财产品时，对所投资的企业或项目知之甚少，更多的是出于对银行的信任，银行在理财融资中提供的支持还包括银行的信用和声誉。因此，多数银行（尤其是大型国有银行）将理财融资业务的风控管理纳入“统一授信”体系，要求理财融资的风控标准与表内信贷业务等同，甚至高于表内授信业务。风控条件高，对项目筛选严格，也决定了能够通过银行理财进行融资的项目应是风险相对较低、收益不高但稳定，正是这一点，使银行理财与具有此类特征的基础设施项目“不谋而合”，形成对接。

资管新规出台前，银行理财融资发展非常迅猛，大有赶超传统贷款融资的趋势。由于理财融资较为灵活，可股可债（通过嵌套信托方式投股权），且不占用银行的信贷额度，可以作为标准债权产品（如公司债、企业债）和非标产品（如信托、资管计划、私募基金）的主要工具，是包括PPP项目在内的基础设施项目结构化融资的主要资金来源。

银行理财最大的优势在于其资金池。理财投资人的期限偏好通常是中短期，一般为1年以内。基础设施项目的融资人的期限偏好通常是长期，一般至少5年以上。理财资金池即银行建立的一个资金“蓄水池”，所有理财产品发行募集的资金不论期限长短都进入资金池。需要融资的项目审批通过后，直接从资金池"放水"给融资人或SPV。只要池中有"水"，到期的理财产品的还本付息资金就从池中抽出，不需要中长期未到期的项目提前清偿。理财资金池这一特征和优势，有效解决了投资人与融资人之间的金额错配、期限错配的问题，也让理财资金成为基础设施结构化融资的主力军成为可能。

2018年4月，中国人民银行等四部门联合印发《关于规范金融机构资产管理业务的指导意见》（银发〔2018〕106号）这一资管新规文件要求"不得建立资金池"，对银行理财产生较大影响。《中国银行业理财市场年度报告（2020年）》显示，截至2020年末，我国350家银行业金融机构存续理财产品共计3.9万只，存续余额25.9万亿元，全部银行理财产品投资各类资产余额22.21万亿元，较2017年年底的29.54万亿的高峰有较大幅度下降，其中理财产品通过各类资管产品嵌套投资规模为8.93万亿元。

2. 保险

保险资金参与基础设施项目建设始于2006年3月保监会下发《保险资金间接投资基础设施项目试点管理办法》（中国保险监督管理委员会令2006年第1号）。2012年以来，保监部门先后印发了《基础设施债权投资计划管理暂行规定》（保监发〔2012〕92号）、《保险资金间接投资基础设施项目管理办法》（主席令〔2016〕2号）、《保监会关于保险资金投资政府和社会资本合作项目有关事项的通知》（保监发〔2017〕41号）、《保监会关于保险业支持实体经济发展的指导意见》（保监发〔2017〕42号）、《保监会关于债权投资计划投资重大工程有关事项的通知》（保监资金〔2017〕135号）、《保险资金运用管理办法》（保监会令2018年第1号）和《保监会关于保险资金设立股权投资计划有关事项的通知》（保监资金〔2017〕282号）等文件。保险资金参与基础设施建设的政策是鼓励的，路径是畅通的。

基于保险资金的特征，保险资金（尤其是寿险和养老险）可投资期限长（可达30年），资金规模大（动辄几十亿元、上百亿元），这两项优势甚至银行都无法比拟，与基础设施项目特点匹配度高，理应是基础设施建设项目、PPP项目的重要资金来源。但实践上并非如此。保险资金投资基础设施项目，一般有三种形式：一是通过设立“保险资金债权投资计划”，对项目提供债权资金支持，这种业务始于2006年；二是保险资金直接投资购买项目资产或公司股权，通常对项目收益率要求高；三是《保监会关于保险资金设立股权投资计划有关事项的通知》（保监资金〔2017〕282号）文件以后，通过设立“保险资金股权投资计划”或者投资其他资管产品（信托、私募基金）投资项目公司股权。目前，股权投资计划较少，2018年前保险公司投资股权基本是直接投资，按照制度规定，只能投资商业不动产、金融机构股权等，在基础设施领域的股权投资少之又少，只有类似京沪高铁之类的重大项目因其重要战略地位而有一定投资。

在基础设施领域，保险资金更多的应用是第一种，即基础设施债权投资计划。基础设施债权投资计划有两个特征：一是为债权，不能做项目资本金，类似于银行固定资产贷款的角色，也就是说，不做债权投资计划也可以向银行申请贷款获得资金；二是保险债权投资计划的风险控制要求严格。根据银保监会的统计，保险资金债权投资的偿债主体以大型企业为主，除国家信用外，90%以上都有大型企业或银行担保。正因为如此，理论上保险资金是除银行外的基础设施结构化融资的另一主要资金来源。但事实上，目前保险资金在基础设施项目融资中的作用发挥非常有限。

（二）资产管理机构

本部分论述的资产管理机构及其资管产品，主要是私募资管机构和资管产品，具有公募特征的银行、保险和公募基金等资管机构、资管产品已在上文有所论述。资产管理机构中的资产，在金融领域主要指“资金”。私募资产管理机构主要包括保险资管公司、基金管理公司、信托公司、证券公司等，其结构化融资产品则为保险资管计划（包括债权投资计划、股权投资计划）、私募基金（有限合伙制和契约制）、信托计划、券商资管计划等。

如前所述，由于基础设施结构化融资金额大、期限长、收益低等特征，私募资管机构通常不是“一手”资金的来源方，而只是“通道”和管理人。换句话说，资管机构不是资金方，只是中介，是具有专业技术的中介，其作用在于设计符合不同资金方投资偏好、满足不同项目的融资需求的融资结构，以实现

“有钱人投资、缺钱人融资”的目的。

尽管资产管理机构很多，但功能基本类似，都是通过设立分层、分级、设立SPV的结构化方式，实现投资与融资的目的。不同的是，证券公司的产品是券商资管计划，信托公司的产品是信托计划，私募基金的产品主要是契约型基金和有限合伙制基金（第三种公司制基金税负较高，很少采用），保险资管公司的产品是基础设施债权投资计划和股权投资计划。其中，券商资管计划、信托计划、债权投资计划、股权投资计划、契约型基金的组织形式都是信托，按照信托原理和相关法规制度，通过信托形式设立的SPV进行投资和管理；有限合伙制基金的组织形式是有限合伙企业，按照合伙企业法执行。下面介绍两种结构化融资的交易结构。

1. 双GP、双劣后结构化基金模式

图8-5为双GP、双劣后结构化基金模式案例。

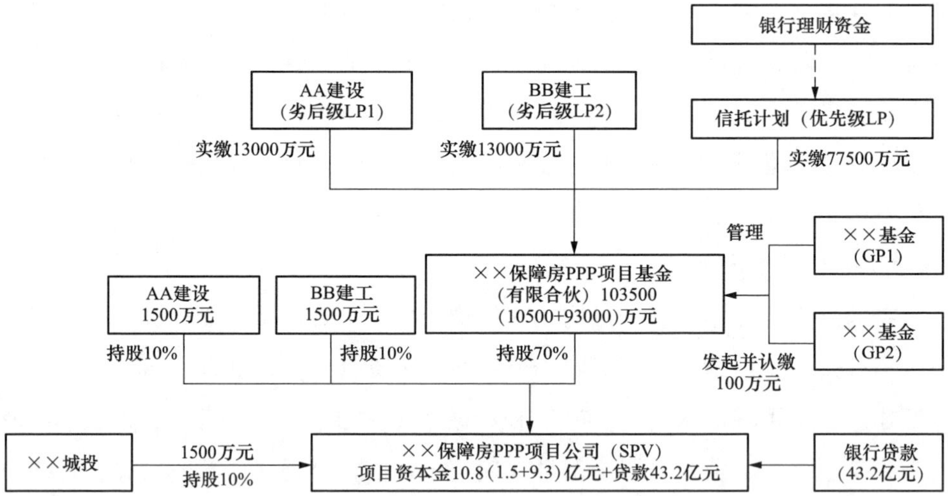

图8-5 双GP、双劣后结构化基金模式案例

2. 远期认缴结构化基金模式

兵无常势，水无常形。图8-6为远期认缴结构化基金模式案例。根据监管制度的变化，投资人的不同诉求，融资人的不同目的，结构化融资的融资结构呈千变万化。例如，在2017年PPP严监管制度出台前，为解决社会资本出

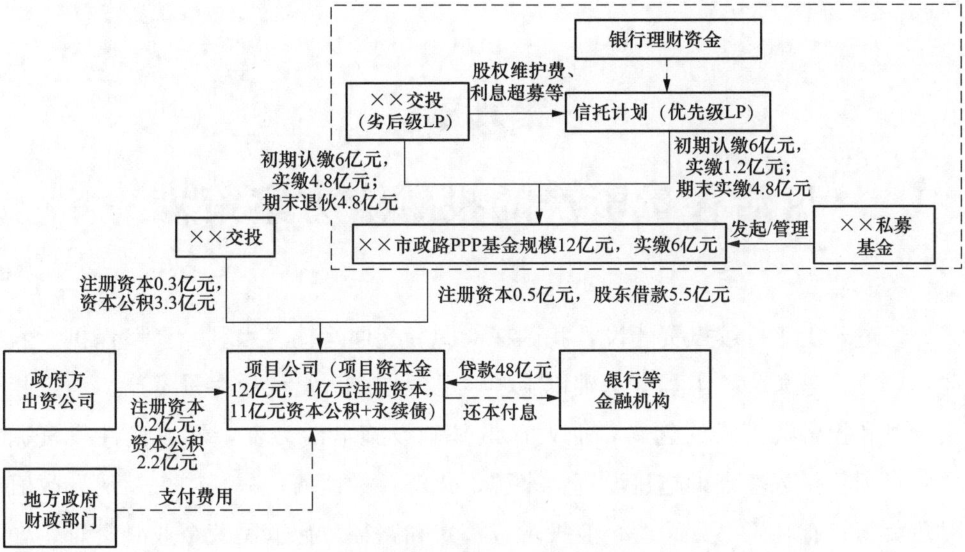

图 8-6　远期认缴结构化基金模式案例

表、银行理财资金通过基金持股但又按季兑付等现实需求，PPP 项目资本金结构化融资出现了“小股大债（股东借款）”“小股大永续（债）”“双 GP 双劣后”“远期认缴”等多种模式。在 2017 年 PPP 严监管和 2018 年资管新规出台之后，多数模式无法满足既合规又有效的诉求。今后，随着政策制度进一步深化完善，结构化融资的模式还将继续演变，与时俱进。

第九章

盘活存量资产的投融资方案策划

经过若干年持续投资建设，我国在能源、交通运输、水利、环境保护、农业、林业、重大市政工程等基础设施领域已经形成大量优质存量资产。通过相关政策和投融资模式的创新，加大存量基础设施盘活力度，形成良性投资循环，有利于拓宽基础设施建设资金来源，化解存量债务，减轻中央及地方政府财政负担；有利于丰富民营企业投融资模式和路径，化解民营企业融资难、融资贵的问题，更好地吸引和容纳民间资本进入基础设施和公共服务领域；有利于吸引具有较强运营能力的社会资本，提高基础设施项目运营效率，降低运营成本；有利于推进国有企业混合所有制改革，促进各种所有制经济共同发展；有利于加快补齐基础设施短板，推进供给侧结构性改革。

第一节　盘活存量资产的路径选择

根据资产归属不同，存量资产可分为两大类：一类是政府存量资产；另一类是企业存量资产。前者指由政府或其职能部门实际拥有产权的资产；后者指国有企业或平台公司实际拥有产权的资产。盘活存量资产的路径主要包括并购重组、资本市场融资和 PPP 与特许经营权益转让。其中，并购重组模式主要用于企业存量资产盘活；PPP 与特许经营权益转让模式主要用于政府存量资产盘活；资本市场融资模式可以用于政府存量资产及企业存量资产，但实践中为了便于资本运作，往往先将政府存量资产转变为企业存量资产后进行运作。

一、盘活存量资产和再融资

（一）存量资产的主要类型及特征

存量资产指过去的交易、经济业务或者事项形成的、由政府或社会资本投资所形成的，由各级行政事业单位、各类企业拥有、控制或使用的，能以货币计量的实物资产、无形资产和其他公共资产等各种经济资源的总称，通常包括建筑物、机械设备及无形资产等。存量资产可以按照不同的标准进行分类。

1. 按资产的流动性划分

按资产的流动性，存量资产可划分为：存量流动资产和存量非流动资产。

存量流动资产指预计在一个正常会计周期中变现、出售或者耗用，或者主要为交易目的而持有，或者预计在一个会计周期内变现的资产，以及清偿负债的能力不受限制的现金或现金等价物。其主要特点有：一是周转速度快，循环周期短；二是变现能力强；三是占用量具有波动性。存量流动资产主要包括货币资金、应收票据及应收账款、预付款项、存货等。存量非流动资产指存量流动资产以外的存量资产，具有占用资金多、周转速度慢、变现能力差等特点，主要包括固定资产、在建工程、长期股权投资、无形资产等。

2. 按资产的可辨认性划分

按资产的可辨认性，存量资产可划分为：可辨认存量资产和不可辨认存量资产。可辨认存量资产应当满足下列两个条件之一：一是能够从权利主体中分离或者划分出来，并能单独或者与相关合同、资产或负债一起，用于出售、转移、授予许可、租赁或者交换；二是源自合同性权利或其他法定权利，无论这些权利是否可以从企业或其他权利和义务中转移或者分离。除此之外的资产，为不可辨认存量资产，常指商誉。

3. 按资产的组合形式划分

按资产的组合形式，存量资产可划分为：单项存量资产、存量资产组合和整体企业（或单位）资产。单项存量资产包括存量无形资产、不动产、机器设备及其他动产等。存量资产组合指由多项存量资产按照特定的目的，为实现特定功能而组成的有机整体。整体企业（或单位）实际就是一个或多个业务资产的组合，通常指其权益。

4. 按资产提供的产品或服务性质划分

按资产提供的产品或服务性质，存量资产可分为：公益性存量资产、准经营性存量资产和经营性存量资产。

（1）公益性存量资产。属于纯公共产品或服务，如道路、城市公园、绿地、消防及各种防灾工程设施等存量资产。这些设施提供的服务具有以下特征：①服务对象不具选择性，凡在区域内通行、工作、生活的人们都可无差别享受其带来的便利和服务；②服务内容不可减少性，即不会因为使用而造成总量的减少；③服务形式不具有个人消费性，大部分以公共消费的形式无偿提供。

（2）准经营性存量资产。一般指介于公共消费与私人消费之间的产品或服务，如废弃物收集、公共交通设施等基础设施资产。由于存在较强的外部效应和资产的不可分性，所以具有准公益性的特性。同时，此类项目可以向使用者适当收取费用，但难以弥补全生命周期投入和运营的成本并取得合理回报，而需依靠财政补助或特定政策加持方能保障项目的可持续实施，因此也具有准经营性的特点。

（3）经营性存量资产。此类资产具有明显的私人物品性质，市场竞争性强，如供水、供热、供电、通信、房地产等领域资产，投入成本补偿能力较强，在一定条件下具有盈利属性，属于可经营性范围。经营性存量资产提供的产品或服务属于私人消费，可以向使用者收费。因此，这一类资产通常由市场提供，具备完全或有限的竞争性。

5. 按资产所属行业领域划分

按资产所属行业领域，存量资产可划分为：①能源类，如电力、新能源、石油、天然气储备设施等；②交通运输类，如高速公路、铁路、港口、机场等；③水利类，如引水工程、供水工程、灌区工程等；④环境保护类，如固废治理、危险废弃物治理等；⑤农业类，如高标准农田、现代渔港、农业废弃物资源化利用等；⑥林业类，防护林、国家储备林、森林公园等；⑦市政工程类，如城市供水、供热、供气、污水垃圾处理、地下综合管廊、园区基础设施及公共停车场等；⑧医疗卫生类；⑨科教文体类；⑩旅游类；⑪社会保障类；⑫其他类。

（二）盘活存量资产与新增项目投融资计划的衔接

对于国有资产而言，在盘活存量资产的同时，还应注重与新增项目投融资计划的衔接。通过科学计划、分类实施、规范管理、加强协同合作，规范有序盘活基础设施存量资产，最终实现投融资层面的良性循环。

1. 科学计划

应当根据国家及地区发展的重大战略、发展规划、各行业专项建设规划、重大工程和项目等部署要求，同时统筹考虑本地区、本行业及企业自身发展需求，对盘活存量资产与新增项目投融资计划进行有效统筹。

2. 分类实施

可根据资产或项目类型、资产规模、投资规模、项目建设阶段，以及当地实际情况和项目特点，采取项目全部或部分捆绑等方式，分类、分期、分主体组织实施。

3. 规范管理

对于存量资产回收的资金，应当明确其使用的领域、方式、目标及时间表等；对于盘活存量资产与新增项目投融资计划的衔接，应当有清晰的衔接程序和操作指南。

4. 加强协同合作

应当建立存量资产盘活协同工作机制，强化组织领导和统筹协调。相关部门应按照政府统一部署和职责分工，主动与行业管理、国资、财税、国土、环保等部门加强衔接，形成合力，减少相关法律法规及政策冲突可能带来的合规障碍，共同推进盘活存量资产工作。

（三）基础设施项目周期中的再融资

我国对再融资概念的理解较为狭义，一般指上市公司通过配股、增发和发行可转换债券等方式在证券市场上进行的直接融资。而在国外，再融资的概念则相对广泛，凡是用与现有融资条件不同的债务来补充或替代现有债务的行为都可以称之为再融资，在实务层面应用也十分广泛，形式多样。基础设施项目周期中的再融资指为实现特定的融资目标，基础设施项目在初始融资完成后对融资条件和融资工具进行调整的再融资行为。再融资通常由基础设施项目的投资人或为此项目专门设立的项目公司主导，同时涉及政府公共部门和资金提供者，如银行、投行、民营资本等。

1. 再融资分类

根据基础设施项目在初始融资阶段是否已经考虑再融资并作出相应的安

排，可以将再融资分为计划内再融资和计划外再融资。

（1）计划内再融资。基础设施项目计划内再融资，指在进行初始融资阶段就已考虑项目后期可能需要进行再融资，并在相关协议中做出了相应安排的再融资行为。例如，考虑、项目在建设期和运营期的风险差异，故在项目进入正式运营期后并满足一定条件的情况下启动计划内的再融资。

（2）计划外再融资。基础设施项目计划外再融资，指在进行初始融资阶段未考虑，且在相关协议中也未做相应安排的再融资行为。通常是外部环境变化引起的必要应对措施。例如，贷款利率大幅下调或相关融资政策或其他重要条件发生变化等。

2. 再融资方式

基础设施项目进行的再融资方式可简单划分为三类：变更融资条件、变更融资工具和重组项目公司。

（1）变更融资条件。主要用在通过贷款来进行融资的基础设施项目。例如，增加或减少贷款数额、延长或缩短还款期限、改变还款安排、降低还款利息等。

（2）变更融资工具。主要是在考虑当前运营和预期收益的情况下，采用新的融资工具或者调整融资渠道来进行融资。例如，发行可转换债券和 REITs 等。变更融资工具可能会引起资金提供者变更。

（3）重组项目公司。重组项目公司就是打破原有的公司组织结构来进行融资。例如，转让或者买卖股权、变更公司法人或实际控制人等。

3. 再融资模式及工具

基础设施项目周期中的再融资模式/工具包括但不限于：资产证券化（ABS）、基础设施不动产信托投资基金（REITs）、政府和社会资本合作（PPP）、企业并购重组及产权上市交易等。

（1）资产证券化（ABS）。资产证券化指以基础资产未来所产生的现金流为偿付支持，通过结构化设计进行信用增级，在此基础上发行资产支持证券的过程。它是以特定资产组合或特定现金流为支持，发行可交易证券的一种融资形式。

2016 年，国家发展改革委、证监会印发《关于推进传统基础设施领域政府和社会资本合作（PPP）项目资产证券化相关工作的通知》（发改投资〔2016〕

2698 号)，提出资产证券化是基础设施领域重要融资方式之一，对盘活 PPP 项目存量资产、加快社会投资者的资金回收、吸引更多社会资本参与 PPP 项目建设具有重要意义。各省级发展和改革委员会与证监会当地派出机构及上海、深圳证券交易所等单位应加强合作，充分依托资本市场，积极推进符合条件的 PPP 项目通过资产证券化方式实现市场化融资，提高资金使用效率，更好地支持传统基础设施项目建设。

(2) 基础设施不动产信托投资基金（REITs)。REITs 是一种以发行收益凭证的方式汇集特定多数投资者的资金，由专门投资机构进行不动产投资经营管理，并将投资综合收益按比例分配给投资者的信托基金。REITs 起源于 20 世纪 60 年代的美国，目前在全球近 40 个国家和地区得到快速发展，总市值超过 2 万亿美元。诞生之初，REITs 投资标的主要为传统意义上的房地产，但随着市场的发展，REITs 或类似产品在海外基础设施领域（主要包括交通运输、机场、港口、桥梁、通信、水利及城市供排水供气和供电设施等）亦得到广泛应用，包括美国业主有限合作（master limited partnership，MLP)、澳洲上市基础设施基金有限责任合作（listed infrastructure fund，LLP）等，印度还专门就基础设施投资信托基金（InvITs）推出了专项法规。

北京大学光华管理学院 REITs 课题组发布《中国基础设施 REITs 创新发展研究》指出，中国基础设施存量规模超过 100 万亿元，若仅将 1%进行证券化，即可撑起一个万亿规模的基础设施 REITs 市场。同时，发展基础设施 REITs 的重要意义在于：一方面，可以盘活存量资产，降低宏观杠杆率，化解地方债务风险；另一方面，可为社会资本提供多种可供选择的退出方式，起到基础设施项目定价的锚定作用，普通投资者也能够共享基础设施投资的收益。

REITs 与 ABS 都是通过基础设施项目未来现金流证券化的方式，将未来的收益变现，并达到盘活存量资产的目的。这两种方式不仅将流动性较差的基础设施项目资产变成标准的、流动性高的资产，还能够有效与资本市场进行对接，是盘活存量资产最为理想的方式之一。REITs 属于广义的 ABS，和狭义的 ABS 相比，REITs 属于权益性的融资工具，更符合基础设施投融资领域防风险、降杠杆的政策环境和经济背景。

（3）政府和社会资本合作（PPP）。政府和社会资本合作（PPP）模式指政府为增强公共产品和服务供给能力、提高供给效率，通过特许经营、购买服务、股权合作等方式，与社会资本建立的利益共享、风险分担及长期合作关系。

2017年，国家发展改革委印发《关于加快运用PPP模式盘活基础设施存量资产有关工作的通知》（发改投资〔2017〕1266号），提出对拟采取PPP模式的存量基础设施项目，根据项目特点和具体情况，可通过转让—运营—移交（TOT）、改建—运营—移交（ROT）、转让—拥有—运营（TOO）、委托运营、股权合作等多种方式，将项目的资产所有权、股权、经营权、收费权等转让给社会资本。对已经采取PPP模式且政府方在项目公司中占有股份的存量基础设施项目，可通过股权转让等方式，将政府方持有的股权部分或全部转让给项目的社会资本方或其他投资人。对在建的基础设施项目，也可积极探索推进PPP模式，引入社会资本负责项目的投资、建设、运营和管理，减少项目前期推进困难等障碍，更好地吸引社会资本特别是民间资本进入。

与REITs、ABS相比，PPP属于"一对一（包括联合体）"的资源或资产盘活，即一般只有一个或少数几个社会资本方参与项目，而REITs、ABS借助标准化产品的设计，可以吸引众多投资者参与。因此，以PPP方式盘活存量资产更适用于情况比较复杂，需要场外交易的项目。

（4）企业并购重组。并购重组指企业基于经营战略考虑对企业股权、资产、负债进行的收购、出售、分立、合并、置换活动，表现为资产与债务重组、收购与兼并、破产与清算、股权或产权转让、资产或债权出售、企业改制与股份制改造、管理层及员工持股或股权激励、债转股与股转债、资本结构与治理结构调整等。

并购重组是盘活资产的重要途径之一。同时，也可以通过项目并购和重组方式，盘活基础设施项目股权、提高项目资产流动性。现阶段，我国并购融资多采用现金收购或股权收购支付方式。发行新股或实施配股权是企业并购常用的融资方式，但受限于股市扩容规模限制及公司上市规则限制。发行公司债券，包括可转换债券，也是可使用的融资方式，但也要求发行公司债券主体的资产规模、负债、偿债能力方面达到一定标准，同时还需视具体情况，要求发债主体提供各类外部增信安排。

（5）产权上市交易。相对于以上四种方式，产权上市交易方式属于较为传统的存量资产盘活方式。通过进入产权交易所交易，基础设施项目原始权益人能够顺利将名下资产转让出去，获取相应的对价。

二、存量资产的并购重组

并购即兼并和收购，一般指在市场机制作用下，特定企业为了获得其他企业的控制权而进行的产权交易活动；重组指的是显著改变企业组织形式、经营范围或经营方式的计划实施行为，包括出售或终止企业的部分经营业务（资产剥离等）、调整企业的组织结构、关闭企业的部分营业场所等。一般来说，并购行为均伴随着重组，这种重组形式属于外部重组，除此之外，还有内部重组，指的是企业将其内部资产进行重新调整和配置以实现优化的目的，属于企业内部经营和管理行为，与其他主体之间不会发生产权转移或法律权责义务关系。

除了推动企业间的合作，并购重组也是盘活存量资产，促进企业转型升级的重要抓手。其主要优势体现在以下方面：一是解决资金困难，组织并购的企业为被并购的企业注入资本，解决存在的资金短缺问题，激活存量资产，恢复其正常盈利能力；二是化解存量债务，解决企业存在债务压力大，财务成本高等问题。实施并购重组之后，由参与并购的企业承担其全部或部分现有债务，从而化解被并购企业的债务危机，降低其财务成本，使其现金流状况转好；三是产业结构转型升级，并购重组能够淘汰落后的产能，结合并购方与被并购方的优势，完善生产配套条件，加快并购后企业转型升级；四是经营管理水平提升，不少国有企业存在经营管理制度落后，未能完全建立现代企业制度，管理松散等问题，通过并购重组引入实力较强、经营管理水平较高的股东或其他合作伙伴，能够直接改善原企业的经营状况，使其经营管理水平实现飞跃，进而产生更好的效益；五是税收优惠，据《财政部、国家税务总局关于企业重组业务企业所得税处理若干问题的通知》（财税〔2009〕59 号）、《财政部、国家税务总局关于促进企业重组有关企业所得税处理问题的通知》（财税〔2014〕109 号）等政策，对符合条件的股权收购和资产收购、合并分立等重组业务，给予递延纳税的特殊性税务处理待遇。

运用并购重组模式盘活存量资产可以分为两个阶段：第一阶段是内部梳理盘活存量资产，剥离部分资产。第二阶段是启动资本运作，完成并购重组。第一阶段属于企业内部重组，第二阶段属于外部并购。

（一）存量资产重组盘活要点

国有企业在发展过程中由于自身业务发展的需要，或作为地方政府平台公司承担基础设施建设职能的原因，积累了大量闲置低效的存量资产。这些资产数量种类庞杂，导致企业资源浪费、成本压力大、盈利水平低，严重制约企业进一步的发展，进而给地方财政带来潜在的负担。2016 年 10 月，国务院发布《关于积极稳妥降低企业杠杆率的意见》，要求“多措并举盘活企业存量资产”。分类梳理存量资产，摸清家底是企业开展并购重组工作的第一步。

企业的存量资产主要有闲置土地、厂房仓库、闲置商业地产等。

1. 土地

土地盘活主要有以下几方面难点：

（1）土地权属归属不清晰。如相关资产是抵押所得，企业没有及时办理确权手续，取得时间早，相关证明文件不齐备，土地因长期闲置而被占用等情况都可能导致土地权属不清晰。应当及早根据具体情况补办土地权属确认手续，以便后续合规处置。

（2）土地性质导致利用困难。典型情况如划拨用地不能直接用于经营开发或转让，在政策允许的情况下，可补缴土地出让收入转变土地性质，使土地可以被独立地支配和处置，进而开展投资转让出租等活动。

（3）土地规划与存量土地的实际用途冲突，或者地方对土地规划及用途尚未明确。此种情况需要制订相关的开发方案，调整规划，通过土地置换等方式盘活存量闲置土地。对于部分已建立城市更新制度的城市，可将存量土地纳入城市更新单元中，重新编制城市更新规划，统一规划与实际用途。

（4）自身开发能力不足，部分企业自身不具备土地开发能力。此时，应当首先对持有土地价值进行合理判断，综合考虑持有成本、开发成本、出让价值等，选择出让剥离土地资产或是联合开发方式。如采用联合开发方式，优质的存量土地资产可以作为企业进行重组和寻求外部资源的重要筹码。

2. 厂房仓库及商业地产

可通过城市更新方式将旧厂改造为写字楼、连锁酒店、创意园区等。涉及用途变更，需要根据地方政策确定是否需调整土地规划用途。以养老服务设施用地为例，《南京市养老服务设施规划建设管理办法（试行）》中提出：改造利用现有闲置厂房、社区用房等兴办养老服务设施，符合《划拨用地目录》且连续经营 1 年以上，5 年内可不增收土地年租金或土地收益差价，土地使用性质也可暂不做变更。此外，对区位要求不高的企业还可以通过资产置换的方式，把区位较好的厂房置换出来，在区位等级较低的地方重新建设，获取级差地租。相关收益可以用于提升工艺水平，完善配套基础设施。商业地产改造方面，有商场改造长租公寓，改造写字楼等实操方式，其要点在于设施更新升级，提升原有物业价值和吸引力，进而提升收益水平，实现盘活。

（二）并购重组的典型模式及案例

按照并购重组的交易方式，并购重组可分为产权和股权两个大类。产权类并购重组指通过收购、债务承担、交换等方式变更资产权属的模式；股权类并购重组指通过收购、债务承担、交换等方式变更被并购方或并购方股权结构的模式，两类并购重组的典型操作模式介绍如下。

1. 产权类

（1）完全接纳并购重组。即把被并购企业的资产与债务整体吸收，之后再进行资产剥离，存量资产盘活，清算不良资产等系列重组工作，最终实现扭亏为盈。这种方式要求双方产业链兼容性强，能实现优势互补，经常出现在同行业竞争对手或产业链上下游企业之间。因此，往往能起到减少竞争成本，打造完整产业链的效果，加上企业由于并购规模增大、生产能力提升，在市场上的竞争能力将大幅加强。

1995 年 8 月 28 日，全国最大的化纤生产企业仪征化纤以担保债务方式与佛山市政府正式签约，以为佛山化纤 10.81 亿元人民币债务提供担保的形式，获得了后者的全部产权，并 3 年付清 9400 万元土地使用费。并购后，仪征化纤少了一个竞争对手，扩大了整体规模，实现了双方优势互补。这种承债式的并购方式直接化解了企业的存量债务，对于企业财务状况起到巨大的改善作用，让被并购企业焕发了新的生机。

（2）剥离不良资产，授让全部优质资产，原企业注销。并购方只接纳被并购企业的资产、技术及部分人员，其他员工通过出让金进行安置。这种方式的主要目标在于被并购方的优质资产，因此需要并购方具备一定的资金实力，且并购过程中一般不承担对方的债务。

哈尔滨龙滨酒厂连年亏损，1995 年资产总额为 1.4 亿元。三九集团在征得哈尔滨市政府同意后，出资买断了该酒厂的全部产权，而新建一个类似的酒厂，至少需要 2 亿元以上的投资和 3 年左右的时间，才能将原有的存量资产得以盘活运营，一举两得。

（3）资产置换式重组。资产置换式重组指用对企业发展用处不大的冗余资产来置换企业发展所需的资产，从而起到优化企业资产结构的目的。钢运公司是上海交运集团公司控股的上市公司，由于该公司长期经营不善，历年来一直业绩不佳。1997 年 12 月，上海交运集团公司将其属下的优质资产——全资子公司交机总厂和上海交运集团公司持有的高客公司 51%的股权与钢运公司经评估后的资产进行等值置换，置换价 10841.4019 万元，差额 1690 万元作为钢运公司对上海交运集团公司的负债，从而达到钢运公司的产业结构和经营结构战略转移的目的，上海交运集团公司也因经营范围的彻底转变而更名为交运股份。

资产置换式重组的好处在于：一是并购企业间可以不出现大规模现金流动，大大降低了并购成本；二是可以有效进行存量资产调整，且不涉及企业控制权的改变。资产置换式重组的主要局限性在于，当信息交流不充分时，难以寻找到合适的置换对手。

2. 股权类

（1）流通股转让。公众流通股转让又称为公开市场并购，即并购方通过二级市场收购上市公司的股票，从而获得上市公司控制权的行为。例如“宝万之争”中的宝能就是通过大量购买二级市场股票的方式尝试获取万科的控制权。因这类方式与存量资产盘活没有直接关系，这里不做详细介绍。

（2）非流通股转让。非流通股权转让一般指国家股和法人股转让。股权转让既可以是上市公司向非上市公司转让股权，也可以是非上市公司向上市公司转让股权。从可行性、易操作性和经济性而言，这一模式具有较为明显的优势：交易标的是界定明确、转让方便的股权，交易成本较低，公告程序较为简洁，比二级市场收购出现的频率高很多，经常用于借壳上市。

（3）吸收股份并购模式。被兼并企业的所有者将被兼并企业的净资产作为股本金投入并购方，成为并购方的一个股东。并购后，目标企业的法人主体地位不复存在。将被兼并方的资产通过股份形式吸收过来，被兼并方成为新股东，其资产也归属到并购方名下。

1996 年 12 月，上海实业的控股母公司以属下的上海汇众汽车制造有限公司、上海交通电器公司、光明乳业股份有限公司及东方商厦有限公司等五项资产折价 31.8 亿港元注入上海实业，认购上海实业新股 1.62 亿股，每股作价 19.5 港元。此举壮大了上海实业的资本实力，且不涉及资本转移。这种方式的好处在于：一是并购过程不涉及现金流动，可以节省融资成本；二是常用控股母公司将属下资产通过上市子公司借壳上市，可以规避现行市场的额度管理，也可视作一种存量资产盘活的方式，将其作价出资至更具活力的上市公司主体。

（4）以债权换股权模式。并购企业将过去对并购企业负债无力偿还的企业的不良债权作为对该企业的投资转换为股权。如有需要，再进一步追加投资以达到控股目的。债转股的主导方经常是金融资产管理公司，作为投资的主体将商业银行原有的不良信贷资产即企业的债务转为金融资产管理公司对企业的股权。债转股可以盘活银行不良资产，转换为企业的股权，进而通过金融资产管理公司参与企业管理，推动企业重组，改变单一僵化的国有资本结构，增加国有企业的活力。我国《公司法》规定，以债权出资不再被明令禁止。《公司债权转股权登记管理办法》规定，公司登记机关应当将债权转股权对应出资的出资方式登记为“债权转股权出资”。

辽宁华锦通达股份有限公司（简称辽通化工）是辽宁辽河集团和深圳通达化工总公司共同发起设立的企业，其中辽宁辽河集团以其属下骨干企业辽河化肥厂的经营性资产作为发起人的出资。锦西天然气化工有限责任公司（简称锦天化）是一个完全靠贷款和集资起家的企业，由于经营管理不善，企业背上了沉重的债务负担。但锦天化规模较大，生产设备 20 世纪 90 年代属于国际先进水平，恰可作为辽河化肥厂生产设备的升级。1995 年年底，辽宁辽河集团以承担 6 亿元债务的方式，先行收购锦天化，此后辽宁辽河集团以债转股方式，将锦天化改组为有限责任公司，辽通化工在 1997 年 1 月上市后，将募集的资金全面收购改组后的锦天化。

这种方式的好处在于并购方对企业债转股后获得了持股权，可借此参与或控制企业，进行资产重组，从更深层、更根本的企业体制改革入手解决不良负债问题。对债转股企业的控股重组，由弱至强，大致有三种情况：

1）减轻企业债务负担。企业债务负担减轻，利息成本支出减少，资产负债状况改善，有可能扭转亏损，使所持股权变成优良股权，实现减轻不良资产损失的目标。但如果企业经营机制不改进，企业债务负担靠债转股而减轻，易于产生贷款约束软化的趋势，还可能产生新的亏损和不良负债；即使扭亏为盈，也主要是因为享受免债优惠政策，没有整改措施，不能从根本上解决亏损问题。

2）尽快收回资产权益。在不能使企业很快扭亏为盈的情况下，主要采取清理追索债务，产权交易变现等方式尽快追回资产权益，并加强对企业经营班子的监督或以适当方式介入企业经营，阻止损失继续扩大。金融资产管理公司出于尽快追回资产权益的策略选择，既可能采取与优良资产结合重组的方式使企业资产质量提高，也可能采取低价变现资产的做法使企业发展受损。

3）控股重组企业。通过债转股获得企业控股权，对企业的经营体制进行大力度的调整重组。在资产方面，采取增加投入，购并企业等措施改善资产质量，壮大企业实力，提高资本增值能力；在经营及体制方面，调整重组企业经营班子，建立产权明晰，权责分明的企业体制，提高企业经营效率，扭亏为盈，消除导致产生不良负债的企业体制及企业行为缺陷，实现企业良性发展，在企业资产升值的优势交易条件下转让股权，回笼资金，甚至获得超额收益。

（5）合资控股。又称注资入股，即由并购方和目标企业各自出资组建一个新的法人单位。目标企业以资产、土地及人员等出资，并购方以技术、资金、管理等出资，占控股地位。目标企业原有的债务仍由目标企业承担，以新建企业分红偿还。这种方式严格说来属于合资，但实质上出资者收购了目标企业的控股权，可以视为企业并购的一种特殊形式。

（6）杠杆收购。收购公司利用目标公司资产的经营收入，来支付兼并对价或作为此种支付的担保。换言之，收购公司不必拥有巨额资金（用以支付收购过程中必需的律师、会计师、资产评估师等费用），加上以目标公司的资产及营运所得作为融资担保、还款资金来源所贷得的金额，即可兼并任何规模的公司，由于此种收购方式在操作原理上类似杠杆，故而得名。具体说来，杠杆收购具有如下特征：一是收购公司用以收购的自有资金占收购总价比例较小，通常在10%～15%之间；二是绝大部分收购资金系借贷而来，贷款方可能是金融机构、信托基金甚至可能是目标公司的股东（并购交易中的卖方允许买方分期给付并购资金）；三是用来偿付贷款的款项来自目标公司营运产生的资金，即从长远来讲，目标公司将支付其自己的售价；四是收购公司除投入非常有限的资金外，不负担进一步投资的义务，而贷出绝大部分并购资金的债权人，只能向目标公司（被收购公司）求偿，无法向真正的贷款方即收购公司求偿。实际上，贷款方往往在被收购公司资产上设有担保权益，以确保优先受偿地位。

三、存量资产的资本市场融资

对于有可预期现金流的存量项目，可以通过ABS，REITs等资产证券化方式进行融资，实现前期投入资金的退出，盘活存量资产，用于其他项目的建设。资产证券化方式之外，资本市场融资的主要模式还包括上市募股、发行项目专项债券及基金募资等。

（一）上市募股

企业可以通过公开上市募股等方式寻求资本市场融资，获取低成本融资甚至较高的估值溢价。上市公司独有的监督制度，也会使得存量资产的运营更加清晰透明，管理更加规范。

根据不同板块划分，企业上市需满足以下条件。

1. A股

（1）股票经国务院证券管理部门核准已公开发行。

（2）公司股本总额不少于人民币3000万元。

（3）公开发行的股份占公司股份总数的25%以上。

（4）股本总额超过4亿元的，公开发行的比例为10%以上。

（5）公司在三年内无重大违法行为，财务会计报告无虚假记载。

2. 科创板

至少符合以下条件中的一项：

（1）预计市值不低于人民币10亿元，最近两年净利润均为正且累计净利润不低于人民币5000万元，或者预计市值不低于人民币10亿元，最近一年净利润为正常营业收入不低于人民币1亿元。

（2）预计市值不低于人民币15亿元，最近一年营业收入不低于人民币2亿元，且最近三年累计研发投入占最近三年累计营业收入的比例不低于15%。

（3）预计市值不低于人民币20亿元，最近一年营业收入不低于人民币3亿元，且最近三年经营活动产生的现金流量净额累计不低于人民币1亿元。

（4）预计市值不低于人民币30亿元，且最近一年营业收入不低于人民币3亿元。

（5）预计市值不低于人民币40亿元，主要业务或产品须经国家有关部门批准，市场空间大，目前已取得阶段性成果。医药行业企业需至少有一项核心产品获准开展二期临床试验，其他符合科创板定位的企业需具备明显的技术优势并满足相应条件。企业可通过剥离债务和不良资产，将具备优质现金流和稳定盈利能力的存量资产进行打包，谋求上市。

典型案例——“高铁第一股”京沪高铁

京沪高铁于2011年6月正式通车。中国国家铁路集团有限公司（简称国铁集团）通过中国铁路投资集团有限公司间接持有京沪高速铁路股份有限公司（简称京沪高铁公司）49.76%的股权，为公司实际控制人。京沪高铁公司采取的是“网运分离”的模式，京沪高铁公司拥有高铁线路、车站等资产，然后委托沿线的铁路局来进行运输组织、线路维护和安全管理等工作。路网重资产相关的运维人员成本、财务成本不在京沪高铁公司中。这一特殊的制度安排，让京沪高铁公司的盈利能力等各项财务指标远超其母公司国铁集团。

（二）债券融资

1. 公司债券融资

公司债券融资指企业依照法定程序向债权人发行、约定在一定期限还本付息的有价证券，从而获取资金的一种融资方式。按照期限划分，公司债券有短期公司债券、中期公司债券和长期公司债券。公司债券的期限一般都比较长，通常将期限在 5 年以内的称为短期债券，而长期债券一般指期限在 5 年以上的公司债券。

按发行方式划分，公司债券分为公开发行和非公开发行。公开发行债券可以在依法设立的证券交易所上市交易，或在全国中小企业股份转让系统或者国务院批准的其他证券交易场所转让；非公开发行债券，可以申请在证券交易所、全国中小企业股份转让系统、机构间私募产品报价与服务系统、证券公司柜台转让。其仅限于合格投资者范围内转让，且转让后，持有同次发行债券的合格投资者合计不得超过二百人。

按发债市场划分，公司债券分为境内债券和境外债券。境内债券指在中国大陆境内市场发行的各类债券；境外债券指在中国大陆以外市场发行的美元债、欧元债等各类债券。境外债券的种类和市场规模相对于境内债券更为丰富和庞大。

根据《证券法》与《公司债券发行与交易管理办法》的相关规定，境内公开发行债券的基本流程如图 9-1 所示。

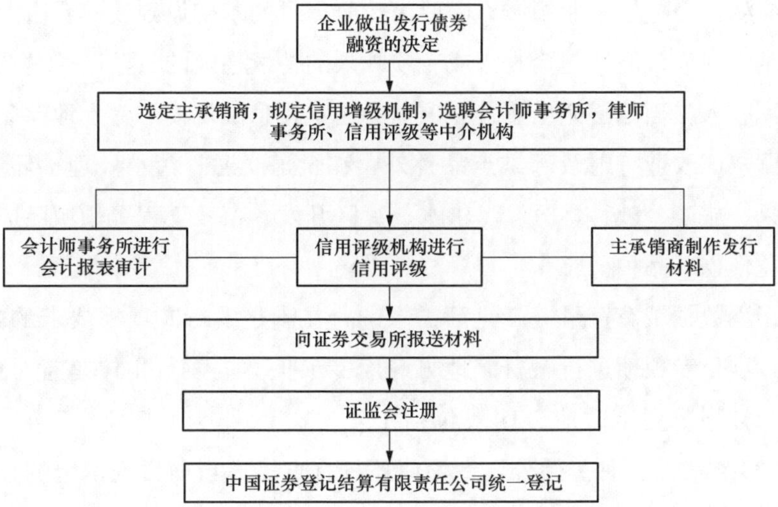

图 9-1　公开发行债券基本流程图

公开发行公司债券筹集的资金，必须按照公司债券募集办法所列资金用途使用；改变资金用途，必须经债券持有人会议做出决议。公开发行公司债券筹集的资金，不得用于弥补亏损和非生产性支出。于 2020 年 3 月 1 日正式实施的《证券法》规定，公司债券发行从核准制迈入了注册制的新阶段，发行流程更加简便；对公司债券的发行条件也做出了优化，主要包括删除发行人净资本金额的要求、扩展发行主体、删除债券余额受净资产的限制、删除前次公开发行公司债券尚未募足不得再次公开发行公司债券的限制、删除一年以下期限的公司债券不能上市的限制等，整体发行条件更加灵活。新的发行条件如下：①具备健全且运行良好的组织机构；②最近三年平均可分配利润足以支付公司债券一年的利息；③国务院规定的其他条件。

公司债券融资具有以下主要特点：①公司债券发行手续相对简单，资金成本较低，资金使用自由；②债券发行不影响现有股东所持有的股权，避免了公司控制权被稀释的风险；③所筹集的资金期限较长。

2. 项目专项债券

根据《关于试点发展项目收益与融资自求平衡的地方政府专项债券品种的通知》要求，可发行收益和融资自求平衡专项债券的项目应满足以下要求：一是项目应属于公益性事业领域，需要由政府提供的基础设施或社会事业；二是可以产生反映为政府性基金收入或专项收入的持续稳定的收益；三是项目产生的现金流收入应当能够完全覆盖专项债券还本付息的规模。除土地储备、收费公路和棚户区改造等财政部试点品种外，在轨道交通、污水处理、环境治理、乡村振兴、旅游、教育、医疗、供水、片区开发、市政工程等领域已成功发行项目收益债创新品种。

对于少数领域有存量资产盘活需求的，在满足发行专项债要求的前提下，可以通过项目专项债进行融资。地方政府专项债券的发行主体是省、自治区、直辖市、计划单列市政府。期限包括 1 年、2 年、3 年、5 年、7 年、10 年、15 年和 20 年等若干种。此外，专项债还具有直接充当项目资本金的独特政策优势。《关于做好地方政府专项债券发行及项目配套融资工作的通知》规定，允许将专项债券作为符合条件的重大项目资本金。对于专项债券支持、符合中央重大决策部署、具有较大示范带动效应的重大项目，主要是国家重点支持的铁路、国家高速公路和支持推进国家重大战略的地方高速公路、供电、供气项目，在评估项目收益偿还专项债券本息后专项收入具备融资条件的，允许将部分专项债券作为一定比例的项目资本金，但不得超越项目收益实际水平过度融资。

对于收益兼有政府性基金收入和其他经营性专项收入（简称专项收入，包括交通票款收入等），且偿还专项债券本息后仍有剩余专项收入的重大项目，还可采用“专项债+市场化融资”的方式，由有关企业法人项目单位（简称项目单位）根据剩余专项收入情况向金融机构进行市场化融资。

对于部分涉及土地的存量资产，如城市更新类项目资产，其实施过程中可以产生一定的土地出让或地价补缴收入，属于政府性基金收入范畴；在项目正式投入经营后，还可以持续产生专项收入，符合专项债对于还款来源的要求。随着棚改工作逐渐完成，专项债券的投放重心可能会向老旧小区改造和城市更新领域转移，对于该领域的存量资产盘活，专项债有望发挥关键作用。

（三）基金募资

基金根据设立主体可以分为两类：政府设立的和投资人设立的。其中，政府设立的基金主要为政府引导产业基金，指由政府出资，并吸引有关地方政府、金融、投资机构和社会资本参与，不以营利为目的，以股权或债权等方式投资于特定行业领域的专项资金。从法律主体来分一般主要分为公司制、有限合伙和契约制（即信托）三种形式。实际操作中主要采用的是有限合伙形式：国有资产管理部门和基金管理公司做GP，引入其他资本做LP。政府平台一般做劣后，基金管理公司做中间，其他资本方做劣后。

政府设立的产业基金投向的领域一般包括：支持创新企业、中小企业、产业转型升级和发展、基础设施和公共服务领域。因此，产业基金可以用于企业存量资产、基础设施和公共服务领域政府存量资产的盘活。产业基金典型的运作方式如下：政府方的出资一般在20%以上，另外，有两家综合实力较强的企业作为基石投资人认缴20%以上，剩余的部分向社会募资。基金管理人（一般同时也是GP）负责基金的管理运作，管理费费率约为每年2%。GP可分配20%左右的业绩提成，剩余的80%左右的收益用于兑付LP的约定回报及本金投入。产业基金一般通过上市减持、股权转让、企业回购等方式退出。

产业基金的优势主要体现在以下方面：①引导资金投资方向，发挥财政资金的杠杆效应，吸引更多资本投入；②采用市场运作方式进行管理，引入专业机构团队，提升运作效率和成功率；③比纯粹的市场化基金更具备政策导向性，能够兼顾资本盈利需求和社会公众利益；④盘活财政存量资金，促进增值保值；⑤推进国企混合所有制改革，完善公司治理结构。

这里结合厦门市产业基金案例，阐述相关运作特点。2015 年 2 月，厦门市产业引导基金正式设立，成为这一阶段设立时间相对较早、较为成熟的产业引导基金之一。

1. 引导基金资金来源

厦门市引导基金首期规模 100 亿元，将根据实际需要安排逐年分期到资，预计撬动 200 亿～300 亿元社会资本。厦门市财政首期出资 50 亿元。主要来源为：按约 30％比例统筹现有各类财政涉企专项资金、市财政一般预算安排、市国有资本收益、厦门金圆投资集团有限公司筹集、市国企混合所有制退出产生的资金、引导基金前期运行收益等。

2. 投资范围和行业领域

所设立的引导基金将投向厦门市“5＋3＋10”的现代产业支撑体系，具体载体包括龙头大项目、园区载体、创新环境等，目标行业包括平板显示、计算机与通信设备、机械装备、生物医药、新材料五大先进制造业及旅游会展、航运物流、软件和信息服务、金融、文化创意五大现代服务业等十大千亿元产业链。不得用于贷款、股票、期货、房地产、金融衍生品等投资。闲置资金可用于存放银行或购买国债等符合规定的产品。

3. 引导基金运作模式

（1）引导基金直接进行重大项目投资。直接投资于厦门市重点扶持的产业企业及项目。此部分比例相对较小，只针对重要项目。

（2）引导基金参与设立子基金，由子基金参与具体产业投资。这就要求引导基金甄选相关社会机构，包括央企、地方国企、民营企业、知名投资机构等，撬动社会资本参与子基金搭建。这成为引导基金最重要的投资方式。

4. 子基金的搭建

出资要求上，子基金应在厦门市进行注册，组织形式为合伙制或公司制，募集资金总额不低于 3 亿元，且 2 年内需全部到位，其中首期到期资金不低于总额的 40%，需以货币形式出资。参股比例上，引导基金参股子基金的比例不超过子基金总规模 30%，不能成为最大出资人，即参股不控股，引导基金不作为普通合伙人承担无限责任。存续期上，子基金存续期一般不超过 7 年，在资产转让或变现受限情况下，最长可延长 2 年。投资要求上，子基金有限投资于厦门市内的企业，要求投资厦门市内企业的总额不低于引导基金参股的 2 倍。管理上，引导基金仅担任 LP 角色，不参与决策。子基金可自行组织管理机构，管理团队应认购不低于 1%的基金份额。

5. 引导基金的退出

引导基金自行投资产生的股权份额，具体退出路径包括：上市、股权转让、企业回购等方式。引导基金参与子基金形成的份额，按参股子基金协议中的约定进行。投资人设立的基金多针对具体项目，筹集资金进行股权或债权投资。有相当多土地房屋类的存量资产使用效率低下，长期闲置。这类资产可以通过城市更新产业投资基金的方式开展市场化运作。通过设施更新、升级等方式，提升存量资产的价值，形成更为稳定的、优质的现金流入。

四、存量资产引入 PPP 和特许经营模式

PPP 模式和特许经营模式在基础设施及公共服务领域运用广泛。这两种模式共同强调的较长合作期内的运营工作，也符合存量资产盘活的初衷，因此在存量资产盘活方面，这两种模式都有着非常广泛的实践应用，其具体形式主要为 TOT。TOT 模式的基本运作流程如下：①确定转让标的（可以为资产或股权）；②开展资产评估工作，确定转让标的评估价格；③编制相关文件，履行 PPP 模式/特许经营模式的论证程序，确定竞争方式（可以为资产价格或者资产价格对应的服务费单价）及限价；④进入当地指定的国有产权交易机构进场交易，同时交易转让标的，并完成投资人选取，二者一致；⑤投资人与政府方出资代表（如有）组建项目公司/投资人受让股权（如为股权转让项目），形成主体在项目合作期负责相关资产的经营，获取合理回报；⑥期满将相关资产/

股权移交回政府指定机构。

（一）操作要点

1. 受让人与投资人主体的一致性

在TOT模式中，涉及国有资产转让必须进场交易，在设计国有产权转让规则时并没有明确在PPP或特许经营模式下如何选择投资人。因此，一般的做法是将二者合并，由于产权交易及PPP或特许经营模式投资人选择中均有招标这一程序，一般实操会在一套招标程序中，采用报价、业绩、技术、财务等多方面因素综合评分的方法确定同时投资人和受让人。

2. 职工安置

人员安置过程中，应当遵循以下四条原则：①坚持依法规范操作的原则；②坚持有利于企业发展和保持经营稳定的原则；③坚持充分维护职工合法权益的原则；④坚持公开、公平、公正，广泛征询和充分尊重职工意见的原则。根据员工个人意愿，可以选择进入项目公司。项目公司按资产转让协议规定全员接收。员工选择解除原有人事（劳动）关系的，根据相关政策足额支付经济补偿。经济补偿从转让对价中安排资金优先支付。

（二）典型案例

1. 项目基本信息

典型案例基本信息表见表9-1。

表9-1　典型案例基本信息表

项目名称	安徽省铜陵市城市排水一体化PPP项目
项目类型	存量
所属行业	市政污水处理
合作内容	转让标的包括铜陵市新民污水处理厂（处理能力10万立方米/日），污水管网约206千米，城市污水提升泵站9座（含狼尾湖泵站）雨水管网（渠）约290千米，排水泵站11座；转让金额合计约7.88亿元。运营服务范围包括上述污水处理厂和排水设施的运营维护服务。污水厂出水标准为一级B，排水设施运营维护参照《城镇排水管道与泵站维护技术规程》《城镇排水管道维护技术规程》《城镇排水管道检查技术规程》和《排水管道功能等级评定标准》的要求制定具体的考核标准

续表

合作期限	合作期限为 30 年，全部为运营期
运作方式	TOT
回报机制	政府付费，包括污水处理服务费和排水设施服务费两部分
实施机构	铜陵市水务局、铜陵市住建委（前期资产评估、实施方案编制、项目采购由水务局负责完成。选定社会投资人后由于职能划转，项目实施机构变更为住建委，负责项目签约和运营监管等后续工作）
采购方式	产权交易所公开挂牌
政府出资方	铜陵市水务建设投资有限责任公司（简称水投公司）
中选社会资本	北京首创股份有限公司
签约日期	2016 年 8 月 28 日
项目公司设立	公司名称：铜陵首创排水有限责任公司 设立时间：2016 年 6 月 28 日

2. 项目运作模式

项目运作模式如下：

（1）本项目采用 TOT 模式进行运作，项目交易结构图如图 9-2 所示。

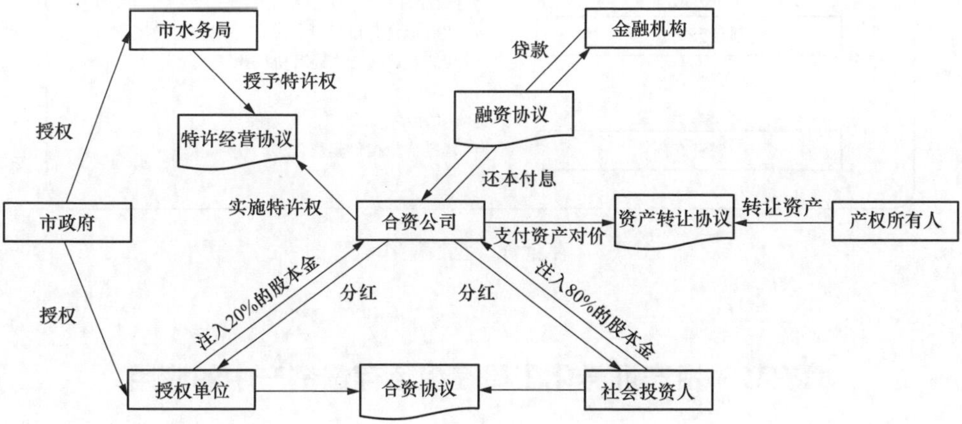

图 9-2　项目交易结构图

（2）项目公司股权结构。政府方出资代表持股 20%，中标社会资本持股 80%。

（3）盘活存量资产的操作流程（见图 9-3）。

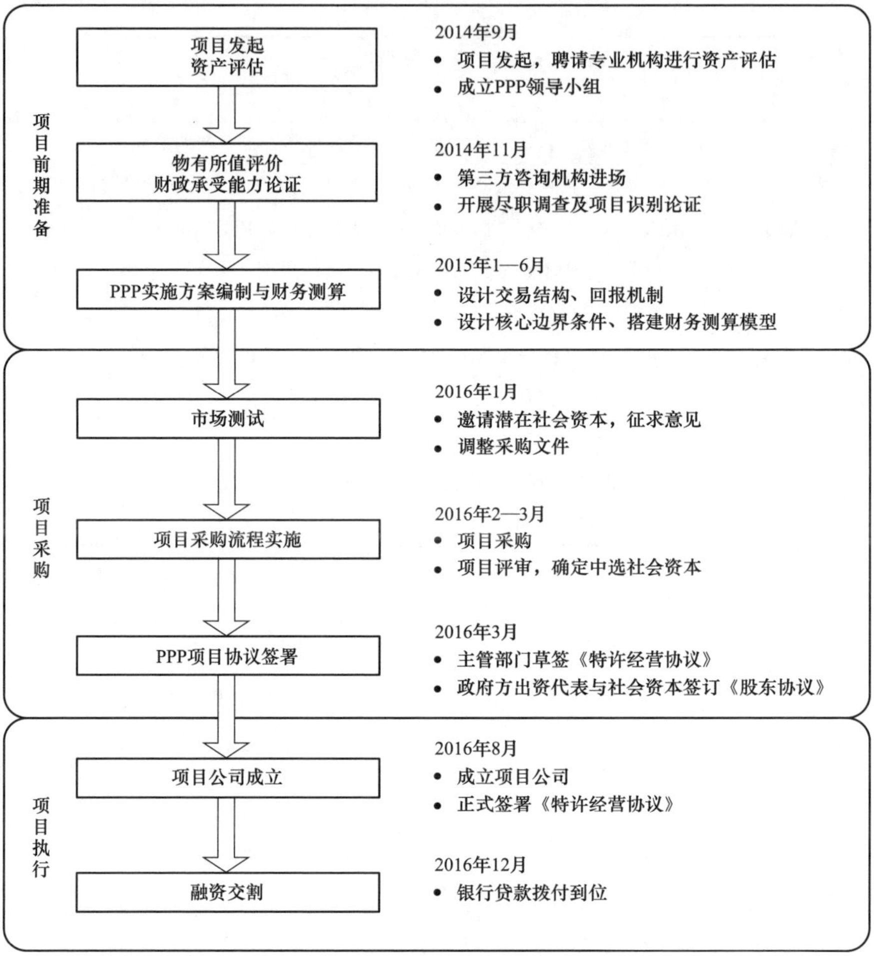

图 9-3 存量资产盘活操作流程图

第二节 资产证券化工具在盘活存量资产中的应用

一、债权类资产证券化

（一）资产证券化运作的基本特点

资产证券化指以基础资产所产生的现金流为偿付支持，通过结构化等方式进行信用增级，在此基础上发行资产支持证券的业务活动。

1. 资产证券化基础资产

基础资产是指符合法律法规规定，权属明确，可以产生独立、可预测的现金流且可特定化的财产权利或财产。基础资产可以是单项财产权利或者财产，也可以是多项财产权利或者财产构成的资产组合。其中，财产权利或财产，其交易基础应当真实，交易对价应当公允，现金流应当持续、稳定。

基础资产的具体类型包括企业应收款、租赁债权、信贷资产、信托收益权等财产权利，基础设施、商业物业等不动产财产或不动产收益权，以及证监会认可的其他财产或财产权利。一般而言，基础资产可以分为债权类、收益权类以及权益类。其中，债权类基础资产，如企业应收账款、融资租赁债权、消费贷款等；收益权类（企业经营收入类）基础资产，如公用事业收入、企业经营收入等；权益类基础资产，如商业物业、租赁住房等不动产财产，主要表现为通过持有股权而间接持有的不动产资产。

2. 资产证券化基本原理

资产证券化遵循资产重组、风险隔离、信用增级、流动性增强等四种原理：①资产重组原理，选择特定的能够产生未来现金流的资产进行重新配置和组合，形成资产池；②风险隔离原理，与资产原始所有者的风险（其他资产风险、破产风险）无关；③信用增级原理，为了吸引更多投资者并降低发行成本，提高资产支持证券的信用等级，分为外部信用增级和内部信用增级；④流动性增强原理，将流动性一般或不佳的资产转化为资本市场流动性更好的证券。

3. 资产证券化基本结构

企业资产证券化产品以资产支持专项计划为主，其结构如图 9-4 所示。

具体操作要点包括：

（1）合格投资者通过与管理人签订《认购协议》，将认购资金以专项资产管理方式委托管理人管理，管理人设立并管理专项计划，认购人取得资产支持证券，成为资产支持证券持有人。

（2）管理人在设立专项资产管理计划时，可以聘请财务顾问，可以完善增信措施（主要包括内部增信和外部增信），可以聘请中介机构为专项资管计划

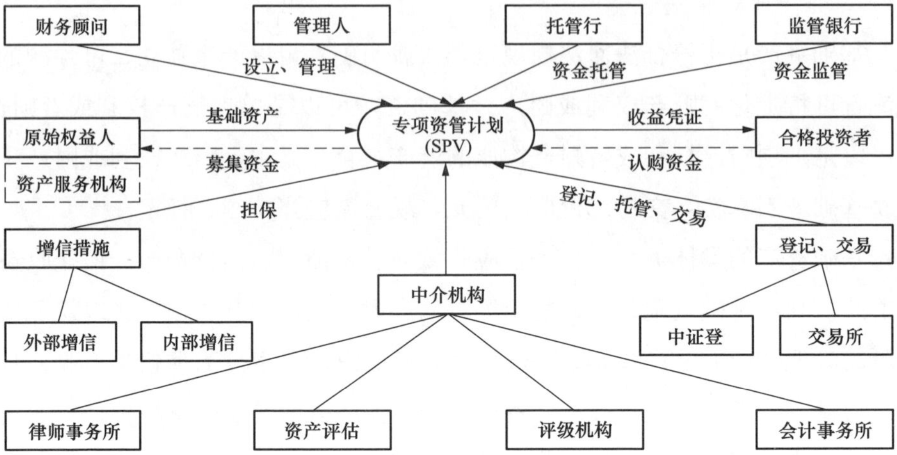

图 9-4 专项资管计划结构图

的运作提供服务。

（3）根据管理人与原始权益人签订的《资产买卖/出售协议》的约定，原始权益人同意出售，并由原始权益人（作为卖方）向计划管理人转售基础资产，且管理人（作为买方）同意代表专项计划的认购人按照《资产买卖/出售协议》的条款和条件购买相应的基础资产，并向原始权益人直接支付转购买基础资产的全部价款。基础资产即自初始日至截止日的特定期间，原始权益人根据特定合同的约定，对特定用户享有的债权及其权利。

（4）原始权益人根据《资产买卖/出售协议》的约定，对基础资产中的特定用户仍然负有持续责任和义务。同时，计划管理人委托原始权益人作为资产服务机构，负责基础资产对应的收取和催收等事宜。

（5）管理人对专项计划资产进行管理，托管人根据《托管协议》对专项计划资产进行托管。

4. 主要业务参与人

资产证券化过程中主要业务参与人如图 9-5 所示。

主要业务参与人的职责：

（1）原始权益人（发起人）。转移其合法基础资产用于融资的机构。

（2）管理人。为资产支持证券持有人之利益，对专项计划进行管理及履行

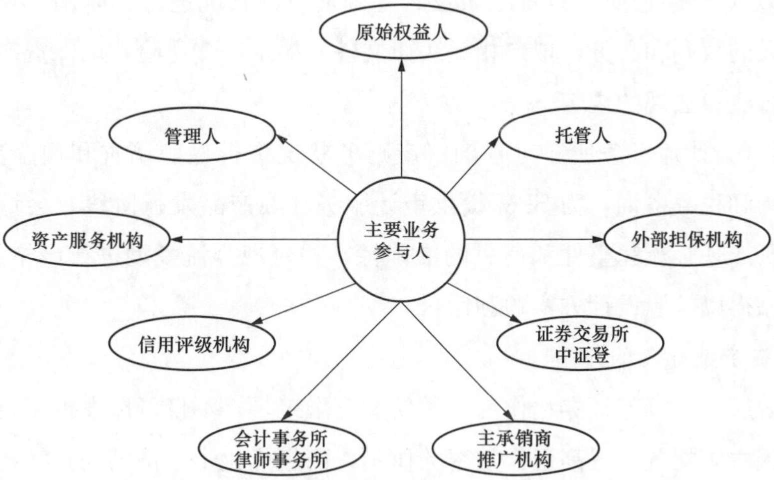

图 9-5　资产证券化主要业务参与人

其他法定及约定职责的证券公司、基金管理公司子公司；经证监会认可，期货公司、证券金融公司或证监会负责监管的其他公司以及商业银行、保险公司、信托公司等金融机构。

（3）托管人。为资产支持证券持有人之利益，按照规定或约定对专项计划相关资产进行保管，并监督专项计划运作的商业银行或其他机构。

（4）资产服务机构。为基础资产管理服务，一般由发起人承担。

（5）信用评级机构。通过收集资料、尽职调查、信用分析、信息披露及后续跟踪，对原始权益人基础资产的信用质量、产品的交易结构、现金流分析与压力测试进行把关，为投资者提供重要的参考依据，保护投资者权益，起到信用揭示功能。

（6）外部担保机构。为资产证券化按时足额偿付提供外部增信（如不可撤销的连带责任担保）。

（7）证券交易所。为资产证券化提供流通场所。

（8）中证登。为资产证券化的登记结算机构，负责资产证券化的登记、托管、交易过户、收益支付等。

（9）主承销商/推广机构。不仅承销发行，更具备交易协调功能。

（10）律师事务所。对发起人及其基础资产的状况进行尽职调查，明确业务参与人的权利和义务，拟定相关法律文件，揭示法律风险，确保资产证券化过程符合法律法规的规定。

（11）会计师事务所。对基础资产财务状况进行尽职调查和现金流分析，提供会计和税务咨询，为 SPV 提供审计服务。在产品发行阶段，会计师需确保入池资产现金流完整性和信息的准确性，并对现金流模型进行严格的验证，确保产品得以按照设计方案顺利偿付。

5. 资产证券化的作用

宏观层面，资产证券化作为一种新型金融工具，不仅可以发挥完善市场结构、改善资源配置、提高运作效率的作用，而且优化了经济结构，完善了融资渠道、增加了基础资产的信用，达到为实体经济服务的目的。

微观层面，资产证券化属于企业融资行为，具体作用主要表现在三方面：

（1）就发行人而言，盘活了存量资产，降低了融资成本，增加了新的融资渠道，而且更为便捷、高效、灵活，同时实现了表外融资，特别是在企业信用不高但融资条件较高的情况下，开辟了一条新型的融资途径。

（2）就融资信用而言，资产证券化实现了从主体信用到资产信用；一个主体评级 BBB 级的企业可以通过资产证券化形式发行 AAA 级债券，弱化了发行人的主体信用，更多地关注基础资产的资产信用。

（3）就投资者而言，资产证券化的低风险，高收益、强流动性，扩大了投资者可投资范围，提供了更为有效的投资工具和途径。

（二）债权类资产证券化工具应用

债权类资产证券化的基础资产主要包括融资租赁债权、消费信贷、企业应收款、小额贷款、供应链金融等。债权类资产证券化的应用需要注意以下问题。

1. 标准化债权类资产与非标准化债权类资产的划分

2019 年 10 月 12 日，中国人民银行会同银保监会、证监会、中华人民共和国国家外汇管理局（简称国家外汇管理局）等部门根据资管新规发布了《标准化债权类资产认定规则》，对泛 ABS 领域多个发行场所的产品进行了明确的

"标/非标"认定。本次认定规则对泛ABS领域的产品给出了非常明确的定义。具体而言，信贷资产支持证券（信贷ABS）、资产支持票据（ABN）、证券交易所挂牌交易的资产支持证券（交易所ABS）为标准化债权类资产。银行业信贷资产登记流转中心有限公司的信贷资产流转和收益权转让相关产品（银登），北京金融资产交易所有限公司的债权融资计划（北金所），上海保险交易所股份有限公司的资产支持计划（保交所ABS）为非标准化债权类资产。

2. 资产证券化业务基础资产负面清单

根据《资产证券化业务基础资产负面清单指引》，涉及平台公司的负面清单规定主要是以地方政府为直接或间接债务人的基础资产。但地方政府按照事先公开的收益约定规则，在PPP模式下应当支付或承担的财政补贴除外。

对于主营业务是公益性项目平台公司，其应收账款核算主要是已完工项目尚未收回的工程款，客户主要有政府部门、事业单位等，金额占总资产的比重也较大。以公益性项目为主营业务的平台公司大部分收入来自地方政府，以地方政府为直接或间接债务人的基础资产较多，因此该部分应收账款并非债权类资产证券化的合格基础资产。

对主营业务是准公益性项目的平台公司，应收账款多为相关应收费用，但无论是绝对金额还是占总资产的比重往往都比较小，发行应收账款资产证券化的可选基础资产不足。所以，无论是以公益性项目为主营业务平台公司，还是以准公益性项目为主营业务城投公司，应收账款都难以成为合格的基础资产。

案例一：融资租赁资产证券化

我国的租赁公司主要分为银监会监管的金融租赁公司和商务部监管的融资租赁公司。金融租赁公司发行的信贷资产证券化产品（CLO）和融资租赁公司发行的资产支持票据（ABN）通过银行间市场发行，融资租赁公司发行的资产支持专项计划（ABS）通过交易所市场发行。融资租赁资产证券化主要有两个目的，如果出表，可以有效降低杠杆率；如果不出表，可以拓宽融资渠道，同时增加资产周转率。

融资租赁行业是资金密集型行业，来自银行的授信是融资租赁主要的融资渠道。依赖信贷使得企业融资金额受限，成本较高，且常常受到市场波动影响。例如，2015 年 12 月，E 租宝涉嫌非法经营被调查，导致关联钰诚融资租赁公司相关的租赁资产被卷入。随后，多家银行开始收紧对融资租赁公司的授信业务。

根据《融资租赁企业监督管理办法》的规定，融资租赁企业的风险资产不得超过净资产总额的 10 倍，净资产限制了新增业务规模。因此，融资租赁公司可以通过发行 ABS 实现资产出表，腾挪出新的业务空间。受企业 ABS 利差逐渐收窄，加上扩展融资渠道和释放业务额度的双重功效影响，2015 年以来我国租赁租金 ABS 市场规模持续增长。

又如广发恒进—粤科租赁 1 期资产支持专项计划。广东粤科融资租赁有限公司于 2015 年 12 月 29 日发行首单租赁资产证券化产品“广发恒进—粤科租赁 1 期资产支持专项计划”。该专项计划原始权益人为广东粤科租赁有限公司，主体评级 AA－，计划管理人为广发证券资产管理（广东）公司，发行总额为 6 亿元，其中，优先 A1、A2、A3 级评级均为 AAA，优先 B 级评级为 AA，其发行利率分别为 5.0％、5.2％、5.5％ 和 6.0％。

在发行起始日至上市日的这段时间内，1 年期、2 年期及 3 年期 AA-中债中票到期收益率分别介于 5.0％～5.2％、5.4％～5.7％ 及 5.5％～5.8％之间。对比此次专项计划三种优先级 A 档的发行利率，通过 ABS 产品的融资成本要显著低于同时期内直接发债的融资成本。因此，对于该低等级主体而言，资产评级高于主体评级，借助资产证券化产品不仅能扩大其融资渠道，也能相应降低由于主体评价较低而带来的较高发债成本。

案例二：小额贷款资产证券化

小额贷款公司是由自然人、企业法人与其他社会组织投资设立，不吸收公众存款，经营小额贷款业务的有限责任公司或股份有限公司。根据《关于小额贷款公司试点的指导意见》的规定，小贷公司不得吸收存款，且仅能通过不超过两个银行业金融机构进行债务融资，从银行业金融机构获得融入资金的余额不得超过资本净额的 50％。近年来，银行业金融机构对于小额贷款公司的授信门槛逐步提高。通过传统方式融资非常困难，以小额贷款为基础资产的资产证券化应运而生。

案例三：消费分期资产支持专项计划

2017年6月6日，品钛（PINTEC）集团旗下智能信贷技术公司宣布，由其主导的“读秒—去哪儿网‘拿去花’第一期消费分期资产支持专项计划”在上海证券交易所成功发行。该资产证券化产品是首单以独立信贷技术服务商作为主要发起人的公募互联网消费金融资产证券化产品。该计划首期发行规模为2.45亿元，期限为1+1年，分为优先A级（73.47%，AAA评级）、优先B级（16.33%，A评级）、次级（10.20%）资产支持证券，中信证券担任本专项计划的管理人和主承销商。参与本次项目发行的中介机构还包括中合担保、联合评级、奋迅律所、安永等，为本次计划发行及存续期间的项目管理提供服务。在本次发行的消费分期资产支持专项计划，去哪儿网提供消费场景、用户流量并提供数据支持；读秒为去哪儿网提供大数据风控与对接资金。

案例四：应收账款证券化

医疗行业公司向来有资产中应收账款比重较高的特点。以上市公司为例，医疗上市公司的应收账款占营业收入的比值，持续处于A股整体水平的两倍附近，这对于公司盈利和融资均有不利影响。从盈利角度来看，大量的应收账款会影响公司资金周转，降低企业利润率。从融资角度来看，应收账款比重过高是医疗行业IPO融资的一大阻碍。2017年5月，港通医疗IPO被否，发审委提出的一个主要问题是，要求公司解释报告期各期末应收账款占营业收入比重逐年增长的合理性；应收账款逾期情况及对应客户情况。

应收账款的证券化实现了应收账款真实出表，提高了企业资产的流动性，优化了企业经营指标。同时，也以更低的融资成本解决了医药企业的资金需求。企业需求使得医疗行业应收账款资产证券化项目快速发展。

案例五：应收账款资产支持专项计划

“华润医药商业集团应收账款一期资产支持专项计划”于2017年5月18日正式设立。该项目以华润医药商业集团有限公司（简称华润医药商业集团）作为原始权益人，基于对三级医院应收账款债权而设立。此次专项计划初始资产池涉及原始权益人对81个买受人的84225笔应收账款，发行规模为20.97亿元，期限1.5年，实现集团层面应收账款出表。

本专项计划入池资产的债务人信用良好，全部为国家卫生和计划生育委员会或依据中国人民解放军总后勤部卫生部统一分级管理标准被认定分级为三级的医院，信用资质很好。付款义务人在与华润医药商业集团及下属公司的业务往来中逾期率、违约率均为零。

（三）类 REITs 工具应用

基础设施公募 REITs 产品对于发行者来说，可以达到盘活存量资产、拓宽融资渠道、降低地方政府杠杆率、促进经济升级转型的效果。同时，基础设施公募 REITs 满足养老金、保险资金等长线资金的投资诉求，具有广泛的投资群体。

目前，各国创立了多种类型的公开交易的权益性 REITs 类金融产品。典型产品包括美国的基础设施 REITs、美国的主导型有限合伙基金（MLPs）、澳大利亚的上市基础设施基金（LIF）、新加坡的基础设施商业信托、印度的基础设施投资信托（InvITs）。

1. 类 REITs 的基本结构

为适应国内法律环境，满足企业盘活存量资金、扩宽直接融资渠道、实现重资产向轻资产转变等需求，国内企业尝试在中国的法律体系下试点类 REITs 产品，由于产品在功能上与海外成熟市场 REITs 具有相似性，因此被称为类 REITs。2014 年，国内首支股权类 REITs，即“中信启航专项资产管理计划”在深交所私募发行。我国已发行的类 REITs 多采用“私募基金＋资产支持专项计划”模式，其结构如图 9-6 所示。

这种双 SPV 结构可以达到以下目的：①通过双层架构实现资产和信用增信主体的破产隔离，有效解决基础资产转让困难的问题，同时留有空间可以搭建资产池分散风险；②为投资者的本息偿付和超额收益来源搭建顺畅的实现通道；③为公募 REITs 退出留出操作空间。

积极探索和发展基础设施公募 REITs 在当前经济环境下具有重要意义：一是基础设施公募 REITs 有助于政府去杠杆，通过 REITs 能把有稳定收益的基础设施资产转移给投资人，从而实现社会资本方从政府端承接资产；二是基础设施公募 REITs 可解决社会资本方的退出路径问题，从社会资本方的角度

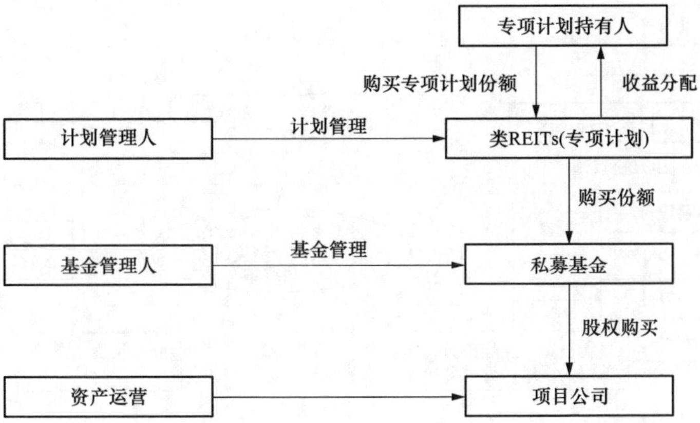

图 9-6　类 REITs“私募基金＋资产支持专项计划”模式结构

来说，社会资本方若通过 PPP 的方式获取资产，再结合 REITs 模式则可以实现轻资产化运营的转变，并打通 PPP 项目的退出路径；三是基础设施公募 REITs 符合投资人风险收益匹配的诉求，通过基础设施公募 REITs，能够让更多的投资人参与这类相对比较有稳定现金流的、风险相对可控的优质资产。

2. 类 REITs 应用案例

案例一：首单公募股权类 REITs——鹏华前海万科 REITs

2015 年 7 月，鹏华前海万科 REITs 成功发行，首次使用公募基金作为发行载体。该产品在发行期间单个投资者的单笔认购门槛仅为 10 万元，上市后在深圳证券交易所场内进行二级市场交易的最低份额为 1 万元，在类 REITs 产品的流动性上实现了重大突破。

鹏华前海万科 REITs 在交易结构与海外标准 REITs 存在一定差异：一是本产品受限于《证券投资基金运作管理办法》中关于公募基金持有单一公司集中度的相关规定，只能以不超过 50%的资产配置在商业、物业股权上，未体现出商业地产投资基金的行业特征；二是基金投资标的虽为鹏华前海万科企业公馆项目公司股权，但并未实际控制鹏华前海万科企业公馆物业产权。鹏华前海万科 REITs 产品结构如图 9-7 所示。

鹏华前海万科 REITs 的基本要素包括：基金规模为 30 亿元，其中前海金控作为基石投资人认购 3 亿元，2 年内不得转让；鹏华基金认购 1000 万，3 年

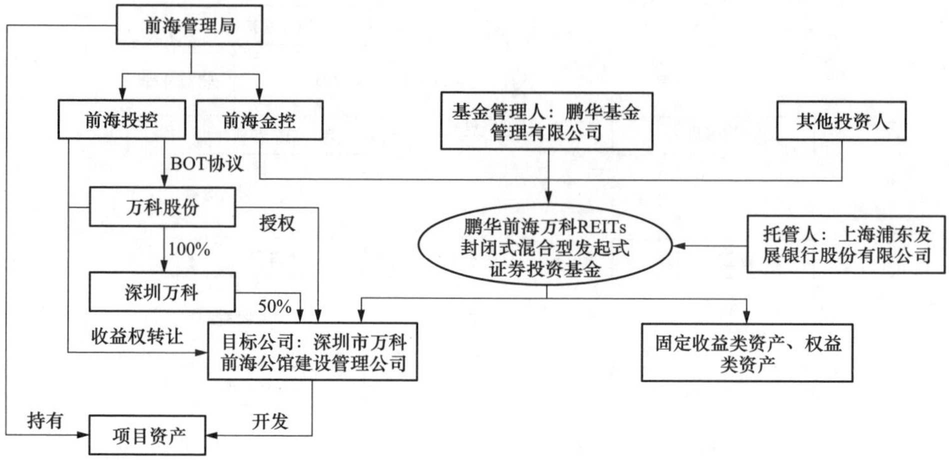

图 9-7 鹏华前海万科 REITs 产品结构

内不得转让。利润分配方面，基金每年分配一次利润，将不低于 90%的可分配利润分配给投资者。

基金的退出方式为通过向深圳万科及其指定的关联方溢价转让股权的方式实现逐步退出。基金应分别在 2015 年 12 月 31 日前、2018 年 12 月 31 日前、2021 年 12 月 31 日前和 2023 年 10 月 31 日前向深圳万科或深圳万科指定的关联方转让 14%、18%、17.5%和 0.5%的目标公司股权，直至基金全部股权退出。

投资范围为基金封闭运作期内投资于确定的、单一的目标公司股权。基金的其他基金资产可以投资于固定收益类资产［具体包括国债、金融债、企业（公司）债、次级债、可转换债券（含分离交易可转债）、央行票据、短期融资券、超短期融资券、中期票据、资产支持证券、债券回购、银行存款等］、现金，以及法律法规或证监会允许基金投资的其他金融工具。基金同时可参与股票、权证等权益类资产的投资。基金的投资组合比例为：基金投资于确定的、单一的目标公司股权的比例不超过基金资产的 50%，投资于固定收益类资产、权益类资产等的比例不低于基金资产 50%。

基金收益分配方式：①基金收益分配采取现金分红方式；②在满足分红条件的前提下，基金收益每年至少分配一次；③每年基金收益分配比例不低于基金年度可供分配利润的 90%；④每份基金份额享有同等分配权；⑤基金合同生效不满 3 个月可不进行收益分配；⑥基金收益分配后基金份额净值不能低于面值，即基金收益分配基准日的基金份额净值减去每单位基金份额收益分配金额后不能低于面值，基金收益分配基准日即期末可供分配利润计算截止日。

虽然鹏华前海万科 REITs 为我国首单公募股权类 REITs，其可复制性并不强，主要体现在以下方面：

（1）鹏华前海万科 REITs 为了符合在现有的法律框架下实现公募，不动产资产并不是鹏华前海万科 REITs 的主导基础资产。投资于不动产资产的比例不超过基金资产的 50%，其他则投资于固定收益证券和股票，以至于产品的主要收益并不是来源于不动产资产。

（2）鹏华前海万科 REITs 持有的不动产资产并不是商业物业的产权，而是一个有固定期限（10 年）的 BOT 收益权。该资产投资收益只是商业物业租金收益，不包括物业增值部分，不同于标准 REITs 产品基本特征。

（3）鹏华前海万科 REITs 只体现了 REITs 金融属性，忽视了 REITs 的不动产属性。因为 BOT 有固定期限，鹏华前海万科 REITs 本质上是一个债权性质的产品，而不是权益类产品。

（4）公募基金只投资于上市交易的股票、债券、货币市场工具或其他基金份额，但该基金不超过 50%的基金资产投向了非上市公司的股权，其在投资类别上获得了证监会特批，实现了重大突破。从公募基金的投资范围而言，并不包含非上市公司股权、债权等收益权，这是本项目需要特批的一个重要原因。

（5）按照投资分散原则，公募基金有严格的双十限制，即单一项目投资不能超过基金净值百分之十，同一基金管理人旗下所有基金累积投资一个项目（证券）不能超过该证券总额百分之十，这是本项目需要特批的另一个重要原因。

案例二：沪杭甬徽杭高速公路类 REITs

2019 年 9 月 24 日，中联基金—浙商资管—沪杭甬徽杭高速公路资产支持专项计划成功发行。产品发行规模 20.13 亿元。其中，优先级资产支持证券中诚信证评给予 AAA 评级，发行利率 3.7%，发行利率创同类产品新低。

（1）基础资产。浙江沪杭甬高速公路股份有限公司（简称沪杭甬公司），是浙江省交通投资集团的核心成员企业之一，1997 年 5 月在香港联交所挂牌上市，是浙江省委省政府为开辟浙江交通与国际资本市场接轨的融资渠道、加快全省高速公路路网建设而设立的公司，是浙江省第一家也是当时唯一一家境外上市的省属国有企业。经过 20 余年经营发展，沪杭甬公司控股经营高速公路总里程约 802 千米，包括本项目标的资产即徽杭高速公路（安徽段）。

徽杭高速公路是国家高速公路网 G56 杭瑞高速的一段，也是安徽省高速公路网中“横八”杭州至武汉公路的重要组成部分，不仅是连接黄山和杭州两大著名旅游胜地的陆上交通要道，也是连接安徽省、江西省、浙江省三省的主干线之一。徽杭高速公路有 5 个收费站，分别为屯溪、屯溪南、歙县、三阳和黄山。从 2008 年到 2018 年的数据来看，出入口交通量呈持续增长状态。

徽杭高速公路（安徽段）自 2002 年 3 月全线开工建设，于 2004 年 10 月 18 日正式通车，总投资 22.28 亿元，路线全长（含匝道）87.103 千米。收费经营期限为 30 年，从 2004 年 10 月 1 日起，到 2034 年 9 月 30 日止，期满停止收费进行测算。本单产品的期限是 15 年，到期日在经营期限内。

（2）类 REITs 产品情况。原始权益人沪杭甬公司将其通过黄山长江徽杭高速公路有限责任公司（徽杭公司）持有的徽杭高速公路（安徽段）进行资产证券化操作，由沪杭甬公司认购中联基金设立的私募股权投资基金（私募基金）收购徽杭公司股权，计划管理人浙商资管发行资产支持专项计划（专项计划）收购私募基金份额，专项计划份额由市场投资人与沪杭甬公司认购。表 9-2 为沪杭甬公司 REITs 产品要素。

表 9-2　　沪杭甬公司 REITs 产品要素

目标资产	徽杭高速公路（安徽段）
产品类型	资产支持专项计划
目标资产估值	资产估值为 20.11 亿元

续表

产品总规模	产品总规模 20.13 亿元	
产品分级	优先级	次级
资金来源	由市场机构认购	沪杭甬公司认购
产品期限	3+3+3+3+3 年	3+3+3+3+3 年
收益类型	固定收益	优先级分配后剩余收益
预期收益	3.7%（根据簿记结果确定）	无预期收益率
产品规模	9.00 亿元	11.13 亿元
产品比例	44.71%	55.29%
评级目标	AAA	不评级
本息偿付顺序	等额本息	到期一次还本
增信方式	（1）结构化分层：进行结构化分层安排，其中优先级评级 AAA 由市场投资人认购，次级由原始权益人全部自持。 （2）风险隔离：私募基金持有项目公司 100%股权，实现标的资产过户，与原始权益人完全隔离，进一步增强产品安全性。 （3）差额补足承诺：对专项计划费用、优先级证券的本息兑付提供差额补足。 （4）流动性支持：每三年优先级投资者开放退出时，对无法市场化退出的优先级投资者提供流动性支持。 （5）优先回购权及回购义务：每三年沪杭甬公司拥有对产品及资产的优先回购权，同时在专项计划正常到期、提前进入处置期情形下，承担对标的资产或优先级证券的收购义务，保障优先级投资者的退出。 （6）收费权质押：目标资产收费权抵押至私募基金管理人	

专项计划以浙江沪杭甬公司为原始权益人，以沪杭甬公司旗下的徽杭高速公路（安徽段）为底层资产，由中联前源不动产基金管理有限公司（简称中联基金）与浙江浙商证券资产管理有限公司（简称浙商资管）共同完成，基石投资人为兴业银行股份有限公司杭州分行。沪杭甬徽杭高速公路类 REITs 项目交易结构（见图 9-8）是非常典型的类 REITs 项目交易结构。

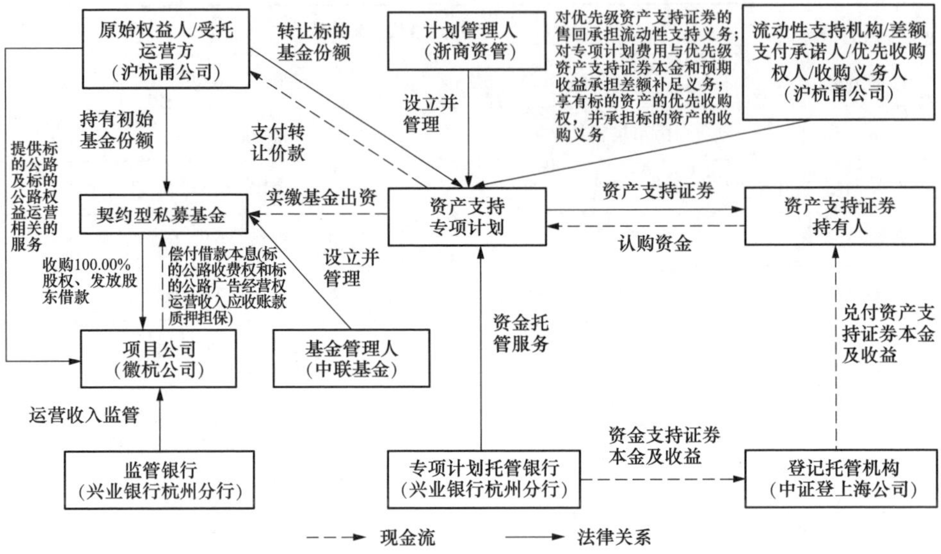

图 9-8 沪杭甬徽杭高速公路类 REITs 项目交易结构

（3）关于国有资产转让程序。本项目的项目公司股权是国有资产，理论上股权转让涉及程序较为复杂。沪杭甬高速的股东浙江省交通投资集团有限公司出具书面说明并确认。浙江省交通投资集团有限公司同意并认为：在本项目中，虽然涉及项目公司的股权转让给契约型私募基金，但项目公司依然在沪杭甬公司合并报表范围内，且沪杭甬公司承担在进入专项计划处置期时对标的股权等标的资产或优先级资产支持证券按约定价格的收购义务，项目公司股权过户只是本项目交易结构的需要，即本项目交易实质为一项包含标的股权转让附加回购的融资行为。同时，浙江省国资委也认同本项目为沪杭甬公司以债务融资为目的而实施的内部资产重组，由浙江省交通投资集团有限公司本级审批决策，可以适用非公开协议转让。

（4）实践意义。此次类 REITs 产品的成功发行，一方面，可打通盘活高速公路企业基础设施资产的标准化、可复制通道，形成滚动发展模式，助力企业进一步拓展交通基础设施投资运营规模；另一方面，REITs 属于非常重要的金融创新举措之一，沪杭甬公司利用创新金融产品引导社会资本参与基础设施与民生工程投资，是在为基础设施领域创新融资途径的重要尝试。

二、收益及股权类资产证券化

（一）收益权类资产证券化工具应用

收益权类资产证券化（简称收益权类产品）指以能产生独立、稳定、真实、可评估预测现金流的资产作为基础资产的证券化工具。收益权类资产往往依附于单一的经营实体或独立的实物资产（如收费路桥、水电气公用事业、公园景区、物业租金等）而获取经济利益，其未来现金流的名义金额无法确定。因经营实体或实物资产的运行情况关系未来现金流是否稳定，故收益权类产品面临的主要风险是外部相关因素导致的经济风险，而非交易对手的信用风险。

沪深证券交易所《基础设施类资产支持证券挂牌条件确认指南》规定，基础设施类资产支持证券指证券公司、基金管理公司子公司作为管理人，通过设立资产支持专项计划开展资产证券化业务，以燃气、供电、供水、供热、污水及垃圾处理等市政设施，公路、铁路、机场等交通设施，教育、健康养老等公共服务产生的收入为基础资产现金流来源所发行的资产支持证券。

1. 基础资产

基础资产是资产证券化类产品得以发行和存续的根本。市政设施或交通设施作为基础资产应注意以下事项：

（1）基础资产应保持完整及无瑕疵，主要包括四个方面：一是基础资产的权属关系清晰，原始权益人应该取得基础资产相关的特许运营许可，基础资产自第三方受让的，应已支付转让对价且对价公允；二是基础资产的可转让性，基础资产的转让应当合法有效，并依法取得相关单位及部门的授权审批，根据实际情况在相关登记机构办理登记；三是收益权不得附带抵押、质押等担保负担或其他权利限制，或在产品成立时必须立即解除收益权的抵质押，否则不能实现收益权的分割和转移；四是基础资产未涉及诉讼、仲裁、执行或破产程序，且未被列入《资产证券化业务基础资产负面清单指引》。

（2）基础资产应具备良好的盈利能力和持续运营能力。良好的盈利能力可以确保项目产生的现金流足够且稳定，持续运营能力则进一步意味着基础资产运营的稳定，不至于在存续期内毁损灭失或经营恶化。

2. 增信方式

原始权益人为保证专项计划的成功设立需要提供多种增信方式，主要分为外部增信和内部增信，包括优先劣后及结构安排、超额现金流覆盖、差额支付承诺、外部资信及担保等。

（1）优先级/次级的交易结构安排。从已发行的基础设施收益权类资产证券化产品来看，绝大多数项目都设计了优先级/次级的内部增信措施，在偿付顺序上，优先级资产支持证券优先于次级资产支持证券，按照正常的清偿顺序，在偿付完毕当期优先级资产支持证券的收益和本金前，不分配次级资产支持证券的收益，从而对优先级资产支持证券提供增信作用。

（2）超额现金流覆盖。超额现金流覆盖主要通过提高现金流的保障概率水平，来确保资产支持证券本息回流的可靠性，是基础设施收益权类资产证券化产品基础资产最主要的内部增信方式。基础设施收益权类资产证券化产品对每期基础资产现金流回款一般情况下在当期应付各项费用及优先资产支持证券本息和的 1.2 倍以上，从而可以为投资者权益的实现留有一定缓冲空间，因而超额现金流的覆盖对实际增信作用相对较强。

（3）信用触发机制。基础设施收益权类资产证券化产品存续期往往较长，通常为 3～5 年，甚至长达 10 余年，因此资产支持证券存续期间存在较大的不确定性，从而可能导致现金流波动或主体信用评级发生变动，尽而在产品设计时可能会针对现金流变动和主体评级变动制定相应的信用触发条款，当加速清偿事件、权利完善事件、违约事件等发生时，将会改变专项计划现金流的归集路径和归集频率，进而提高流转效率，加强基础资产独立性或补充现金流，为产品增信。

（4）差额支付承诺及保证担保。除对优先级证券进行外部信用评级外，基础设施收益权类资产证券化一般还需要提供相应的外部担保，包括原始权益人提供差额支付承诺或由第三方提供外部担保。

3. 现金流预测

存在持续稳定的现金流是基础设施收益权类资产证券化产品存在的根本，所有后续的交易结构设计、增信措施等均以未来现金流情况为基础。调查并预测基础资产产生的现金流也是设计基础设施收益权类资产证券化产品的基础及核心工作，是整个产品的重中之重。而另一方面，对基础资产现金流的预测不仅要考虑基础资产的特性，还要考虑发行人的主要情况、所处行业情况及各种可能的完整性假设。一般而言，针对不同的基础设施类型，现金流分析应各有侧重。

案例一：学校收益权资产证券化

与新兴的互联网线上教育成为投资热点不同，由于学校的特殊性质，实体学校在贷款和发债中均处于劣势。银行贷款往往需要抵押、担保。根据我国现行法律，用于教育的房地产、教育设施不得用于抵押。民办学校也无法得到政府资金支持，更加大了融资困难，大大降低民办学校的办学热情。

学校经营的现金流来自学费住宿费收入，这也是其最重要的经营性资产。学校可以通过打包出售未来现金流，在资本市场融资，从而实现扩大规模改善设施等经营目的。

近年来，发行的学校项目资产证券化产品的发起机构主要为中西部民办高校，我国民办高校所需办学经费一般来自自筹资金，相对而言办学资金压力较大。由于缺乏资金和便捷的融资方式，民办高校在教育设施、校园建设及教师资源上处于弱势，发展受限。收益权资产证券化的出现将有效改善民办学校融资难的问题，促进民办教育的发展和高等教育的均衡。

具体案例：阳光学院一期资产支持专项计划，2016 年 9 月 2 日，福建阳光集团有限公司宣布发行首单双 SPV 教育类资产。证券化产品“阳光学院一期资产支持专项计划”。阳光学院一期是发行规模为 6.3 亿元的结构化 ABS，其中优先级资产支持证券为 6.0 亿元，分为阳光学院优先级 1～5 五档；次级资产支持证券为 0.3 亿元，占总规模的 4.76%，由信托贷款借款人阳光学院全额认购，持有至专项计划预期到期日，为优先级产品提供信用支持。这是一款以民办高校学费和住宿费为底层资产的资产支持证券产品，在深圳证券交易所挂牌。该资产证券化产品通过采取“信托计划＋资产支持专项计划”双SPV结构设计，使得基础资产的法律界定更加明晰。以民办高校的学费和住宿费收入为底层资产的资产证券化，现金流相对稳定，更易获得专业合格投资者的认同。

案例二：PPP资产证券化

PPP模式鼓励私营企业、民营资本与政府进行合作，参与公共基础设施的建设。由于项目周期长、投资金额大，如何为民营资本提供退出渠道和盈利模式尤为重要。PPP项目资产证券化将为投资人增加一个新的退出渠道。同时，由于PPP项目有政府的背书，具有高信用的特点，其加权融资成本对比同期AA—债券到期收益率明显降低。PPP项目资产证券化主要是基于收费权的资产支持证券，与传统的收益权资产支持证券相比，PPP项目资产证券化依附于一个建设中的大型基础设施，其期限也更长。

2017年6月19日，财政部联合中国人民银行、证监会共同发布《关于规范开展政府和社会资本合作项目资产证券化有关事宜的通知》，内容覆盖两大类项目类型：交易所发行的资产支持证券（ABS）和银行间市场的资产支持票据（ABN）以及三大类发行主体，包括项目公司、项目公司股东、支持项目公司的其他主体，并放开了运营期限需成功运营2年以上的限制，优先支持水务、环境保护、交通运输等市场化程度较高的行业开展资产证券化，还将重点支持符合雄安新区和京津冀协同发展、“一带一路”、长江经济带等国家战略的PPP项目。随着国家对PPP项目资产证券化支持力度的加大，以及国家战略建设的推进，PPP项目资产证券化规模有望持续增长。

具体案例：华夏幸福固安工业园区新型城镇化PPP项目供热收费收益权资产支持专项计划，2017年3月10日，“华夏幸福固安工业园区新型城镇化PPP项目供热收费收益权资产支持专项计划”作为四个PPP资产证券化项目之一获准发行。作为首批PPP项目资产证券化中唯一一单园区PPP项目资产支持专项计划，该计划发行人为华夏幸福基业股份有限公司下属全资子公司固安九通基业公用事业有限公司，发行规模7.06亿元。其中，优先级资产支持证券募集规模为6.7亿元，分为1年至6年期6档，均获中诚信证券评估有限公司给予的AAA评级；次级资产支持证券规模0.36亿元，期限为6年，由九通基业投资有限公司（华夏幸福全资子公司、原始权益人固安九通基业公用事业有限公司控股股东）全额认购。此次PPP资产证券化项目获批，对依托产业新城运营，通过创新升级PPP市场化运作机制的华夏幸福模式未来业务增长和规模扩张将起到推动作用。

（二）股权类资产证券化工具应用

1. 基本特征

2019年5月，国务院发布《关于推进国家级经济技术开发区创新提升打造改革开放新高地的意见》（国发〔2019〕11号），称将积极支持符合条件的国家级经济技术开发区开发建设主体申请首次公开发行股票并上市，即支持部分城投公司走上市之路，实现股权证券化。

股权类资产证券化即指股权的公开发行、交易和流通，发行人经过证券承销商在证券市场上无限定地向众多投资者销售证券。公开发行可分为协商议价和公开招标两种方式。企业股权类资产证券化一般通过IPO实现。一旦首次公开上市完成后，企业股权就可以申请到证券交易所或报价系统挂牌交易。

股权类挂牌交易市场主要由交易所市场（上海证券交易所、深圳证券交易所）、新三板（全国中小企业股份转让系统）、四板市场（区域股权交易中心）等构成，每个市场都各自扮演着其重要角色。现有的多层次资本市场已经能够基本满足不同类型的企业在不同发展阶段的融资需求。

2. 上市流程

企业自筹划改制到完成发行上市总体上需要3年左右，主要包含重组改制、尽职调查与辅导、申请文件的制作与申报、发行审核、路演询价与定价及发行与挂牌上市等阶段。具体上市流程图如图9-9所示。

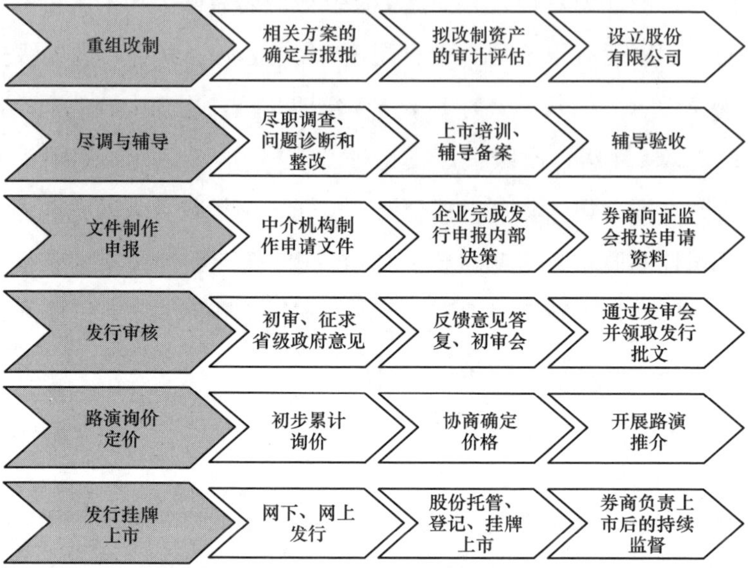

图 9-9 上市流程图

第三节 存量债务化解与投融资方案策划

一、存量债务化解的路径和实践模式

（一）存量债务化解的基本路径

在当前政策法规环境下，存量债务化解思路大同小异，主要包括：有一定收益或者可以改造成有比较稳定的现金流的项目，可通过 PPP、特许经营模式化解；部分完全公益性融资平台举借的、地方政府负有偿还责任的债务，通过债券置换，降低资金使用成本；再者，部分银行借贷债务，按照契约原则，谈判对债务进行重组，逐步解决。在实务操作层面，化解地方政府存量债务的有效途径有两个主要选择：债务置换和 PPP 模式。

1. 债务置换

自 2015 年起，国务院批准地方政府逐年发行一定额度的地方政府债券置换清理甄别后纳入预算管理的地方政府存量债务。根据财政部预算司公布的数据，2019 年全国发行地方政府债券 43624 亿元。其中，发行一般债券 17742 亿元，发行专项债券 25882 亿元；按用途划分，发行新增债券 30561 亿元，发行置换债券和再融资债券 13063 亿元。地方政府债券平均发行期限 10.3 年，其中一般债券 12.1 年，专项债券 9.0 年。地方政府债券平均发行利率 3.47%，其中一般债券 3.53%，专项债券 3.43%。

以上数据表明，债务置换有利于减少期限错配、降低利息成本。这是因为在过去几年，央行收紧货币政策后，一些地方政府为维持早已启动的项目运转，不得不进行高息短期融资，如信托、理财产品、短期信贷以及 3～5 年期城投债等，这些债务让地方政府承受过高的融资成本并面临展期压力，很容易形成坏账。用低息的 7～10 年政府债置换这些高成本短期债务，有利于释放地方债务信用风险，其降低并拉长周期的财政成本也可承受。对商业银行而言，债务置换虽然会降低收益，但可以减轻自身不良率上升的压力。从长远看，债务置换对银行有利，因为银行新增资产主要是高息、短期、没有流动性且有违约风险的债权，主要包括地方政府的融资。如果地方债务转化为低收益但由中央政府信用担保的资产，既可以降低风险也可以获得更高流动性。

2. PPP 模式盘活

在 PPP 模式推行之初，《关于在公共服务领域推广政府和社会资本合作模式指导意见》（国办发〔2015〕42 号）中即要求：化解地方政府性债务风险，积极运用转让—运营—移交（TOT）、改建—运营—移交（ROT）等方式，将融资平台公司存量公共服务项目转型为政府和社会资本合作项目，引入社会资本参与改造和运营，在征得债权人同意的前提下，将政府性债务转换为非政府性债务，减轻地方政府的债务压力，腾出资金用于重点民生项目建设。2015 年 2 月，财政部《关于市政公用领域开展政府和社会资本合作项目推介工作的通知》（财建〔2015〕29 号）中提出：为缓解地方债务风险，当前重点推进符合条件的存量项目按 PPP 模式改造。对地方政府自建自管的存量项目，可优先考虑按照 PPP 模式转型；对企业已是投资运营主体的存量项目，可按照 PPP 模式改造。由于是存量项目，完工风险和市场风险小，也符合银行的风险偏好。

2017 年 4 月，财政部、国家发展改革委、司法部、人民银行、银监会和证监会六部委联合出台《关于进一步规范地方政府举债融资行为的通知》（财预〔2017〕50 号）（简称 50 号文）；同年 6 月，财政部印发《关于坚决制止地方以政府购买服务名义违法违规融资的通知》（财预〔2017〕87 号）（简称 87 号文）。50 号文规定，地方政府和所属部门不得以文件纪要、领导批示的形式决定企业为政府举债和变相为政府举债。87 号文则是要在推动 PPP 模式过程中，对于化解政府存量债务，文件要求地方政府拿出更多优质资产，通过 PPP 模式引入民间资本各类投资，回收资金继续用于地方新的基础设施和公用事业建设，实现良性循环。在 87 号文严控政府购买服务模式之后，TOT、ROT 被再次专门提出，被作为化解地方政府性债务风险和实现地方融资平台公司存量公共服务项目转型的适用工具。TOT 模式对于盘活政府存量资产、促进政府转型、促进民间投资有较大意义，因此得到国家层面的力推。

3. 存量债务处理

根据 2014 年 10 月出台的《国务院关于加强地方政府性债务管理的意见》（国发〔2014〕43 号）和《地方政府存量债务纳入预算管理清理甄别办法》（财预〔2014〕351 号）等文件指引，提出对地方政府债务甄别和存量债务清理的具体路径如下：

（1）通过 PPP 模式转化为企业债务的，不纳入政府债务。

（2）项目没有收益、计划偿债来源主要依靠一般公共预算收入的，甄别为一般债务。

（3）项目有一定收益、计划偿债来源依靠项目收益对应的政府性基金收入或专项收入、能够实现风险内部化的，甄别为专项债务。

（4）项目有一定收益但项目收益无法完全覆盖的，无法覆盖的部分列入一般债务，其他部分列入专项债务。

（5）政府性存量债务安排了较为完善的债务管理系统进行管理和偿还，几乎所有政府可支配的财政收入资金原则上都将优先安排用于偿还到期政府债务，尚有剩余的方可用于其他支出：①滚动编制政府存量债务处置计划，明确偿债资金来源，确定分年度的债务偿还化解目标；②将政府性存量债务分类纳入预算管理，一般债务纳入一般公共预算管理，专项债务纳入基金预算管理，并根据政府债务余额的一定比例建立偿债准备金。

(6) 非政府性债务区分不同情况进行处理：①项目收益能按时还本付息的债务；②项目收益能还本付息，但贷款期限与项目进程不匹配、项目尚未完工或产生的债务；③项目长期收益能还本付息，而当期收益不能还本但能付息的债务；④项目收益不足以还本付息，但能吸引社会投资的债务。其中，①不需要进行特殊处理；②、③的处理方法类似，以时间换空间，拖延债务偿还的时间；②的处理方法为债务人与债权人协商修订贷款合同，重新确定贷款期限；③的处理方法为在一定期限内债权人继续发放贷款以借新还旧；④的处理方法如采用PPP模式等。

(二) 化解地方存量债务的实践模式

确切地说，各地化解债务风险并无一个明确固定的范式，各地基于自己的历史成因、优势资源和相关政策，进行了一些探索和尝试，主要形成了镇江模式、山西模式、海口模式、陕西模式、湖南模式等。

1. 镇江模式——政策性银行介入+债务重组

根据国盛证券2018年研报指出，镇江市一般公共预算收入284.34亿元，但其有息负债已经高达3934.18亿元，经调整债务率（城投有息债务/一般公共预算收入）1383.62%，居江苏省所有地级市之首。

镇江试点化解地方隐性债务方案的设想，总体上是由国开行提供化解地方隐性债务专项贷款，从2019年起对镇江做十年期每年200亿元成本在2%左右的长期贷款用于债务化解，采取“借款置换非标债务”的模式，利率在基准水平左右，由镇江市财政局下属的资产管理公司金信资产作为承接主体，再以普通借款方式投放到辖区各平台，主要用于置换纳入隐性债务中的高成本非标债务，以降低成本。镇江此次将存量高成本债务置换为低成本债务的做法，极大地减轻了地方政府的债务压力。

2. 山西模式——行业整合+平台化债

山西交通控股集团有限公司（简称山西交控集团）2018年顺利化解高速公路债务风险，是全国成功处置政府债务的典型案例。山西省政府根据《山西省2018年全省交通运输工作报告》的改革路径，由省交通运输厅出面，整合多条高速公路、多家交通企业，组建了集投资融资、勘察设计、工程建设、高速公路运营等业务为一体的山西交通控股集团，于2017年年底挂牌运营。在山西交控集团成立之前，山西省高速公路的投资、建设、运营和管理较为分散，这些单位的管理与高速公路资金的筹集、偿还均由山西省交通厅来负责，但随之而来的是可能产生的地方政府债务风险和违法违规融资风险。

在山西交控集团正式挂牌之后，山西省将高速公路债务主体变更为山西交控集团，推动政府性债务向企业债务转移，由山西交控集团进行债务化解。山西交控集团于2018年12月与国开行牵头，工行、农行、中行、建行、交行、邮政储蓄银行等参团的银团正式签订了《银团贷款协议》，债务重组规模最终达到2600亿元。因此，山西交控集团每年将可减少利息支出30亿元。借助此化债方案，山西高速公路高成本债务基本得以置换，消除了可能发生的山西交通领域金融风险。

3. 海口模式——严控规模+消化存量

2018年7月，海口市人民政府正式印发《海口市2018—2019年政府性债务化解规划方案》(简称《方案》)，《方案》在确立两个核心政府债务化解目标的同时，从增加财政收入、加速化解债务及争取省级支持三个方面详细阐述了未来两年海口市化解政府债务的具体规划，其中加速化解债务是重头戏，主要有以下几项重要的举措：

(1) 严控政府隐性债务规模，针对棚改以及PPP项目提出了具体的整改措施：一是棚改，《方案》要求对于已经签订协议但项目已实施完毕的项目，尽快按照实际投资额修订合同金额，对于2017年新增的棚改项目，解除原有的棚改项目政府购买合同，并退还已提款资金，进一步控制棚改规模，严控政府隐性债务；二是PPP，《方案》要求2016年签订合同但尚未开工的PPP项目，由实施机构牵头与社会资本方协商解除合同；对于2016年已签订合同且部分子项目已开工的PPP项目，由实施机构对项目进行重新梳理审核，对未开工的子项目全部暂缓实施；对于2017年已完成招标的PPP项目，原则上转为代建模式实施。

（2）多渠道、多方式筹集资金消化存量债务。

1）压缩经常性支出，统筹新增财力，偿还到期债务。继续优化支出结构，压缩一般性支出和经常性支出。同时，因新一轮财政体制调整，海口市每年将从因体制调整形成的新增财力的50%部分用于偿债。2018年，海口市通过前述方式筹集14亿元偿债。

2）以存量资金偿还存量债务。海口市加大盘活存量资金的力度，从每年盘活的存量资金中安排30%以上用于偿债。2018年，从盘活的存量资金中安排16亿元偿债。

3）"土地财政"法。方案要求，国土部门要对现有的储备地全面进行梳理，对具备出让条件的土地细化分类，根据海口市偿债资金需要，加大土地出让力度，筹措资金偿债。

（3）盘活国有资产，深度开发城市国有资源，增加国有资产的经营收入。制定海口市停车位、广告牌的管理办法，统一管理，提高国有资源使用效率，增加国有资产的经营收入。盘活国有闲置房产和土地，加大行政事业单位、国有企业的闲置房产、土地等资源的盘活力度；加快零星债务的处置力度；加快不规范举债融资行为的整改。《方案》详尽披露了海口市债务金额和还债计划，拟从自身和外部支持多方面、多举措化解债务，充分展示了海口市政府对于存量债务化解的决心。

4. 陕西模式——规范平台运作+聚焦公益类国企

各级政府融资平台公司通过举债融资，为地方经济社会发展筹集资金，在基础设施建设等方面发挥积极作用。但由于政府和融资平台的关系没有理顺，融资平台公司在运作过程中违法违规举债问题时有发生，产生了大量的政府隐性债务，积聚了财政金融风险。因此，防控地方政府债务风险和规范地方融资平台公司是高度相关的。在此背景下，陕西省委、省政府研究制定了《关于我省融资平台公司转型发展的意见》（简称《意见》），积极推进融资平台转型。

《意见》包括全面清理规范各级政府融资平台公司、推进政府融资平台公司市场化转型、支持转型后的融资平台公司做强做大、构建适应公益类国有企业发展的政策环境等四个方面。除严格要求各市县对政府融资平台公司按照债务管理规定全面实施市场化转型外，《意见》也对支持转型后融资平台公司健康发展提出了明确的政策措施，要求创造条件支持转型后融资平台公司做大、做强，提高转型后平台公司以市场化方式融资和参与公益性项目的能力，为陕西全省经济社会发展提供有力支撑。

其中，《意见》明确鼓励各级政府运用PPP模式化解政府性债务，积极运用TOT、ROT等方式，将融资平台公司存量公共服务项目转型为PPP项目，引入社会资本参与改造和运营，在征得债权人同意的前提下，将政府性债务转换为非政府性债务。另外，在基础设施建设需求巨大的现状下，陕西省的偿债能力相对有限，需要转型后的公益类企业承担基础设施投融资和建设职责。因此，《意见》鼓励转型后的融资平台公司对公益性行业加大投入，鼓励转型后的融资平台公司积极承接棚户区改造、移民搬迁、脱贫攻坚等公共基础设施及环境保护、节能节水、市政公用事业、土地开发等公益性项目建设业务，以此减轻政府债务压力。

5. 湖南模式——区域平台整合+严控项目融资

湖南省平台公司数量过多、平台资质下沉、业务规范性不足等问题，导致融资平台产生的隐性债务成为政府债务的一大痛点。地方政府债务风险防控的压力及地方融资平台公司转型的迫切性，使得湖南省政府出台了多项政策严控债务风险，2018年，湖南省相继发布了《关于严控政府性债务增长切实防范债务风险的若干意见》（湘发〔2018〕5号）、《湖南省财政厅关于压减投资项目切实做好甄别核实政府性债务有关工作的紧急通知》。

湖南省控制债务风险的主要方式如下：①推动平台公司转型与改革。针对平台公司数量过多、资质参差不齐的问题，考虑采取分类处置，严控平台数量，最终形成定位明确、政企边界清晰、业务模式规范的平台公司；②规范地方融资平台公司的业务。严格规范平台举债行为，扩大经营规模，提升盈利能力，在发展中稳步化解存量债务，防范隐性债务；③严格把控项目融资。

二、新增融资和地方政府债务优化

（一）存量债务化解与新增融资

《国务院关于加强地方政府性债务管理的意见》提出新增债务分类考虑：

公益性债务通过发行地方政府债，经营性债务通过市场化的融资方式解决。同时，提出划清三条界限：中央政府与地方政府债务进行切割，中央不为地方债务兜底；地方政府和融资平台的债务要进行切割，平台公司不能代政府再融资。因此，处理好政府存量债务化解与新增融资之间的关系，仍然需要进一步推动项目投融资体制机制的改革与创新。

1. 存量债务化解方式和新增融资路径

从创新和实践的角度，存量债务化解方式和新增融资路径主要包括：

（1）积极探索尝试多种直接融资方式。例如，推进市政公用事业产业化，将城市公用事业所有权、经营权和养护管理进行有效剥离，吸引各种社会资金直接投资建设和经营；推行项目融资，对一些大型基础设施项目，如收费公路、桥梁、水厂、污水处理厂等，采取 PPP 模式、特许经营、ABO 等方式，筹措项目建设资金。

（2）建立基础设施产权市场，完善地方政府投资项目的进入/退出机制，以便地方退出部分国有股权，盘活地方政府融资平台资产，市政基础设施建设项目和公共服务产品资产证券化进入地方预算，使地方债务阳光透明。

（3）对纯公益性项目、准公益性项目和经营性项目分别核算，分门别类地提出债务偿还途径和具体的实施方案，或由城投债向政府债转换。针对城投债存在基础设施投资项目回报与投融资之间期限错配问题，在控制住地方债务总额的前提下，对其实行“统一专项管理、分类处置、新老划断、区域试点、增量疏导、存量转化”的模式逐步由城投债向政府债过渡，并逐步建立政府信用评级和预警制度，或建立资产管理公司解决不良资产的出口问题。通过债转股、债务重组、资产证券化、资产置换、破产清算，化解存量不良资产，并完善偿债准备金制度。

（4）尝试发行永续国债。扩大国债的发行规模，增加央行及商业银行的国债持有比例。我国现在的国债负担率为 20%左右，远低于国际上 60%的警戒线，国债发行的空间充裕。鉴于公共投资主要依靠财政性资金的公益性建设项目，加上建设资金需求量大，为弥补资金缺口，一些地方政府往往不惜对外举债、背负利息。作为选项之一，可以尝试发行永续债等新型债务融资工具，用于公共基础设施、重大民生项目等长期投融资，也可增加社会公众的投融资渠道。

2. 新增融资是否涉及新增隐性债务的判断

判断新增融资是否涉及新增隐性债务，首先需要明确，禁止新增隐性债务并不代表城投平台不能新增债务，也不代表公益性项目建设不能进行融资，关键在于融资是否足够市场化，是否符合商业原则，是否会触碰相关政策红线。从国家部委各个监管文件来看，金融机构提供融资需要符合市场化原则等相关要求，也就是不能新增隐性债务。总体来看，主要的合规要求集中在两大方面。

（1）项目资本金到位且来源合规。

一是项目资本金需要满足比例要求。国务院《关于调整和完善固定资产投资项目资本金制度的通知》（国发〔2015〕51 号）要求，保障性住房、铁路、公路和城市轨道交通项目最低资本金比例为 20%，港口、沿海及内河航运、机场项目为 25%。《国务院关于加强固定资产投资项目资本金管理的通知》（国发〔2019〕26 号）规定，港口、沿海及内河航运项目，最低资本金比例由 25%调整为 20%。机场项目最低资本金比例维持 25%不变，其他基础设施项目维持 20%不变。其中，公路（含政府收费公路）、铁路、城建、物流、生态环保、社会民生等领域的补短板基础设施项目，在投资回报机制明确、收益可靠、风险可控的前提下，可以适当降低项目最低资本金比例，但下调不得超过 5 个百分点。

二是资本金来源要合规，不能使用债务性资金或者公益性资产作为资本来源。若发现存在以明股实债、股东借款、借贷资金等债务性资金和以公益性资产、储备土地等方式违规出资或出资不实的问题，国有金融企业不得向其提供融资。

（2）现金流能够覆盖债务且来源合规。

一是要求债务所对应的项目或发行人具有足够的盈利能力，项目或主体的现金流能够覆盖债务。这一要求其实是正常合理的债务保障要求，但对于城投平台而言却面临比较大的问题，一方面，城投平台所承担的项目建设主要是公益性项目，本身不具有足够的收益或者现金流覆盖项目投入；另一方面，城投平台自身业务产生的现金流与收入规模并不匹配，大量现金流来自地方政府。

二是要求现金流来源必须合规。这一条其实也针对城投平台特性，城投平台所承担项目现金流或者日常业务产生的现金流主要来自地方政府，而地方政府本身财政支出都需要符合相关监管要求，在地方政府向平台支付资金（例如，可行性缺口补助、政府付费、财政补贴等财政资金）时，这些资金是否合规，也是市场化要求的一部分。

（二）优化地方政府债务的策略及途径

结合国家及有关部委出台的相关政策文件，对于我国地方政府债务规范管理，优化地方政府债务的策略及途径提出以下思路和建议：一是开好地方政府举债融资机制的“前门”。适度增加地方政府债务限额，及时完成存量地方政府债务置换工作，稳步推进专项债券管理改革，大力发展地方政府债券市场，落实全面实施绩效管理要求，支持地方政府与社会资本合法合规地开展合作；二是堵住地方政府不规范融资的“后门”。遏制隐性债务增量，打破中央财政“兜底幻觉”，推进地方政府债务领域信息公开，加强债务风险监测和防范，稳步推动融资平台公司市场化转型。债务的化解离不开当地政府的积极应对，不能消极等待上级部门的援助。结合以上各地政府债务化解的案例可以了解，在化解过程中，地方政府除了自身切实做好清理负债、整合资产工作，更要主动进行存量债务重组、有效利用国有资产、推进融资平台转型，主要的经验做法总结如下。

1. 做好债务化解的准备工作，全面摸底排查债务情况

各地政府性债务显性总量仍处于较高水平。此外，在 87 号文出台之前，相对宽松的融资环境给地方政府违法违规融资和隐形负债提供了便利条件，尤其是地方融资平台公司形成大量隐性债务，造成地方政府存量债务总量上升。因此，化债的第一步是要全面梳理债务情况，尤其需要对隐性债务进行一次彻底的摸底排查，了解债务规模、风险、偿还机制等详细信息，做到心中有数，才能制订科学合理的化债方案，合理防范债务风险。

2. 借助政策性银行，通过债务重组，主动作为，缓解存量压力

存量债务化解的主要方式是债务置换，延长还债周期。从镇江的债务化解

案例可知，地方政府对于存量债务，主动作为，不等不靠，借助政策性金融机构的支持，制订化解的综合方案，适时完成存量债务置换工作，寻求延长期限降低成本的渠道，通过将高成本的隐性债务置换为低成本的显性债务，从而实现政府债务可控并逐渐化解的目标，进而缓解债务压力。

3. 聚焦行业，通过以企业为主体的市场化手段，推动债务化解

在山西交控的案例中，化债逻辑是集合地方政府的各类具有现金流的资产，以现金流匹配的原则，将政府性债务转化为企业经营性债务。新组建的交通集团公司，经过整合重组、债务化解、瘦身健体后，用现代化企业的新思维、新模式、新理念，开始了新的航程，有效解决了原来所辖高速公路经营性资产不高、市场主体意识不强等难题，激活了市场资源优势，把改革转型成果成功转化为高质量发展效能。对于存量债务而言，这种化解方案无疑是值得借鉴和参考的。

4. 立足国资国企改革，通过整合重组，谋求平台市场化转型

通过陕西、湖南的债务化解案例可见，推进融资平台市场化转型，规范政府融资平台管理，是化解政府债务的重要举措。转型后的融资平台公司做大做强，有助于其降低融资成本，扩大融资规模、丰富融资渠道，便于公司集中力量进行重大项目建设和产业投资。此外，经过业务重组、流程的规范及与政府关系的重新梳理等一系列举措，其业务运作更加规范，流程也将更加透明，有利于政府优化对平台公司的监管，有效管控隐性债务增长。

城投公司市场化转型方向可以包括：①城市服务运营主体（存量基建项目运营维护、新增基建项目建设为主要业务领域）；②综合国有资本运营主体（水务、燃气、公交、供暖等公用事业类及国有股权运营为主要业务领域）；③商业地产开发（写字楼、商业住宅、养老地产、休闲地产等为主要业务领域）；④金融板块开发（担保、小贷、融资租赁等为主要业务领域）。此外，还可转型经营工程施工、当地支柱产业等业务领域。

5. 优化债务处理方案，警惕“数字化债”

在财政部推行的化债方案中，包括使用资产收益进行化解、将债务转为企业经营性债务等方式，从而减少隐性债务的规模。在审计署披露的化债案例

中，也可以看到某些地方政府通过解除政府购买服务协议、撤回承诺函解除担保责任等方式化解债务，这种方式确实可以降低隐性债务的规模。但很明显，这些减少隐性债务规模的方案，并没有实质性地偿还债务，而是完成了债务偿还责任的重新确认。对于城投公司而言，自身承担的债务规模并没有因为这类化债方案而下降，未来依旧需要承担债务到期偿还的责任。在关注地方政府化解隐性债务的方案时，不但需要关注化债过程中给予的支持力度，更要关注支持的方式，资金偿还（即使是帮助金融机构展期/借新还旧）的方式相对优于“以资产化解债务”，同时需要慎重评估和使用所谓的“数字化债”方式。

附录　中咨公司投融资策划咨询业务导则[1]

1　总　　则

1.1　为适应公司建设高端智库和世界一流工程咨询机构的发展战略要求，推动公司投融资策划咨询业务创新发展，提高公司投融资策划咨询专业服务的质量和效率，根据公司业务管理相关规定，制定本导则。

1.2　本导则所称投融资策划咨询业务，指集团公司总部各业务部门及所属企业接受委托所开展的各类基础设施、产业发展、园区建设、存量资产盘活、债务重组等投融资策划咨询服务，包括项目投融资方案策划、政策法规咨询、专业技术支撑、融资工具运用、投入产出分析及风险管控方案咨询服务。

1.3　公司开展投融资策划咨询业务，应充分发挥跨行业、多学科的综合优势，发挥公司开展工程咨询评估及高端智库研究优势，根据公司多元化咨询业务创新发展战略目标的要求，积极利用业内优秀资源，组织投融资策划咨询专业人员高端培训，宣传前沿服务成果，分享成功咨询经验，采用先进技术工具，在咨询业务的人员组成、业务流程、分析方法等方面进行研究和创新，逐步形成具有公司特色、内容完善的投融资策划咨询业务流程和方法体系，以适应公司服务中国式现代化事业及高质量发展的战略需要。

1.4　公司开展投融资咨询业务，应遵循以下基本原则：

1.4.1　制度刚性原则。

投融资活动应在给定的制度框架下进行。投融资咨询业务从业人员应熟悉与投融资相关的政策、法规、办法、条例等，具体包括产业政策、投资及并购、债券融资、股权融资、境内上市、境外上市及担保等内容。在策划投融资方案时，应严格贯彻执行有关政策规定，确保策划方案能够有效落地。

---

[1] 本导则供中咨公司内部使用，并根据情况变化适时进行修改完善。相关内容仅供参考。

1.4.2　动态优化原则。

投融资咨询业务涉及的政策规定、利益主体、要素资源等事项具有多样性、复杂性等特点，要求业务人员在项目执行初始，应充分调研相关事项的具体构成及可能的演化趋势，把握重点，明确投融资分析模型的内生变量、外生变量及相互之间转换的可能性，为项目执行过程中的动态优化预留空间。

1.4.3　公正独立原则。

投融资业务人员在项目执行过程中，需要协调好各相关方诉求，做好项目方和资金方的对接工作，严格做到公正，独立。策划方案应以政策法规、委托方要求、项目实际情况等为依据，提供的有关分析过程、实施步骤、操作建议等事项应符合专业规范要求，咨询策划过程务求客观公正、有理有据。

1.5　公司秉承“敢言、多谋、慎断、公正、科学、可靠”的中咨精神，强化“品牌意识、前瞻意识、进取意识、廉洁意识、合作意识”，践行“求实、严谨、高效”的行为规范，为委托单位提供优质的投融资策划咨询专业服务。

2　业　务　类　型

2.1　投融资整体咨询

2.1.1　国企投资监管咨询

国企投资监管整体咨询是接受国务院及地方国资监管等部门委托，为中央企业及地方重点国有企业投资监督管理提供的专业咨询服务，内容包括企业发展规划评估、年度投资计划评估、季度及年度投资完成情况分析、投资风险管理体系建设评估等。

2.1.1.1　企业发展规划评估

接受国资监管部门委托，对所监管企业的五年发展规划或三年滚动在执行前、执行中或执行后进行的咨询评估，评估的主要目的是强化国家重大战略或重点任务的贯彻落实情况、加强规划在企业经营发展过程中的引领作用。规划评估的主要内容包括程序符合性、目标适当性、措施可操作性及风控管理有效性。其中，程序符合性应评估规划的编制、研讨、论证、审批等有关流程是否有效合规；目标适当性评估内容包括企业现状与发展环境分析、企业发展战略及主要目标、发展重点与实施计划等重点内容的合理性分析；措施可操作性重点关注规划实施的路径及配套措施是否客观可行；风控管理有效性应评估规划实施风险点的识别、分析、评估及应对是否科学到位。

2.1.1.2 企业年度投资计划评估

评估主要关注投资方向、投资规模、投资结构、投资能力、重大投资项目、非主业投资及整体情况研判等内容。投资方向主要评估所投行业领域是否符合国家相关发展战略和规划的要求，是否符合产业发展政策，是否符合企业发展规划和国有资本布局结构和调整要求等；投资规模主要评估投资规模与过去三年企业投资规模比较，是否与企业经营状况和经济承受能力相适应，是否符合企业成长和行业发展规律，是否遵循可持续发展相关要求；投资结构主要评估固定资产与股权投资结构、主业投资与非主业投资结构、各业务板块结构、境内外投资结构、新开工项目与续建项目结构、投资资金来源结构，是否有利于优化国有资本布局，是否与企业发展方向和重点相适应；投资能力重点评估企业资金来源及对资产负债率的影响，是否与企业经营业绩、年度财务预算、投资风险防控能力相适应；重大投资项目主要评估项目总体情况、所在行业、项目规模及在企业投资结构中的分布，是否存在投资项目负面清单事项，是否属于“去产能”或有关政策限制投资的项目；非主业投资比例主要评估非主业投资行业及占全部投资的比例是否合理；整体情况研判重点关注部分热点产业、敏感行业等细分领域的投资计划规模和重大项目情况，研究全部监管企业整体投资趋势性、倾向性问题，并结合企业实际进行分类汇总统计和评估。

2.1.1.3 企业季度及年度投资完成情况分析

应主要从总体情况、结构情况、投资特点、问题及建议等方面进行分析。总体情况主要阐述投资完成情况，与上年同期对比情况，以及与全社会固定资产投资增速对比情况等；结构情况主要阐述投资方式（固定资产/股权）、投资区域（境内/境外）、资金来源（自有资金/债务资金/其他）等，与全部投资的占比情况，以及与上年同期的对比情况等；投资特点主要分析国家重大战略方面投资数据及重大项目信息情况、投资促进转型升级发展情况（包括产业结构、制造业、高技术产业、战略性新兴产业等占比及同比情况）、高风险及经济热点领域投资情况（包括房地产业务、金融业务、PPP、环保、健康养老等占比及同比情况）。

2.1.1.4　企业投资风险管理体系建设咨询评估

应主要从适用性、完备性、深入性、有效性、持续改进性等方面进行评估。

（1）投资风险管理体系适用性评估，重点关注投资风险管理工作目标是否明确，投资风险管理策略是否体现企业的发展战略和管理特点；采用的风险管理技术和方法是否先进且适用；对于投资活动相关内部控制节点设置是否合理等。

（2）投资风险管理体系完备性评估，重点关注企业总部及其所属各级子企业投资活动涉及的投资管理政策和制度、管理流程、机构和职责的设置是否全面覆盖投资管理全流程；投资管理与风险管理相关的知识、政策培训是否完善；投资风险及相关风险管理岗位的人员是否合格到岗等。

（3）投资风险管理体系深入性评估，重点关注企业投资风险管理制度与实践是否系统性地渗透企业的各管理层级；投资风险管理与其他管理实践是否有机衔接，投资风险管理与干部及员工的绩效管理是否关联等。

（4）投资风险管理体系有效性评估，重点关注企业投资风险管理体系实际运转情况，包括是否及时开展投资项目风险评价，是否对主要投资风险制定预案并开展风险跟踪、分析和反馈，投资项目风险管理措施是否发挥预期作用等。

（5）投资风险管理体系持续改进性评估，重点关注投资风险管理体系是否对企业的投资风险进行实时监控和及时反馈；是否根据运行效果和环境变化对体系的内容及时修订和完善；是否适应外部环境及企业战略变化及时做出调整等。

2.1.2　投融资服务平台咨询

投融资服务平台是与负责解决企业融资需求的地方金融监管部门合作，搭建衔接地方金融监管部门、金融机构及地方企业的服务平台，主要业务内容包括：①不定期为地方金融监管部门及地方企业普及金融产品知识及最新金融产品信息；②搭建大数据服务平台，实现企业和资金方的无缝对接，降低融资成本，并推进地方营商环境和产业的数据化进程；③对有资金需求的企业进行初审，初审合格后联系对接金融机构，并提供相应的融资方案报告；④定期与地方金融监管部门及代表企业就服务质量提升进行座谈。

为投融资服务平台提供的咨询服务主要包括：①投融资平台提供的投融资服务合规性分析评价；②投融资平台的发展战略、市场化改制、专业化转型等方案策划咨询服务；③投融资平台承担的重大项目投融资方案策划咨询服务；④投融资平台风险管控诊断及方案策划咨询服务；⑤地方投融资重大专题研究，包括地方政府信用、公共预算及资金平衡能力分析、地方投融资环境及改进计划研究等。

2.2　企业投融资咨询

2.2.1　企业投融资方案策划

企业投融资规划应在企业发展战略既定的基础上，为企业在一定时期内的投融资活动制订合理可行的实施方案，以规范和指导企业的具体投融资行为。业务内容包括投资方案策划及融资方案策划。

1. 投资方案策划

内容主要包括投资方向确定、投资规模论证、投资结构分析、投资项目筛选等。

（1）投资方向确定，应根据企业的发展战略、经营目标、主营业务及资产状况等，确定企业拟安排投资的行业领域。

（2）投资规模论证，应合理规划一定时期内集团总体及各细分业务的投资规模。

（3）投资结构分析，应对固定资产/股权投资、境内/境外等投资方式进行合理安排。

（4）投资项目筛选，应按照一定的原则确定企业拟安排投资的项目，包括战略原则、经济原则、技术原则、财务原则等。战略原则要求项目应符合企业发展战略；经济原则要求项目规模应与财务预算相匹配；技术原则要求项目技术标准应符合行业及企业发展要求；财务原则要求项目的净现值、投资收益率等指标应符合企业投资项目决策评价基准值要求。

2. 融资方案策划

主要内容包括融资环境分析、融资需求评估、融资工具运用。

（1）融资环境分析，应对融资活动可能产生影响的各种条件和因素进行分析，主要包括金融制度、财务制度、税收制度及相关法律框架。融资环境既影响企业的融资渠道、融资方式、融资成本和融资结构，也影响企业融资活动的效率。金融制度应分析金融机构、金融市场和金融业务的组织管理制度，包括各类金融机构和各类金融市场的设置方式、组成结构、隶属关系、职能划分、基本行为的规范和行为目标等；财务制度应分析资金运动过程中企业与各方面财务关系的相关制度，包括资金分配体制、成本管理体制和利润分配体制等；税收制度应分析国家处理税收分配关系的规范要求，包括国家各项税收法律、规章、条例、征收管理办法和税收管理体制等；相关法律框架应分析项目融资过程中涉及的有关法律体系，以及指导各类项目融资结构的合同规范体系。

（2）融资需求评估，应包括资金需求的合理性和必要性分析，融资用途、融资规模、融资期限及还款来源分析。融资规模，应分析企业流动性资金需求、偿债性资金需求及投资性资金需求（固定资产投资需求、资本运营投资需求及投机性资金需求）等，测算方法包括财务分析法、定性分析法及实际核算法；融资期限，需要结合资金用途及投入时点、还款来源、不可抗力因素等进行确定。

（3）融资工具运用，应包括融资方式分析及资金成本分析、期限错配方式分析等。融资方式分析，应包括股权融资、债权融资及夹层融资方式的应用，融资工具应包括内源融资（降本增收、加快周转等）、银行融资（贷款、担保、综合授信等）、政策性融资（政策性贷款、贴息、担保及股权投资）、商业信用融资（供应商融资、经销商融资等）、资本运营融资（战略投资者引入、资本重组等）及融资租赁、短期融资、信托融资等。期限错配方式分析，应分析保守方式、激进方式及到期配比方式的应用。

2.2.2 高科技中小企业融资方案策划

高科技中小企业生命周期通常包括种子期、初创期、成长期及衰退期，在企业发展的各个阶段融资需求及适用条件不同，需要采取不同的融资方式筹集资金。高科技中小企业融资策划的服务对象主要包括电子信息、生物医药、节能环保、新材料等领域，主要针对企业生命周期处于初创期或成长期阶段，业务内容包括发展战略制定、产品路线选择、投入产出分析、交易结构设计、融资方案策划、商务谈判辅导等。

1. 发展战略制定

应通过分析行业现状及发展趋势，确定企业中长期发展目标。行业现状及发展趋势分析的要点包括，宏观经济发展及政策管理状况、国际和国内相关技术及产品市场情况；企业实际状况主要分析企业组织架构、管理团队构成及主要创始人意图、技术及专利情况、生产经营现状等。通过发展战略制定，初步确定企业主要产品类型及次序安排。

2. 产品路线选择

应分析各种产品类型的技术路线、投入方式、投入规模及时序。技术路线包括工艺流程图、产品结构框架图、工艺路线可行性分析；投入方式包括场地、设备、材料、人员等要素组织安排。应重视企业总部、研发中心、生产中心等职能所在地的选择。投入规模及时序重点分析产品生产的分期投入规模及时序安排。

3. 投入产出分析

应对企业投入进行全生命周期的财务效益分析，需要结合产品路线选择和营销模式，对产品的市场规模及收入、成本等进行预测，并结合土地、财税等优惠政策，分析企业盈利、偿债及收益率等指标。

4. 交易结构设计

是投资方、企业方及其他相关方以合同条款形式确定的协调各方利益关系的一系列安排，应充分反映各方对战略安排、场地选择、产品路线、营销模式、企业管理、退出机制等方面的诉求。

5. 融资方案策划

应综合潜在投资方的资金供给规模及附加条件、其他相关方的优惠条件和要求、企业经营发展需要等情况进行系统分析，策划合适、可行的融资方案。

6. 商务谈判辅导

应协助企业管理团队与潜在可行的融资方、相关方就交易结构涉及的核心条款进行谈判。

2.3　项目投融资咨询

2.3.1　基础设施项目投融资咨询

基础设施包括经济基础设施和社会基础设施，经济基础设施包括道路交通、能源电力、邮电通信、城市供水及污水处理、水利环境等；社会基础设施包括教育、医疗、体育等。基础设施项目投融资咨询主要针对经济基础设施，内容要点包括政策背景分析、投融资模式构建、交易结构设计、投资财务可行性分析、风险防控措施等。

1. 政策背景分析

包括项目建设的政策符合性分析、相关优惠政策分析等。例如，社会资本投资参与高铁建设项目，政策符合性分析应对国家涉及铁路建设投资主体等政策规定进行分析，如对社会资本参与铁路建设的土地、财政、税收等优惠政策进行分析。

2. 投融资模式构建

包括投资主体构成、投融资模式、基本权利义务等的设定。投资主体应为参与基础设施投资活动的主体，非经营性项目的投资主体一般应为当地政府，准经营性项目或项目群的投资主体除政府方外，可以引进社会资本方参与建设运营，如采用政府和社会资本合作（PPP）模式，建设—经营—转让（BOT）模式，盘活存量资产的移交—运营—移交（TOT）模式，基础设施资产证券化（ABS）模式，基础设施 REITs 模式等。基本权利义务应是在确定的投融资模式框架下，各方主要的责任事项及有关权利。

3. 交易结构设计

包括资金结构、融资安排、回报机制及配套安排等。资金结构是项目政府方、社会资本方、财务投资人及运营方等相关方股权结构安排，以及项目股权/

债权的资本结构安排；融资安排应为融资渠道、融资工具、资金成本、融资主体责任人等相关事项安排；回报机制应为项目产出定价、经营成本界定、收入构成、政府付费机制等事项说明，其中，政府付费机制包括建设期补贴机制或运营期补贴机制，建设期可采用资本金注入、建设资金补贴或贷款贴息等资金注入方式，运营期可采用项目产出定价、影子价格补贴等方式，补贴对应的收益率指标可以是全投资内部收益率、资本金投资内部收益率、净资产收益率等；配套安排应为与项目有关的前期工作、土地配备、其他配套投资等事项安排。

4. 项目投资财务分析

包括参数设定、主要财务指标分析、敏感性分析等内容。参数设定应为项目合作期、建安费用核定、资金结构、增值税、土地使用税、所得税等税金、资产属性、资金筹措计划、收入及成本等事项的确定；主要财务指标分析应包括项目财务模型、政府付费、盈利模式、偿债及收益率指标等事项说明；敏感性分析应针对财务模型涉及的主要变量指标，如合作期、投资规模、资本结构、收入及成本等，赋予一定幅度的变动空间，并分析对项目政府付费、盈利、偿债及收益率指标等评价结果的影响。

5. 风险防控措施

应针对项目前期阶段、建设阶段及运营阶段可能存在的风险因素进行识别、分析并提出应对措施。项目前期阶段的风险因素包括项目征拆费用及进度、政府审批、公众反对、配套条件落实等；建设阶段的风险因素包括地质条件、施工组织、费用控制、环境保护等；运营阶段的风险因素包括财税优惠政策落实、项目收入假设条件满足等。

2.3.2 项目并购咨询

并购一般指兼并和收购，兼并指通过产权购买，使目标企业失去法人资格或改变法人实体，包括新设兼并和吸收兼并；收购指通过股票、现金、债券等方式购买目标企业股权或资产，以获取对目标企业的控制权，但目标企业法人地位不会失去，包括全面收购、控股收购、参股收购。企业并购咨询主要内容包括明确投资并购战略、筛选潜在目标企业、开展尽职调查、标的估值、设计交易结构方案、并后整合等。

1. 明确投资并购战略

应根据产业分析和企业实际确定企业投资并购方向和原则。产业分析应对产业政策、周期、规模、组织、结构、竞争者等事项进行分析；企业实际应梳理企业现有业务的发展现状、竞争力及趋势，确定未来重点发展业务及通过并购需要实现的目的；并购方向应确定横向并购（同类企业）、纵向一体化并购（产业链上下游）或多元化并购（跨行业）形式，以及并购标的所处行业、盈利情况、资产规模、主营业务、技术水平、市场占有率等；并购原则应考虑发展战略原则、盈利性原则、风险控制原则、合法合规原则等。

2. 筛选潜在目标企业

包括寻找符合条件的目标企业、收集目标企业的公开和非公开信息、与目标企业管理层初步沟通、对收购的可能性、估值、支付方式等进行初步分析。

3. 开展尽职调查

投资人与目标企业达成初步合作意向后，应对目标企业与并购活动有关的事项进行现场调查和资料分析，可细分为商务尽职调查、财务尽职调查、法律尽职调查等，内容主要包括，市场调查（宏观经济形势、行业发展现状及趋势、产品竞争力等）、资产负债情况调查（相关凭证查阅、质押担保情况、或有事项等）、财务方面调查（经营情况、关联交易、内部控制、调整项目等）、税务方面调查（纳税凭证、逃漏税情况）、法律事务调查（产权纠纷、诉讼事项、法律隐患等）。

4. 标的估值

估值方法主要采用收益法、市场法、资产重置法等，资产重置价值是评估资产的现时重置成本扣除实体性贬值、功能性贬值和经济性贬值后的差额，适用于传统行业和重资产企业；市场法是选取可比企业并通过市盈率、息税前利润等指标对比进行估值，适用于轻资产企业和新兴行业；收益法指对企业预期收益进行折现的估值方法，关键指标包括未来预期收益、折现率、收益期限、永续期增长率等。此外，部分行业，如矿业权价值评估，可能会涉及期权定价模型的运用。标的估值在估值模型结论的基础上，还需结合并购标的潜在价值和财务状况、其他意向并购方的策略和动机等因素综合考量确定。

5. 设计交易结构方案

包括与并购活动相关的法律法规要求、并购标的、支付方式、融资方案、税务筹划、会计处理等事项的安排。法律法规方面，要求交易结构的设计应考虑《公司法》《证券法》《上市公司收购管理办法》《关于规范国有股东与上市公司进行资产重组有关事项通知》等法律法规的限制；税务筹划方面，要求交易结构的设计应考虑买卖双方的缴税问题，如股权收购一般只涉及所得税、印花税等，资产收购除所得税、印花税外，还涉及增值税、契税等。此外，收购形式不同对于买卖双方的税收缴纳也应有所不同。

6. 并后整合

需要根据并购目的，提前制订并后整合计划，并在谈判阶段尽可能解决所有关键事项；内容通常包括战略整合、经营整合、文化整合、组织结构整合、相关方整合等。

2.3.3 片区类投融资规划咨询

片区类投融资规划咨询对象主要包括高新技术产业开发区、特色产业（物流、农业、医疗、旅游等）园区、旧城改造、城镇开发等，主要涉及政策、规划、项目、土地、资金等要素，咨询内容主要包括片区发展现状调研、规划布局研究、建设内容分析、开发时序安排、资源渠道梳理、投入产出平衡、风险分析及措施安排等。

1. 片区发展现状调研

内容包括项目边界内及周边区域的人口、产业、基础设施状况等情况梳理；相关利益主体的走访调研。

2. 规划布局研究

内容包括发展战略、目标任务、功能布局、产业策划、空间布局、发展时序等。

3. 建设内容分析

内容包括土地征拆、市政基础设施、公共服务基础设施、产业项目及配套基础设施等。

4. 开发时序安排

内容包括土地政策梳理、土地规划及储备状况分析、土地收储成本、出让收益及时序安排；建设项目开发时序，方式包括组团开发、类型开发、滚动开发等。

5. 融资方案策划

内容包括融资策略、融资渠道、融资工具、组合配置等。融资策划应根据地区发展现状、财政实力、片区发展规划等确定融资的整体思路；融资渠道包括政府财政、金融机构、社会资本等，片区不同发展阶段融资渠道的侧重点不同；融资工具包括银行贷款、企业债券、融资租赁、资产证券等；组合配置主要包括内源融资和外部融资的组合，股权融资和债权融资的组合，短期、中期及长期融资安排等。

6. 投入产出平衡分析

内容包括投融资模式、投资及融资测算、收入及成本分析、盈利及偿债能力分析、盈亏平衡分析、敏感性分析等。

7. 风险分析及措施安排

内容包括政策、资金来源、市场等方面可能出现的影响融资方案实施结果的风险因素分析及相关建议。

2.4 金融机构评价和授信咨询

金融机构投融资评价咨询指为银行、财务公司、信托公司等贷款机构提供财务评价和评级授信咨询服务。

2.4.1 财务评价咨询

企业财务评价主要是基于现状分析和合理预测，对企业贷款偿还期或正常生产经营周期的财务状况进行系统评价，主要目的是风险诊断、方案优化、优劣评级等，涉及的报表包括营业收入估算表、流动资金估算表、总成本费用估算表、利润估算表、借款还本付息计划表、财务计划现金流量表、资产负债估算表、融资需求与资金筹措计划表、全投资现金流量表、资本金现金流量表等。财务评价基本流程包括财务评价辅助报表估算、财务平衡分析及优化、财务评价指标计算等。

1. 财务评价辅助报表估算

财务辅助报表主要是营业收入估算表、经营成本估算表、流动资金估算表等，估算顺序是营业收入、经营成本及流动资金，估算的基本参数包括计算期、流动资金贷款利率、最低偿债备付率、最低现金比率、所得税率、自有流动资金最低比例、新增固定资产投资、借款及偿还期、新增长期借款利率及偿还方式、基准收益率、流动资金借款等。

（1）营业收入预测包括主营业务收入及营业外收入预测。主营业务收入预测主要根据企业历年主营业务收入预测未来收入增长率，需要注意工业类企业应考虑生产负荷影响，营业外收入包括补贴收入及其他收入等，可以采取过去三年的平均值作为预测参数。

（2）经营成本估算企业类型可以划分为工业类、商贸类及其他。工业类企业可以按照产品类型或以整个企业为对象进行估算，商贸类及其他企业主要以整个企业为估算对象。工业类企业经营成本估算的参数主要是可变成本占比和达产年（满负荷状态下）费用，经营成本费用类别上包括生产成本，由原材料费、燃料及动力费、工资及福利费、修理费、其他制造费用构成；管理费用，财务费用，营业费用等，估算达产年费用和可变成本占比参数，一般根据前两年的成本费用按经营成本类别进行初步估算，再结合统计参数合理确定，另外达产年费用还可以根据消耗定额估算；商贸类及其他类企业经营成本，一般应参照企业近两年、历史平均、行业统计指标等数据，按照经营成本构成类别占营业收入比例进行估算。

（3）流动资金估算包括流动资金统计、流动资金估算参数统计、流动资金预测参数确定等步骤。流动资金是企业生产经营需要占用的资金，等于流动资产减去流动负债，流动资产包括存货（库存材料、在产品、产成品及待摊费用等）、应收账款（应收票据、应收账款）、预付账款、现金等，流动负债包括应付账款（应付票据、应付账款、应付工资及福利费、税金等）、预收账款等，流动资金估算主要根据流动资金各项构成的前两年周转次数、历史平均周转次数、行业平均周转次数合理确定预测参数，各项构成的周转次数根据经营成本、原材料燃料费用、流动负债总额、营业收入等指标进行对比确定。

2. 财务平衡分析及优化

内容包括估算企业总成本费用表、利润表、还本付息计划表、财务计划现金流量表、资产负债表、资金筹措计划表等。应在各报表估算编制的基础上，分析企业债务结构是否存在风险隐患、收支能否平衡、到期债务能否足额偿还、投资能否落实，并对企业的还本付息计划、债务结构、利润分配计划等进行优化，确保企业没有短债长用、固定资产贷款周期不合理等问题，保障企业财务收支具有可持续性。

3. 财务评价指标计算

主要是计算企业全部投资现金流量表、所有者权益资金现金流量表和财务评价指标汇总表，并分析全投资财务内部收益率、所有者权益内部收益率、净现值、动态和静态投资回收期等指标，为金融机构及其他直接投资者提供决策依据。

2.4.2　评级授信咨询

信用评级方法主要用于评价客户优劣，采用模糊决策或多目标综合评价方法，为贷款决策、利率定价及风险监控等提供依据。金融机构通常应以授信后资产负债率不超过合理范围为原则确定企业综合授信边界，以流动资产贷款不超过周转需要为原则确定流动资金授信额度，以企业自由现金流能够覆盖新增贷款的还本付息计划为原则确定新增固定资产授信额度，以不超过现有表外业务水平为原则确定表外业务授信额度等测算单品种授信额度，并根据综合授信边界核定企业授信总额。

1. 评级分类

提出按照信用评级用途或对象进行分类。按照用途分类，包括贷款信用评级、证券信用评级、创投信用评级。其中贷款信用评级可分为商业银行贷款信用评级和小额贷款信用评级。按照评估对象分类，主要按照行业进行分类。

2. 分析内容

通常包括：①经营团队，包括学历、行业经验、信用记录、公司团队等；②经营状况，包括生产能力利用率、总投资净收益率、存货周转率、应收账周转率等；③偿债能力，包括现金比率、流动比率、偿债备付率、资产负债率等；④发展潜力，包括企业净资产、销售增长率、净利润增长率、企业投资能力；⑤数据真实性综合评价；⑥特殊事项，包括信用记录、重大事项、经营情况等。

3. 评价标准及等级

通常按照分值进行分类，包括 AAA、AA、A、BBB、BB、B、CCC、CC、C、D 等级别；等级标准是指各信用等级对应的违约概率，是金融机构利率定价和贷款监管的重要依据，各等级对应着一定的核心定义，如 AAA 级一般表示公司治理结构符合现代化企业要求，管理团队具有丰富的管理经验、从业经验和优异的过往业绩，经营实力和财务实力雄厚，能够抵御和承受重大的内外部不利变化，财务表现优异，现金流量非常充足，具有很强的偿债能力和盈利能力，发展前景很好，在行业竞争中处于绝对优势地位，融资能力强，已经进入资本市场或者多家银行积极营销的优质客户，原则上规模为特大型或大型，成立时间 3 年以上，5 年内无不良信用记录等等；BBB 级一般表示公司治理结构基本符合现代企业要求，但存在一定的缺陷；管理团队具有一定的管理经验和从业经验，经营实力和财务实力中等偏上，能够承受一定的内外不利变化，财务状况稳定，有一定的现金流量和盈利能力，目前有足够的偿债能力，但在恶劣的经济条件下其还债能力较为脆弱，发展前景基本稳定，但有一定的经营风险或财务风险因素，在行业竞争中的地位稳定，没有明显的竞争优势；CCC 级一般表示公司治理结构存在严重问题，管理团队专业知识和经验难以适应企业发展需要，经营实力和财务实力弱，财务状况差或有恶化的可能，对银行信贷依赖性强，偿债能力不足，发展前景差，经营风险或财务风险大，在行业竞争中处于较低地位。D 级一般表示客户已经处于实际违约状态。

4. 授信额度

各金融机构对授信额度的计算方法不尽相同。综合授信主要根据资产总额、所有者权益、负债总额、调节系数、信用余额等进行综合确定，且通常会按照行业类别进行区分；流动资金授信一般按照估算流动资金的最大贷款比例进行确定，最大贷款比例与企业信用评价相关；表外业务授信主要是根据上年表外业务平均余额、应付票据、主营业务收入增长率等参数进行确定。

5. 科技型企业信用评级指标

对于科技企业的研发贷款、私募股权融资、创投融资等信用评级，应根据科技创新项目特点，主要从定性和定量角度进行评价。定性指标包括：①创业者素质，包括创业者精神特质、创业者的经历和背景、创业者的能力素质、创业者的商业模式创新能力；②技术条件，包括技术的先进性、技术的可替代性、技术的发展阶段、技术的成果认定；③运营能力，包括荣誉与资质、营销能力、法人结构治理、人力资源管理能力；④发展潜力，包括行业前景、行业发展阶段、市场竞争能力；⑤退出机制，包括退出方式、IPO预期；⑥政府支持，包括政府的无偿补助和贴息。定量指标包括：现金比率、流动比率、偿债备付率、资产负债率、销售增长率、净利润增长率、每股价值、内部收益率、每股净利润、综合评价等。在定性分析和定量分析的基础上，根据企业类型及相关指标结果，给予定性和定量分析结果一定的权重进行加总，得到科技型企业的信用评价结果。

2.5 项目投融资策划方案编制

2.5.1 项目概况

项目投融资策划方案的编制，首先应该阐述项目概况，包括项目基本情况，项目投资环境、项目投资主体及项目策划研究需要关注的主要问题。

1. 项目基本情况

简述投资方对项目的初始构想，主要包括：项目建设内容、投资方参与方式、股比、合作伙伴、商务模式、预估投资额等；明确投资方对咨询方工作内容的需求；简述项目前期开展的可行性研究情况，主要包括项目前期规划、市场需求、建设条件、工程技术方案、环评和土地征用、建设投资和财务效益等内容。

2. 项目投资环境

阐述项目所在国家及地区各相关情况，主要包括当地投资营商环境、所在行业情况、相关法规政策、项目投资及融资政策、同类项目相关案例经验等。

3. 项目投资主体

说明项目投资合作各方的基本情况。

4. 项目策划研究要点

根据对项目基本情况、投资环境、投资方及投资模式等的梳理，提出项目投融资策划咨询需要研究的主要问题及重点难点。

2.5.2 项目投资方案

1. 投资合作模式的选择

简述项目投资合作模式，如股权合作、BT、BTO、DBO 等模式。需根据项目所属行业相关法律法规及投资政策情况，结合投资方在资产形成、运营和转让阶段的意愿，分析项目适用的投资合作模式。

2. 拟采用合作模式的可行性分析

综合考虑项目自身的特点，结合当地投资环境、目标行业发展前景、项目技术经济可行性判断、经营活动现金流特性和投资方风险偏好等情况，以及当地法律许可、投资合作方意愿、项目可融资性、可对标项目的投资合作情况等，形成项目合作模式可行性研究报告，从工程技术经济角度提出投资方在商务谈判阶段应关注的核心问题，为规避投资风险提供专业咨询建议。

项目投资合作模式策划，应通过与项目投资方（包括投资方聘请的各方顾问）、当地合作方、融资和保险机构等进行商谈，不断缩小适用的投资模式范围，并以各方初步确定的投资合作模式为基础，深入分析投融资落地的各类商务条件，为后续谈判及投资协议签署打下基础。

3. 方案落地建议

基于建议的投资合作模式，梳理项目深入尽调和推进投融资落地的工作重点及需要注意的问题，包括法律法规澄清、股权结构和投资路径设计、商务结构和模式优化、关键商务和融资条件谈判目标、税务筹划等。

2.5.3 融资模式选择

项目可采取多种融资模式，一般包括项目融资、出口信贷融资、资本市场融资和赊销融资等，应结合项目特点进行选择。主要考虑如下因素。

1. 风险分担

对于项目各项风险要素，需要在投资者、项目公司及与项目开发有直接或间接利益关系的其他方和贷款人之间进行合理分担。设计风险分担方式时，可主要考虑以项目投资协议、融资协议、EPC合同、主要原料供应协议、未来产品销售协议、运维协议、各类担保和支持批复性文件等建立彼此衔接、责任主体清晰的勾连结构。

2. 项目可融资性

银行通常偏好有长期稳定收入、建设完工风险低、周期短、产权完整清晰且相关法律对债权人权益有较好保障的项目。

3. 保险产品选择

融资方通常需要配套支持项目融资落地的官方出口信用保险机构（Export Gredit Agency，ECA）保险产品，如主权信用保险等。

4. 融资行询洽

在项目投融资方案策划中，可分别与相关银行进行询洽，了解银行对项目融资落地的边界条件，为项目前期商务工作及财务模型设计提供依据，包括国家主权/次主权担保、商务结构、融资规模、币种和费用、项目收益及偿债指标、融资评审程序等方面要求。

5. 前期研究支出

项目融资方案策划及评审需要开展的前期研究工作相对较多，包括项目技术经济可行性研究、风险分担方案策划、保险架构、税收结构和资产抵押等一系列策划工作，且银行也会聘请众多顾问（法律、技术、财务、商业、保险等）开展项目前期尽调工作，所需周期相对较长，成本相对较高。在选择融资模式时，需要综合考虑项目融资落地的时间要求和融资推动成本。

2.5.4　融资方案策划重点关注的问题及解决方案

1. 收益不足以还款

针对项目收益不足以还款的情形，需要与业主方在投资协议中约定政府补贴方式，同时需要地方政府或投资担保机构对政府补贴提供担保。项目自身收益加外部资金注入，需达到银行或信用保险机构对项目偿债能力的要求。

2. 付费模式不稳定

项目融资可能存在使用者付费问题，即项目收入来源于分散的个体用户，项目实际支付及各阶段现金流水平无法得到充分保障，需要对收入来源提供保障，以及足可保证一定偿债备付率的定价机制和公式等保障条件。

3. 汇率汇兑风险

如果项目融资币种和收入还款币种不同，则存在币种错配，易产生汇率风险。此外，项目收入时点较为分散，与银行集中还本付息的时间节点可能难以匹配，如汇兑发生延误或短期内的大额波动，则会对项目偿债履约造成重大影响。因此，对于项目包销兜底的支付时点，需要与融资协议还款时点要求相匹配。

4. 押品可执行性不明确

项目融资所涉及的相关资产，包括项目公司所拥有的实体资产、股权、协议权益，以及现金账户等均需抵押给贷款行。在特定条件下，银行有权直接介入项目公司所签署的商务合同，直接替代项目公司享有相应的合同权益，并且有权在介入后将项目整体打包转卖给新的投资者以填补贷款损失。因此，项目公司权益应完整，且不受限制转让，并要得到当地相关法律法规保障，以保障银行在项目资产，以及项目权益中享有充分的介入权。

5. 项目融资条件

确定项目融资模式后，可初步约定项目融资条件，并随项目贷款协议谈判及融资关闭工作进展实时更新。项目融资条件包括：融资标的、融资额、融资期限、宽限期、还款期、还款方式、利率水平、贷款管理费、承担费、安排费、担保方案、担保费用、还款账户管理要求等。投融资方案策划应对各项融资条件的可靠性及风险应对方案进行研究设计。

2.5.5 基于投融资方案的项目财务效益分析

投融资方案应进行有针对性的财务分析，应基于建议的投融资方案进行更加深入精确的测算，以满足投资决策及融资评审的实际需要。

1. 测算依据

明确项目财务效益测算所采用的投资、融资、收入、成本和税收等各类指标的依据和取值。

2. 主要财务指标

计算项目盈利能力、偿债能力、财务生存能力和敏感性分析指标，并按投资协议、融资协议、保险协议要求的风险控制方法和指标，测算特定情形下的项目财务效益及现金流水平。从融资方角度，主要关注项目各期的现金流及偿债指标；从投资方角度，主要关注项目各期的收益能力、现金流、偿债能力和分红条件等。

3. 投融资风险

主要分析项目可能存在的各种技术经济风险，对投资合作模式、融资落地和保险方案设计等看存在的各类风险进行分析评价，提出风险应对措施。

2.5.6 项目投融资工作推进方案

1. 工作时间进度

根据投资方设想拟定工作进度，以对项目融资全过程工作有清晰的任务安排和目标导向，工作时间进度表可随着项目投融资工作推进和深化进行动态更新完善。

2. 阶段性工作总结与安排

对于项目投融资工作推进应进行阶段性总结，主要明确上一阶段各工作任务的落实情况，并提出下阶段的工作目标。项目融资团队各组成员应熟悉项目融资工作的整体进展、工作安排、问题瓶颈及相应解决方案。

2.5.7 结论与建议

1. 结论

对项目投融资方案的策划，在相关研究的基础上总结提炼出项目特点、投资方案、融资方案和财务分析等研究结论。

2. 建议

提出完善项目投融资方案的主要建议，主要包括：①项目投融资落地需要解决的重点问题和建议；②项目后续商务谈判应注意的重点事项和建议；③项目投资风险控制建议。

3 业务组织模式

3.1 业务来源

投融资咨询业务市场前景广阔，相较于规划、评估、管理等其他类型咨询业务，委托方更加依赖咨询团队的专业策划和资源整合能力。推动公司投融资策划咨询业务发展，应结合公司多元化业务发展战略布局采取综合措施。

3.1.1 业务资源深度挖掘

投融资咨询业务范围广阔，公司目前开展的大部分咨询评估业务都可以延伸出投融资咨询业务，如中央企业投资监管技术支撑服务业务可以推广至地方国资监管机构，产业规划咨询评估可以引入落地性更强的投融资规划咨询，资源类及高技术类项目评估可以为相关企业提供并购重组咨询等，应通过现有咨询业务产品的链条延伸，积极推动开展投融资策划咨询。

3.1.2 拓展项目及资金信息渠道

通过举办高层会谈、签订战略合作协议等形式，与地方金融监管机构、国资监管机构、园区管委会、大型企业集团等项目方，以及银行、信托公司、租赁公司、证券公司、私募基金等资金方，建立交流机制，并加强业务对接，为业务人员提供广泛的渠道资源。

3.1.3 加强公司投融资品牌建设

包括通过举办论坛、召开研讨会、接受媒体采访等形式拓展公司在投融资咨询领域的知名度。通过出版社、公司网站、微信公众号等渠道发表相关著作、典型案例集等宣传公司在投融资领域的业绩及综合实力。

3.2 团队组建

投融资咨询业务对团队的专业素养要求较高，通常会涉及技术经济、企业管理、会计税务、法律及相关行业技术等专业，公司应开展投融资咨询业务的需要，注重培养投资咨询业务骨干，加强团队力量，加强专业能力建设。

3.2.1 内部团队构建

由各业务部门推荐若干业务骨干组建公司投融资专家团队，并建立有效的信息沟通机制，如微信群、月度交流会等，为业务人员在项目执行过程中提供信息和技术支撑；各业务部门推荐的业务骨干原则上司龄在 5 年以上，且具有相应的专业知识能力。

3.2.2 外部团队构建

采取内部推荐或外部聘任等方式，组建公司投融资外部专家库，侧重于公司投融资咨询业务的短板补齐，重点加强金融、财税、会计、法律等方面的专家力量。

3.3　质量管控

投融资业务实操性要求高、利益关系复杂、冲突协调事项多、信息量大且错综复杂，客观上要求必须确保质量，严格把控风险，要通过完善业务部门及公司评审制度，完善风险防控体系，进行质量和风险把关。

4　质量保障和能力建设

4.1　信息平台

投融资策划咨询业务应致力于为项目方和资金方搭建对接平台，有效对接平台需要的专业信息及项目落地解决方案支撑。应通过构建基础信息平台、项目对接平台、在线测算平台，逐步建立公司投融资策划咨询大数据平台。

基础信息平台主要服务于投融资咨询业务人员，提供资料查阅，内容包括投融资相关法律法规、文献资料、典型案例等。

项目对接平台主要用于公司各业务部门及所属公司进行项目信息发布和交流。

在线测算平台主要是搭建以基础财务分析为框架的开放性平台，可供业务人员根据项目投融资模式、所处行业发展状况等情况进行专业性设置，为投融资方案的策划提供模型测算支撑。

4.2　考核激励

投融资策划咨询业务是公司立足新发展阶段进行业务创新的战略性新型咨询业务，应在平台建设、团队力量、经验积累等方面完善激励机制，为更好地推动投融资策划咨询业务发展建立相应的考核激励措施。

4.2.1　考核措施

可要求公司相关业务部门每年应完成一定额度的投融资业务合同到账额，业务类型主要是为地方金融监管机构或国资监管机构提供的综合咨询、企业投融资方案策划、并购重组咨询、片区投融资规划咨询等。

4.2.2　激励措施

一是业务部门奖励，按照合同到账额的一定比例系数纳入部门业务收入考核；二是业务团队奖励，给予项目开发人员、项目经理、主要业务人员一定额度的绩效奖励。

4.3 组织合作

公司投融资咨询业务的发展壮大需要各部门通力合作，可考虑设立牵头统筹部门，加强矩阵合作，共同开展投融资策划咨询业务。

项目执行过程中，业务部门主要负责行业技术支撑，包括发展规划、投资规模、产品路线、市场预测等事项，专业支撑部门负责投融资模式分析、融资工具运用、投入产出模型构建等事项，并重视投融资典型案例及专业经验的研究总结。

主要参考文献

[1] 北京当代金融培训有限公司．投资规划［M］．北京：中国人民大学出版社，2019.

[2] 北京当代金融培训有限公司．投资规划（2014 年版）［M］．北京：中信出版社，2014.

[3] 彭松，杨涛．投融资规划理论与实务［M］．北京：中国金融出版社，2018.

[4] 田长广．新编融资策划［M］．北京：北京大学出版社，2008.

[5] 蓝裕平．投融资策划理论与实务［M］．广东：广东经济出版社，2015.

[6] 雷霆．图解投融资：法律实务操作要点与难点［M］．北京：法律出版社，2019.

[7] 龙菊．理财投资策划［M］．北京：中国经济出版社，2008.

[8] 赵君华，蒋志高，等．工程项目策划［M］．北京：中国建筑工业出版社，2013.

[9] 李笑光．投资项目策划战略与实务［M］．北京：中华工商联合出版社，2004.

[10] 盛和太，王守清．特许经营项目融资（PPP）：资本结构选择［M］．北京：清华大学出版社，2015.

[11] 王文睿．建设工程项目策划及手续办理实务［M］．北京：中国建筑工业出版社，2013.

[12] 杨晓敏．PPP 项目策划与操作实务［M］．北京：中国建筑工业出版社，2015.

[13] 余文恭．PPP 模式与结构化融资［M］．北京：经济日报出版社，2017.

[14] 张稚华，等．国际工程投资策划［M］．北京：中国建筑工业出版社，2018.

[15] 张强，李晋娴．湖南省洞庭湖区域建设系统性融资规划（2011—2015）［M］．湖南：湖南大学出版社，2014.

[16] 张继峰．PPP 项目融资术：融资结构、模式与工具［M］．北京：法律出版社，2017.

[17] 李开孟，等．工程项目融资评价理论方法及应用［M］．北京：中国电力出版社，2017.

[18] 龙菊．理财投资策划［M］．北京：中国经济出版社，2008.

[19] 张稚华．国际工程投资策划［M］．北京：中国建筑工业出版社，2018.

[20] 中建长江建设投资有限公司．项目投融资模式和金融工具研究与创新［M］．北京：中国建筑工业出版社，2022.

[21] 吴有红．基础设施投融资政策与实务［M］．北京：人民日报出版社，2023.

[22] 刘键．政府投融资管理 [M]. 北京：中国金融出版社，2022.
[23] 吴维海．政府融资 50 种模式及操作案例 [M]. 北京：中国金融出版社，2018.
[24] 李奇霖，王言峰，李云霏．城投再来：地方融资平台如何转型 [M]. 北京：华夏出版社，2017.
[25] 朱静，李恒新．片区开发合规要点与实操指南 [M]. 北京：知识产权出版社，2021.
[26] 王廷先，徐敏峰．城镇片区开发投资决策综合性咨询理论与实务 [M]. 天津：天津大学出版社，2021.
[27] 魏本权．区域实践：时代诉求与近代中国乡村建设 [M]. 北京：社会科学文献出版社，2023.
[28] 朱静．政府（实施机构）PPP 项目实务操作指南 [M]. 北京：知识产权出版社，2018.
[29] 胡恒松，刘政，薛晓辉，邓枫．中国地方政府投融资平台转型发展研究 2021——产业投资与资本运营视角下的城投转型 [M]. 北京：经济管理出版社，2022.
[30] 徐军伟，毛捷．地方融资平台公司转型与发展研究 [M]. 北京：中国财政经济出版社，2021.
[31] 张青．项目投资与融资分析 [M]. 北京：清华大学出版社，2012.
[32] 吴维海．企业融资 170 种模式及操作案例（第二版）[M]. 北京：中国金融出版社，2019.
[33] 郑雪莲．公司股权和控制权案例精解与实战指导 [M]. 北京：新华出版社，2019.
[34] 刘树樾．建设项目投资决策 [M]. 2 版．陕西：西安电子科技大学出版社，2021.
[35] 曾肇河，赵永辉，夏小敌．项目决策——项目投资开发全过程管理 [M]. 北京：中国建筑工业出版社，2020.
[36] 宋永发，石磊，林婧，刘莎，窦玉丹．工程项目投资与融资 [M]. 2 版．北京：机械工业出版社，2023.
[37] 项勇，卢立宇，徐姣姣．建设工程项目投资与融资 [M]. 北京：机械工业出版社，2020.
[38] 马秀岩．项目融资 [M]. 辽宁：东北财经大学出版社，2018.
[39] 徐兰英，刘晓伟．工程项目融资 [M]. 辽宁：东北大学出版社，2015.
[40] 卢长宝．项目策划 [M]. 3 版．北京：电子工业出版社，2017.
[41] 阚洪波．项目策划与工程管理 [M]. 北京：中国建筑工业出版社，2021.

[42] 魏济民．基础设施和房地产投融资法律实务与案例分析［M］．北京：中国法制出版社，2022.

[43] 卡梅尔·F．德·纳利克．弗兰克·J．法博齐．项目融资：金融工具和风险管理［M］．俞卓菁，译．上海：格致出版社，2022.

[44] Moles P. Venture capital investment opportunities in biodiversity markets [J]. Corporate Environ Strategy，2001，8（4）：355-365.

[45] Leland Blank，Anthony Tarquin. Engineering Economy（Fifth Edition）[M]. McGraw Hill Companies，Inc. 2002.

[46] Stephen A. Ross，Randolph W. Westerfield，Jeffrey F. Jaffe. Corporate Finance，7th ed [M]. McGraw Hill Companies，2005.

[47] Howard Boden9hnrn. Short-term Loans and Long-term Relationships：Relationship Lending in Early America [J]. The Bureau of Economic Research，Historical Paper，2001.

[48] Aliber. Informal Finance in the Informal Economy：Promoting Decent Work Amongthe Working Poor [M]. International Labor Office working paper on the informal economy，2002.

[49] Hogan T，Hutson E. Capital structure in new technology based firms：Evidence from the Irish software sector [J]. Global Finance Journal，2005，15 (3)：369-387.

[50] Robert E. Carpenter，Bruce C. Petersen. Is The Growth Of Small Firms Constrained By Internal Finance? [J]. The Review of Economics and Statistics，MIT Press，2002，vol. 84（2）：298-309.

[51] Nair and Mohan. The venture capital value chain [J]. Cost Manage，2004，18（2）：13-20.